SOPHIE BRAMLY • PASCAL GAYAT • FABIEN SOYEZ

LE WEB FRANÇAIS

Histoire d'une épopée et de ses pionniers

DUNOD

SOMMAIRE

AVANT-PROPOS

Né en 1989 à Genève dans un laboratoire du Cern, le World Wide Web a été rendu public en avril 1993. Trois décennies après la découverte de ce « système de gestion décentralisée de l'information » imaginé par Tim Berners-Lee, « surfer sur la Toile » est devenu banal. Effectuer des achats sur un site d'e-commerce, perdre plusieurs heures sur les réseaux sociaux, lire des articles de presse en ligne, regarder des vidéos ou écouter de la musique en streaming, faire des recherches sur un moteur de recherche, visualiser des publicités en ligne, discuter en visioconférence ou par messagerie instantanée, partir à la recherche de l'âme sœur ou draguer en virtuel : ces gestes nous semblent anodins. Ils n'ont pourtant pas toujours existé. Si vous êtes né avant les années 2000 et que vous le découvrez, vous avez peut-être tout simplement fini par l'oublier.

En 2023, le numérique est partout. Il nous accompagne à chaque instant de notre vie. Il est également présent dans tous les secteurs de l'économie. En France, la « French Tech » est en ébullition. Créé en 2013 pour rassembler les start-up françaises du numérique, ce mouvement est devenu un label, une marque. Les jeunes pousses tricolores battent chaque année des records de financements : 1,8 milliard d'euros de fonds ont été levés en 2015, puis 2,2 milliards en 2016, suivis de 2,6 milliards en 2017 et de 3,6 milliards en 2018. L'euphorie s'est ensuite poursuivie en 2019, avec 5 milliards d'euros levés, contre 11,6 milliards en 2021. L'effervescence autour de l'innovation technologique et de ses entrepreneurs ne date pas d'hier. Si elle ne semble pas prête de retomber à l'heure où nous écrivons ces lignes, les investisseurs commencent toutefois à lever le pied. « Finies les levées de fonds magiques aux valorisations extravagantes, place à la consolidation et aux acquisitions », écrivait ainsi *Les Echos* en novembre 2022[1].

Ce scénario, provoqué ici par la crise du Covid-19, s'est déjà produit à plusieurs reprises dans l'histoire du numérique hexagonal. Votre mémoire vous joue peut-être encore une fois des tours, mais la première fois que des entrepreneurs français se sont réveillés avec la gueule de bois remonte aux débuts du Web. En effet, c'est en 2000 que ce que la presse de l'époque appelait la « Net euphorie » a cédé la place à l'explosion de la « bulle Internet ».

Le développement du numérique en France n'a rien d'un long fleuve tranquille. Il s'est construit par tâtonnements, le long d'un chemin sinueux fait d'espoirs, de rêves, de déceptions et d'obstacles à relever. Quand il tente de se souvenir des débuts du Web, le grand public semble comme pris d'amnésie. Il se remémore facilement la montée en puissance de l'e-commerce et de l'avènement ▶▶

1 Charlie PERREAU, « Faute de financement, les start-up cherchent à se vendre », *lesechos.fr*, 2 novembre 2022.

des réseaux sociaux entre 2005 et 2007. Mais avant cette période, rien. Le néant. Un peu comme si rien n'existait avant Google, Facebook et Amazon.

Parfois, l'internaute lambda parvient à se souvenir de la date de l'invention du Web (1989, Cern, Genève, Suisse) - peut-être parce que l'image de quelques génies de l'informatique accolés à des ordinateurs d'un autre âge lui paraît romanesque. Il oublie pourtant que c'est quelques années plus tard, et bien avant la montée des GAFAM, que le numérique français est né. La démocratisation du Web, la partie « commerciale » de son histoire, a débuté en 1995, avec l'émergence des premiers fournisseurs d'accès grand public, comme Club Internet, FranceNet, Wanadoo, Magic Online et Infonie.

La pandémie de Covid-19, entre 2020 et 2022, nous aura permis de prendre conscience de l'importance du numérique dans nos vies. Mais nous semblons avoir oublié qu'il existe grâce aux efforts de quelques centaines de professionnels, décideurs et entrepreneurs. Des pionniers, qui ont cru au Web et à son potentiel à une époque où la « Toile » restait encore à remplir. Ce livre a pour objectif de rendre leur travail à nouveau visible. Afin que chacun puisse prendre conscience que la « French Tech » que nous connaissons aujourd'hui n'est pas tombée du ciel.

Sa vitalité, le numérique français la doit aux prises de risques, aux rêves, aux remises en question et aux innovations d'une poignée de visionnaires - dont les parcours sont tout sauf linéaires.

Si certains « pionniers » du Web français continuent d'investir et d'innover dans le numérique, la plupart se trouvent aujourd'hui sous les radars. Les entreprises les identifient peu et ne se reposent que rarement sur leur expérience et leur recul, alors qu'elles pourraient bénéficier de conseils avertis. Nombre de ces créateurs ne se soucient guère d'être reconnus. S'ils ont été « oubliés », c'est parce qu'ils sont passés d'une aventure à une autre, absorbés par leur passion ; oubliant de cultiver leur notoriété et leur figure de pionniers chevronnés.

Pourquoi consacrer ce livre au Web français, plutôt qu'au Web tout court ? Parce que si la Toile dont nous héritons aujourd'hui est mondiale, elle n'en demeure pas moins dominée par des acteurs anglo-saxons, pour ne pas dire américains. Certes, la France dispose de son propre numérique. Mais ce numérique aurait sans doute pu être plus important, et plus autonome, si nous avions tiré les leçons de ses débuts, entre 1995 et 2005.

L'objectif de ce livre est donc de vous raconter les dix premières années du Web français : comment elles se sont bâties, comment la Net euphorie s'est arrêtée après l'explosion de la bulle, et comment tout a été relancé… au prix d'une certaine amnésie collective. Sans cette amnésie, qui s'est développée entre 2001 et 2005, certains acteurs comme Facebook auraient peut-être rencontré des difficultés à s'implanter en France. Des marques comme Multimania, Nomade, iFrance ou Caramail, davantage proches du public français sur le plan culturel, auraient sans doute pu bénéficier d'une bonne audience aujourd'hui. Leur disparition nous aura malheureusement ôté la possibilité de dimensionner et de faire grandir des acteurs français grand public de poids.

L'histoire du Web français ne peut être retracée grâce à des sources écrites : celles-ci sont trop rares, ou trop clairsemées, pour permettre de retracer une saga si récente. Quelques livres abordent, bien sûr, cette période unique et passionnante. Mais outre quelques ouvrages revenant sur des *success stories* aujourd'hui oubliées, comme celles d'Orianne Garcia avec Caramail[1] et de Pierre Chappaz avec Kelkoo[2], la majorité des écrits sur le sujet abordent cette histoire sous son angle technique[3], quand ils ne se focalisent pas que sur l'épisode de la bulle[4]. Dans *En construction*[5], l'historienne d'Internet Valérie Schafer remarque avec raison que s'il existe un début de littérature portant sur les débuts du Web français, peu d'écrits proviennent de ceux qui l'ont vécu et développé. Notre ouvrage contribuera, espérons-le, à répondre aux interrogations des chercheurs du Web.

L'occasion était trop importante pour ne pas la saisir. « C'est la première fois que nous avons la possibilité de participer à une histoire et de pouvoir en parler pendant qu'elle est encore en activité, avec des personnes encore suffisamment actives pour témoigner et apporter leur éclairage (à condition qu'elles prennent un peu de recul sur leur parcours). Mais personne ne le fait, parce que nous sommes tous le nez dans le guidon ! », pensais-je avant de me lancer dans ce livre, avec Fabien Soyez et Sophie Bramly. Désormais, nous participons à raconter une histoire dont les pages continuent de s'écrire.

Vous découvrirez dans ce livre les témoignages d'une centaine de pionniers qui n'ont rien perdu de leur enthousiasme. Fiers de ce qu'ils ont commencé à bâtir dans les années 1990-2000, tous ou presque ont continué leur carrière dans le numérique. Ils ont ensuite assisté, bien malgré eux, au cataclysme de 2000-2001, quand l'explosion de la bulle et la guerre contre le terrorisme ont marqué la fin du Web 1.0, et l'avènement d'une Toile beaucoup moins ouverte, beaucoup plus surveillante.

Vous découvrirez aussi les parcours singuliers de ces pionniers. Génies, visionnaires ou inconscients ? Peu importe : ils se sont tous intéressés à un Web qui n'existait pas encore. Alors que personne ne croyait au potentiel de cette surcouche d'Internet, bien trop proche du Minitel national, ils ont eu l'audace de croire qu'il était possible pour eux de jouer un rôle dans son développement.

Mon expérience au sein des premières régies publicitaires sur Internet en France, je la dois au discours tenu par mon professeur d'économie, lorsque j'étudiais à l'université Paris-Nanterre en licence Information et Communication. ▶▶

1 Orianne GARCIA, *Comment je suis devenue millionnaire grâce au Net sans rien y comprendre*, Albin Michel, 2011.
2 Julien CODORNIOU et Vinvin, *Ils ont réussi leur start-up ! La* success story *de Kelkoo*, Pearson, 2005.
3 Valérie SCHAFER, « En construction : la fabrique française d'Internet et du Web dans les années 1990 », INA, 2018 ; Serge SOUDOPLATOFF, *Le monde avec Internet*, FYP Éditions, 2012.
4 Laurent MAURIAC, *Les Flingueurs du Net - Comment la finance a tué la nouvelle économie*, Calmann-Lévy, 2002.
5 Valérie SCHAFER, 2018, *op. cit.*

« En 2000, les entreprises les mieux valorisées n'appartiendront plus à l'industrie, mais feront partie du monde de la communication et des nouvelles technologies. Si ton projet de vie est bien de faire quelque chose que personne n'a fait avant toi, tu sais vers quoi te tourner. » C'est grâce à ce conseil que j'ai eu l'intuition et le courage de contacter le tout jeune moteur de recherche AltaVista pour lui proposer d'y commercialiser des espaces publicitaires. Tout comme d'autres pionniers du Web français, j'ai moi aussi connu la Net euphorie, cette période où beaucoup d'entreprises sont montées en puissance, dans une atmosphère d'irrationalité frôlant la folie. Une euphorie qui a débouché sur l'explosion de la bulle Internet, fin 2000. Nombre de nouveaux entrants sont repartis aussi vite qu'ils étaient venus, mais ceux qui sont restés dans la barque ont continué à travailler et à entreprendre. Tous ces pionniers ont investi le Web parce qu'ils ont eu une vision sur le long terme, et ils y sont restés malgré les crises parce qu'ils y croyaient encore. C'est la parole de ces cent entrepreneurs passionnés et passionnants, dont certains font partie des premiers « retraités » du Web français, que vous retrouverez dans les chapitres qui suivent.

À la fin de ce livre, vous comprendrez que ce que nous vivons aujourd'hui avec le numérique n'est pas un hasard, et qu'il s'est bâti en seulement trente ans. Vous découvrirez comment ceux qui ont débuté dans ce domaine ont contribué à bâtir les fondements du numérique français d'aujourd'hui. Vous en apprendrez beaucoup sur l'écosystème qui existait entre 1995 et 2000, et qui semble avoir été, à tort, oublié.

Quand et comment avons-nous raté le coche ? Pourquoi nous sommes-nous laissé submerger par les GAFAM ? Alors que le Web3 se tisse, que devrions-nous mettre en place pour être, cette fois-ci, réellement autonomes ? Gageons finalement que vous trouverez un début de réponse à ces questions dans notre ouvrage.

PARTIE I

QUAND SE TISSE LA TOILE FRANÇAISE

1991-1995

LES PREMIERS PAS ET LA DÉCOUVERTE DU WEB

Pour le grand public, souvent, les termes « Internet » et « Web » sont synonymes. Il s'agit pourtant de deux systèmes bien différents, qu'il convient de distinguer avant de pouvoir retracer l'histoire du Web français.

D'un côté, « l'inter-network » est un « réseau de réseaux » : il « interconnecte » des millions de réseaux informatiques physiques (publics, privés, universitaires, commerciaux et gouvernementaux), reliant ainsi une multitude d'ordinateurs et de bases de données. Mais pendant longtemps, l'utilisation d'Internet, créé dans les années 1980 pour succéder à Arpanet, s'est limitée à l'envoi de fichiers et à la correspondance par courrier électronique, sans que les données puissent être stockées à un endroit précis et consultables par tous.

Arpanet est un réseau de données développé entre 1969 et 1971 par l'ARPA (département de la Défense américain). L'objectif était de relier des centres universitaires de recherche et des installations militaires, afin de permettre aux chercheurs de partager leurs ressources. Au début des années 1980, l'ARPA décide de séparer Arpanet en deux, entre un réseau civil pour servir les universités, et un réseau proprement militaire. Comme nous l'explique Pierre-Éric Mounier-Kuhn, historien de l'informatique, « le réseau purement civil mis à disposition des universitaires et de l'ensemble de l'écosystème en -net qui existait alors aux USA (Ethernet, CSNET, BITNET et Usenet, des réseaux développés par les universités qui n'étaient pas liés à l'ARPA) a alors été repris par les entreprises commerciales américaines, qui ont commencé à développer des systèmes de vente et de publicité. Jusqu'à ce que tous ces réseaux de communication inter-chercheurs, Arpanet et ses clones, soient reliés en 1993 dans un seul "réseau des réseaux", ouvert au commerce : Internet. »

« Il fallait maîtriser les lignes de code et posséder un certain bagage technique pour utiliser Internet. C'est pour cette raison que le réseau des réseaux n'a été utilisé, pendant plus de dix ans, que par des chercheurs et des geeks amateurs, qui possédaient des connaissances informatiques poussées, ou qui faisaient preuve d'une très grande persévérance », se souvient Hervé Le Crosnier, enseignant-chercheur en informatique à l'université de Caen et historien du Web[1].

De l'autre côté, on trouve le Web, ou « World Wide Web », qui n'est qu'une des applications d'Internet, mais qui est sans doute celle qui a fait entrer le « réseau des réseaux » dans une autre dimension. Le « Web » (« toile d'araignée », en anglais) est un système inventé au Cern[2] par le physicien anglais Tim Berners-Lee entre 1989 et 1991[3], qui permet de relier des documents « universels » et de les visualiser sur des « sites » accessibles à tous par des

1 Entretien avec Hervé Le Crosnier, 4 mai 2022.

2 Basé en Suisse, le Cern (Organisation européenne pour la recherche nucléaire) est l'un des plus grands centres de physique des particules du monde.

3 C'est en mars 1989 que le physicien Tim Berners-Lee imagine un système universel de gestion de l'information qui utiliserait l'hypertexte pour relier des informations, et les associerait à Internet. L'objectif, au départ, était de permettre aux 8 000 chercheurs du Cern de mieux communiquer entre eux, partout à travers le monde, en rendant leurs informations plus facilement accessibles, sur ce que l'on appellera bientôt des « pages » et des « sites » Web.

liens hypertextes. Les deux premières années du Web, 1991 et 1992, voient la naissance de Erwise (Unix), MidasWWW (Unix) et Samba (Mac) : des « navigateurs » permettant de mieux s'y retrouver dans la « Toile » (la traduction française de « Web »)[1]. Leurs interfaces utilisateurs graphiques sont toutefois austères, et ils n'affichent que du texte. Mais en février 1993, deux chercheurs américains, Marc Andreessen et Eric Bina, mettent en ligne Mosaic, un navigateur qu'ils ont développé au National Centre for Supercomputing Applications (NCSA) de l'université de l'Illinois, et qui permet pour la première fois d'afficher des images et du texte sur le même écran. « C'est là que le Web a commencé à intéresser les utilisateurs et les producteurs de contenus », explique Hervé Le Crosnier. Pour un autre historien, le conservateur du Smithsonian's National Air and Space Museum de Washington, Paul E. Ceruzzi, le World Wide Web n'est finalement que « le chaînon manquant » qui a permis le succès d'Internet. Il s'agit du « *software* » qui a démocratisé le « *hardware* » du Net auprès du grand public.

Soudain, Internet suscite l'intérêt de tous, aux États-Unis comme en France. « Un beau jour, le Web est arrivé, et avec lui les premières images, les premiers outils de navigation à la souris, les premiers liens hypertextes. Ce qui n'était, à mes yeux, qu'un décor en trompe-l'œil, semblait enfin provoquer chez mes amis un frémissement. Les mêmes qui se moquaient de moi quand je leur montrais l'ébauche d'un dictionnaire mis en ligne par des bénévoles, ou qui me regardaient comme si je débarquais d'une autre planète quand je leur parlais d'Internet, s'ébahissaient tout à coup devant des reproductions infâmes de tableaux de maîtres sur un écran minuscule », relate Laurent Chemla, informaticien et développeur qui cofondera le fournisseur de nom de domaine Gandi en 1999[2].

Dans le documentaire « Quand Internet fait des bulles » en 2007, et dans une interview vidéo donnée à FrenchWeb en 2015, Christophe Agnus, fondateur et rédacteur en chef du magazine bimédia *Transfert.net* entre 1998 et 2001, raconte à peu près la même histoire. « Ma première rencontre avec le Web, en 1993, était magique. J'étais devant un ordinateur, c'était très lent, il n'y avait pas d'images, mais soudain, je me retrouvais connecté à la bibliothèque de Stanford, depuis Paris. J'ai ressenti un choc plus fort encore en 1994, quand Mosaic est sorti : cette fois, il y avait des images avec le texte, des photos du Louvre. À ce moment-là, je me suis dit : « C'est parti. » Car brusquement, n'importe qui pouvait cliquer sur un lien, sans avoir besoin d'entrer des lignes de code, puis voir des images arriver de partout, et accéder à des sites du monde entier », se rappelle-t-il[3]. « C'était quelque chose d'énorme. À l'époque, il n'y avait sur le Web que quelques milliers de personnes en France. Mais en découvrant ce que pouvait faire un navigateur comme Mosaic, j'ai compris la puissance future du

1 Jay HOFFMANN, « Before the Wars, Browsers Were Everywhere », *thehistoryoftheweb.com*, 21 avril 2020.
2 Laurent CHEMLA, *Confessions d'un voleur. Internet : la liberté confisquée*, Denoël, 2002.
3 Benjamin RASSAT, « Quand Internet fait des bulles », 13ème Rue - La Générale de Production, 2007.

Web : des images, mais aussi la possibilité prochaine de diffuser des vidéos et des sons.[1] »

C'est à cette période que la majorité des futurs entrepreneurs du Web, ceux que l'on baptisera plus tard les « pionniers », entrevoit le potentiel de cette nouvelle technologie.

En janvier 1994, Patrick Robin, précédemment éditeur de livres d'art et de presse magazine, est alors le président-fondateur de Suite1024, un important centre serveur télématique spécialisé dans les jeux : « Je fournissais en mots croisés et autres jeux de lettres, les services télématiques de Libération, Skyrock, Europe 2, Fun Radio, ou encore Télé-Poche », raconte-t-il. Alors qu'il est de passage à Cannes, il se retrouve un peu par hasard au salon du Milia, le « marché international des programmes interactifs[2] ». Une visite qui sera décisive pour la suite. Il y découvre pour la première fois les CD-ROM et décide en quelques heures qu'il ne peut demeurer absent de cette « révolution » technologique. Trois mois après, presque jour pour jour, il lance *CD-Media*, le premier magazine consacré au multimédia, qui est rapidement un succès auprès du grand public mais aussi des annonceurs. Puis il décide en septembre 1994 de lancer un second magazine, *Internet Reporter*, qui porte sur la cyberculture et l'actualité du Web. Échec cuisant : « J'avais juste oublié les bases. À l'époque il n'y avait que très peu de Français connectés à Internet, alors pourquoi achèteraient-ils un mensuel sur ce thème ! À l'époque, il y avait deux fournisseurs d'accès grand public : Worldnet, de Sébastien Socchard et Xavier Niel, et FranceNet, de rafi Haladjian, lancés respectivement en avril et février 1994. Ils venaient comme moi d'une culture Minitel[3] et facturaient à l'heure de connexion. L'un facturait quarante francs (six euros) de l'heure, à peine moins cher que le Minitel, et l'autre quatre-vingts francs (douze euros) de l'heure. Je n'avais pas le choix, pour vendre plus de magazines, il fallait qu'avec mes petits bras, ma prétention et mon inconscience, je démocratise l'accès Internet en France.[4] » En janvier 1995, un an précisément après sa découverte du Web à Cannes, Patrick Robin lance ImagiNet, le premier fournisseur d'accès à proposer une offre forfaitaire à cent cinquante francs (vingt-deux euros), heures de connexion illimitées. « Ce fut un prix de référence pendant des années, qui correspond à peu près aux vingt-neuf euros d'Internet illimité d'aujourd'hui », note l'entrepreneur. Le succès, cette fois, est au rendez-vous : « Cette offre a fait un carton. On a tout de suite décollé, et ImagiNet est devenu à la fois un FAI[5], une agence Web et un centre d'hébergement. Et on faisait aussi du B2B : on vendait des LS (lignes spécialisées). On faisait feu de tout bois, parce qu'il fallait tout inventer, et que de toute façon, malgré le succès, nous étions au bord du dépôt de bilan tous les mois, et qu'il fallait prendre l'argent là où on pouvait en prendre. » C'est aussi

1 FRENCHWEB, « FrenchWeb Story : Christophe Agnus, président de Sopixi », *dailymotion.com*, 21 août 2015.
2 « Le premier MILIA à Cannes. L'édition électronique fait son marché », *Le Monde*, 15 janvier 1994.
3 Minitel, acronyme de Médium interactif par numérisation d'information téléphonique.
4 Entretien avec Patrick Robin, 10 juin 2022.
5 FAI : fournisseur d'accès à Internet.

à cette époque que le serial entrepreneur lance ROL – Régie On Line, la première régie publicitaire Internet en France.

De son côté, rafi Haladjian lance FranceNet en juin 1994, sept mois avant Patrick Robin et ImagiNet. À la tête de la société Bottin Sysmark, avec qui il développe des services d'annuaire, de jeux et de petites annonces d'emploi pour le Minitel, il découvre Mosaic en 1993, au Québec. « Je connaissais déjà Internet, et je trouvais ce réseau génial. Mais il était très compliqué d'y accéder, et il fallait savoir programmer pour s'en servir. Si je pensais que le Minitel avait fait son temps et qu'il fallait penser à ce qui viendrait après, je voyais difficilement comment il serait possible de créer des services grand public avec Internet. Mais quand un ingénieur m'a fait découvrir Mosaic, le premier navigateur Web, ce fut une révélation. Soudain, on ne tapait plus du code, il n'y avait plus de caractères blancs sur fond noir, mais du texte mis en forme, des images, et même du son. C'était Star Trek. Le futur. C'est là que j'ai vu le potentiel du Web », relate-t-il[1].

À l'époque, en 1994, Gilles Ghesquière, cofondateur de Nomade, le tout premier annuaire et portail français, n'est de son côté âgé que de trente ans, mais il a déjà derrière lui un parcours de plus de dix ans dans la vente d'informations en ligne à distance. « Au début des années 1980, bien avant les débuts d'Internet, j'ai travaillé en tant qu'ingénieur commercial chez Télésystèmes Questel, une filiale de France Telecom, où se trouvait le seul serveur de bases de données en ligne français. Puis je suis parti à Boston faire un master de communication et de business, où j'ai découvert CompuServe et AOL (America Online) et où j'ai réalisé un mémoire de recherche sur l'expérience du Minitel en France et ses potentialités pour le marché américain. À mon retour en France, j'ai rejoint Carte Expert, une entreprise qui développait une passerelle d'information en ligne pour les PME, puis MG2, une société de serveurs vocaux et vidéotex. J'étais donc déjà dans le *online*, mais j'avais envie de créer ma propre activité », se souvient-il[2]. « Et en 1994, quand le Web s'est développé et qu'il est devenu possible de développer des applications avec une interface graphique simple, ainsi qu'un accès à l'information via des liens hypertextes, je me suis dit que j'avais sous les yeux le réseau de données international et commercial à même de s'imposer demain, dans la durée. Il me fallait trouver, très vite, une idée business. »

Avec son ancien collègue de Télésystèmes Questel, Jean Postaire, Gilles Ghesquière s'inspire de Yahoo!. Créée en 1994 à l'université de Stanford par deux étudiants en génie informatique, David Filo et Jerry Yang, cette jeune start-up américaine propose un « moteur de recherche », plus précisément un « annuaire Web », qui répertorie des sites catalogués par des éditeurs humains. « Notre idée était de créer un annuaire du même type, mais meilleur en termes d'informations fournies », explique Gilles Ghesquière. « À l'époque, Internet n'en était qu'à ses balbutiements dans l'Hexagone, et il n'existait pas d'annuaire pour les sites francophones. Ce qui existait était américain et n'était pas

1 Entretien avec rafi Haladjian, 15 août 2022.
2 Entretien avec Gilles Ghesquière, 28 juin 2022.

adapté pour la France. Les seuls outils de recherche destinés aux francophones étaient québécois. On a alors cherché à faire mieux, en partant de l'idée qu'il y avait vraiment une place à prendre », ajoute-t-il. En 1999 déjà, dans *Libération*, il racontait, au lendemain du rachat de Nomade par Liberty Surf : « Je savais que les Américains allaient débarquer. Qu'il fallait faire un produit différent et le faire vite.[1] » En 1995 naît la startup Objectif Net, puis le site Nomade un an plus tard. Un service qui deviendra vite l'un des fleurons du Web français.

Dans le documentaire « Quand Internet fait des bulles », Pierre Chappaz, ancien président de Yahoo! Europe et à l'origine de Kelkoo et Wikio, se souvient de son côté de sa première rencontre avec le Web, qui s'est transformée, là aussi, en « idée business ». « C'était un choc, comme si on avait découvert un nouveau continent. J'ai vu tout de suite que ça correspondait à ce que j'attendais depuis vingt ans, c'est-à-dire une révolution qui allait nous permettre de créer des tas de choses nouvelles.[2] »

Pendant quatre ans, Pierre Chappaz s'interroge sur ce qu'il pourrait créer d'original et de porteur. Avec Mauricio Lopez, Christophe Odin et Rémi Amouroux, trois chercheurs de l'Inria qui ont développé dans le cadre d'un partenariat R&D avec Bull « un système de requête permettant d'aller chercher l'information partout dans le réseau et d'en rendre le résultat de manière simple et rapide à celui qui l'a demandé », il a l'idée de créer un comparateur de prix sur Internet, un *shopbot*. En 1999, il quitte la direction marketing d'IBM en Europe de l'Ouest, et fonde une start-up : Kelkoo. « C'était un moteur de recherche spécialisé dans l'e-commerce qui répondait à un vrai besoin, parce que les internautes étaient à la recherche d'un moyen de trouver les marchands susceptibles de leur vendre les produits au meilleur prix. Le potentiel était là aussi : c'étaient les marchands qui paieraient l'audience, soit le trafic généré sur leur site, le chiffre d'affaires généré par les consommateurs », résume-t-il. Dans « Ils ont réussi leur start-up ! », il raconte que « ce service qui a débuté comme comparateur de prix est rapidement devenu le moteur de recherche préféré des consommateurs européens (...), avec une croissance météorique[3] ».

La façon dont une autre pionnière française du secteur, Orianne Garcia, fondatrice de Lokace et Caramail, décrit sa découverte du Web est assez cocasse, mais elle rejoint les témoignages précédents : « Non mais, qu'est-ce que c'est que ce bruit atroce ? Dites-moi que je suis dans un cauchemar et que je vais me réveiller ! Ouf, ça y est, je me réveille. Mais le bruit est toujours là... en dix fois pire ! J'ouvre un œil pour aviser Alexandre, accroupi devant notre ordinateur, au milieu d'un fouillis de câbles. Il me regarde, l'air radieux. « J'installe Internet ! », lance-t-il solennellement. Nous sommes en août 1994. (...) Le Web d'alors n'est pas très rigolo. Les sites sont assez sommaires et, n'ayons pas peur

1 « Deux garçons dans le vent du Net. Liberty Surf rachète Nomade, une « *success story* » française », *Libération*, 10 juillet 1999.
2 Benjamin RASSAT, 2007, *op. cit.*
3 Julien CODORNIOU et VINVIN, 2005, *op. cit.*

de le dire, plutôt moches. (...) Mais je passe rapidement des heures à surfer, allant de liens hypertextes en liens hypertextes. J'éprouve en permanence cette sensation bizarre de ne pas être à l'abri d'une bonne surprise. (...) C'est ainsi que je me retrouve systématiquement deux heures plus tard, ayant consulté des tas de pages, sans plus savoir ce que je cherchais au départ. (...) Ni moi ni Alex ne soupçonnons, à ce moment-là, l'ampleur que prendra notre aventure. Nous sommes juste persuadés de vivre une révolution, de la même ampleur que celles déclenchées par l'invention de la machine à vapeur ou de l'électricité. (...) Nous avons la certitude que, d'ici quelques années, tout le monde utilisera Internet comme on décroche son téléphone. On se dit que c'est, certes, de la technologie, mais que bientôt, les gens ne s'en rendront même plus compte tant cela fera partie de leur vie quotidienne.[1] »

Avec l'informaticien Alexandre Roos[2], son compagnon de l'époque, Orianne Garcia se souvient qu'en France, ils n'étaient alors « qu'une poignée à pressentir la révolution numérique qui se préparait ». Et que même si « seuls 5 % des dix mille sites et groupes de discussion que compte le Web sont en langue française » en 1994, le plus important est alors qu'ensemble, ils ont « une vision, et surtout, la foi » en Internet et dans la « révolution en marche ». Le couple s'associe à un ami informaticien, Christophe Schaming[3], et fonde en novembre 1994 (soit à peine trois mois après la découverte du Web par Orianne Garcia), une société de FAI : Internet Plus. « Nous sommes tous d'accord pour dire que nous avons envie de créer quelque chose dans Internet, mais quoi ? Notre première idée est basique. Autant commencer par le commencement pour que ce réseau devienne populaire, il faut en encourager l'accès. Nous choisissons donc le seul métier véritablement porteur, à l'époque, dans cette industrie en devenir, celui de fournisseur d'accès. Comme les garçons ont déjà leurs entreprises, nous essayons naturellement de monter notre business en nous aidant des moyens et des infrastructures existants, sans rien demander à personne, surtout pas des financements. Et nous voilà donc accumulant les modems, que nous finançons nous-mêmes, dans un petit bureau du troisième arrondissement parisien », se souvient-elle. Les débuts sont difficiles. Orianne Garcia décrit dans son autobiographie *Comment je suis devenue millionnaire grâce au net... sans rien y comprendre*[4] l'incompréhension de leur entourage, la méconnaissance d'Internet par les entreprises et un travail acharné, poursuivi souvent « jusqu'au cœur de la nuit ».

Contrairement aux exemples de Patrick Robin et Gilles Ghesquière, le succès n'est hélas pas au rendez-vous. « Trop petits, nous ne parviendrons jamais à

1 Orianne GARCIA, 2011, *op. cit.*

2 En 2014, Alexandre Roos, cofondateur (avec Orianne Garcia et Christophe Schaming) d'Internet Plus, Lokace et Caramail, a vingt-quatre ans. Sorti à peine deux ans plus tôt de Centrale Supélec, il dirige alors sa propre SSII, une société de services informatiques : AS/TECH.

3 Après des études d'informatique en DESS Système et Réseaux à l'université de Strasbourg, Christophe Schaming est en 1994 le directeur général d'AS/TECH, la SSII d'Alexandre Roo). Avec ce dernier et Orianne Garcia, il sera ensuite le cofondateur de Lokace et de Caramail. Avec ses comparses, il dirigera aussi Lycos France entre 2002 et 2003, puis créera Winamax en 2005, et Lentillesmoinscheres.com en 2006.

4 Orianne GARCIA, 2011, *op. cit.*

prendre une place significative sur le marché de la fourniture d'accès, face à des poids lourds comme France Télécom et quelques autres, qui finiront bien par nous écraser un jour ou l'autre. Pour grandir sur ce créneau, il faut d'importants moyens qui nous paraissent inaccessibles. Et il faut surtout proposer et assurer un support client de qualité pour pallier les incessants soucis de kits de connexion défectueux, de boîte mail encombrée, de modem qui n'accroche encore et toujours pas la porteuse... service client bien évidemment disponible 24 heures sur 24, comme Internet... Autant dire que c'est impossible pour nous, hors de portée matériellement, et pas très rigolo à faire pour tout avouer. Il nous faut donc trouver autre chose, ou bien tout arrêter », relate Orianne Garcia. C'est ainsi qu'en novembre 1995, le trio Garcia-Roos-Schaming se lance dans la création du tout premier moteur de recherche français : Lokace.

« Après avoir essuyé les plâtres avec ce que nous considérons comme la base d'Internet, à savoir la fourniture d'accès, nous avons la sagesse de nous pencher sur les usages du Web. L'infrastructure, ce n'est pas pour nous, on a certainement mieux à faire dans les services. C'est ainsi que nous nous rendons assez rapidement compte que nous n'utilisons que des outils de recherche américains, comme Yahoo! ou AltaVista, et pour cause : il n'en existe pas en français ! Mais oui, c'est évident, c'est ce genre de service qu'il faut proposer ! Lokace n'a rien à voir avec Yahoo! et sa base de données enrichie à la main : notre outil, lui, est au-to-ma-ti-que », décrit Orianne Garcia dans son livre. Sur le modèle d'AltaVista, un robot, ou *crawler*, arpente le Web en permanence en suivant les liens hypertextes des pages, puis indexe toutes les pages trouvées, afin de répondre le plus finement possible aux requêtes des internautes. Cette fois, le succès est au rendez-vous... même si au départ, il a surtout lieu au Québec. « En France, l'emballement met un peu plus de temps à se produire. Mais l'audience progresse, c'est l'essentiel. (...) Au tout début, Lokace tourne sur deux ordinateurs à vingt mille francs pièce (quatre mille deux cents euros), hébergés dans nos bureaux. Notre grande fierté, c'est que Lokace a des temps de réponse comparables à ceux d'AltaVista, qui devient le grand moteur de recherche international dès sa sortie, le 15 décembre 1995, et dont le succès sera immédiat. Lokace est donc, sous bien des aspects, un pionnier. »

De son côté, c'est un peu plus tardivement que les autres, fin 1996, que Marie-Christine Levet, ancienne PDG de Lycos France puis de Club Internet, découvre le Web. « J'avais suivi un parcours classique de marketing et stratégie, de HEC jusqu'au conseil chez Accenture, en passant par des entreprises américaines comme Pepsi et Disney. J'étais passionnée par la presse et je voulais rejoindre un groupe de médias ou d'édition. Je n'étais pas du tout geek. C'est un ami qui rentrait des États-Unis qui m'a montré à quoi ressemblait le Web, et j'ai tout de suite trouvé ça génial. Même si à l'époque, je n'entrevoyais pas toutes ses possibilités, et malgré la lenteur des connexions grésillantes de l'époque et le bruit infernal que faisait le modem, j'ai immédiatement pensé que ce médium allait révolutionner notre façon de nous informer, de communiquer, de se cultiver, d'acheter et de consommer[1] », raconte-t-elle. Ses amis et collègues tentent de la dissuader de se lancer dans ce domaine : « Ils me disaient de ne pas y aller et de rester dans des boîtes plus classiques, car selon eux, le Web ne décollerait jamais. Mais j'ai eu envie de vivre l'aventure Internet. Une aventure, parce qu'en 1997, il n'y avait vraiment pas grand-chose en France. Très peu de gens y étaient connectés », relate-t-elle en souriant. Attirée par le côté « entrepreneurial » de ce « nouveau secteur où tout restait à construire », elle tombe un beau jour de mai 1997 sur une dépêche publiée par Yahoo!, à propos de Lycos.

> Lycos est développé à l'université Carnegie-Mellon à partir de mai 1994 par une équipe de recherche dirigée par Michael L. Mauldin, informaticien et chercheur en intelligence artificielle. Le financement initial de la société est de 2 millions de dollars. La société ne sera pas dirigée par le créateur du moteur, qui intervient uniquement comme directeur scientifique. La propriété intellectuelle est répartie de façon égale entre l'université Carnegie-Mellon et les inventeurs – rare équité. Le *business model* est supporté par la publicité. La croissance de sa couverture est très rapide : elle passe de 1,5 million de documents indexés en janvier 1995 à 60 millions en novembre 1996. Lycos a ainsi l'indexation la plus étendue à la fin de 1996 et c'est alors le moteur le plus utilisé sur le navigateur Internet Netscape, bien qu'il ne soit pas son moteur de recherche proposé par défaut.

« Comme Altavista à l'époque, ce moteur de recherche voulait entrer en Europe. Pour cela, l'entreprise comptait former une *joint-venture* avec le groupe de médias Bertelsmann. Moi qui rêvais de me lancer dans une aventure davantage entrepreneuriale, je me suis dit que c'était ma chance. J'ai réussi à contacter quelqu'un de Lycos, par e-mail, et quelques semaines plus tard, je lançais Lycos France », se souvient-elle.

> Avec Lycos, AltaVista est l'un des premiers moteurs de recherche pour le Web. Il a été créé par le constructeur d'ordinateurs Digital Equipment Corporation (DEC), dans son laboratoire de Palo Alto, lors de l'été 1995. À cette époque, la seule façon de trouver une information consistait à utiliser un annuaire tel que Yahoo!. Mais les annuaires étaient potentiellement limités par le fait qu'ils étaient créés « à la main ». Dans les laboratoires de Digital, une équipe dirigée par un Français, Louis Monnier, fut chargée de créer un « moteur d'indexation » du Web. Elle produisit un programme « robot » ayant pour mission d'explorer le Web et de décortiquer chaque page mot à mot, en analysant son contenu. Digital créa ainsi un gigantesque index spécifiant, pour chaque mot, la page Web dans laquelle il se trouvait. Après

1 Entretien avec Marie-Christine Levet, 7 juillet 2021.

deux mois de test, à l'automne 1995, le robot fureteur avait déjà catalogué 16 millions de pages, et produit le plus grand index existant. C'est à partir d'un tel index que fut réalisé le moteur de recherche AltaVista. Le 15 décembre 1995, AltaVista fut mis à la disposition du public. Au bout de trois semaines, il traitait deux millions de requêtes par jour. Sa rapidité de réaction était appréciable : la réponse à la plupart des requêtes était donnée en moins d'une seconde. AltaVista est demeuré le moteur de recherche le plus utilisé au monde, avant de céder la première place à Google à partir de la fin des années 1990. Il rencontre des difficultés financières en 2002 à la suite d'un ralentissement du marché de la publicité sur le Web. Racheté par Yahoo!, il finit par être abandonné et ferme en 2013.

Au départ, Marie-Christine Levet est la seule représentante de l'entreprise américaine en France : « J'ai débuté toute seule dans mon bureau, avec zéro chiffre d'affaires. Puis j'ai commencé à vendre mes premières pubs sur Internet, mes premières bannières, et j'ai fini par réunir une équipe d'une vingtaine de personnes autour de moi. » La pionnière du Net se souvient que la technologie utilisée par le portail Lycos, qui proposait au départ des guides de contenus et des annuaires pour « aider les gens à naviguer sur le Web », était « exactement la même » que celle développée entre 1995 et 1997 à Stanford par les fondateurs de Google, Larry Page et Sergey Brin. « Conçu en 1994-1995 à l'université Carnegie Mellon par l'informaticien Michael « Fuzzy » Mauldin, le moteur de recherche de Lycos scrawlait lui aussi le Web pour recenser les différentes URL qui existaient à l'époque[1]. Il avait indexé plus de 60 millions de documents en 1997. C'était alors le plus puissant de tous les moteurs de recherche. Le potentiel technologique et commercial de Lycos était colossal ! »

La future PDG de Club Internet se souvient d'une « expérience très formatrice et enrichissante », vécue notamment auprès d'autres entrepreneurs du Web : « Il y avait surtout des gens qui étaient un peu geeks, ou qui venaient des médias, comme Patrick Robin et Christophe Agnus. Des personnes très ouvertes, avec qui on pouvait passer très facilement des partenariats. La plupart de ces pionniers du Web français étaient là pour l'aventure. Certains sont devenus très riches, mais leur motivation première n'était pas l'argent ou la réussite. Ils voulaient vivre une aventure ».

Le flair est important, mais il n'explique pas toutes les *success stories* du Web français. Patrick Robin, Gilles Ghesquière et Orianne Garcia font figure de visionnaires, certes. Mais si Pierre Chappaz, Marie-Christine Levet, ainsi que plusieurs dizaines d'autres entrepreneurs français du Web des débuts, se sont

1 Courtney CHIN, « Lycos Creator Discusses Career », *thetartan.org*, 21 novembre 2011.

lancés aussi vite à partir de 1995, c'est avant tout parce qu'ils avaient en tête la réussite de certaines startups américaines. Le 9 août 1995, Netscape, une version « commerciale » de Mosaic créée par le même Marc Andreesseen, entre en Bourse.

C'est en mars 1993 que Marc Andreessen, étudiant à l'Université de l'Illinois, et assistant au NCSA (National Center for Supercomputing Applications) développe le premier navigateur doté d'une interface graphique. Mosaic connaît un succès immédiat. En 1994, Marc Andreessen crée Netscape, un navigateur qui supplante rapidement Mosaic et domine le marché des navigateurs jusqu'en 1995, quand Microsoft lance Windows 95 et son propre navigateur, Internet Explorer. Netscape, qui en est à Netscape 4, lance en 1998 le groupe Mozilla. Ce groupe est chargé de produire un navigateur sous une licence de logiciel libre, que Netscape pourra ensuite récupérer. Ce n'est qu'en 2002 que la version Mozilla 1.0 est disponible et Netscape (racheté entre-temps par AOL) peut alors lancer Netscape 7, mais Internet Explorer détient déjà plus de 90 % du marché. En 2002, AOL cesse de développer Netscape et aide à mettre en place la Mozilla Foundation, qui lance le navigateur Firefox le 23 septembre 2002.

C'est là que les analystes économiques situent généralement les débuts de la bulle Internet. « Netscape révolutionne le Web en proposant pour la première fois au grand public un outil de navigation performant et facile d'utilisation. Après seulement seize mois d'existence, forte d'un chiffre d'affaires de 17 millions de dollars sur les six premiers mois de l'année et affichant pourtant des pertes colossales, Netscape s'introduit en Bourse pour une valorisation de 2 milliards de dollars. Très vite, le cours de l'action s'emballe et la capitalisation boursière de Netscape dépasse en quelques jours les 10 milliards. Plus que n'importe quelle autre société du monde de la technologie, le cas Netscape a montré la voie à toute une génération d'entrepreneurs qui aspiraient à devenir des tech-millionnaires, comme Bill Gates ou Steve Jobs », assènent Vinvin et Julien Codorniou. À partir de ce mois d'août 1995, « toute affaire qui touche de près ou de loin à Internet ou dont le nom se finit par « .com » peut sérieusement envisager une introduction en Bourse. L'économie mondiale entre dans une nouvelle ère, où Amazon.com, un libraire en ligne qui perd jusqu'à 5 dollars par livre vendu, vaut plus cher en Bourse que Barnes & Noble, le libraire historique numéro un aux États-Unis, où Priceline.com, un site de réservation de billets d'avion, est mieux valorisé que United Airlines et US Airways réunies. Bienvenue dans « la nouvelle économie »[1] », ajoutent-ils.

1 Julien Codorniou et Vinvin, 2005, *op. cit.*

Pour Patrick Robin, l'introduction en Bourse de Netscape, ainsi que celles de Yahoo! en 1996 et d'eBay en 1998 « ont été des moments capitaux, fondamentaux, car ils nous ont donné le sentiment que nous avions de l'or entre les mains, et qu'il fallait juste le transformer[1] ». Il ajoute, pour décrire la période qui s'ouvre en 1995 : « Nous n'étions qu'une cinquantaine, ou même qu'une trentaine, à investir Internet. C'était vraiment une période fascinante, passionnante, parce que tout était à inventer. »

1 Benjamin RASSAT, 2007, *op. cit.*

1995-1997

LES DÉBUTS DE LA NET EUPHORIE

Même avec tout l'enthousiasme, toute la soif d'aventure et tout l'idéalisme du monde, les pionniers du Web ne peuvent toutefois pas ignorer les difficultés techniques, financières et politiques liées au développement du Web de l'époque. Autant de freins qui constituent des obstacles à la réussite de leurs projets.

Le premier frein, c'est évidemment le faible nombre de Français surfant sur la Toile entre 1995 et 1997. Une faible fréquentation qui est alors en grande partie liée à la complexité du matériel à acquérir pour se connecter. Selon l'historienne du Web Valérie Schafer, le système que s'approprient les Français durant la seconde moitié des années 1990 est « bien différent » de celui « clé en main » qu'ils connaissaient avec le Minitel : « Pour accéder aux services en ligne, il ne suffisait plus de brancher un terminal prêt à l'emploi comme le Minitel, mais il fallait faire l'acquisition (onéreuse) d'un ordinateur et d'un modem, choisir son FAI, configurer des logiciels et entrer des identifiants.[1] »

> Le Minitel est un terminal informatique conçu par les PTT entre 1978 et 1980, qui permettait de se connecter au service français de Vidéotex, le Télétel, à partir du réseau public français de transmission de données Transpac. Conçu par les ingénieurs du CNET (Centre national d'études des télécommunications) entre 1975 et 1978, Transpac utilise le X.25, un protocole de transmission de données à commutation de paquets concurrent du datagramme conçu en parallèle par l'informaticien Louis Pouzin à l'INRIA, et de TCP/IP – le standard qui sera utilisé dans les années 1980 par Vinton Cerf et Robert Kahn pour concevoir Internet. Lancé en 1981 en Ille-et-Vilaine, puis en 1982 dans le reste de la France, le Minitel est devenu inutilisable en 2012, avec l'arrêt du protocole X.25 et du réseau Transpac.

« Au milieu des années 1990, surfer n'est sans doute pas le terme le plus approprié pour décrire la navigation sur Internet. C'est lent, ça rame ! (...) Il faut plusieurs minutes pour afficher une page et pendant tout ce temps la ligne téléphonique reste occupée : on ne peut pas téléphoner et plus personne ne peut nous joindre ! Et gare aux fausses manœuvres ! Il ne s'agit pas de cliquer par erreur sur un lien tant les pages sont lentes à charger, c'est décourageant de se tromper, et ruineux aussi. Il faut avoir du temps pour flâner sur le Web. Et de l'argent aussi. À raison de quatre-vingts euros l'heure de connexion, le cyberespace n'est pas encore à la portée de tout le monde ![2] », confirme Orianne Garcia.

Même son de cloche chez Gilles Ghesquière, président fondateur de Nomade. « Il y avait tout à faire, c'étaient les balbutiements du réseau et il y avait peu d'utilisateurs en ligne. Si vous vouliez créer quelque chose, mieux valait créer un service générique : pour lancer un site e-commerce de vente de patins à

1 Valérie SCHAFER, 2018, *op. cit.*
2 Orianne GARCIA, 2011, *op. cit.*

roulettes, vous auriez dû attendre un petit moment avant que la masse critique soit atteinte ! De notre côté, on était nous-mêmes sur un marché où il y avait très peu d'internautes », s'amuse-t-il. En outre, observe le pionnier du Web français, « les connexions étaient très lentes, donc la bande passante pour vendre était très faible, ce qui était problématique. Se connecter au réseau, c'était allumer un ordinateur (une minute), ensuite se loguer (une à deux minutes), et s'armer de patience car le débit était très faible ».

Le « coût d'entrée » pour développer un site ou un « business » était aussi « beaucoup plus élevé qu'aujourd'hui », indique Gilles Ghesquière. « Il fallait acheter soi-même des serveurs, il fallait des compétences pour [les] administrer, et il fallait acheter de la bande passante, qui était très chère. Donc le ticket d'entrée pour faire partie de ce Web des débuts était dix à vingt fois supérieur à ce qu'il peut être aujourd'hui, où vous pouvez développer votre site sur Amazon ou d'autres acteurs d'hébergement très simplement. Ce n'était pas possible à l'époque. »

Autre frein à l'entrepreneuriat du Web : l'environnement de capital-risque[1] et de *business angels* en France. « Il était très réduit à l'époque. Il s'est beaucoup développé, mais entre 1994 et 1997, il y avait une dizaine de capital-risqueurs sur la place de Paris, et ils avaient essentiellement l'habitude de financer des start-up de *hardware* et d'édition de logiciels ; des logiciels que l'on installait sur des ordinateurs d'entreprises et que l'on vendait sous licences pluriannuelles. Là, c'était un tout autre *business model*, une bête un peu différente... Les capital-risqueurs qui misaient sur le Net étaient presque inexistants. Concernant mon projet, le fait d'aller les voir avec un site média grand public (et pas B2B), financé par la pub et dont la valeur ajoutée n'était pas énorme, c'était quand même un gros challenge », se souvient Gilles Ghesquière.

En 1998, Nomade a bénéficié du soutien du capital-risqueur Olivier Protard, « qui était un visionnaire, mais qui se basait aussi sur l'exemple américain de Yahoo! et Netscape ». Son fonds, Sofinnova, avait ainsi injecté quatre millions de francs (huit cent trente mille euros) dans la startup, prenant 33 % de son capital au passage. Mais avant cela, lors du lancement de la startup Objectif Net en 1996 puis des deux premières années du site Nomade, Gilles Ghesquière n'a recours qu'à ce que les Américains surnomment les 3 F, pour « *family, friends and fools* ». Autrement dit, le cercle familial, les amis et « les fous ». « Pour se financer, au début, il fallait vider ses poches, avant d'aller voir les autres. Il fallait montrer que l'on était « *skin in the game* », c'est-à-dire impliqué financièrement dans le projet, en dehors du travail fourni. J'ai puisé dans mes économies (jusqu'à mon plan épargne logement), mon ami Jean Postaire aussi, puis nous avons convaincu une dizaine d'amis de participer, pendant deux tours de table,

1 Le *venture capital* (VC), ou capital-risque en français, désigne l'activité de financement de start-up par prise de participation au capital des sociétés. Le VC est généralement le fait de *business angels* ou de fonds d'investissement spécialisés. En plus de l'argent investi, il est fréquent que le VC apporte une expertise technique, ou s'implique dans la stratégie de la start-up. Bien que cela soit risqué pour les investisseurs qui apportent des fonds, le potentiel de gain est non négligeable. Pour les jeunes entreprises, le recours au VC est ouvent essentiel à leur développement.

jusqu'à réunir ainsi un million six cent mille francs (trois cent trente-deux mille euros) », raconte l'entrepreneur.

Les possibilités de financement sont donc bien différentes de celles que connaissent à la même période les start-up américaines du Web : « Aux États-Unis, ça allait beaucoup plus vite. Les fondateurs de Yahoo! et Google[1], par exemple, ont reçu la visite, dans leur garage ou leur camionnette, de *business angels* visionnaires, qui leur ont fait immédiatement un chèque, au tout début, avant de les présenter à des capital-risqueurs. De notre côté, nous avons commencé l'aventure Nomade dans mon appartement puis dans la pépinière d'entreprises de la Chambre de commerce de Paris, dans le vingtième arrondissement, entourés de parpaings et en auto-financement. Nous n'aurions jamais pu, en France, aller taper à la porte des capital-risqueurs avant d'avoir développé une vraie audience, avec de bons chiffres d'affaires et des annonceurs. Et les *business angels* qui traînaient leurs guêtres dans l'environnement de la recherche, de l'informatique et d'Internet étaient encore rares. » Le fondateur de Nomade constate finalement : « Aujourd'hui, tout cela a beaucoup évolué : pour monter une start-up, il suffit de se rendre dans un incubateur, Station F ou autre. Et il y a toujours des financiers qui traînent autour de vous. »

Dans son ouvrage[2], Orianne Garcia établit un lien entre le nombre encore faible de *venture capitalists*[3] en France et « le scepticisme franchouillard qui domine alors » vis-à-vis du Web ; un scepticisme qui viendrait selon elle de la foi portée par nombre de personnes dans le Minitel, « parangon de la technologie française ». « Avec le Minitel, la France était peut-être le pays le plus en avance en matière d'échanges électroniques, mais cela n'a malheureusement pas duré longtemps. Elle est restée accrochée à cet instrument quand le monde entier basculait dans Internet. Alors oui, nous étions en avance grâce au Minitel, et nous avons été en retard dans le développement d'Internet en France, à cause de lui », affirme-t-elle.

Entre 1995 et 1997, un débat bat son plein : sommes-nous, en France, « en retard » dans notre maîtrise et notre exploitation de toutes les potentialités du Web, qui fait figure de véritable « révolution industrielle »[4] ? Certains, comme Orianne Garcia, imputent ainsi au Minitel, ce terminal informatique fourni à chaque ménage par les PTT/France Télécom permettant depuis 1982 d'accéder à des services en ligne, la responsabilité du retard en accès Internet observé depuis 1994. Mais d'autres, au contraire, arguent qu'avec ce terminal de « Vidéotext »,

1 En 1998, Andy Bechtolsheim, l'un des fondateurs de Sun Microsystems, est séduit par la présentation que lui font Serguei Brin et Larry Page de la technologie du PageRank : il leur fait un chèque sans même connaître le nom de la société. Son retour sur investissement a été estimé à 1,5 milliard de dollars en 2007. Lire à ce sujet : DEUTSCHE WELLE, « Make Products Not Money », *dw.com*, 12 août 2009. 8

2 Orianne GARCIA, 2011, *op. cit.*

3 En français, les capital-risqueurs.

4 Rapport du groupe de travail présidé par Francis Lorentz, « Commerce électronique : une nouvelle donne pour les consommateurs, les entreprises, les citoyens et les pouvoirs publics », 7 janvier 1998.

nous avons déjà acquis une culture du numérique et une certaine maîtrise des échanges électroniques bien avant qu'Internet soit lancé[1].

« Le développement du Minitel en France a permis l'explosion d'entrepreneurs. Des entrepreneurs de l'écosystème Minitel, qui se sont ensuite transposés sur la nouvelle plateforme Internet et dans le World Wide Web », estime Gilles Ghesquière. « Le Minitel a été plutôt une bonne chose. Quelque part, il a formé toute une génération d'entrepreneurs à l'économie numérique. Et ce n'est d'ailleurs pas un hasard si les pionniers d'Internet, les premiers, qui se sont lancés entre 1994 et 1996, sont nombreux à venir du Minitel », confirme Patrick Robin.

Créateur à trente-trois ans du site de communauté francophone iFrance en 1996, puis fondateur à trente-neuf ans du site de rencontre Meetic en 2002, Marc Simoncini a débuté sa carrière de serial entrepreneur du numérique en créant, en 1985, la CTB (« Communication Télématique Bourgogne »), une start-up spécialisée dans la fourniture de services Minitel rose. Rafi Haladjian, le fondateur de FranceNet, fut « directeur des activités Minitel » de la société Bottin Sysmark, avant de la racheter en 1992 et de développer des services d'annuaire, de jeux et de petites annonces d'emploi. Avant de créer Free en 1999, Xavier Niel a créé des services de Minitel rose entre 1984 et 1990, grâce auxquels il est devenu millionnaire à vingt-quatre ans, en 1990. Enfin, Patrick Robin s'est lui-même étroitement impliqué dans le développement de services de jeux et de messageries sur Minitel, et a fondé l'un des principaux centres serveurs télématiques, Suite1024, qu'il revendra 10 millions de francs en 1995 pour financer la croissance d'ImagiNet. « Nous venons tous du Minitel, et nous nous connaissons depuis cette époque. Ce qui explique qu'aujourd'hui encore nous nous revoyons toujours avec plaisir », note le fondateur d'ImagiNet.

Le Minitel a non seulement permis de former une génération d'entrepreneurs, mais aussi de créer des entreprises qui ont pu se tourner vers le Web à partir de 1995 sans avoir à souffrir d'un modèle économique incertain ; leurs revenus étant maintenus grâce aux services Minitel. Rafi Haladjian, fondateur de FranceNet en 1994, se souvient ainsi que les tout débuts du Web français ne ressemblaient « pas du tout à un eldorado », et que si lui et d'autres pionniers comme Xavier Niel et Patrick Robin, ont pu « se permettre de lancer des projets exaltants et innovants », c'est parce qu'ils venaient du Minitel. « Au départ, le Minitel nous servait à gagner sérieusement notre vie, tandis qu'Internet ne le permettait certainement pas. Nous, on avait le savoir-faire, et surtout l'argent, pour investir à long terme, à une époque où il n'y avait quasiment aucun investisseur. À cette époque, les capital-risqueurs nous auraient ri au nez. Notre chance, c'était d'avoir déjà gagné de l'argent avec nos activités précédentes. C'est ce qui nous a permis de nous auto-financer », raconte rafi Haladjian. « D'ailleurs, nous n'avons pas lâché le minitel du jour au lendemain. J'ai continué mes activités sur ce médium jusqu'en 1999. S'il n'y avait pas eu le Minitel, je ne sais pas du

1 Julien MAILLAND et Kevin DRISCOLL, *Minitel: Welcome to the Internet*, The MIT Press, 2017.

tout comment on aurait financé le Web français. Aurions-nous attendu que les SSII Cap Gemini et Atos se mettent à faire de l'Internet ?[1] », s'interroge-t-il.

Patrice Magnard, président de Alapage, perçoit un autre apport du Minitel : « Ce terminal informatique était basique : un écran et un clavier, aucune manipulation à faire. Il était si simple d'utilisation que les Français en sont venus à oublier qu'il s'agissait d'un ordinateur ! Mais surtout, cet outil était si fruste qu'il obligeait les fournisseurs de contenus à être concis, efficaces : il leur fallait mettre toute l'information sur un seul écran. Une culture du dépouillement qui sera très utile quand les premiers sites marchands seront construits, puisque les utilisateurs étaient avant tout en attente d'une navigation la plus simple possible.[2] » Avec le Minitel, les Français auront finalement acquis une certaine « culture du clavier », de l'écran et des interactions en ligne.

Fondateur du site de vente en ligne de produits informatiques LDLC en 1996, Laurent De La Clergerie estime de son côté que le Minitel a permis, en quelque sorte, de « préserver » les pionniers de l'e-commerce des acteurs « traditionnels » du *retail*. « Les clients n'étaient pas les mêmes sur le Web et sur le Minitel. Le Minitel, c'était la Redoute, les 3 Suisses. Il nous a protégés, dans un sens, de ceux qui vendaient déjà sur ce canal. Comme le Web démarrait très lentement, les acteurs du Minitel, des poids lourds comme La Redoute et les 3 Suisses ont mis du temps à venir, et à comprendre qu'ils devraient nous rejoindre. Quelque part, le Minitel a protégé les nouveaux entrants des anciens, et leur a permis de grandir tranquillement[3] », se souvient-il. « Pendant un certain temps, ma plus grande peur était de voir débarquer sur le Web les mastodontes qu'étaient Auchan, Carrefour et les autres. Je me disais qu'ils avaient tellement d'argent qu'ils nous balaieraient en arrivant. Mais ils ont tellement attendu, notamment parce que le Minitel leur suffisait, que nous avons eu le temps de grossir, suffisamment pour leur tenir tête ensuite. »

De son côté, Orianne Garcia, affirme que le Minitel « a préfiguré tout l'e-commerce d'aujourd'hui. Car avant de faire du shopping sur Internet, nous nous sommes tous rodés, durant de longues années, jeunes et moins jeunes, sur ce truc ![4] »

Patrick Robin, lui, revient à la question de l'environnement de capital-risque et de *business angels* et estime que « le Minitel n'a pas retardé le démarrage d'Internet et des services commerciaux du Web en France : il s'agissait surtout d'une question de financements, ainsi que de populations et de marché ». « Le financement, en France, a toujours été, même si cela s'est amélioré aujourd'hui[5],

1 Entretien avec rafi Haladjian, 16 août 2022.
2 Benjamin RASSAT, 2007, *op. cit.*
3 Entretien avec Laurent de la Clergerie, 1er septembre 2022.
4 Orianne GARCIA, 2011, *op. cit.*
5 En 2021, l'association France Angels dénombrait 5 500 *business angels* actifs, regroupés dans soixante-quatre réseaux organisés par territoire ou par secteur. Leurs principaux secteurs d'investissement : les biens de consommation (11 %), la santé (34 %), et le digital (36 %). Concernant ce dernier domaine, France Angels précise qu'il s'agit de l'e-commerce, des e-Services, des services informatiques, du multimédia, des télécoms, du mobile, des logiciels, de l'électronique et des outils Internet. Voir *www.franceangels.org/chiffres-cles*

très en dessous de tout ce qui pouvait se faire aux États-Unis et dans les autres pays anglo-saxons, pour des raisons structurelles : les fonds d'investissement, et notamment le *venture capital* ne font pas partie de la culture française. Contrairement aux Américains qui ont l'habitude d'investir en Bourse, nous avons traditionnellement une culture d'épargnants. L'aversion au risque de la part des Français est puissante, et elle impacte fatalement le financement de nos entreprises, même innovantes », note le fondateur d'ImagiNet. Selon lui, il existerait aussi en France une mentalité aux antipodes de celle des Américains, « selon laquelle gagner de l'argent et s'enrichir est quelque chose de mauvais ».

« La question de la mentalité est cruciale dans l'histoire du Web français. Il n'y a qu'à voir l'histoire d'Amazon : c'était un an et demi avant LDLC, mais leurs deux premières années sont exactement les mêmes que les miennes. Je pourrais écrire la même histoire, sauf qu'eux ont reçu 100 millions de dollars d'un coup de la part d'investisseurs. La notion du risque n'était clairement pas la même aux USA, où les boîtes ont toujours été survalorisées. En étant trop prudents, nous avons pris des années de retard sur les Américains », observe de son côté Laurent De La Clergerie.

Enfin, comment rivaliser avec un marché américain de 250 millions d'habitants ? « Les premières start-up américaines, dont Yahoo! et Netscape, ont été lancées en 1994, mais se sont introduites en Bourse très tôt, à peine deux ans après, en 1996 ; c'est un peu la magie de l'écosystème de la Silicon Valley, qui a financé ces start-up et qui les a introduits en Bourse avec une rapidité extraordinaire. Ces boîtes US, au bout de deux ans d'existence, avec un petit chiffre d'affaires, mais certainement pas à l'équilibre, ont pu s'introduire, lever des monceaux d'argent et s'internationaliser très rapidement », commente Gilles Ghesquière. « C'était un exemple pour tout le monde : cela signifiait qu'il y avait de la valeur potentielle dans les activités liées au Web. Et en même temps, pour la concurrence, notamment dans le domaine des moteurs de recherche, cette arrivée si rapide d'acteurs américains très bien financés comme Yahoo! ou Lycos, a changé la donne et a sérieusement compliqué les choses », ajoute-t-il.

Néanmoins, c'est entre 1996 et 1997 que débute l'ère de la Net euphorie, et que se développe en France un véritable Web français, avec ce sentiment de créer et d'inventer sans cesse des services disruptifs. « On a fini par faire tout ce que les Américains faisaient. Toutes les boîtes géniales montées en France étaient des « *Me too* ». Mais un vrai écosystème s'est créé à cette période », explique Patrick Robin. D'abord, les moteurs de recherche et les annuaires : comme nous l'avons vu, face à Yahoo!, Excite, Infoseek et AltaVista, on pouvait trouver Lokace d'Orianne Garcia, Echo de Christophe Dupont, Ecila de Pierre-François Grimaldi (Telestore), Nomade de Gilles Ghesquière et Lycos France de Marie-Christine Levet.

Le moteur de recherche français Echo a été créé en septembre 1996 à Sophia-Antipolis, par le physicien Christophe Dupont. Il est rejoint en avril 1997 par le commercial pro-Web Michel Bisac, et l'informaticien Christophe Ruelle, qui ont de leur côté fondé une société de services sur Internet, ProWeb, qui va héberger Echo, dans un premier temps. La start-up développe aussi, en parallèle, des services en ligne et des applications Internet/Intranet. Le moteur de recherche séduit ensuite France Télécom, qui cherche à se faire une place sur le Web. En avril 1997, l'opérateur prend 10 % du capital de la société et acquiert la licence d'exploitation du moteur, qui sera utilisé pour son portail et son propre moteur de recherche : Voila. En juillet 1998, la participation de France Télécom se hisse à 34 % du capital. L'opérateur acquiert, en outre, le droit exclusif d'exploiter le moteur sur le marché mondial. À la même période, Christophe Dupont quitte Echo, avec l'envie de s'orienter vers « un portail plus humain ». Il fonde le site de communautés virtuelles Respublica en septembre 1998.

Le paysage du Web français de l'époque est aussi marqué par le développement de services d'hébergement qui rivalisent avec les Américains GeoCities et Tripod, et qui surfent sur la vague des créations de pages perso, ancêtres des blogs : il s'agit d'iFrance de Marc Simoncini, de Mygale de FrédéricCiréra, et de Chez.com de Pierre-François Grimaldi.

Côté services de courrier électronique, c'est en 1997 qu'Orianne Garcia, Alexandre Roos et Christophe Schaming créent un concurrent français pour Hotmail (Microsoft) et Yahoo! Mail : Caramail. À l'époque, Lokace ne génère pas assez de revenus : il est censé être financé par la publicité, mais celle-ci peine à venir. En parallèle, l'audience est en baisse. « Lokace décline, c'est un fait. Nous étions leader du classement et nous nous retrouvons bientôt en milieu de peloton, après Nomade, Yahoo! France, Echo, et devant Lycos. Je sais que ce n'est plus suffisant. Lorsqu'on choisit la publicité en ligne comme modèle économique, il faut être dans les trois premiers sites à plus forte audience. Il n'y a pas d'autre choix : les liens sponsorisés, qui ont inventé un vrai modèle économique et ont fait la fortune des moteurs de recherche, en particulier celle de Google, n'existent pas encore. (...) Nous avons un problème de taille, à la limite de la schizophrénie : d'un côté, nous voulons que l'internaute s'en aille aussi vite qu'il est venu, signe que notre moteur est efficace, et de l'autre, nous aimerions qu'il reste un peu chez nous (pour visionner les publicités, cliquer sur les bandeaux...). Pour résoudre cette équation complexe, de nombreux sites choisissent de se transformer peu à peu en portail, offrant à la fois des outils de recherche et des contenus susceptibles de retenir l'internaute. Les géants américains Yahoo! ou AltaVista suivront ce chemin. De notre côté, une seule question nous obsède désormais : « Que faire pour booster l'audience de notre truc ? »[1] », se souvient Orianne Garcia.

1 Orianne GARCIA, 2011, *op. cit.*

La solution se présente d'elle-même, tant le trio fait preuve de clairvoyance face aux enjeux du Web de l'époque : « Comment faire pour fidéliser les internautes ? Bon ! Pensons pragmatique : que fait-on principalement sur le Net, tous les jours ? Ben… on consulte ses mails ! C'est vrai que c'est notre utilisation première du réseau mondial, avant la recherche. Là-dessus, Christophe lâche : « Vous avez vu ce service de mail américain ? Hotmail, ça s'appelle… » Mais oui, c'est ça ! Incroyable cette sensation de tenir l'Idée. Un mail, on n'en change pas tous les jours. Le meilleur moyen de fidéliser les internautes, c'est donc de leur offrir un mail ! Un mail gratuit, en français, consultable facilement depuis n'importe quel ordinateur connecté à Internet, n'importe où, sans manipulation compliquée, juste en entrant son pseudo et son mot de passe. Cela n'existe pas encore en France. Nous tenons l'idée. C'est une montée d'adrénaline énorme. On a du mal à y croire tant cela s'impose comme une évidence : comment se fait-il que personne n'y ait encore pensé ? » Le succès de Caramail, lancé en octobre 1997, est fulgurant : les six premiers mois, le service de messagerie Web enregistre plus de mille nouveaux inscrits par jour. Il se diversifie ensuite en proposant un chat (très fréquenté), ainsi que des forums – Caramail devenant l'un des plus importants portails Web communautaires francophones, mêlant service de courrier électronique et site de discussion.

Autre domaine dans lequel un entrepreneur français fait figure de pionnier : l'e-commerce. Alors qu'Amazon a été lancé en en juillet 1994 par Jeff Bezos, et que son introduction en Bourse n'aura lieu qu'en mai 1997, Benjamin Magnard, à la tête d'un groupe familial d'édition scolaire, a lancé Alapage sur Minitel en 1988, avant de la transposer sur le Web en 1996. Sur Minitel, Alapage permettait aux libraires d'y vendre leurs livres, contre un abonnement mensuel de mille cinq cents francs (l'équivalent actuel de trois cent soixante-quatre euros), et une commission sur le chiffre d'affaires. Les prémices d'un modèle de *marketplace*. Le catalogue fut ensuite enrichi de CD-ROM et de cassettes vidéo. C'est en 1995, après un voyage d'études aux États-Unis, que Benjamin Magnard décide de se lancer sur le Web : en six mois et avec quatre personnes, il crée ainsi le site *alapage.com*, le tout premier à bénéficier d'une vraie base de données produits, avec cent mille ouvrages référencés lors de son lancement en mars 1996. Au départ, la croissance du site marchand est assez timide (environ cent cinquante mille francs de ventes en 1997, l'équivalent en 2022 de trente et un mille euros), mais elle est là, et sera bientôt décuplée quand Benjamin Magnard lancera le tout premier programme d'affiliation sur Internet en 1998. En parallèle, les entreprises créent leurs propres pages Web d'e-commerce : chez Imaginet, Patrick Robin en développe quotidiennement, au point de créer « pour le plaisir, le dimanche », un annuaire de sites marchands : Le Web Marchand. « C'était en 1996, j'avais référencé à peu près mille sites d'e-commerce. » Mais ces sites sont en majorité étrangers, et quand ils sont français, ils ne sont bien souvent qu'embryonnaires. À cette période, Alapage est alors le seul site français d'e-commerce capable de rivaliser avec Amazon ; bien avant l'arrivée de CDiscount et IBazar, qui ne seront opérationnels que début 1999.

En 1997, le succès d'Alapage suscite l'intérêt de la Fnac, mais sans que les négociations aboutissent. En 1998, Patrice Magnard voit défiler de nombreux industriels et capitaux-risqueurs dans son bureau. C'est finalement France Télécom qui acquiert la plateforme d'e-commerce, Patrice Magnard estimant avoir perdu trop de temps dans la recherche de financements. La vente a lieu en 1999, pour 340 millions de francs (49 millions d'euros). Mais la bulle Internet explose, tandis qu'Amazon grossit et qu'émergent eBay, ainsi que les concurrents français IBazar, CDiscount et Aucland En 2009, face à des résultats financiers en berne, France Télécom revend Alapage à Rue du Commerce, qui fait d'Alapage.com une marque blanche de la librairie Decitre, avant sa fermeture définitive en 2012.

C'est à la même période qu'Alapage, en 1996, que Laurent De La Clergerie a fondé LDLC, un site qui porte ses initiales. À l'époque, ce jeune ingénieur diplômé de CPE Lyon n'a aucunement comme projet de se lancer dans l'e-commerce. « Mon objectif était d'apprendre à coder un site Web : j'étais développeur pour des entreprises, et si je maîtrisais divers langages de programmation, je ne connaissais pas encore les langages du Web (HTML, CGI, PERL). Je ne savais pas au début à quoi servirait mon site, puis j'ai décidé de le consacrer à la vente de matériel informatique, car j'en vendais déjà à mes clients. Mais je n'avais aucun business plan », s'amuse-t-il. Le paysage de l'e-commerce français à l'époque ? Comme Benjamin Magnard, il se souvient d'un marché encore embryonnaire : « Il n'y avait presque rien. Au moment où j'ai mis le site *LDLC.com* en ligne, on ne pouvait pas commander par carte bancaire sur Internet, car cela n'existait pas. Il n'était possible de payer que par chèque. Pour trouver un serveur et me faire héberger, j'ai dû me tourner vers les États-Unis, car il n'y en avait pas non plus en France. On était vraiment aux balbutiements du Web comme de l'e-commerce ».

Selon l'actuel président du directoire de LDLC, « à part mon site, le fleuriste Aquarelle.com créé la même année et Alapage, une réplique française d'Amazon, il n'y avait quasiment aucun site important d'e-commerce français sur le Web ». Si au début, il a surtout pour objectif d'apprendre à coder plutôt que de vendre sérieusement des logiciels et des composants informatiques, il constate rapidement le potentiel de son créneau. « Les ventes ont grimpé assez vite. Je continuais mon activité de développeur à côté, mais j'ai vite compris que celle pour LDLC allait prendre le dessus. Les commandes ont fini par tomber toutes seules. La chance que j'ai eue à cette époque, c'est que comme je vendais du matériel informatique, et que les internautes des débuts étaient tous bien équipés (ou mieux que les autres), j'étais tout de suite sur le segment qui allait avoir le plus de clients au démarrage du Web. C'est ce qui a permis au site de grandir rapidement. Toute personne sur Internet était à l'époque un passionné d'informatique, et donc potentiellement un client de LDLC. » Pour autant, il précise qu'il ne s'imaginait pas que LDLC « deviendrait un jour un acteur de l'e-commerce faisant 300 millions de chiffre d'affaires par an ».

François et Henri de Maublanc créent Aquarelle et leur première boutique de fleurs à Paris en 1987. Presque dix ans plus tard, en 1996, les deux frères s'intéressent au potentiel de l'e-commerce. « L'arrivée d'Internet nous laissait entrevoir la possibilité de vendre nos produits à distance sans forcément le faire depuis un magasin, tandis que nous avions alors une vingtaine de boutiques en France », explique François de Maublanc dans E-commerce Mag (« Aquarelle, la fine fleur du Web », EcommerceMag.fr, 4 janvier 2018). Au site spécialisé, il explique que rapidement, il perçoit « l'importance des photos » sur un site marchand, et propose aux clients d'Aquarelle de « visualiser le bouquet expédié », car c'est « un choix judicieux [qui] fera décoller notre activité en ligne ». Dans les années 2000, l'e-commerce devient le principal axe de développement du spécialiste de la fleur.

Quand il lance son site en 1996, tout passe par l'auto-financement. Soutenu par son frère Olivier (tout juste sorti de l'EM Lyon Business School) et sa sœur Caroline (fraîchement diplômée de Bordeaux école de management), il finance ainsi LDLC avec ses fonds propres : son RMI et cinquante mille francs (sept mille euros) empruntés à son père. « Je n'ai pas levé de fonds. C'était une autre époque. Quand j'ai poussé la porte d'une banque pour financer les trésoreries et payer mes commandes, on a décliné ma demande en me répondant que le Web marchand n'avait pas d'avenir. Quand plus tard, j'ai voulu créer une boutique physique pour avoir du stock, en 1998, j'ai réussi à l'ouvrir en vendant aux banques que j'ouvrais un cybercafé ! Parce qu'à l'époque, ils croyaient aux cybercafés, des lieux à la mode. Mais ils ne croyaient absolument pas à la vente sur Internet », se souvient-il.

Des difficultés financières freinent l'expansion de LDLC, mais la situation se débloque légèrement en 1997, d'une façon plutôt originale. Durant l'été, Laurent De La Clergerie décide, à tout hasard, de participer à une chasse au trésor organisée par Paris Match et Max Valentin, l'inventeur des énigmes de la Chouette d'or. Déchiffrant les indices avec l'aide d'un ami, il parvient à se saisir du « magot » : soixante et onze mille francs (quinze mille euros). Avant d'ouvrir sa première boutique à Lyon en mai 1998, LDLC connaît aussi des difficultés liées à l'impossibilité de disposer des stocks. Au départ, il expédie ses commandes depuis l'appartement familial. Dans une interview accordée à Paris Match en 2015, il raconte avec amusement que sa première vente était celle... d'un livre, qu'il a dû chercher directement dans un magasin :« J'ai vendu ce livre le lendemain de l'ouverture du site. À cette époque, les paiements par carte bleue en ligne n'existaient pas. Alors, quand j'ai reçu le chèque de ce premier client, j'ai dû aller acheter son livre à la Fnac, car je travaillais sans stock à mes débuts.[1] »

Le succès arrive finalement en 1998, d'une façon là encore atypique. La clé sera la publicité en ligne… ou plutôt l'achat d'une bannière. Une seule bannière, achetée sur Hardware.fr, qui est alors « le » site d'information des mordus d'informatique. « En 1997, Marc Prieur, un étudiant passionné qui testait des produits d'informatique sur son temps libre, avait créé un site personnel, sous le nom d'achat PC, qu'il a vite renommé Hardware-Fr. C'était tout simplement l'un des sites Web français les plus fréquentés de l'époque ! Un jour, il raconte que son ordinateur est tombé en panne et que, comme il n'a pas les moyens d'en racheter un, il doit cesser ses tests pour plusieurs mois. Je lui ai alors écrit, pour lui proposer de lui offrir un ordinateur, en échange d'une bannière sur son site. Il a accepté, et c'est en apparaissant sur ce site consacré au *hardware* que LDLC a pu se faire connaître. Les commandes ont soudainement explosé, passant de quinze par semaine à cinq par jour. Et j'ai vite rentabilisé les sept mille euros investis grâce à mon père[2] », raconte Laurent De La Clergerie.

Pour faire connaître son site marchand, le fondateur de LDLC a aussi recours à la bidouille, en détournant les systèmes de référencement des moteurs de recherche : « En 1998, il fallait absolument figurer en bonne position sur AltaVista et Yahoo!. Pour ce faire, peu le savaient, mais il suffisait de prendre un mot-clé, un des *keywords* apparaissant dans les premiers résultats, afin d'apparaître avec lui. C'est ce que j'ai fait, et c'est comme ça que nous étions parmi les premiers résultats des recherches liées au matériel informatique. Puis, quand Google est apparu, l'importance d'être bien classé étant encore plus grande, j'ai continué à manipuler les mots-clés, afin d'apparaître juste derrière Sony et Microsoft. Aujourd'hui, ce serait impossible, mais à l'époque, c'était facile. » Longtemps, Laurent De La Clergerie se gardera bien d'ébruiter le secret de sa notoriété soudaine. « À l'époque, on nous demandait comment on grossissait aussi vite, sans faire de pub. Je savais que c'était grâce aux moteurs de recherche, à une période où personne ne savait encore trop comment les utiliser. Et je répondais simplement aux journalistes que tout venait du bouche-à-oreille. Pour que surtout, surtout, personne d'autre ne pense à exploiter la puissance du référencement. Ce qui était très facile, puisque personne ne se battait encore pour apparaître en premier. »

Entre 1995 et 1997, le Web français se caractérise aussi par le développement d'un véritable marché publicitaire, grâce à la création d'agences et de régies dédiées. L'année qui suit la mise en place d'ImagiNet, en 1995, Patrick Robin lance Régie On Line (ROL), la toute première régie publicitaire Internet en France. « Le Monde Interactif, Libération, Skyrock… On avait tous les médias avec un site Web en régie, puisqu'on était les seuls. Mais il n'y avait pas encore

1 « Quand on est entrepreneur, on s'amuse », Paris Match, 6 mai 2015.
2 Laurent de la Clergerie et LDLC rachèteront finalement le site Hardware.fr, devenu un véritable site d'information, en juin 2000.

beaucoup d'annonceurs ; il y en avait même très peu... », se souvient-il. « La première grosse campagne que j'ai vendue sur le réseau ROL (qui reprenait tous les sites pour pouvoir faire fusionner le trafic), ma toute première bannière vendue, l'a été en 1996 à un jeune stagiaire de l'agence de pub DDB Interactive, pour Opel : un certain Loïc Le Meur. » Ce blogueur et entrepreneur français emblématique, à l'origine notamment de Rapid Site, Actibox, Marketo et Tekora, a créé, en parallèle de son stage, une agence : B2L. « C'était l'une des toutes premières agences de pub spécialisée dans le Web. À l'époque, j'avais comme tous les autres l'objectif de créer des choses nouvelles, mais sans aucune idée de ce qui se passerait financièrement derrière. L'argent était totalement secondaire[1] », décrit Loïc Le Meur.

De son côté, chez Nomade, Gilles Ghesquière développe avec Jean Postaire une importante régie afin de vendre des espaces publicitaires : « On a mis en ligne en France les premières publicités, avec un graphisme interne. On faisait régie et serveur de pub (avec nos propres serveurs). On a développé tout ce marché-là. C'était notre *business model*, parce qu'on n'allait pas faire payer les gens à la recherche. Il fallait qu'on passe des bandeaux et qu'on demande un certain nombre d'affichages de bandeaux. Pour cela, mon associé Jean Postaire a démarché des annonceurs, en leur proposant de mettre de la pub chez nous. Ces annonceurs, notamment Canon et Peugeot, ont pris un risque pour découvrir ce qu'était ce média, et ce qu'il pouvait leur apporter en termes de développement d'image et d'audience sur leurs sites à l'époque. C'était vraiment balbutiant. Ces responsables marketing, qui avaient des budgets pub et qui ont alloué leurs premiers budgets chez nous ou chez nos concurrents, ont pris un risque, mais ils ont contribué au développement de la publicité sur Internet. » Vingt-cinq ans plus tard, la publicité sur Internet deviendra le premier média aux États-Unis, devant la télévision. « Nous, on se battait pour deux mille ou trois mille francs (entre quatre cents et six cents euros) à l'époque : tels étaient nos premiers budgets sur Nomade. Aujourd'hui, on pourrait multiplier cela par six », ajoute-t-il.

Le parcours du serial entrepreneur Alexandre Stopnicki est sans doute celui qui illustre le mieux la naissance de l'écosystème publicitaire français sur le Web, ainsi que sa façon de professionnaliser rapidement et d'accéder à une certaine maturité, dans le sillage du développement des médias en ligne. Diplômé de l'EDC Paris, « l'École des cadres », il débute sa carrière professionnelle comme directeur du développement d'Europa, une PME parisienne qui fabrique du matériel industriel pour l'automobile. Il y anime un réseau de commerciaux et développe aussi un réseau de distributeurs en charge de l'export ; tout en mettant en place l'équipement informatique pour les équipes communication et marketing. En 1994, il fonde Numériland, sa première société, une agence interactive spécialisée dans la conception de bornes interactives et de CD-ROM pour les entreprises et les institutionnels. « C'est après avoir rencontré un certain

1 Benjamin RASSAT, 2007, *op. cit.*

succès en fabriquant des bornes interactives pour Europa lors du salon Équipe Auto, que j'ai eu l'idée de proposer ce genre de solutions multimédias aux entreprises et aux marques. J'étais passionné par ces machines qu'il fallait concevoir de A à Z, avec des programmes spécifiques, et qui prenaient cinq heures pour l'assemblage, juste pour une démo. C'est une technologie sur laquelle j'ai parié, car même si elle fonctionnait mal, elle était susceptible de bouleverser la façon de présenter ou de vendre des produits. Puis je suis passé aux ordinateurs portables avec CD-ROM, pour des enseignes comme Carrefour, Casino ou Auchan, ainsi que des marques comme United Airlines et Cartier. Je passais mon temps à convaincre des grandes marques que l'usage allait révolutionner leur façon de présenter leurs services ou leurs produits. C'était passionnant. Ça et le fait qu'il fallait tout inventer, et démocratiser le multimédia[1] », raconte Alexandre Stopnicki. La découverte du Web en 1995 est une révélation : une fois encore, après les bornes interactives et les CD-ROM, il fait « un pari sur les potentialités d'une technologie nouvelle ». « Il y avait déjà trop de monde sur le créneau des CD-Rom et du multimédia, ma société devait évoluer. Et je constatais qu'il y avait un manque terrible sur Internet : il n'existait aucun modèle où l'on gagnait de l'argent. Il n'y avait ni e-commerce, ni publicité. Donc j'ai tout de suite pensé que ce serait une bonne idée de partir à la rencontre d'annonceurs, et de trouver également des sites Web souhaitant gagner de l'argent. Car tout le monde faisait des sites, mais personne ne gagnait d'argent », se souvient Alexandre Stopnicki. En 1995, il observe qu'il n'y a « aucun potentiel pour la pub sur le Web, car il n'y a pas d'audience, pas de logiciels pour héberger et livrer des pubs sur les sites (des *adservers*), et pas d'annonceurs sur Internet, car personne n'y comprend rien ». La majorité des annonceurs ne jurent alors que par les « médias traditionnels » : télévision, radio, presse écrite, affichage et cinéma. Le travail de pédagogie est colossal. « À l'époque, il n'y avait pas de financements, il fallait s'auto-financer et trouver au plus vite des clients. Je ne me suis pas payé pendant trois ans, car les banques ne souhaitaient pas prendre de risques. Une mentalité bien différente des Anglo-Saxons, où l'on finance d'abord, avant de voir ensuite. Les clients, il fallait aller les chercher au forceps, les convaincre du potentiel de la publicité sur le Web », raconte le fondateur de Numériland.

En 1996, sa société, devenue régie publicitaire sur Internet, décolle réellement quand il rencontre Alain Le Diberder, directeur des programmes multimédias de Canal+, ainsi que des commerciaux de la chaîne cryptée, qui lui présentent le prototype du Deuxième Monde, un monde virtuel conçu avec l'éditeur français de jeux vidéo Cryo, qui préfigure le métavers d'aujourd'hui[2]. « Ils m'ont montré une cassette vidéo où Paris était reconstitué en 3D, avec des avatars destinés à y vivre, à interagir et à se parler en *live*, via Internet. Ils m'ont montré ça en me demandant : « Est-ce que tu peux nous accompagner ? », « Qu'est-ce que tu en penses ? » Quand j'ai vu ça, je me suis dit qu'il manquait quelque chose :

1 Entretien avec Alexandre Stopnicki, 1er septembre 2022.
2 « Le Deuxième Monde de Canal+ : dès 1997, le pionnier français du métavers », *Le Monde*, 10 juin 2022.

des boutiques. J'ai eu un véritable coup de foudre numérique, et je leur ai alors proposé de commercialiser des boutiques en 3D dans Le Deuxième Monde. Ils n'y avaient pas pensé, et m'ont dit de foncer. Très motivé par la perspective de travailler pour ce média très branché, puissant et avec une forte audience à l'époque, je suis parti voir toutes les marques que je connaissais, et celles que je ne connaissais pas, et je suis revenu avec des centaines de commandes de boutiques. » Pierre Lescure, PDG du groupe Canal+, le reçoit dans son bureau et signe avec lui un contrat : Numériland devient la régie exclusive du Deuxième Monde. Un monde virtuel qu'Alexandre Stopnicki désigne comme « le tout premier métavers au monde », lancé en mars 1997, deux ans avant Second Life[1].

Outre des boutiques d'e-commerce en 3D principalement destinées à des grandes marques, il invente des panneaux d'affichage flottants et des vendeurs interactifs ; des concepts de publicité numérique innovants pour l'époque, qui enthousiasment vite des annonceurs conquis. « Ce business avec Le Deuxième Monde a fonctionné au-delà de leurs espérances, et des miennes. Le Deuxième Monde était un univers virtuel révolutionnaire, au potentiel énorme, et en plus de cela, il était adossé à Canal+, un groupe à l'image visionnaire. Le succès ne pouvait qu'être au rendez-vous[2] », affirme Alexandre Stopnicki. Le succès est tel que Marie-Christine Vendroux, directrice générale de Canal+ Régie, vient à sa rencontre, en 1997 : « Elle m'a confié ne pas comprendre comment je faisais pour gagner de l'argent ainsi et ne rien comprendre au multimédia », raconte le fondateur de Numériland en souriant. « Elle m'a ensuite proposé de me pencher sur le site du groupe, *canal+.fr* : est-ce que je pouvais le vendre aux annonceurs ? C'est comme cela que je suis aussi devenu la régie exclusive du site Web de Canal+ ».

De fil en aiguille, sa société vend des espaces publicitaires sur les tout nouveaux sites de Radio France, Skyrock, Prisma Presse (Gala, Voici, Capital, Géo), ainsi que sur ceux du Journal du Net et de l'Argus de l'Automobile. Elle devient également la régie publicitaire sur Internet d'iFrance, d'AltaVista, d'Universal Music, de Carrefour, et même du groupe Club Med. Mais, même à ce stade, le travail d'évangélisation demeure important : « En réalité, je m'y connaissais davantage en multimédia qu'en publicité. Quand j'allais voir une marque, un média ou une entreprise, mon but n'était pas tant de la persuader de diffuser de la pub en vendant des espaces digitaux, que de la convaincre de l'utilité du Web ! C'était mon atout : éduquer les annonceurs, les entreprises et les médias au potentiel d'Internet. Leur expliquer pourquoi leurs clients allaient bientôt se retrouver en ligne. Les régies traditionnelles ne savaient pas faire cela, car elles n'y comprenaient rien elles-mêmes ».

1 Annie KAHN, « Premiers pas dans Le Deuxième Monde », *Le Monde*, 2 mars 1997.

2 Laurent Lassure, président de l'association des Bimondiens (depuis 2001), explique dans *Le Monde* avoir découvert Le Deuxième Monde en 1997, via un CD-Rom accompagnant le jeu de Cryo *Légendes Souterraines*. « C'était les prémices d'Internet : une communauté virtuelle, qui permettait de retrouver dans un Paris reconstitué d'autres visiteurs connectés. C'était l'équivalent d'IRC, mais dans un environnement en 3D. Ce n'était pas un site de rencontre : on venait discuter, échanger », raconte-t-il.

En 1998, Numériland couvre, selon son fondateur, un tiers de l'audience des sites français. C'est à cette période qu'Alexandre Stopnicki s'associe à une poignée d'autres pionniers de la publicité en ligne, comme Cyril Zimmermann (Hi-Media), Cécile Moulard (Carat Interactive), Catherine Barba (OMD Interactive), Marco Tinelli (Grey Interactive / Fullsix) et Patrick Robin (ROL). « Nous avions tous la même idée : développer la publicité sur Internet pour de bon, en la professionnalisant. Cela nécessitait de créer une mesure de l'audience, des certifications, un vocabulaire... ». Avec le concours du CESP, le Centre d'étude des supports de publicité, ils conçoivent un livret où sont définis pour la première fois des termes tels que « PAP » (page avec publicité) ou « visiteur unique », et planchent sur un système de certification.

« Nous étions peu nombreux, mais proactifs, car nous voulions ardemment créer un vrai marché pour la pub sur le Web, en nous inspirant de ce qui se passait aux États-Unis et de nos expériences respectives », se souvient Alexandre Stopnicki. Le fondateur de Numériland se souvient qu'aux débuts du Web, « les gens de la télé et de la radio ne voulaient pas qu'on arrive, car ils avaient bien compris qu'on allait leur piquer une grosse part des budgets publicitaires. Ils ont fait pression, mais comme on était tous très volontaires et qu'on y croyait dur comme fer, on a fait en sorte que ça marche. À nos yeux, cela ne pouvait que marcher, lorsque nous regardions les USA, où les annonceurs se multipliaient et dépensaient de plus en plus d'argent ». Mais les volumes sont différents en France. « L'audience d'un site français à l'époque, par rapport à celle d'un site américain, ne serait-ce que par le nombre de visiteurs, était très différente. Et il a fallu du temps avant que les internautes arrivent. Il ne faut pas oublier qu'au début, se connecter à Internet coûtait cher, si bien que l'audience n'était pas encore là. »

À l'époque, Numériland est aussi très active en tant que régie créative. « J'avais compris que les agences considéraient ne pas gagner assez d'argent avec leurs créations sur le Web, par rapport aux publicités à la télé. Il y avait donc un créneau de libre. Alors, nous avons aussi monté un studio, où nous concevions nous-mêmes des bannières et où nous inventions de nouveaux formats, qui paraissent évidents aujourd'hui, mais qui ne l'étaient pas du tout à l'époque. Tout restait à inventer, et c'était cela le plus passionnant. » Pour créer des formats innovants, Alexandre Stopnicki participe aussi à l'IAB, l'Interactive Advertising Bureau, une organisation créée en 1996, regroupant les acteurs de la publicité sur Internet et dont le but était de développer des normes, de mener des recherches, et de fournir un soutien juridique aux acteurs de l'industrie de la publicité sur le Web : « On a créé des formats pour professionnaliser les choses. On disait aux annonceurs de ne pas créer des bannières dans tous les sens et de toutes les tailles, mais de respecter des formats standardisés. C'était la meilleure idée du monde. Auparavant, chacun faisait sa créa avec la taille qu'il voulait. On a rationalisé les choses, et cela a grandement amélioré le business. »

Concernant l'apport de la publicité au Web français des débuts, Alexandre Stopnicki est catégorique : « C'était le meilleur moyen de financement des sites Web à l'époque. Ils ont essayé de vendre des contenus, mais il s'agissait d'une terrible erreur, puisqu'ils vendaient bien souvent ces contenus à Yahoo!, qui revendait ensuite la publicité. Peu de sites vendaient aussi, à l'époque, des produits ou des services. Les éditeurs ont mis très longtemps à le faire. La Fnac comme les marques de luxe craignaient de leur côté de concurrencer leurs magasins physiques. Par contre, ils n'étaient pas contre le fait de diffuser des publicités sur leurs sites. »

Pour professionnaliser davantage le secteur, Alexandre Stopnicki co-fonde enfin, en 2001, le Syndicat des régies publicitaires *online*, l'e-Syndicat, dont il sera le président pendant deux ans. « Une trentaine de régies publicitaires interactives se rassemblent et créent l'e-Syndicat : face à la croissance exponentielle des sites Internet et des nouvelles régies, les sociétés commercialisant de la publicité sur des supports interactifs se sont regroupées. Leur objectif : organiser et professionnaliser le métier de régies interactives. Trois groupes de travail ont été mis en place. Le premier groupe est chargé des relations agences/annonceurs, le second des relations éditeurs et le troisième des relations avec le marché.[1] »

Parmi les membres du e-Syndicat, on retrouve 24/7, Ad Pepper, Adlink, AltaVista, Axidium, Comclick, Cyberclick, Doubleclick, First Gate, France Television Publicite, Liberty Surf, Lycos, Mediatris, MSN, Netregie, NRJ link, Numeriland, Real Media, Wanadoo Regie, et World online. « Ce syndicat, nous l'avons créé parce que nous avions besoin de nous parler entre nous, entre régies pub. Nous ne pouvions pas le faire avec les agences et les éditeurs, qui étaient à la fois nos partenaires et nos clients. Entre pairs, nous voulions nous coordonner pour décider ensemble de ce que nous voulions et de ce que nous ne voulions pas sur ce marché. L'idée était de se mettre d'accord sur la façon dont nous voyions la publicité digitale, car en cas de mésententes, nous n'aurions pas pu développer un vrai marché », se souvient Alexandre Stopnicki. Au sein de l'IAB et de l'e-Syndicat, une centaine de régies associent leurs forces pour, décrit-il, « créer de A à Z un écosystème favorable » à la publicité digitale. « Nous avons notamment professionnalisé le marché en créant une mesure de l'audience réelle et sérieuse, comme l'ODJ pour la presse. Nous avons même créé un panel pour mesurer le chiffre d'affaires des régies françaises. Le tout premier de l'histoire. »

Et les agences, dans tout cela ? « Peu croyaient au Web à l'époque. On n'en comptait que cinq ou six en France, et c'est surtout grâce aux plus grandes, Carat et MPG, que le marché a décollé rapidement. La patronne de Carat Interactive, Cécile Moulard, en particulier, avait tout compris et décidé d'investir là-dessus, ce qui fut réellement décisif. Si ces pionniers n'y avaient pas cru, s'ils n'avaient

1 « Les régies publicitaires se syndicalisent », *Clubic*, 8 mars 2001.

pas vendu la publicité en ligne à leurs marques, le secteur aurait mis beaucoup plus de temps à se développer », constate Alexandre Stopnicki.

Côté FAI, enfin, l'écosystème français est florissant entre 1995 et 1997 : les un à deux millions de foyers alors abonnés à Internet (en bas débit) ont l'embarras du choix. S'ils souhaitent bouder les Américains AOL et CompuServe, ils peuvent ainsi faire appel à World-NET de Sébastien Socchard et Xavier Niel, à FranceNet de rafi Haladjian, à Oleane de Jean-Michel Planche, à Club Internet de Fabrice Sergent, à Imaginet de Patrick Robin, à Infonie de Christophe Sapet, mais aussi et surtout à Wanadoo de France Télécom, l'offre lancée par l'opérateur en mai 1996.

Créé le 11 octobre 1995 par Arnaud Lagardère et Fabrice Sergent, Club Internet est d'abord l'entité FAI de la Grolier Interactive Europe – Online Group, filiale multimédia du groupe LagardèreSCA. À cette époque où Infonie et Wanadoo n'existent pas encore, il vient principalement concurrencer Compuserve, FranceNet et ImagiNet. Sa première offre d'abonnement mensuel RTC (Réseau Téléphonique Commuté) est au tarif très attractif de 77 francs (11,75 euros), hors coût des communications. En 1999, face à une concurrence féroce, Club Internet invente l'un des premiers forfaits Internet, incluant les communications téléphoniques en plus de l'abonnement. En 2000, avec Wanadoo et World-Net, le FAI est l'un des premiers à proposer une offre ADSL (à 512 kbit/s en réception, 128 en émission). Le 16 février de cette même année, Lagardère cède Club Internet à T-Online International AG, branche Internet du groupe allemand Deutsche Telekom et premier FAI européen. Malgré toute une série d'innovations et d'efforts, Club Internet ne parvient pas à faire face à la concurrence écrasante de Wanadoo / France Télécom, ainsi que de Free. En 2007, le FAI est revendu par Deutsche Telekom à Neuf Cegetel, qui acquiert la société T-Online France pour la somme de 465 millions d'euros. Neuf ferme ensuite le site de Club Internet et récupère ses anciens abonnés. En 2009, la messagerie club-internet migre vers SFR. Le FAI disparaît alors totalement.

Entre 1995 et 1997, France Télécom, société née en 1990 sur les ruines des PTT, se détache progressivement de la télématique et du Minitel, pour se tourner vers Internet, dont elle a fini par prendre la mesure. Nicolas Dufourcq, ancien conseiller du président de la société de télécommunications (Michel Bon), fonde fin 1995 la « division multimédia » : France Télécom Interactive. « Mon idée était d'y mettre l'hébergement et les contenus, l'investissement à venir dans TPS (notre plateforme de télévision par satellite), les pages jaunes, le câble, le Minitel, et nos premiers services sur Internet. De cette division multimédia est sorti le service Wanadoo, qui est rapidement devenu une société de FAI[1] », se souvient-il.

Le lancement de Wanadoo en 1996 est le fruit d'une année de préparation et de réflexions. Yves Parfait, ancien directeur général délégué de Wanadoo et bras

1 Entretien avec Nicolas Dufourcq, 21 septembre 2021.

droit de Nicolas Dufourcq, se souvient : « L'idée de développer un service d'accès à internet est née de la nécessité pour France Télécom de trouver une évolution pour la télématique, qui prenne en compte le phénomène des micro-ordinateurs. À l'époque, ces appareils n'étaient pas encore très répandus, mais il était évident que cela allait changer.[1] » Selon lui, France Télécom « avait déjà mis le pied dans la piscine » avec Renater, le premier réseau en protocole IP réalisé en France, « qui avait permis de découvrir la culture informatique d'Internet et de prendre conscience de sa puissance[2] ». Yves Parfait et son équipe se sont donc tournés vers le réseau des réseaux et le Web, convaincus qu'il s'agissait de « la solution pour permettre aux micro-ordinateurs de se raccorder au monde des services. »

« En 1995, France Télécom avait le choix entre plusieurs solutions pour permettre aux micro-ordinateurs d'être raccordés. Le Minitel était parvenu à maturité, et l'opérateur national réfléchissait dès lors à la suite avec trois grandes options : prendre 20 % du capital d'AOL pour développer et opérer AOL Europe ; une télématique à la française déployée sur ordinateur avec un modèle de revenus, un modèle d'App Store qui avait déjà fait ses preuves mais était trop limité à la France ; et utiliser ce fameux protocole IP qui n'avait pas été inventé en France, qui était américain donc un peu suspect aux yeux des chercheurs du CNET (le Centre National d'Études en Télécommunications), mais qui avait l'avantage d'être universel[3] », raconte de son côté Philippe Dewost, co-fondateur de Wanadoo. « Nous étions persuadés qu'il fallait une solution ouverte, qui ne soit pas propriétaire, et même si Internet avait à l'époque des limites d'ergonomie pour le grand public, nous sentions bien que c'était vers cette technologie qu'il fallait s'orienter », résume Yves Parfait. C'est ainsi que le choix de l'option « Internet » est entériné, et que le « projet IAP » (*Internet access provider*) débute en septembre 1995, jusqu'à donner naissance à Wanadoo en mai 1996.

Concernant le Minitel et son impact (positif ou négatif), Yves Parfait se souvient : « Loin de s'opposer à internet, la culture que nous avions des services en ligne et du monde des serveurs a été un atout pour se lancer. À l'époque, beaucoup de gens étaient sceptiques quant à l'usage grand public des micro-ordinateurs, et préféraient le Minitel qui était à leurs yeux facile à utiliser, sans pannes ni ralentissements. Mais Internet offrait une capacité de croissance et de développement très puissante, grâce à son standard universel, mondial. C'est cela qui a pesé dans la balance et qui nous a convaincus de créer un FAI. »

Mais Wanadoo ne se limitera pas seulement à l'accès à Internet : « À l'époque, j'ai créé un ensemble de services, avec les technologies de l'époque certes, mais qui conduisait à une vision qui était finalement assez proche de ce que le Web est devenu : des sites de réseaux sociaux (les pages personnelles, que l'on créait

1 Entretien avec Yves Parfait, 20 mars 2023.
2 Renater (Réseau national de télécommunications pour la technologie l'enseignement et la recherche) est un réseau développé en 1993 par plusieurs organismes de recherche, dont le CNRS, le CEA, l'INRIA et l'INSERM. Il deviendra quelques années plus tard l'un des réseaux contribuant au développement d'Internet.
3 Philippe Dewost, *De mémoire vive*, Point de Bascule, 2022.

via Mygale/Multimania, Chez.com, iFrance... et Wanadoo), une plateforme de commerce électronique (nous avons investi dans Alapage dès 1997, avant de la racheter en 1999), un site de flux d'itinéraires (Mappy, que nous avons lancé en 1997 à partir du service Minitel de France Télécom 36 15 iTi), et un moteur de recherche (nous avons créé le nôtre en 1998, Voila). Nous avions tout pour réussir sur la Toile », résume Nicolas Dufourcq.

Face à ceux qui critiquent l'arrivée « tardive » de France Télécom sur le Web, Nicolas Dufourcq rétorque : « Le projet Wanadoo remonte à 1995, et jamais nous ne nous sommes opposés au développement du Web, bien au contraire. Notre équipe chez France Telecom Interactive était assez isolée au début, au beau milieu de cent cinquante mille télécommunicants « classiques ». Mais ces derniers ont tous fini par être, eux aussi, convaincus du potentiel d'Internet... qui est vite devenu une religion chez nous. Notre ambition en 1996-1997 ? Devenir une « Net compagnie ». »

Yves Parfait se souvient de cette « époque de convergence », où « de nombreuses expérimentations » étaient menées autour du multimédia et des services en ligne. Une diversification rendue possible « grâce à l'émergence du Web, qui offrait des contenus (vidéos, images, sons) beaucoup plus riches que le Minitel ». Une équipe de France Télécom travaillait notamment sur le développement (univers graphique et contenus) de l'annuaire électronique, la version web des Pages Jaunes. « C'était une petite équipe, qui dépendait de l'Office d'annonces (ODA)[1], et qui était sous l'orbite d'une division multimédia dirigée par Gérard Eymery ; qui lui, lançait des « petites pousses », faisait germer des projets pour se diversifier dans le monde des contenus multimédias. En parallèle de l'accès à Internet et du projet IAP, il y avait donc cet objectif de créer des services en ligne. Si bien que nous avons fini par constituer une seule entité : Wanadoo », relate-t-il.

Pour développer Wanadoo, la filiale dédiée France Télécom Interactive rassemble des équipes travaillant sur l'accès à Internet et sur la création de contenus. « Dans cette division multimédia, au sein d'une cinquantaine de personnes, on retrouvait des équipes qui avaient expérimenté l'accès à Internet, et d'autres qui faisaient du contenu. Des gens du monde des télécoms, de la télématique, de l'informatique, de l'audiovisuel, des contenus. Les échanges ont été très enrichissants », se remémore Yves Parfait. Mais ce qui a permis à Wanadoo de prendre son envol, c'est aussi son adossement à la maison-mère, France Télécom : « Elle a laissé notre équipe prendre des risques, elle lui a fait confiance et l'a soutenue, en particulier financièrement. C'est grâce à cette approche que Wanadoo a pu se développer rapidement et contribuer à l'essor des services en ligne en France. »

1 Filiale d'Havas, puis à partir du 1er juillet 1998, filiale privée de France Télécom, ODA était une régie publicitaire d'annuaires imprimés, électroniques et multimédias. En 2000, elle fusionnera avec d'autres sociétés éditrices d'annuaires de France Télécom, ainsi qu'avec une partie du Service national des annuaires de celui-ci, pour fonder Pages Jaunes.

Dès son lancement en mai 1996, Wanadoo « comporte déjà quelques innovations de services comme l'accès direct à un *webmail* ou une information mise à jour quotidiennement », écrit Philippe Dewost dans son ouvrage, *De mémoire vive*[1]. « Au-dessus de la couche d'accès de la page d'accueil, on trouve les services : mail, Guide Web (qui deviendra QuiQuoiOù), téléchargement de fichiers, partenariats avec des éditeurs tiers pour délivrer du contenu à valeur ajoutée aux abonnés. Plus tard viendra aussi un service d'hébergement de pages personnelles », note-t-il. Le co-fondateur de Wanadoo va jusqu'à comparer son ancien bébé à une App Store : « Alors que l'offre logicielle sur micro-ordinateurs était encore très pauvre et difficile d'accès pour le grand public, Wanadoo a créé l'un des premiers App Stores, « Le Bazar Bleu ». S'inspirant d'une droguerie de ville d'Avray, cette logithèque permettait à l'internaute de trouver facilement les logiciels dont il avait besoin, notamment grâce à un partenariat avec PC Magazine. »

La transition du Minitel vers Internet pose un sérieux défi aux pionniers du Web, et les co-fondateurs de Wanadoo n'ont pas été épargnés. « Avec le Web, il y a eu un nouveau *business model* pour les services : dans la télématique, les services minitel récupéraient de la part de l'opérateur télécom une partie des recettes, et ils avaient un revenu assuré. C'est quelque chose qu'on a essayé de reproduire, pas forcément très facilement, et les services sur Internet ont en fait été essentiellement des services en libre accès, gratuits ; car il n'y avait pas ce système du comptage, que l'on retrouve un peu aujourd'hui avec iTunes », explique Yves Parfait. « Mais ce qui est assez amusant, c'est que finalement, le modèle télématique du Minitel - un terminal dédié, avec des services accessibles via des éditeurs rémunérés par un opérateur prélevant quelque chose pour eux - a ressurgi. Sur Internet même, nous avons eu un peu de mal à le reproduire, mais Apple avec les iPhone, les apps et l'App Store, a fini par reconstituer un système similaire. »

Yves Parfait constate que « personne n'aurait pu prédire que les téléphones portables deviendraient les micro-ordinateurs ultimes, donnant accès à tous les services possibles ». Une leçon d'humilité ? « C'est l'un des enseignements que je retiens de toutes ces années : il faut rester humble vis-à-vis des évolutions, à l'écoute, attentif aux signaux faibles, et ouvert à d'autres univers », ajoute-t-il. Selon lui, c'est la capacité de Wanadoo/France Télécom à s'ouvrir au monde de l'informatique et à « ne pas s'enfermer dans ses certitudes », qui lui a permis de « devenir et de rester le fournisseur d'accès leader en France ».

Pour Yves Parfait, malgré un « démarrage lent », Wanadoo a su « tirer parti de son expérience » dans le domaine des télécommunications pour « relever les défis posés par l'essor d'Internet », notamment en développant des serveurs et des réseaux, et en assurant « une qualité de service irréprochable ». La pédagogie et le travail d'accompagnement auprès du grand public ont également été

1 Philippe DEWOST, 2022, *op.cit.*

l'un des atouts majeurs de la société, dès son lancement en 1996. « Notre travail de pédagogie fut l'une de nos forces : nous avions, pour tous ces nouveaux services, des ambassadeurs, qui partaient expliquer leur utilité et leur fonctionnement, dans l'éducation, dans les entreprises... Leur mission était de développer les usages, et pour cela, ils se sont basés sur leur expérience d'accompagnement pédagogique déjà réalisé pour le lancement du Minitel. »

Au-delà de son offre de FAI, Wanadoo a donc su se diversifier et proposer de nombreux services. « Parmi ceux-ci figuraient la messagerie, les pages Web personnelles, les annuaires et les moteurs de recherche », résume Yves Parfait. Le moteur de recherche maison de Wanadoo, Voila, est lancé en 1998 et marque une étape importante dans l'histoire de l'entreprise. « La première page d'accueil de Voila, c'était la page de Google d'aujourd'hui, et au-delà, avec les équipes de France Télécom et de la petite société que nous avions rachetée, Écho, il y avait une équipe de développeurs extrêmement performante. Si bien que Voila portait en son sein les germes d'un développement international très puissant. »

Wanadoo réalise également une incursion dans le commerce en ligne avec l'acquisition du site de vente en ligne Alapage, en 1999. « C'était un petit Amazon, qui était tout aussi qualifié, et de qualité que son concurrent américain », estime Yves Parfait. En plus des services de recherche et de commerce, Wanadoo s'aventure également dans le monde du divertissement en ligne en lançant GOA, une plateforme de jeux en réseau, en 1998. Pour Yves Parfait, l'une des innovations les plus marquantes dans l'histoire de Wanadoo est le lancement de l'ADSL, entre 1997 et 1999 [1] : « À l'époque, nous avions développé toute une galerie de services, mais c'est l'arrivée de l'ADSL qui a amplifié l'activité de Wanadoo, et qui a provoqué une explosion du nombre d'abonnés et d'utilisateurs. »

C'est face à cet écosystème en cours de développement que Lionel Jospin prononce, le 25 août 1997, un discours qui constitue pour Patrick Robin « le marqueur et le déclencheur du décollage du Web en France ». Lors des Universités d'été de la communication, le Premier ministre prononce un discours « moins fort que de celui d'Al Gore en mars 1994 à propos des « autoroutes de l'information[2] », mais crucial et nécessaire, car il annonce que la France doit absolument entrer dans l'ère numérique », relate Patrick Robin. « Il explique que la France doit faire sa révolution numérique, et promet un programme pour l'automne destiné à rattraper le « retard français »... Mine de rien, ce discours change radicalement l'attitude de la presse, des hommes politiques et des grands patrons. Entre 1994 et 1997, peu d'élites croyaient au Web. On était encore dans une culture Minitel. On ne peut pas leur en vouloir, c'est facile aujourd'hui de refaire l'histoire. C'était compliqué, à l'époque, pour les gens, de penser qu'Internet

1 L'ADSL (*asymmetric digital subscriber line*) a permis d'augmenter considérablement les débits de transmission de données sur les lignes téléphoniques. Entre 1997 et 2000, les débits ont connu une croissance spectaculaire, rendant l'utilisation d'Internet plus fluide et plus rapide pour un nombre croissant d'abonnés et d'utilisateurs.

2 En mars 1994, à la « World Telecommunication Development Conference » de Buenos Aires, Al Gore annonce sa détermination à ce que le secteur privé américain construise et entretienne une « infrastructure nationale de l'information », une « super-autoroute » nationale pour les données, destinée à ouvrir une « Nouvelle Frontière » pour le XXIe siècle.

était une vraie révolution, et pas juste un effet de mode. Mais le discours d'Hourtin a changé les choses. » Chez ImagiNet, il se souvient que « là où avant, nous n'avions affaire qu'à des DSI, nos interlocuteurs sont désormais des directions marketing, et même des directions générales ». « Et là où avant, nous faisions des devis à dix mille/quinze mille francs (deux à trois mille euros), nous commençons à en faire à cent mille/deux cent mille francs (vingt à quarante mille euros), jusqu'à cinq cent mille francs (cent mille euros). On sent vraiment que tout d'un coup, les gens se disent que ce n'est pas un effet de mode, mais qu'il se passe quelque chose et qu'il serait bon de s'y intéresser réellement. »

Alors que pendant quatre ans, les pionniers du Web français défendent leurs projets face « à nombre de détracteurs et autres Cassandre qui ne croient pas au potentiel d'Internet, ou qui ne comprennent pas ses enjeux », de nombreuses entreprises et marques investissent le Web à partir de 1997. « En quelques mois, Internet était devenu le nouvel eldorado, *the place to be*. Ce n'était plus une simple techno réservée à quelques geeks, mais un nouveau canal de communication, d'information, de démocratie, d'échanges, de partage, et même de vente et de distribution. Internet était né en France. Merci Monsieur Jospin. S'ensuivirent trois années folles où le champagne coula à flots et où les ventes de babyfoot explosèrent - tout comme la bulle bien sûr, qui ne tarda pas à faire de même en mars 2000 », se souvient Patrick Robin.

En 1997, le chiffre d'affaires d'ImagiNet passe de 8 à 24 millions de francs, et atteint 46 millions (9,5 millions d'euros) en 1998. Une croissance phénoménale, qui permettra à Patrick Robin d'obtenir 120 millions de francs (25 millions d'euros) lors de la revente de sa start-up à Colt Telecommunications, début 1999.

1997-2000

DE LA NET EUPHORIE À L'ÉCLATEMENT DE LA BULLE

Huit mois après le discours d'Hourtin, Orianne Garcia constate également un certain changement côté financements. En décembre 1995, pour développer et faire croître Lokace, lancé avec un investissement de vingt mille francs à peine (quatre mille euros), elle se souvient de s'être heurtée à la méconnaissance d'un banquier de la Spef (Banques Populaires) leur proposant d'ouvrir un prêt à la consommation. « Avec Alex [Roos] et Christophe [Schaming], on en rigole : le monsieur est visiblement plus capital que risqueur », écrit-elle. Mais en avril 1998, pour accompagner la croissance de Caramail, qui est en pleine croissance après seulement six mois d'existence, mais qui a besoin de financements, elle n'a pas de mal à susciter l'intérêt de capital-risqueurs tels que Bernard Maître, de CDC Innovation (filiale de la Caisse des dépôts et consignations) et de Galileo Partners, une *capital venture* alors très en vogue. Même si c'est finalement en revendant Lokace à Infonie pour dix millions de francs, en mai 1998, que le trio obtient suffisamment de fonds pour faire prendre à Caramail une autre dimension, Orianne Garcia se souvient : « Nous le sentons maintenant : le monde commence à nous prendre au sérieux. »

C'est à cette période que Bernard Arnault, capitaine d'industrie devenu millionnaire grâce à ses investissements chez Cisco au début des années 1990, crée un fonds de capital-risque destiné à investir dans ce que l'on appelle désormais la « nouvelle économie » : Europ@Web. Avec un budget de cinq cents millions d'euros, le fonds comptabilise plus de cinquante participations entre 1999 et 2000 ; à raison de cinq à six investissements par mois. Un niveau d'investissements colossal, que le capital-risque français n'atteindra plus jamais.

« Bernard Arnault a été l'un des premiers grands patrons à sentir l'urgence d'investir sur Internet. Par l'intermédiaire du fonds d'investissement Europ@Web, le PDG de LMVH a investi ses derniers de manière souvent avisée. Il a d'abord lancé Libertysurf, un FAI gratuit. Par la suite, il a pris des participations dans QXL (ventes aux enchères), Mp3.com (musique), Cisco (matériel de réseau), e-loan (crédit immobilier), WineandCo (achat de vins sélectionnés), Peoplesound (maison de disques en ligne), etc. Le secteur de base de LVMH, la mode, n'a pas été oublié : lancé en novembre 1999, le site Sephora.com dédié à la beauté recevait un million de visites par jour un an et demi plus tard. E-Luxury.com a ouvert en avril 2000 et constitue un portail d'envergure pour le luxe. LVMH entend mettre en ligne des dizaines de marques de prestige, des sacs Louis Vuitton au champagne Krugg en passant par les bijoux Bulgari[1] », raconte le journaliste tech Daniel Ichbiah.

De nombreux sites Web, souvent aux consonances anglo-saxonnes, fleurissent, de Kelkoo à AuFeminin, de Selftrade à Aucland. « Jusqu'en 1999, c'était une période de Far West, de découverte. Comme au début de tout nouveau secteur, les gens testaient des choses, qui marchaient, qui ne marchaient pas, qui arrivaient trop tôt... Mais il n'y avait pas de limites », se souvient

1 Daniel ICHBIAH, « Les nouveaux héros d'Internet - La folle histoire du Web et de la nouvelle économie », *Mille et Une Nuits*, octobre 2000.

Marie-Christine Levet. Lors de dîners organisés par le magazine *Transferts*, elle retrouve souvent une cinquantaine de pionniers, dont les pièces maîtresses sont rafi Haladjian, Patrick Robin, Marc Simoncini et Pierre Kosciusko-Morizet. Mais à partir de l'automne 1999, c'est au cours d'un tout autre type d'événement qu'elle les retrouve : les First Tuesday. Des soirées organisées tous les premiers mardis du mois, au CNIT, l'immense salon des expositions de La Défense, où se réunissent deux mille personnes. Objectif : faciliter les levées de fonds et la création d'entreprises. Munis de badges colorés, des entrepreneurs en herbe présentent leurs business plans à des investisseurs, des capital-risqueurs et des *business angels* venus soudain par centaines. Se mêlent également journalistes, publicitaires, pionniers et badauds[1]. « C'était l'eldorado. Mais c'était aussi un peu du grand n'importe quoi. Après l'euphorie, on voyait des levées de fonds colossales, grâce à des présentations PowerPoint ; et un grand nombre d'opportunistes. Contrairement aux débuts, avant 1999, où l'on avait affaire à des gens curieux, ouverts et qui voulaient participer à une vraie aventure, on rencontrait désormais des financiers opportunistes et des entrepreneurs du dimanche, intéressés par l'argent rapide », relate l'ancienne PDG de Lycos France. « Les réunions First Tuesday, issues de l'entreprise britannique du même nom, ont largement contribué à l'essor des jeunes pousses françaises. Organisées le premier mardi de chaque mois, elles ont connu une affluence exponentielle. Que fait-on dans les First Tuesday et autres réunions du même type ? On *schmooze*. Ce terme issu de l'argot yiddish new-yorkais signifie que l'on discute et l'on prend des contacts. En France, si les premières réunions se tenaient dans un bar au début de l'année 2000, dès avril, il a fallu réserver le CNIT pour accueillir les trois mille participants. De nombreux investisseurs s'immiscent dans de telles soirées, à la recherche d'une jeune pousse en quête de financement », résume Daniel Ichbiah. « Vous pouviez devenir riche en ne faisant qu'un PowerPoint ; même si votre société n'était pas rentable, vous n'aviez qu'à montrer des courbes à un investisseur et lui promettre de grands bénéfices dans cinq ou six ans, à condition qu'il investisse[2] », affirme rafi Haladjian (FranceNet).

De son côté, Patrick Robin retient cette période, 1998-1999, comme ce moment où « les costumes gris » sont arrivés sur le Web : « On a commencé à voir des cadres de grandes entreprises monter des start-up, des étudiants qui sortaient de grandes écoles et qui au lieu d'aller dans une grande banque montaient leur start-up... C'est à ce moment-là que s'est créé toute l'excitation de la bulle PowerPoint. » « Ceux qui ont lancé des start-up en 1999 ont trouvé un environnement financier beaucoup plus rose que celui qu'avait connu Michel Meyer ou Oriane Garcia quelques années plus tôt. Lorsque Chine Lanzmann et Alexandra de Waresquiel ont eu l'idée de monter le site Newsfam – un site féminin – trouver des fonds a été aisé. Ceux-ci ont ainsi

1 Laurent MAURIAC, « Du succès à l'excès, la vitrine First Tuesday », *Libération*, 9 février 2001.
2 Entretien avec rafi Haladjian, 15 juillet 2022.

vu un investisseur qui a à peine lu la page de présentation de leur projet et a donné son feu vert. Lancé à l'automne avec vingt millions de francs, Newsfam comptait quarante employés fin avril, dont une majorité de journalistes », relate Daniel Ichbiah.

Tout comme Marie-Christine Levet, Patrick Robin retient le côté opportuniste et pousse au crime de beaucoup de financiers de l'époque, dont la plupart étaient jusqu'ici aux abonnés absents pour investir dans les start-up des pionniers du Web français, tout comme des créateurs de nouvelles start-up. « Pour la première génération arrivée sur ce marché... nous étions des utopistes et des « aventuriers » autant que des « pionniers » : à l'époque, entre 1994 et 1997, il est clair que si l'on voulait devenir riche rapidement, ce n'était pas le Web qu'il fallait choisir. Il y avait vraiment un côté « doux rêveur » à l'époque. Il y avait aussi ce côté cyberculture : on pensait d'une façon naïve et utopiste qu'Internet changerait beaucoup de choses, dans la culture, l'information, voire la démocratie (un peu les mêmes rêves, quelque part, que ceux qu'on met aujourd'hui dans la blockchain). Nous étions des entrepreneurs. Ceux qui sont arrivés plus tard, en 1998-1999-2000, étaient pour la plupart des cadres de grandes boîtes de conseil ou de grandes banques, des jeunes gens qui sortaient d'HEC, et qui tout d'un coup percevaient une opportunité parce qu'ils voyaient que l'argent flambait. « Mais attention, dans ces années-là il y a aussi eu une seconde génération de « pionniers », suivie par beaucoup d'autres jusqu'à aujourd'hui. Nous n'avons fait qu'essuyer les plâtres et ouvrir la voie à de nouveaux talents », précise Patrick Robin.

La période où la Net euphorie est à son comble, entre 1998 et 1999, correspond au développement, partout dans le monde, d'un autre phénomène : la bulle Internet. Né aux États-Unis peu après l'introduction en Bourse de Netscape en août 1995, ce phénomène où tout ce qui touchait de près ou de loin à Internet et au Web pouvait lever facilement des fonds disproportionnés et envisager une IPO (introduction en Bourse), mettra quatre ans à atteindre la France. Mais, en 1999, c'est bel et bien cette bulle que l'on voit se développer, et gonfler. « Elle ne dure qu'un an à peine, de mars 1999 à avril 2000. Paris est alors en ébullition, tout le monde parle de créer sa start-up, les jeunes consultants quittent leurs jobs dorés pour monter des portails spécialisés en recettes de cuisines ou des places de marché fantaisistes. Au cœur de cette effervescence, un groupe d'amis évoluant dans le secteur d'Internet et de la finance importe en France le concept londonien des First Tuesdays. À cette époque, il n'existe rien de plus branché... Au printemps 2000, le CNIT ne suffit pas pour accueillir tous les participants. Investisseurs, entrepreneurs, savants fous, étudiants rêveurs, pique-assiettes, journalistes, riches retraités : tous chassent la bonne affaire, l'idée lumineuse qui les conduira à la Bourse, aux stock-options et à la fortune rapide. Dans ce brouhaha, très peu parlent de chiffre d'affaires ou de bénéfices, tout repose sur la levée de fonds. « Lever, c'est gagner », aurait pu être la devise de l'époque. Il faut lever des capitaux puis tenir, en attendant le rachat ou l'introduction en Bourse...[1] », déplore Julien Codorniou, qui a quitté Meta en 2021 et est aujourd'hui investisseur chez Felix Capital.

Selon lui, cette « période folle » a toutefois eu un grand bénéfice : l'esprit d'entreprendre est valorisé. « Pendant plus d'un an, le héros n'est plus forcément diplômé d'HEC, énarque ou cadre dirigeant. Il est celui qui se lance dans « l'aventure entrepreneuriale », qui monte sa start-up et crée des emplois, quelles que soient son origine ou sa légitimité. Seules comptent l'idée et la rapidité à convaincre, du moment qu'au bout du compte, si tout se passe comme prévu, on multiplie par vingt, cent ou mille la mise de départ. Cette glorification de l'entrepreneur mourra malheureusement en même temps que la bulle Internet... »

De nombreux pionniers du Web se souviennent encore de cette période bouillonnante, où les capital-risqueurs leur ont proposé d'injecter des sommes faramineuses, et bien souvent disproportionnées par rapport à la réelle valeur des projets qui leur sont présentés. Orianne Garcia, par exemple, recherchait quinze millions de francs (trois millions d'euros) durant l'été 1999, afin de continuer de développer Caramail. Mais les financiers lui proposent une levée de fonds de soixante millions de francs (douze millions d'euros), tout simplement parce qu'ils ont soulevé dix fois plus d'argent que nécessaire, et qu'ils ne peuvent donc pas investir moins par projet. « Nous refusons. L'investisseur est très embêté. On le comprend, mais voilà : on a besoin de quinze millions de francs, mais pas plus. Sa réaction spontanée résume parfaitement ce que vit Internet français, depuis quelques semaines seulement : un engouement soudain pour la nouvelle économie, une frénésie de prises de participations, une amorce de vague de rachats. L'été 1999, le Web prend, chez nous, une nouvelle dimension, qui s'apparente par moments à la quatrième dimension. Comment expliquer cet étrange phénomène ? Ne nous méprenons pas : l'ancienne économie n'aime pas plus la nouvelle économie qu'avant, mais elle se dit qu'il y a visiblement de l'argent à gagner. Les financiers font leurs courses sur le marché, mais ce sont eux qui alignent les « patates ». Pour rentabiliser leur temps et celui de leurs collaborateurs, ils cherchent des dossiers susceptibles de mobiliser dix millions de francs (deux millions d'euros), pas moins. (...) Durant l'été 1999, tout ce que la France compte d'esprits éclairés dans la finance remarque l'existence d'Internet, et tous les investisseurs partagent illico les mêmes préoccupations : ne pas se faire souffler les meilleures start-up par son voisin[2] », résume-t-elle.

La fièvre de la bulle permet par ailleurs à Orianne Garcia de revendre Caramail en février 2000 un mois avant l'éclatement de celle-ci, à Spray Network, un réseau de portails suédois, pour une valorisation de six cents millions de francs (cent vingt et un millions d'euros). Pourtant, à l'époque, Caramail a un modèle économique qui peine à fonctionner, et venait même de perdre, peu avant le

1 Julien CODORNIOU et VINVIN, 2005, *op. cit.*
2 Orianne GARCIA, 2011, *op. cit.*

rachat, trois à cinq millions de francs. « Malgré un chiffre d'affaires de dix millions de francs sur 1999, les pertes de Caramail sont évaluées entre six et sept millions de francs. Mais à une époque où l'internaute vaut son pesant de dollars, Caramail avec ses deux millions d'abonnés et jusqu'à douze mille inscriptions par jour, représente un investissement alléchant. Le groupe suédois Spray se porte donc acquéreur de 100 % de Caramail, en échange de parts de sa propre société[1] », raconte Daniel Ichbiah.

Sept mois auparavant, Gilles Ghesquière et Jean Postaire ont également eu la chance de revendre Nomade au bon moment, en juillet 1999, à LibertySurf, pour plus d'une centaine de millions de francs (plus de vingt millions d'euros)[2]. « À cette époque, il y avait une accélération très forte du marché à un moment où nous étions sous-capitalisés. Le fait de nous adosser à un grand groupe nous a permis de répartir des investissements et de générer du trafic. Nous apportions de notre côté une expertise en termes de plateforme et de régie publicitaire. C'est la base de ce qui est devenu LibertySurf Group Advertising », affirme Gilles Ghesquière.

C'est dans cette effervescence que l'e-commerce français se développe aussi, considérablement. Laurent De La Clergerie se souvient que 1996-1999 était « une période tranquille, car je n'avais personne en face. C'était très cool, ça nous a permis de grandir ». LDLC ouvre sa première boutique à Lyon en 1998, puis loue des entrepôts. Il commence aussi à exploiter le tout nouveau service de paiement électronique Confinity, qui sera rebaptisé PayPal en 2001. C'est aussi à cette époque que Alapage décolle, avec trois millions et demi de francs de ventes en 1998, et vingt millions en 1999 (l'équivalent de 3,9 millions d'euros), dont 20 % à l'international.

Mais quand la bulle gonflera entre 1999 et 2000, place à la frustration. Une frustration mêlée d'excitation, car le potentiel du Web marchand explose. « Après la tranquillité des débuts, j'ai vu arriver toute une salve de sites, dont certains deviendront des concurrents. Cette bulle, je la vis un peu mal au départ : nous sommes le site le plus gros, mais je les vois tous débarquer en levant des millions, alors que nous nous sommes serré la ceinture pendant trois ans ! Par exemple, Rue du Commerce est lancé en août 1999, et il lève tout de suite vingt millions d'euros », se souvient Laurent De La Clergerie.

Quand ils cofondent Rue du Commerce, Patrick Jacquemin, patron du groupe de presse et organisateur américain de salons informatiques Ziff Davis, et Gauthier Picquart, chef de pub du Figaro, ont envie de se mettre à leur compte pour créer un site spécialisé dans les produits informatiques et électroniques, et « qui serait à la fois Amazon pour la vente, Classified pour les annonces classées, eBay pour les enchères et Priceline pour son pendant, les enchères inversées[3] ». L'entreprise commence timidement, comme souvent, avec un

1 Daniel ICHBIAH, octobre 2000, *op. cit.*
2 « Deux garçons dans le vent du Net. Liberty Surf rachète Nomade, une *success story* française », *Libération*, 10 juillet 1999.
3 « J'étais un pionnier français de l'e-commerce », *Les Echos*, 24 juin 2016.

effectif de trois personnes, et un modèle reposant sur la livraison par des grossistes, afin de « s'épargner la logistique ». Mais au plus fort de la bulle, entre avril 1999 et novembre 2000, ils lèvent d'abord cinq cent mille euros auprès d'investisseurs privés, puis quatre millions et demi d'euros auprès d'Apax et Galileo. Lors d'un deuxième tour de table, en juillet 2000, les deux fonds d'investissement leur fourniront finalement quinze millions d'euros supplémentaires. « Nous, chez LDLC, nous avions beaucoup moins d'argent. Mais nous sommes restés devant tous ces nouveaux acteurs parce que nous avions pris de l'avance », commente Laurent De La Clergerie. Deux concurrents, en particulier, sont arrivés sur le tard, grâce à la bulle : CDiscount et Pixmania. Le premier, lancé en décembre 1998 par Hervé, Christophe et Nicolas Charle, vend d'abord des CD et des DVD d'occasion[1]. Les trois frères entrepreneurs ont choisi de monter « un petit site Internet » parce qu'ils souhaitaient à l'origine créer une chaîne de magasins dédiée aux disques musicaux, « mais que c'était trop cher ». Le succès de CDiscount est rapidement au rendez-vous : grâce à son concept proche d'Amazon (vendre des CD et des DVD à moins d'un euro, et mettre en relation des commerçants indépendants et extérieurs à l'entreprise avec des clients finaux, les internautes), le site explose et représente 70 % des ventes de DVD en ligne début 2000 ; l'année où le groupe Casino deviendra l'un de ses actionnaires[2]. Un an plus tard, en 2021, CDiscount comptabilisera vingt-trois millions de visiteurs par mois[3].

Pixmania, de son côté, est lancé en 2000 par les frères Steve et Jean-Emile Rosemblum, deux jeunes diplômés d'écoles de commerce qui ont débuté leur aventure sur le Web avec un site de développement de photos à distance (Fotovista), avant de s'orienter vers la distribution de produits de prise de vue numérique ; un créneau tout neuf à l'époque[4]. « Jean-Émile et Steve ne souhaitent qu'une chose : inscrire l'entreprise familiale dans l'ère numérique. Ils découvrent la photo numérique aux États-Unis et décident de lancer un site dédié en France. Ils ne s'imaginent pas qu'ils vont créer un cybermarchand qui frôlera le milliard d'euros de chiffre d'affaires. [5] ».

S'ils décident de s'orienter vers la vente d'appareils numériques, c'est parce qu'ils constatent rapidement que leur idée de tirage de photos à distance se heurte à un mur technique : « Le problème, c'est que les modems avaient peu de débit et que peu de gens possédaient un appareil photo numérique. L'idée était bonne, mais le marché n'existait pas. Alors, nous avons décidé d'équiper nos futurs clients », se souvient Jean-Émile Rosenblum. Le business des frères Rosenblum connaît les mêmes aléas que ceux de Laurent De La

1 L'activité de Cdiscount se développera ensuite au-delà de la vente de CD et DVD, avec les produits techniques en 2001, l'électroménager en 2004, le vin en 2007, l'ameublement et la décoration en 2008, ou encore les jeux et produits bébés en 2009. Aujourd'hui, ce cyber marchand français affiche près de deux milliards d'euros de chiffre d'affaires, contre trois milliards environ pour Amazon dans l'Hexagone, et compte trois cent trente mille mètres carrés d'entrepôts.

2 « Comment Cdiscount est devenu l'un des leaders de l'e-commerce en France », *Europe 1*, 18 octobre 2018.

3 La participation directe et indirecte de Casino dans le capital de CDiscount passera à 79,6 % en septembre 2008.

4 « Pixmania, l'histoire du géant français de l'e-commerce », *LSA*, 21 mai 2013.

5 « J'étais un pionnier français de l'e-commerce », *Les Echos*, 24 juin 2016.

Clergerie quatre ans plus tôt avec LDLC : « Les commandes étaient reçues et les colis préparés sur la mezzanine des laboratoires parisiens, dans le treizième arrondissement de Paris. On était en flux tendu », ajoute le cofondateur de Pixmania. Ce n'est qu'en 2001 que le site passera au « stade industriel » afin de suivre l'explosion des volumes, en rachetant Japan Diffusion, un grossiste en produits techniques, et son entrepôt. « Les locaux de Pixmania passent soudain de dix à mille cinq cents mètres carrés. Du coup, les Rosenblum élargissent leurs offres aux TV, aux ordinateurs, puis à l'électroménager », relatent *Les Echos*.

C'est à cette époque de la Net euphorie que les acteurs traditionnels du *retail* s'intéressent eux aussi à l'e-commerce. En mai 1999, Carrefour lance Ooshop, véritable pionnier de la livraison de courses à domicile. La première année, le site dessert uniquement quelques communes de l'Essonne et des Yvelines, avant de couvrir Paris et les Hauts-de-Seine. « Filiale à 100 % du groupe Carrefour, Ooshop arrive sur le marché après les Galeries Lafayette (Télémarket), Casino (C-mescourses) et Cora (Houra.fr). Comme Télémarket et C-mescourse, mais contrairement à Houra.fr, Ooshop propose des produits frais et surgelés. Les fruits et légumes sont emballés à Rungis le jour-même de l'expédition. Les internautes peuvent soit se faire livrer chez eux, soit aller chercher leurs courses dans l'un des trois « points service » répartis autour de capitale : les Ulis, Vélizy et Rungis[1] ». En 2009, Ooshop couvre toute la France et est considéré comme l'un des principaux « hypermarchés en ligne français[2] ».

C'est également au tour de la Redoute et de la Fnac de s'inviter au bal de l'e-commerce, en lançant leurs sites respectifs en 1999 avec un tel dynamisme que, dès octobre 2000, Daniel Ichbiah raconte que « l'un des grands acteurs financiers de la nouvelle économie s'appelle Serge Weinberg et préside Pinault-Printemps-Redoute (PPR)[3] ». Outre le Printemps et la Redoute, « ce groupe embrasse la Fnac, Surcouf, Conforama... Or, la Fnac et la Redoute figurent parmi les sites phares du Web, avec respectivement 40 % du marché des livres et 25 % de celui du textile. Le site Fnac touche en majorité des clients vivant en dehors de la zone de chalandise (cinquante kilomètres) d'un magasin. Autant dire que cette nouvelle forme de commerce permet d'étendre considérablement le rayon d'action d'un magasin. Sur les sites gérés par PPR, les ventes ont été multipliées par cinq en 1999 et Weinberg anticipe une véritable explosion du commerce en ligne et affirme que, demain, tout sera Internet[4] ».

Début 2000, la bulle Internet grossit et menace peu à peu d'éclater. Le 10 mars, le mouvement spéculatif est à son apogée. Ce jour-là, l'indice Nasdaq de New York, qui concentre les principales valeurs technologiques et d'Internet de l'époque (AOL, eBay, Yahoo!, Amazon...), caracole à 5 048 points, après avoir

1 « Le e-supermarché Ooshop élargit sa clientèle », *01Net*, 19 avril 2000.
2 En 2018, Ooshop fusionne avec Rue du Commerce (racheté en 2016 par le groupe Carrefour), au sein du nouveau portail Carrefour.fr, et devient un simple onglet de la plateforme.
3 Daniel Ichbiah, octobre 2000, *op. cit.*
4 *Ibid.*

progressé de 3 757 points en trois ans. Trois jours plus tard, le Nasdaq plonge brutalement, tirant un trait sur cinq années de hausse. Les valeurs de la nouvelle économie chutent verticalement. L'indice du Nasdaq chute de 27 % les deux premières semaines d'avril, et de 40 % sur un an. À la fin de l'année, les nouvelles technologies de l'information et de la communication avaient perdu de leur superbe, entraînant la dégringolade du Nasdaq à 2 470 points.

Comme l'explique l'Observatoire Nortia dans une série d'articles intitulée « Petite histoire des crises » : « L'effet de mode avait conduit les investisseurs à se détourner des fondamentaux des entreprises. Des start-up dépourvues de *business model* ou ne générant aucun bénéfice faisaient des introductions en Bourse très réussies. La valorisation des entreprises était exagérée par rapport à leurs chiffres d'affaires réels, avec des prévisions de rentabilité à moyen terme disproportionnées. Le 10 mars 2000, l'indice Nasdaq atteignit un pic à 5 048,62 points, après avoir doublé sa valeur en un an. Seulement la Réserve Fédérale américaine (Fed) avait augmenté ses taux d'intérêt à long terme six fois de suite depuis 1999, les relevant de 5 % à 6,50 %. Sous la pression de cette remontée des taux, qui s'accompagnait d'une prise de conscience des investisseurs de la non-profitabilité des entreprises "dotcom", la bulle éclata le 13 mars 2000. »

L'éclatement de la bulle entraîne des faillites en chaîne, ainsi que des restructurations dans les grands groupes qui avaient surinvesti dans le domaine. En France, le plus bel exemple est celui de Clust.com, un site d'achat groupé qui rafle trois Clics d'or (des sortes de « césars d'Internet ») le 12 mars 2000, veille du krach boursier, et qui tombe sept mois plus tard, faute de clients : au bord du dépôt de bilan, il est repris par son concurrent, Dealpartners, en octobre. En décembre 1999, la start-up avait pourtant levé, sans la moindre difficulté, quelque quinze millions de francs (trois millions d'euros), avant d'occuper l'espace médiatique pendant plusieurs mois. Elle avait obtenu d'une VC la promesse d'une nouvelle levée de fonds de cinquante millions de francs d'ici août 2000... Mais les investisseurs étant désormais aux abonnés absents, son fondateur, Joël Palix, s'est alors mis à la recherche d'un repreneur.

C'est la fin des First Tuesday. L'heure est à la gueule de bois. Le 19 mai 2000, *Libération* titre : « Nouvelle économie : la fin des flambeurs. » Aux États-Unis, Amazon et Yahoo! perdent 90 % de leur capitalisation boursière en un an. Le britannique Boo.com, boutique de mode en ligne, fleuron d'Europ@Web, le fonds de Bernard Arnault, et dont on prédisait un avenir radieux, fait faillite en mai 2000.

Fondé en 1998 par un ancien mannequin et un critique littéraire, les suédois Kajsa Leander et Ernst Malmsten, ce site de vente de vêtements de mode en ligne se veut « d'avant-garde » et « ultra-sophistiqué ». La communication publicitaire autour de ce projet est si importante et massive que l'entreprise est valorisée jusqu'à plus de quatre cents millions de dollars avant même le lancement du site, sans aucun recul sur son *business model*. Ce « buzz » attire l'attention de Bernard Arnault, et le millionnaire, qui souhaite continuer d'investir dans le Web en Europe avec son fonds Europ@Web, entre au capital du site britannique à hauteur de 8,5 %, et investit plus de huit millions de dollars. Quand il ouvre, le 3 novembre 1999, Boo déçoit. Trop ambitieux, il utilise des images et des animations 3D qui nécessitent une connexion Internet rapide, alors que la majorité (98 %) des internautes dispose alors, chez eux, de modems 56k. La lourdeur et la complexité de son architecture rendent en outre la navigation pénible et les commandes difficiles. L'éclatement de la bulle Internet sera fatal à Boo.com : la faillite survient le 18 mai 2000, soit six mois après le lancement du site, et deux mois après le krach boursier.

Selon une étude de Webmergers, un consultant américain spécialisé dans les fusions-acquisitions, pas moins de deux cent dix sociétés « *dotcom* » auront mis la clé sous la porte en Amérique du Nord et en Europe pendant l'année 2000. Une hécatombe « qui résulte des difficultés croissantes rencontrées par les sociétés pour lever des fonds[1] ». Toujours d'après Webmergers, les start-up spécialisées dans l'e-commerce représentent 55 % des faillites survenues en 2000, et les sites de contenus 30 %.

De son côté, Multimania, l'une des premières start-up du Web français à s'introduire sur le marché de la Bourse de Paris, y fait une entrée fracassante... le 9 mars 2000 ; avant de voir son action chuter de 80 % de sa valeur pendant les six mois qui suivront. Tandis qu'Orianne Garcia et Gilles Ghesquière auront eu la chance inouïe de revendre leurs bébés, Caramail et Nomade, peu de temps avant l'éclatement de la bulle. Ironie du sort, ou simple coïncidence : Caramail (à travers Spray, pour six cent soixante-quatorze millions d'euros) finira par être rachetée par Lycos en septembre 2000, et Multimania sera également acquise par la même société en novembre, deux mois plus tard, pour deux cent vingt-deux millions d'euros. Michel Meyer et Orianne Garcia se retrouveront d'ailleurs à la tête de Lycos France, tour à tour, entre 2001 et 2003. Mais pour l'heure, celle qui dirige l'entreprise en France, c'est encore et toujours Marie-Christine Levet. « L'explosion de la bulle a été très dure, il y a eu ensuite une période de vaches maigres, parce qu'alors, plus personne ne voulait entendre parler du Web. Y compris ceux qui l'avaient encensé et porté au firmament pendant trois ans », se souvient cette dernière. Le krach était-il inévitable ? « J'ai connu Internet à ses tout débuts en France, j'ai vu la bulle gonfler et dégonfler tout aussi rapidement... Mais cela ne m'a guère étonnée, car à un moment donné, les marchés avaient atteint

1 « Plus de 200 start-up Internet ont fermé en 2000 », *ZDNet.fr*, 5 janvier 2001.

des niveaux complètement irrationnels en matière de valorisation de société, ou d'apparition de start-up sans vrais *business models* », estime-t-elle.

Tout comme Multimania, LDLC aura eu la « chance » d'entrer en Bourse un jour avant l'effondrement définitif du Nasdaq, le 13 avril 2000. « Pixmania, Rue du Commerce, CDiscount... Tous ces nouveaux acteurs ont levé des sommes folles, ont fait plein de pub, alors que nous n'avions absolument pas les moyens de les suivre. C'est pour cette raison que nous sommes entrés en Bourse : pour lever des fonds », se souvient Laurent De La Clergerie. « On est vraiment passé de justesse. La bulle a éclaté en vol, et pendant un mois, entre mars et avril, nous ne savions pas si nous pourrions être introduits en Bourse ou non. Nous avons eu très peur, car si nous n'étions pas entrés, l'avenir de l'entreprise aurait été compromis, au vu des frais engagés », ajoute-t-il.

Sans surprise, l'action de LDLC chute peu après son introduction, au lieu de monter, et passe d'une valeur de sept euros cinquante en avril, à un euro seulement en juillet 2000. « Logique : tout le monde avait peur. Mais pour nous, ce n'était pas grave, car l'objectif était de lever des fonds, et c'est ce que nous avons fait. Nous n'aurons finalement levé que trois millions d'euros (auprès des particuliers, puisque nous sommes entrés au marché libre), une somme dérisoire par rapport à nos concurrents nés pendant la Net euphorie, mais cette somme nous a tout de même permis d'accélérer notre développement. Juste de quoi embaucher une cinquantaine de salariés, et louer des entrepôts ». Laurent de la Clergerie ajoute, non sans malice : « Un autre avantage d'être entré en Bourse sur le fil du rasoir, c'est que nous avons levé des fonds au bon moment, puisque quelques jours après, plus personne ne le pouvait. Il n'y a plus eu de nouveaux entrants pendant un moment. »

Henri de Maublanc, cofondateur d'Aquarelle en 1987, s'est intéressé à l'e-commerce en 1995, quand il n'était alors qu'embryonnaire. À l'époque, l'entrepreneur connaît bien le multimédia car il a déjà fait ses armes sur le Minitel : en tant que directeur du développement du magazine *Le Nouvel Observateur*, il participe au lancement de 3 615 Aline, une « messagerie de rencontre » qu'il imagine comme « un réseau pour que les gens se rencontrent et communiquent », avant sa transformation en un service de messagerie rose[1]. Il lance ensuite le groupe Politel en 1985 : ce qui deviendra « le plus grand centre serveur de France » héberge alors des services tiers, comme ceux de Libération et de L'Expansion, et ses propres services, comme Ludotel. Au top de son activité, il possède 20 à 25 % de part de marché et l'entreprise gère quatre à cinq cent mille heures de connexion par mois. Henri de Maublanc, qui confesse avoir « gagné beaucoup d'argent » (cent millions de francs en trois ans) grâce à tous ces services Minitel, décide de créer les magasins Aquarelle et Au nom de la rose avec son frère François.

1 « 36-15 robots du désir », Charles Gilbert, L'Express, septembre 1997.

Presque dix ans plus tard, en 1995, Aquarelle compte soixante magasins, mais la croissance de la société patine. Intéressé par le potentiel du Web, il revend Au nom de la rose et crée Aquarelle.com en octobre 1997, avec l'idée de trouver de nouveaux débouchés : « À ce moment-là, Internet est arrivé alors que le marché avait moins de croissance, le coût du personnel devenait exorbitant avec les trente-cinq heures, alors que nous avions en face des artisans qui travaillaient en famille, soixante-dix heures par semaine[1] », raconte-t-il.

Le *timing* est on ne peut plus parfait : « On a dû faire cinq mille commandes en 98, et c'est à ce moment-là que tout le monde a voulu investir sur Internet. Je n'avais jamais levé de fonds, mais pas mal d'investisseurs voulaient nous voir. » En mars 2000, Henri de Maublanc lève cent quatre-vingts millions de francs (trente-sept millions d'euros), « ce qui à l'époque était la plus grosse levée du marché ». Ces fonds lui permettent de « développer à plus grande échelle le business d'Aquarelle », qui échappe de peu à l'explosion de la bulle, un mois plus tard.

Selon Henri de Maublanc, le créneau d'Aquarelle.com est, depuis le début, singulier, et c'est ce qui explique son succès, même après l'explosion de la bulle Internet : « Le marché des fleurs est très difficile, résilient, mais pas considérable. Il est en France de trois à quatre cents millions. C'est comme ça qu'est né le site Web et qu'on a pu le développer en Belgique, en Espagne, en Allemagne, aux États-Unis... et qu'aujourd'hui on fabrique un peu plus d'un million de bouquets chaque année », explique-t-il. « Le métier d'Aquarelle sur Internet est particulier, parce que c'est le seul exemple que je connaisse ou les gens n'achètent pas pour eux. Le coût de la livraison est trop élevé pour acheter pour soi. Tout repose sur la marque. C'est la stratégie qu'on a adoptée depuis le début. 80 % des commandes, les gens ont tapé Aquarelle sur Google. Parce que si vous êtes dépendant de Google et des mots-clés, vous êtes mort. C'est pour ça qu'on fait beaucoup de télévision et qu'on a une notoriété de marque qui est dix fois plus forte que notre chiffre d'affaires », ajoute l'entrepreneur. Pour se faire connaître, Aquarelle fera tout de même « un peu de Google, mais très peu », selon Henri de Maublanc, qui observe que son concurrent Interflora « dépense dix millions d'euros par an » auprès du moteur de recherche « pour des résultats assez décevants ».

À propos de ce concurrent, un retour en 1998 s'impose. À ses débuts, pendant quatre mois, Aquarelle n'a pas de concurrent en ligne, mais Interflora SFTF (Société française de transmission florale), « rompu à la vente par Minitel », ne tarde pas à se lancer aussi sur le Web, en créant son site en février 1998. Selon un article de LSA, la « boutique virtuelle » réalise « dès le premier mois cinquante ventes », et la moyenne mensuelle s'établit à mille commandes en 1999. « Certes, le Web reste une niche (quatre mille huit cents ventes en 1998 pour un million sept cent mille d'ordres annuels d'Interflora, tous canaux confondus).

1 Aujourd'hui, Aquarelle n'est présent qu'en ligne, sans présence physique, et se décrit comme une enseigne de « vente directe de fleurs sur Internet ».

Mais son rythme de progression en fait un axe de développement stratégique[1] », indique alors Eric Mollica, le responsable de la communication d'Interflora. « Quand on a commencé, on était le plus gros client de Téléfleurs (Euroflorist), qui était le concurrent d'Interflora, donc on savait bien que les gens utilisaient ces réseaux quand ils ne savaient pas comment faire autrement. On savait qu'il y avait une proportion importante d'achats contraints et notre idée était de prendre une partie de ce marché. Ce qu'on a fait : quand a commencé, Interflora devait faire deux millions et demi de bouquets par an, aujourd'hui ils n'en font plus qu'un million 7 ou 8, nous on en fait six cent mille, donc on les a pris », relate Henri de Maublanc. Aquarelle.com n'a pas eu de réelles difficultés pour trouver son public : « Les comportements d'achat sur le Web se sont révélés dès le départ proches de ceux qui s'opèrent sur le Minitel ou en télévente, et les pics de ventes suivent les événements du calendrier (Saint-Valentin, fête des mères, fêtes des grands-mères). À la fête des mères, nous faisons entre quatre-vingts et cent mille commandes en quinze jours, et c'était déjà le cas en 1998. »

Avec du recul, Henri de Maublanc estime que son parcours sans vraie anicroche, il le doit au Minitel : « Tout l'argent qui en venait a été réinvesti. Je pense que le Minitel a été un élément formateur d'une génération qui dans l'ensemble a très bien rebondi dans Internet ; une génération dont je fais partie. »

1 « 1 000 bouquets par mois chez Interflora », Libre Service Actualités, 27 mai 1999. https://www.lsa-conso.fr/1 000 bouquets-par-mois-chez-interflora, 34462

2000-2005

DE LA TRAVERSÉE DU DÉSERT À LA « REMONTADA »

Après l'explosion de la bulle, le Web français traverse une période de turbulences. « Après les excès d'euphorie, une véritable sinistrose s'était vite installée, une pensée unique qui interdisait de croire que les sociétés Internet pouvaient réussir, se développer, gagner de l'argent... Le discours dominant consistait alors à expliquer qu'Internet, c'était du vent, et que les entrepreneurs de la nouvelle économie étaient des voleurs ou, au mieux, des fantaisistes. (...) Face à quelques échecs bien réels mais somme toute limités, les seuls grincheux d'abord et tous les médias ensuite se mirent à entonner à l'unisson l'air du « on vous l'avait bien dit ». Les investisseurs, les fameux capitaux-risqueurs, désertaient à grande vitesse[1] », relate Pierre Chappaz.

De son côté, Marie-Christine Levet refuse toutefois de voir dans l'explosion de la bulle la « fin » du Web français : « C'était une bulle financière, pas une bulle d'usage. Les utilisateurs étaient de plus en plus nombreux et faisaient de plus en plus de choses par Internet, et l'arrivée du haut débit en 2002[2] fera d'autant plus décoller les usages. Et le fait est que la majorité des boîtes qui ont fermé après la bulle ont échoué parce qu'elles n'étaient pas solides, parce que bien souvent, elles avaient été créées par des opportunistes et n'étaient que des coquilles vides. Certains ont pris des coups et ont dû rebondir ailleurs, d'autres ont été trop gourmands et ont perdu beaucoup d'argent, mais la plupart des entrepreneurs français des débuts sont restés dans le Web. Il y en a aussi qui sont devenus très riches et qui ont changé de vie. Mais la majorité des pionniers ont continué. Parce que ce qu'ils faisaient n'avait rien à voir avec le n'importe quoi de ce que l'on voyait à l'époque de la bulle.[3] »

Patrick Robin, toujours mi-agacé, mi-amusé par les fameux « costumes gris » de la période 1997-2000, « plussoie » et assène : « Tous ces gens-là, après la bulle, sont retournés dans les banques, les cabinets de conseil, les grandes entreprises... Alors que les « vrais » entrepreneurs se sont accrochés et ont surmonté ce que j'appelle la traversée du désert, entre 2000 et 2005. Et aujourd'hui encore, ils sont toujours là. » En 2022, nombre d'anciens entrepreneurs du Web tels que Marc Simoncini (iFrance), rafi Haladjian (FranceNet), Jérôme Lecat (Internet Way), Loic Le Meur (B2L), et Patrick Robin lui- même, sont par ailleurs devenus *business angels* et continuent à entreprendre dans le digital.

« Entre 1994 et 2000, un véritable écosystème français s'est créé dans la tech, et il a non seulement perduré mais s'est fortement développé ces quinze dernières années. Aujourd'hui, ceux qui en étaient les représentants il y a plus de vingt-cinq ans, accompagnent la nouvelle génération d'entrepreneurs du digital. Ils

1 Julien CODORNIOU et VINVIN, 2005, *op. cit.*

2 En 2001, à la suite du rachat de Lycos Europe par Terra Networks, filiale Internet de Telefonica, plus grande entreprise espagnole de télécommunications, Marie-Christine Levet démissionne. Elle quitte une entreprise qu'elle a portée en France jusqu'à vingt-deux millions d'euros de chiffre d'affaires, et rejoint Club Internet. Au sein de l'entreprise fondée par Fabrice Sergent, elle lance le premier « pack haut débit » en 2002. Pour elle, le haut débit constitue « un cap crucial, « le » changement dans les usages des consommateurs ». Plus besoin pour les internautes de « compter les heures », la connexion devenant ultrarapide et illimitée. « Cela a vraiment été un tournant dans la pénétration d'Internet dans les foyers et les usages », estime-t-elle.

3 Entretien avec Marie-Christine Levet, 7 juillet 2021.

les conseillent, les financent, quand ils ne sont pas aussi à la tête de nouvelles start-up », constate le fondateur d'ImagiNet. « Mais attention : même pendant la période de la bulle, on a vu surgir de vrais entrepreneurs, qui se sont eux aussi accrochés. Par exemple, Anne-Sophie Pastel, Marc-Antoine Dubanton et Cyril Vermeulen, cofondateurs de AuFeminin, ont été très secoués par la crise. Mais ils se sont accrochés, ils ont restructuré leur entreprise, ils ont fait profil bas pendant un certain temps, puis à partir de 2004, leur boîte s'est relevée, jusqu'à devenir un véritable fleuron du Web français[1] », nuance-t-il tout de même.

Ancien physicien, Benoist Grossmann a été tour à tour investisseur en capital au sein de la Financière de Brienne, et *partner* de Viventures, un fonds initié par Jean-Marie Messier de Vivendi, de 1998 à 2002[2], avant de rejoindre Idinvest (devenue Eurazeo Investment Manager (EIM) en 2021), dont il est actuellement le président. Ce spécialiste du capital-risque, qui a financé notamment Leetchi, Withings, Criteo, LastMinute, iFrance et Meetic, se souvient de la période de la Net euphorie comme d'« une période faste, excitante, faite de découvertes et d'aventures, durant laquelle beaucoup des grands noms numériques d'aujourd'hui ou des entrepreneurs de référence actuels sont nés ». Pour lui, la bulle a aussi eu des bons côtés. « Le monde des VC a vraiment changé entre 1998 et 2000. Beaucoup de fonds ont été levés, et c'est ce qui a donné le T0 du Web français. Certes, beaucoup de sociétés sont allées au tapis, notamment certaines que j'ai financées, comme ChateauOnline.fr et Clust.com. Oui, pendant la bulle, nous étions tous devenus très bêtes. Internet était difficile d'accès, les pages mettaient deux minutes à se charger, on ne pouvait pas payer en ligne avec sa carte bancaire, mais nous avons malgré tout valorisé des boîtes. Quand elles valaient cinq milliards d'euros, elles ne valaient en réalité que dix millions. C'était de la folie. Mais cette période a formé la première génération d'entrepreneurs et de VC, qui ont appris de leurs erreurs et ont rebondi avec succès. Sans la Net euphorie et la bulle, nous n'aurions pas vu surgir des personnes comme Marc Simoncini (iFrance, Meetic), Xavier Niel (Free), Jacques-Antoine Granjon (Vente Privée), ou encore Pierre Kosciusko Morizet (PriceMinister)[3] », affirme-t-il.

Pour l'expert en VC, « cette période fut une formidable opportunité d'apprentissage, sans laquelle le tissu actuel de start-up françaises ne serait pas aussi vivace. Tout le monde est devenu plus professionnel, entrepreneurs comme investisseurs. Les pionniers qui ont su rebondir ont créé de nouvelles entreprises, puis

1 Le 26 juin 2007, Anne-Sophie Pastel, Marc-Antoine Dubanton et Cyril Vermeulen revendent AuFeminin à Axel Springer, un des premiers groupes de médias en Europe, pour un prix qui valorise la société à hauteur de deux cent quatre-vingt-quatre millions d'euros. À la même période, elle est sur le podium, à la première place, du « Top 100 des entreprises indépendantes les performantes », publié tous les ans par le magazine *L'Entreprise*. Elle a aussi réalisé 45 % de rentabilité nette en 2006, avec 190 % de croissance en trois ans.

2 « Le deuxième investisseur de taille, après Bernard Arnault et Europ@Web, s'appelle Jean-Marie Messier. À la tête de la Compagnie Générale des Eaux, il a amorcé son virage Internet dès 1999 avec Vivendi, une structure qui englobe Havas, Canal+, l'Express et d'autres fournisseurs de contenu, autorisant donc toutes sortes de synergies. Les alliances passées avec AOL-Time Warner et Vodafone ont fait grand bruit », relate à ce propos Daniel Ichbiah dans « Les nouveaux héros d'Internet » (*op. cit.*).

3 Entretiens avec Benoist Grossmann, 22 juillet 2021 et 31 août 2022.

ont investi dans d'autres. Grâce à eux, nous avons aujourd'hui un écosystème entrepreneurial français de très bonne qualité, avec ces boîtes magnifiques, comme Doctolib, Back Market et Mano Mano ».

Certains pionniers vont jusqu'à considérer l'éclatement de la bulle comme une bonne chose. Alexandre Stopnicki explique, sans ambages : « Cet événement a été aussi positif, parce qu'en 2000, c'était du grand n'importe quoi. Des investisseurs m'ont tout de même dit que je gagnais trop d'argent, donc que ce n'était pas normal, et que c'était le signe que je ne prenais pas assez de risques ! Ceux qui sont restés sont ceux qui étaient solides et qui avaient des choses à raconter. Chez Numériland, nous avons connu un petit trou d'air, mais globalement, paradoxalement, c'est la période où nous nous sommes développés le plus... parce que tous les concurrents moins solides avaient disparu au passage. » Selon lui, il s'agirait même d'un point positif pour l'image de la publicité en ligne : « Quand des acteurs s'invitent sans être des professionnels, mais qu'ils sont simplement attirés par l'appât du gain, et qu'ils confondent le Web et la télévision, c'est catastrophique pour l'image d'Internet. Les annonceurs ne pardonnent rien, surtout dans les débuts d'un tout nouveau marché. »

Numériland, introduit en Bourse en 2001, passera à travers les mailles du filet et ne sera que peu affecté par la bulle Internet. « Le chiffre d'affaires était là, tous les ans l'audience progressait, les annonceurs venaient de plus en plus nous voir, mettaient de plus en plus d'argent pour acheter de la pub digitale. Le temps nous a tous donné raison. Nous faisions des progressions à deux chiffres tous les ans. L'explosion de la bulle n'a rien changé, et au contraire, elle a professionnalisé le marché de la publicité en ligne. Les boîtes qui ne devaient pas survivre n'ont pas survécu, et c'est tant mieux. »

Rattachée au poids lourd France Télécom, Wanadoo ne sera également que peu impactée par l'explosion de la bulle. En 2000, la filiale n'est plus un simple FAI, mais un groupe très diversifié dans l'accès et dans les services, coté en Bourse, et présent en Angleterre, en Espagne et en Belgique. « La bulle a certes eu un effet en coupant certains investissements, mais ce qui nous a secoués, c'est plutôt la crise financière qui nous a frappés en 2002[1] », explique Yves Parfait. Cette crise interne conduira Wanadoo à se « recentrer sur son cœur de métier », l'accès à internet. « Nous avons continué à développer notre offre de FAI et à conquérir des abonnés, mais la diversification dans tous les services du Web a marqué un peu le pas. »

La véritable menace pour nombre d'acteurs du Web français d'alors, celle qui secouera gravement le paysage des régies publicitaires *online*, s'appelle Google. Fin 2001, après avoir réalisé près de quarante millions de francs de chiffre d'affaires, Alexandre Stopnicki rachète Comclick, l'une des toutes premières « régies au clic »[2]. « Jusque-là, nous étions surtout concentrés sur la vente au CPM (coût

1 « France Télécom : après l'angoisse en 2002, l'espoir du redressement », *Les Echos*, 9 janvier 2003.
2 « Mariage entre Numeriland et Comclick », *Les Echos*, 19 novembre 2001.

pour mille pages vues), donc sur une politique publicitaire de marque. Comclick était lui plutôt positionnée sur le créneau de la vente aux résultats (CPL, Cost Per lead). Avec cette fusion, nous avons inventé la vente au clic, un créneau très prometteur. Notre force, c'était un réseau de petits éditeurs qui ensemble représentaient des milliers de sites Web, et des milliards de pages vues. Un volume colossal à l'époque », se souvient le fondateur de Numériland. « Ce que nous faisions, c'était le modèle de Google avant l'heure. Nous avions tout pour exploser, en particulier une technologie hyper sophistiquée, un *adserver* qui nous permettait de livrer très vite des bannières sur des milliers de sites différents. Mais nous n'avons pas pris suffisamment ce virage, car les investisseurs ne m'ont pas suivi », regrette-t-il.

Fin 2000, deux ans après sa fondation, Google a déjà référencé un milliard de pages Web. Au-delà de son moteur de recherche, la société californienne commence à se diversifier, en proposant des services gratuits tels que Google Actualités et Google Images. Mais désormais, elle se finance en grande partie par la publicité ; ce qui la pousse, en 2001, à créer AdWords, un système de création d'annonces publicitaires basées sur les mots-clés. « Google a complètement changé le marché de la pub en ligne. Les éditeurs, les médias, les grandes marques, si puissantes à la télévision, n'existaient plus sur le Web face à Google, en chiffres d'affaires, mais aussi en audience. Le moteur de recherche avait dix fois plus de visiteurs et était gratuit. Les annonceurs sont juste partis là où était le volume. Et aujourd'hui, on voit bien qui a gagné. Google n'est plus un moteur de recherche, mais une régie publicitaire », note Alexandre Stopnicki.

L'échec de Numériland face au géant américain sera l'un de ses plus grands regrets, avec la fermeture par Canal+ du Deuxième Monde en 2002, après un choix éditorial.

À ce sujet, l'avis d'Alexandre Stopnicki est assez tranché. « Le Deuxième Monde était tout simplement le premier métavers au monde ! Vingt ans avant Horizon Worlds et The Sandbox, je vendais des boutiques tous les jours, avec un chiffre d'affaires en hausse. Mais tout cela s'est arrêté en 2002, à cause du manque de vision de certains. Second Life, sorti en 2003, n'était qu'une copie du Deuxième Monde. Quand Philip Rosedale et sa société californienne Linden Lab, qui avaient initialement l'ambition de créer un casque de réalité virtuelle, ont vu que le monde virtuel de Canal+ fonctionnait bien mais qu'il avait fermé, ils ont voulu faire pareil mais à l'américaine. Quand on allait voir des investisseurs en leur disant qu'on vendait des boutiques sur un métavers, ils n'étaient pas très réceptifs. Mais aux États-Unis, il y a toujours quelqu'un pour vous écouter et mettre de l'argent sur la table. Cela change tout ». Selon Alexandre Stopnicki, Le Deuxième Monde a été abandonné parce qu'il ne « gagnait pas assez d'argent ». « Tout était pourtant en place pour que ça en gagne très vite. Ses créateurs m'ont proposé de le reprendre à mon compte, mais je n'avais pas les moyens d'embaucher l'équipe avec les conditions salariales de Canal+ », raconte-t-il encore au *Monde* en juin 2022.

« Quand Google est arrivé, rien n'était perdu, au contraire. Mais en tant que président du e-Syndicat, et en discutant avec mes pairs, avec les agences, avec les annonceurs, et avec mes investisseurs ; j'ai compris que peu suivraient ce qu'il fallait faire... J'avais une vision proche de celle de Google, avec la vente aux clics. Mais vous n'imaginez pas combien de personnes ont craché dessus, en me disant que jamais personne n'achèterait aux clics. Alors qu'aujourd'hui, plus personne ne se pose la question », affirme-t-il.

En 2005, dépité, Alexandre Stopnicki revend Numériland après y avoir consacré onze années de sa vie, à son concurrent Hi-Média, pour un million six cent cinquante mille euros[1]. « Avec cette acquisition, Hi-Media met la main sur un réseau de huit millions de visiteurs uniques composé des sites de Radio France (France Inter, France Info, le Mouv'), l'Argus automobile, 321auto, Universal Music, Magic maman et Immostreet, mais surtout du réseau ComClick, réunissant près de dix mille pages persos et autres blogs », explique alors le journaliste Jérôme Bouteiller sur le site Clubic.com.

Pour autant, le *business angel* et serial entrepreneur, qui sera plus tard à l'origine du site « des bonnes nouvelles » NewZitiv (lancé en 2011, fermé en 2013), puis de l'agence digitale 3 h 33 (toujours en pleine activité, depuis mars 2008), ne rejette pas (totalement) la faute sur les investisseurs et les autres acteurs de la publicité digitale du début des années 2000 : « J'ai été mauvais à l'époque, je suis pleinement responsable de cet échec. Force est de constater qu'en France, nous n'avons pas la même mentalité qu'aux États-Unis. Avec Numériland et ComClick, j'avais une vision internationale. Je pensais que ma régie avait les épaules pour passer à une dimension internationale, et je le pense toujours. Mais je n'ai pas été capable de convaincre les financiers. »

Le discours d'Alexandre Stopnicki rejoint d'une façon saisissante ceux d'autres pionniers comme Patrick Robin et Gilles Ghesquière : « En France, contrairement aux USA, on a du mal à faire confiance à ceux qui ont une vision. On fait confiance à ceux qui ont réussi, mais pas à ceux qui ont une vision. Et même aujourd'hui, même s'il existe la BPI et un écosystème beaucoup plus favorable aux start-up, lancer son activité reste tout de même un parcours du combattant. »

Finalement, si beaucoup de start-up sont restées sur le carreau, une nouvelle industrie et de nouveaux « champions » ont émergé, comme Amazon, eBay et Yahoo! à l'échelle mondiale ; ou Free, Meetic et Rue du Commerce en France. « Dans la décennie qui s'est écoulée, les start-up qui ont survécu sont devenues des mastodontes. La révolution prédite pendant la bulle Internet a bien eu lieu. Cela a juste mis beaucoup plus de temps qu'on ne le pensait[2] », constate Loïc Le Meur.

« Tout ce que nous disions et prédisions a eu lieu, tous les services que nous imaginions entre 1995 et 2000 existent désormais, y compris ceux auxquels

1 « La Régie Hi-Media rachète son concurrent Numériland », *Clubic*, 5 juillet 2005.
2 Cécile DUCOURTIEUX, « Les rescapés de la Toile », *Le Monde*, 10 mars 2010.

nous n'avions pas pensé. Nous nous étions simplement trompés de quelques années », confirme aujourd'hui Patrick Robin. « La traversée du désert qu'ont connu les entrepreneurs d'Internet entre 2000 et 2005 a aussi été la période où l'on a commencé à voir l'ADSL émerger, et avec cette technologie, de nouveaux usages. Le haut débit a notamment permis de donner une véritable impulsion à l'e-commerce et à la publicité en ligne. Et petit à petit, nous nous sommes dirigés vers la « remontada » : à partir de 2005, un véritable marché s'est constitué, avec du vrai business. Les entreprises ont commencé à faire du vrai chiffre d'affaires, et on a senti qu'une économie du Web était réellement en train de naître », ajoute-t-il.

Les *venture capitalists* français aussi, se sont transformés. « Ils ont appris de leur métier. Après avoir découvert le capital-risque dans la douleur entre 1998 et 2000, cette génération de VC est toujours présente aujourd'hui, et particulièrement aguerrie. Elle a formé de nouveaux talents, et a donné naissance en France à un excellent écosystème du financement de l'innovation dont font partie désormais plusieurs générations de *business angels*. Ces serial entrepreneurs, ces entrepreneurs du digital, ont aussi connu des échecs avant de réussir. S'ils ont fini par gagner eux-mêmes beaucoup d'argent, aujourd'hui la majorité d'entre eux le réinjectent dans l'écosystème pour continuer l'aventure et accompagner la prochaine génération de pionniers[1] », décrit Patrick Robin.

La « traversée du désert », qu'il situe entre mars 2000 et début 2005, Benoist Grossmann la décrit de son côté comme « une période démoralisante, car toutes nos boîtes, chez Idinvest, valaient de moins en moins cher, jour après jour. Beaucoup faisaient des plans sociaux ou déposaient le bilan ». Mais à partir de 2004, « le début du renouveau a sonné quand Kelkoo a été vendu à Yahoo!, que Google a été introduit en Bourse, suivi un an plus tard par Meetic. C'était le début de la seconde vague, et les gens ont recommencé à croire au Web. » S'il observe aujourd'hui le même type de « folie » autour du numérique français, il distingue toutefois une différence avec la période 1998-2000 : « Les boîtes d'aujourd'hui sont survalorisées mais beaucoup moins. Elles sont belles, font du chiffre d'affaires, et ont du vent dans les voiles. Tous les sites d'e-commerce ont des clients, on peut effectuer des paiements sécurisés, la logistique marche bien... Tout ça ne marchait pas avant : en 2000, personne ne mettait sa carte bancaire sur Internet, les connexions se déconnectaient régulièrement, et les entreprises avaient des problèmes de logistique. »

Dans l'e-commerce justement, l'éclatement de la bulle n'aura eu que peu d'impact pour les pionniers dont les sites marchands suivaient un créneau solide, porteur, et surtout adapté au contexte. « Certains des nouveaux acteurs nés pendant la Net euphorie ont disparu après l'éclatement de la bulle, ou ensuite, comme Boo.com et IBazar, et d'autres comme Rue du Commerce et CDiscount, ont réussi à passer le cap sans encombre. Pourquoi ? Parce que leur segment

1 Le fondateur d'ImagiNet et de ROL cite notamment Pierre Kosciusko-Morizet, Xavier Niel, Marc Simoncini et Fabrice Grinda.

était adapté à un marché plus mature. Ce qui s'est passé avec la bulle, c'est qu'il y a eu des tas de bonnes idées liées au Web, notamment marchand, mais qu'il n'y avait pas de clients en face. Certaines idées n'étaient pas mauvaises, et ont finalement bien marché quelques années plus tard. Ceux qui n'ont pas survécu sont simplement allés trop vite, à une période où leurs clients n'étaient pas encore sur le Web », analyse Laurent De La Clergerie.

Un focus sur le cas IBazar se révèle plutôt instructif. « À l'opposé de ceux proposant de nouveaux services, certains entrepreneurs se sont dit qu'Internet pouvait plus simplement devenir un canal de distribution supplémentaire et ont donc misé sur l'e-commerce. C'est ainsi que Pierre-François Grimaldi, qui avait d'abord fait ses armes sur le Minitel avec sa société Téléstore, repéra l'eldorado de la Toile. La vente en ligne fait alors rêver tout le monde, au point que la banque Goldman Sachs investit douze millions six cent mille euros dans ce site d'enchères en ligne[1] », écrit le journaliste Mathias Chaillot. Site web français de vente aux enchères lancé en pleine Net euphorie, plus précisément en octobre 1998, par la société Téléstore de Pierre-François Grimaldi et Philippe Viroulet, IBazar bénéficie rapidement de l'aide de Marc Piquemal, ancien employé de Goldman Sachs, puis d'un investissement de cette même banque, à hauteur de quatre-vingts millions de francs (douze millions six cent mille euros) en 1999, contre 20 % des actions. « IBazar fut le premier site Web français à passer de la pub à la télé et finit valorisé à cinq cent vingt millions d'euros. Jusqu'à l'arrivée d'eBay en France en 2000. Plus novateur, plus clair, plus puissant, un an plus tard, eBay avalait IBazar, qui disparut », résume Mathias Chaillot.

Le succès d'eBay, Daniel Ichbiah le raconte d'une façon assez éloquente dans son livre *Les nouveaux héros d'Internet*, en octobre 2000 : « Français d'origine iranienne, Pierre Omidyar avait créé Ebay afin d'aider sa petite amie Pamela à compléter sa collection de Pez (distributeurs de bonbons où on appuie sur une tête d'animal). EBay est devenu progressivement le site de vente électronique le plus visité au monde après celui du libraire Amazon. Lors de son introduction en Bourse en septembre 1998, l'action eBay s'est arrachée au point de valoriser la société à deux milliards de dollars. Au premier trimestre 2000, le cours d'eBay a grimpé tant et si bien que la société a été valorisée à dix-huit milliards de dollars. Meg Whitman, qui dirige l'entreprise, est devenue la femme PDG la mieux payée des États-Unis. »

Début 2000, face à la menace eBay, IBazar, qui est passé de dix mille à trois cent mille inscrits en un an, travaille à un projet d'introduction en Bourse, avant d'y renoncer suite à l'explosion de la bulle Internet. Marc Piquemal, directeur général d'IBazar, opte un temps pour un modèle économique payant, avant de succomber face à la proposition d'eBay, qui a ouvert son propre site français en octobre 2000. Il devient propriétaire du domaine eBay.fr, et revend IBazar en février 2001 à l'entreprise californienne, pour cent deux millions huit cent

1 Mathias CHAILLOT, « Le cimetière du net », *Capital*, 19 juin 2014.

mille dollars. La majorité des experts du numérique considèrent que si IBazar n'a jamais décollé, et a donc fini par disparaître, c'est surtout à cause d'un marketing inefficace et d'un manque de confiance des consommateurs français, encore trop frileux à l'époque.

Pourquoi une telle frilosité ? « L'e-commerce français a connu un frein important à son développement entre 2000 et 2003 environ, et ce n'est pas dû à l'éclatement de la bulle : il s'agit de l'image des sites marchands. Celle-ci a été impactée par le scandale de Pere-Noel.fr », se souvient Laurent De La Clergerie. Lancé en juillet 1999 par Alexandre Fur, entré en Bourse à la même période que LDLC, le site Pere-Noel.fr a connu une forte médiatisation en raison de ses publicités mensongères et de ses délais de livraison non respectés, qui lui ont valu d'être poursuivi et liquidé par la justice en 2002. « Ce site proposait des milliers de références, DVDs, hightech, petit électroménager... Mais nous étions au début de l'e-commerce en France, ce nouveau mode de consommation en était à ses balbutiements. Pere-Noel.fr n'avait en réalité que peu de stocks, et l'insatisfaction client n'a fait que croître, à mesure de la croissance fulgurante du site les premières années, avec une multiplication de procédures et de plaintes de la part des consommateurs et des associations[1] », résume le blogueur Stéphane Alligne. « Ce site est apparu un peu avant CDiscount, mais avait énormément de difficultés pour livrer ses clients. Il a grandi trop vite, et n'a pas réussi à suivre. Résultat, beaucoup de Français se sont dit que les sites marchands étaient tous des arnaqueurs, et qu'il était risqué d'acheter en ligne. Cette affaire a fait prendre du retard à l'e-commerce français, au moins d'un ou deux ans par rapport aux autres pays, européens et américains », complète Laurent De La Clergerie.

Pendant plusieurs années, il n'y aura plus de nouveaux sites français d'e-commerce. Le dernier à apparaître est lancé en août 2000 par l'entrepreneur Pierre Kosciusko-Morizet, malgré l'éclatement de la bulle quelques mois plus tôt : un temps nommé « Babelstore », il est rapidement baptisé « PriceMinister ». L'idée est de mettre en contact vendeurs et acheteurs de produits culturels d'occasion sur Internet sur une place de marché virtuelle, selon le modèle de l'Américain Half.com. La *marketplace* française joue ainsi un rôle d'intermédiaire entre acheteurs et vendeurs, sans gérer directement de stocks. Le succès est immédiat. Mais le contexte met malgré tout en péril le devenir de la jeune entreprise, qui se retrouve face à un véritable plafond de verre financier : « On avait levé sept cent mille euros au départ, auprès de personnalités comme Bertrand Eveno, de CEP Communication, ou Yves Peis, numéro deux du groupe André. Mais à la mi-2001, on a dû faire un deuxième tour. On a failli déposer le bilan[2] », raconte ainsi Pierre Kosciusko-Morizet.

1 Stéphane ALLIGNE, « Pere-Noel.fr, retour sur une saga de l'un des premiers gros sites e-commerce Français », *stephanealligne.com*, 11 avril 2017.

2 « J'étais un pionnier français de l'e-commerce », *Les Echos*, 24 juin 2016.

Si PriceMinister a finalement été revendu au Japonais Rakuten en 2010 (pour deux cents millions de dollars), c'est selon lui parce que la recherche d'investisseurs en France relevait du parcours du combattant. « Du point de vue financier, il est très difficile de trouver des liquidités pour les actionnaires français. En dépit de ce qu'ils disent, les investisseurs ne mettent pas leur argent dans l'e-commerce. Quand une société a besoin de liquidités, elle peut aller en Bourse, mais en France le marché la valorise très mal. Il y a un vrai problème de sortie pour le capital-risque en France[1] », expliquait-il en juin 2010.

Pendant la « traversée du désert » que connaîtra le Web français, les acteurs français de l'e-commerce en place continueront de se développer, en parallèle de leur clientèle. Leur remontada se prépare silencieusement. « La bulle a éclaté parce qu'il n'y avait personne en face. Les gens étaient encore peu nombreux à être connectés. Mais ils ont fini par venir, jusqu'à ce que tout redémarre, vers 2004-2005. Entre-deux, nous avons pu continuer de grandir tranquillement, sans devoir affronter la concurrence de nouveaux entrants », note Laurent De La Clergerie.

Malgré la « sinistrose ambiante » dont parle Pierre Chappaz, la demande augmente ainsi d'une façon exponentielle. Le nombre d'internautes dans le monde passe de six cents millions en 2002 à un milliard en 2006. En France, il est également multiplié par deux en quatre ans ; notamment grâce à la démocratisation de l'ADSL. « Les internautes bénéficiant d'une connexion à haut débit sont de plus en plus nombreux. Entre le premier et le deuxième semestre 2002, le nombre d'abonnés à l'ADSL et au câble en France est passé de six cent vingt mille à neuf cent soixante mille personnes. Actuellement au nombre de sept millions en Europe de l'Ouest, les utilisateurs du haut débit devraient être plus de cinquante millions d'ici à 2005 », écrit Marc Chevallier, rédacteur en chef des Alternatives Economiques, dans un article publié en mars 2003. « La lenteur des connexions à moins impacté l'e-commerce français que les prix élevés des FAI à l'époque », nuance Laurent De La Clergerie. « Les pages Web des sites marchands s'étaient adaptées aux modems 56k, avec des photos légères. C'est Free, avec son modèle de connexion illimitée à des prix attractifs, qui a véritablement changé la donne en offrant un accès à Internet beaucoup plus facile aux Français. »

Si l'éclatement de la bulle Internet n'a pas menacé le devenir de LDLC, de CDiscount et de Rue du Commerce, les trois sites ont toutefois frôlé le pire, pour des raisons plus structurelles. Mal préparés et sous-estimant « l'ampleur de l'explosion de la vague Internet sur laquelle ils surfaient », comme l'écrivent *Les Echos* en juin 2016, les pionniers de l'e-commerce français se sont tous retrouvés débordés, à un moment ou un autre, par la croissance de leur business. Les frères Charle se retrouvent au bord de l'asphyxie financière à la suite d'une publicité diffusée sur le site de Wanadoo, qui fait exploser l'activité de

1 « Rakuten veut faire de Priceminister le leader européen de l'e-commerce », *Le Journal du Net*, 17 juin 2010.

CDiscount. « Les ventes s'étaient soudainement mises à doubler, voire à tripler chaque mois. Nous n'arrivions plus à suivre », raconte Nicolas Charle. Pour faire face à ce succès inattendu, le couteau sous la gorge, les frères Charle cèdent 51 % de CDiscount à Casino en 2001. Du côté de Rue du Commerce, le site de vente de produits informatiques et électroniques est largement déficitaire en 1999, 2000 et 2001. Ce n'est qu'en 2002 que la société atteindra, péniblement, l'équilibre, avec un chiffre d'affaires de quarante-cinq millions d'euros, et le site marchand ne deviendra rentable qu'en 2003.

L'explosion de l'e-commerce au début des années 2000 secoue aussi les premiers sites français du secteur pour des raisons liées à la gestion des stocks. Début 2000, Rue du Commerce n'arrive plus à traiter les commandes. « Notre modèle de livraison par les grossistes a explosé. On s'est retrouvé un jour avec douze palettes de produits dans la rue devant nos bureaux de Boulogne-Billancourt. Nous avons dû mettre le site en panne la nuit pendant plusieurs jours pour retrouver la maîtrise de nos flux », relate Gauthier Picquart. Même LDLC, dont la croissance semble avoir toujours été sans nuages, connaîtra un passage à vide, quelques années plus tard, en 2005. « Nous avions alors une croissance hallucinante, avec des progressions telles que nous avons dû changer d'entrepôts », se souvient Laurent De La Clergerie. Mais avant cela, « c'est le back-office qui a bugué, mélangeant les commandes ou les égarant… Nous avions trente huit mille colis de retard. La société a bien failli disparaître cette année-là ».

Vingt ans après la Net euphorie, la bulle Internet, la traversée du désert puis la remontada du Web français, le regard de Benoist Grossmann est positif. « Certes, nous n'avons pas réussi à créer de géants du Web français. Aujourd'hui, nous n'avons pas de boîtes qui valent trois cents milliards d'euros comme les GAFAM aux USA, mais nous en avons tout de même certaines qui en valent cinq à dix milliards, comme Doctolib… Les Américains resteront les Américains, et nous resterons plus petits. Mais il reste encore beaucoup de choses à faire. »

Pour le spécialiste du *venture capital*, « il faut voir le relatif et l'absolu : par rapport aux Américains, oui, nous avons raté le coche, car nous n'avons pas créé de GAFAM français. Mais par rapport aux autres pays européens, nous sommes l'un des plus développés et à la pointe en matière de numérique. Avec un écosystème très riche et de grande qualité. Composé de jeunes entrepreneurs prometteurs, de serial entrepreneurs aguerris, de marketeurs, d'investisseurs, de *business angels*, de fonds d'investissement, de médias en ligne, d'ingénieurs, de juristes, de VC, d'hommes politiques et d'institutions en soutien. Tout cela, nous avons mis du temps à le bâtir, mais nous l'avons aujourd'hui. Et c'est pour une bonne partie aux pionniers du Web français des années 1990 et 2000 que nous le devons. »

SEPT ENTREPRISES RÉSILIENTES DU WEB FRANÇAIS

Quelques entreprises nées avant ou au tournant des années 2000 ont traversé vaillamment les différentes tempêtes du digital et sont aujourd'hui des marques phares connues de tous les Français, comme Allociné, Auféminin, Boursorama, Cdiscount, Free, Gandi, Houra, OVH, Seloger, Rueducommerce, pour n'en citer que quelques-unes.

Nous avons choisi de raconter ici les histoires singulières de sept d'entre elles qui, encore dirigées par leurs fondateurs ou non, sont aujourd'hui des parangons de la tech française.

AQUARELLE

PIONNIER DE LA VENTE DE BOUQUETS DE FLEURS EN LIGNE

L'histoire du fleuriste en ligne Aquarelle a démarré bien en amont de sa création.

Alors que François était encore étudiant, Henri, l'aîné des deux frères de Maublanc (qui avait créé des petites entreprises lorsqu'il était étudiant) commençait sa carrière chez Exxon[1]. Il souhaitait travailler dans une multinationale pour bien en comprendre le fonctionnement. En 1977, on lui a proposé de gérer un projet informatique novateur : il s'agissait de développer un service en « temps réel », pour gérer trésorerie et comptes clients. Henri n'avait jamais fait d'informatique, mais son futur patron, Jacques de Guenin, l'a convaincu en lui disant : « Vous savez, on rentre dans la société de l'information, et c'est l'informatique qui sera le cœur de cette transformation. » Cela faisait écho aux conférences de Roland Barthes et Vladimir Jankélévitch qu'il avait pu écouter quand il était à l'X ; il était intuitivement convaincu qu'il y avait là une future révolution.

Pour assumer son poste de chef de projet, il lui a fallu comprendre l'informatique et apprendre à « coder » ; il a pu découvrir les ressorts du métier de développeur et les premières messageries électroniques utilisées par les collaborateurs du groupe.

Trois ans plus tard, il refusa un poste aux États-Unis pour accepter celui de directeur du « Défi Français pour la coupe de l'America ».

Le marché des PC se développait et Apple décollait. La coupe de l'America fut une aventure extraordinaire et l'occasion de nombreuses rencontres, dont une avec Claude Perdriel. Henri de Maublanc rejoint le Nouvel Observateur au début

1 Esso en Europe

de l'année 1984, sans mission précise sinon celle de travailler sur de nouvelles idées. C'était le début du Minitel, qui permettait à de nombreux groupes de presse de trouver relais de croissance et sources de profits très significatifs. Henri créa de nombreux services d'informations, de jeux, de rencontres dont le fameux 3615 Aline.

Ces services rapportaient beaucoup d'argent, immédiatement réinvesti dans les différents journaux du groupe, ce qui rendait complexe voire impossible la mise en place d'une société dont Henri aurait été actionnaire, comme initialement prévu.

Tout en continuant à gérer pendant une année les activités digitales du Nouvel Observateur, Henri a choisi de monter sa propre entreprise, Politel, qui est très vite devenue l'un des premiers centres serveur de France, hébergeant de nombreux groupes de presse et générant beaucoup de profit.

Au même moment, François Mitterrand accordait une interview à Yves Mourousi, au JT de 13 h de TF1. Le président ne parlait plus de patrons mais d'entrepreneurs, réalisant peut-être qu'il fallait compenser les nationalisations par un soutien à la création d'entreprises. À partir de là, le mot entrepreneur est devenu international et le gouvernement décidait de supprimer les impôts les trois premières années pour les nouvelles sociétés, pensant sans doute que la mesure ne serait pas coûteuse puisque les nouvelles entreprises sont rarement bénéficiaires au démarrage. Pourtant, la mesure a profité à toutes les entreprises du Minitel, tout comme elles ont bénéficié des investissements massifs de France Télécom dans les réseaux, pour soutenir les services télématiques, ancêtres des services Internet. En trois ans, Politel accumula plusieurs dizaines de millions de francs, que les fondateurs choisirent d'investir dans de nouveaux métiers.

À la même période, François commençait à travailler sur une forme de « fonds d'investissement » chez Sanofi, car Mitterrand avait demandé aux grands groupes d'investir dans de jeunes sociétés, comprenant que la création d'emplois passait par les PME. Edmond de Rothschild avait investi dans Monceau Fleurs, premier véritable réseau de fleuristes, à l'époque uniquement centré sur Paris. François a étudié le cas, puis développé le modèle dans les grandes villes de France, avec des magasins plus petits et une offre plus sophistiquée.
Aquarelle est ainsi né en 1987, avec un premier magasin à Rennes.

Parallèlement, les deux frères montaient de nombreuses autres activités. Ils avaient croisé à New-York un Hollandais, qui avait lancé à Manhattan des magasins nommés Rose's Only, petites boutiques qui ne proposaient que des bottes de roses et fonctionnaient avec peu de personnel. Séduit par le modèle, ils ont monté un projet similaire sans attendre, et, parce que dans l'avion du retour Henri lisait le livre d'Umberto Eco, Au nom de la rose allait naître. Le soir-même, en retrouvant à un dîner la chanteuse Dani, il découvrait qu'elle tenait un magasin de roses en face de chez Castel ; il l'a embarqué dans le projet ▶▶

et c'est ensemble qu'ils ont ouvert un premier magasin rue de Tournon. Dani aimait les roses et faisait venir beaucoup de clients.

À partir des années 1995-96, alors qu'Internet se déployait en France et que la gestion de magasins succursalistes devenait complexe et peu rentable avec les trente-cinq heures, les deux frères ont revendu les magasins Au nom de la rose, pour ne conserver que certains magasins Aquarelle et fonder le site Aquarelle.com, lancé en décembre 97. L'objectif était d'utiliser les magasins - il y en avait une trentaine - comme centres de production.

Dès le début, le site offre à la clientèle « la photo » du bouquet fabriqué et envoyé et grâce à un flux tendu avec les producteurs, il garantit la fraîcheur des fleurs. Avec l'augmentation des volumes les deux frères créent une « manufacture », gagnant continuellement des parts de marché en misant tout sur la qualité.

Après trente et une commandes en décembre 1997, dont la moitié au moins faite par les frères, la manufacture produit cinq mille bouquets en 1998. On entrait en pleine folie Internet et, parce que de nombreux investisseurs les sollicitaient, une première levée permit d'investir et de passer à environ cinquante mille commandes l'année suivante.

Une seconde levée à laquelle les deux frères participent pour un tiers (cent quatre-vingts millions de francs, la plus grosse levée du marché à l'époque) est signée fin mars 2000, quelques semaines avant l'éclatement de la bulle. Entourés et soutenus par des actionnaires prestigieux, ils ont alors choisi de développer l'entreprise avec prudence, ouvrant néanmoins des versions du site en Belgique, en Espagne, en Allemagne, aux États-Unis et au Japon, pour parvenir à fabriquer aujourd'hui un peu plus d'un million de bouquets chaque année, principalement en Europe.

La stratégie repose sur la marque, ce qui permet d'être un peu moins que d'autres tributaires de Google et autres GAFAM. Quatre-vingts pour cent des commandes, sont prises directement par la marque Aquarelle, soutenue notamment par de récurrentes campagnes télévisées, compensant ainsi la disparition des magasins physiques, (le dernier en 2019).

Le marché d'Aquarelle est *drivé* par le « geste » lié à des évènements et émotions personnelles, et par trois grandes fêtes (mères, grands-mères et St Valentin) ; cela nécessite d'embaucher par période de nombreux extras et d'avoir un management ultra-qualifié pour gérer les fluctuations, dans un métier où la qualité du produit et celle de la logistique sont l'élément essentiel de la satisfaction du client. Cela a conduit les deux frères à penser que ce savoir-faire pouvait se diversifier dans d'autres activités. Après avoir monté ou investi en parallèle dans des sociétés comme Poster Conseil (agence média), MisterGoodDeal, Maxicoffee, Chapitre.com, Monalbumphoto, SendInBlue (plateforme d'envois d'emails de masse, pour le marketing relationnel des PME), Youscribe (qui permet l'accès aux livres) ou Famileo, ils ont récemment investi dans Foodette, dont le métier fonctionne sur les mêmes bases que leurs activités de fleuristes :

un service de livraison de plats à préparer, avec des recettes originales et des produits de saison - le plus souvent bio - dont la provenance est garantie, avec comme objectif de conquérir par la qualité, comme ce fut le cas d'Aquarelle.

Lorsque les deux frères pensent qu'ils n'ont plus rien d'utile à apporter aux entreprises qu'ils accompagnent, ils les revendent, comme Monalbumphoto et MisterGoodDeal revendus à M6 parce qu'ils craignaient de ne plus avoir les moyens marketing suffisants. Ils estiment qu'il faut savoir profiter des innovations pour créer des choses, autant qu'il faut savoir se retirer lorsque les métiers changent et demandent des ressources et des savoir-faire qu'ils n'ont pas. Ils gardent, en revanche, toutes les entreprises qu'ils pensent pouvoir développer avec leur groupe et rencontrent une à deux fois par mois de jeunes entrepreneurs qui veulent monter des boîtes, pour parfois miser sur certaines.

BRIOUDE INTERNET

PIONNIER DU RÉFÉRENCEMENT DANS LES MOTEURS DE RECHERCHE.

L'histoire de Brioude Internet, première agence de SEO en France, ne ressemble à celle d'aucune autre start-up. Elle a commencé dans un improbable paysage bucolique, dans la petite ville gallo-romaine de Brioude, en Auvergne. Frank Chapaveire était un passionné de pêche qui se procurait les articles dont il avait besoin sur des sites américains d'e-commerce. Ses volumes d'achats ont grossi lorsqu'il a commandé également pour son entourage, le poussant à créer des sites Web dédiés à la thématique, honorant au passage sa ville natale, capitale de la pêche au saumon en rivière. Son activité décollant, y compris au-delà de nos frontières, se posa la question du référencement : comment faire pour être le mieux positionné possible sur les moteurs de recherche ?

C'est ainsi qu'est né Brioude Internet, en 1998. Frank Chapaveire a trouvé une équipe de bidouilleurs, capables de faire en sorte que ses sites apparaissent en premier lorsqu'un internaute cherchait des articles de pêche. Puis, comme ses résultats étaient plus que satisfaisants, lui a été adressé une première demande de référencement. Chapaveire s'est peu à peu détourné de l'e-commerce et de la pêche pour se consacrer pleinement à ses activités de SEO (référencement naturel) et SEM (achats de mots-clés). Son ascension a été si prodigieuse qu'à un moment donné, l'entrepreneur s'est éloigné de Brioude pour gérer depuis l'étranger son expansion internationale, s'occupant sans doute un peu moins de ses activités françaises, car après tout Brioude Internet était déjà LA référence française.

La distance du dirigeant a fini par faire péricliter l'entreprise qui s'est retrouvée en dépôt de bilan en 2011. L'ancien expert-comptable et commissaire aux comptes Jean-Michel Socquet a racheté la société au tribunal de commerce avec son fils Yannick. Ensemble, ils ont pris le temps de détecter les vrais savoir-faire de chacun, conservant les meilleurs talents, refédérant les équipes, utilisant au mieux leur intelligence, changeant l'organisation et optimisant leurs idées stratégiques pour arriver à redresser la société et lui rendre tout son lustre.

Un an plus tard, ils rencontraient Olivier Robert, vice-président de Big Success, agence de publicité en ligne, avec un *trading desk* spécialisé en *re-targeting* et en *real time bidding*, accompagné de nombreux experts en développement de sites et en *social media*. Il cherchait à compléter son offre par un département SEO/*search*, sans réussir à trouver les bonnes personnes. Ils décidèrent alors d'un partenariat où Brioude Internet intervenait pour eux en marque blanche. Tout fonctionnait si bien que lorsque Jean-Michel Socquet a voulu prendre sa retraite et vendre ses 70 % de parts, son fils s'est naturellement tourné vers Big Success qui a immédiatement proposé de les racheter.

À ce moment-là, Olivier Robert a pensé que pour que les deux sociétés soient en osmose et qu'il y ait une logique entrepreneuriale, il fallait à la fois apporter les clients de Big (plus importants, ils avaient plus de potentiel) et faire monter en compétence et en qualité de prestations les équipes de Brioude. Certains occupaient le même poste de SEO depuis dix-sept ans. Qu'aimaient-ils vraiment faire ? Devaient-ils évoluer et, si oui, comment ? À la suite d'un séminaire, l'équipe a senti que des points d'amélioration allaient être clés, car il était devenu évident que si les clients étaient contents des résultats, le dialogue avec les équipes techniques du SEO était dans une langue trop obscure pour eux, moins aguerris aux vocables techniques. Le dialogue a changé de ton, les équipes relation-clients ont été renforcées, sont devenues plus réactives et une collecte des avis a été mise en place pour optimiser mieux encore le service.

Brioude Internet possédait déjà son académie, mais le modèle a été poussé plus loin afin que le savoir puisse être transmis plus largement aux nouvelles générations. Depuis 2022, l'académie travaille en partenariat avec Pôle Emploi pour former des gens en fin de droits et les aider à un reclassement professionnel. Les équipes ont créé des modules de formation de quatre cents heures au total, pour former à la rédaction Web, au SEO, au SEA, à la relation commerciale. Il est vertueux pour le staff comme pour les personnes formées : l'équipe sort renforcée par cette transmission, des collaborateurs sont engagés, d'autres profitent de la formation pour trouver des postes ailleurs.

Pour consolider cette nouvelle dynamique, et marquer le rachat à 100 % de Brioude par Big, s'est posée la question du renouvellement de l'image de la société. Si le nom de la ville peut sembler désuet et que le mot « Internet » a perdu de sa modernité, la marque est bien installée depuis longtemps et synonyme de compétence et d'ingéniosité. C'est donc le logo, la *baseline* et la refonte du site qui marquent à présent le revif dans la continuité de Brioude Internet. Le site, conçu pour être un modèle, est déjà cité en exemple par des organisations comme SEO camp, saluant les nouvelles idées.

Avec des bureaux entre Brioude, Lyon et Paris, l'établissement n'envisage pas de renouveler l'expérience à l'international car, entre-temps, des entreprises concurrentes ont été rachetées par des grands groupes. Il faut donc à présent continuer à valoriser l'esprit indépendant de la marque[1]. Par ailleurs, le développement français du Web est encore en expansion. La firme voit donc de beaux jours continuer à se profiler, d'autant que les sociétés ont des besoins qui s'amplifient, avec l'obligation d'être présentes sur les principaux moteurs de recherche. Puisque Google fait évoluer les règles de son algorithme en permanence et impose d'être de plus en plus technique, parce que YouTube ▶▶

1 La maison mère, Big Success, est dirigée par six associés qui possèdent 100 % du capital.

permet de toucher des cibles de plus en plus précises (notamment grâce aux pages très prisées de tutoriels), tandis que les gens confondent Amazon avec un moteur de recherche (ce qui permet de mieux les cibler ensuite) et alors que la data est de plus en plus disponible, de plus en plus fine, permettant d'être de plus en plus efficace, Brioude continue d'innover et de rayonner.

La forte notoriété de la marque, les équipes qui évoluent mais restent fidèles, la richesse des outils développés depuis le début (des pépites ont récemment été trouvées sur les serveurs et remises à jour), les souvenirs et les expériences de chacune et chacun font le socle de la maison. Avec Brioude Internet à présent regroupé avec Big Success, les médias *offline* (télévision, presse, affichage, radio) et *online* (digital, réseaux sociaux, Web) sont à présent réunis, permettant une meilleure compréhension de la complémentarité des médias ; le prospect, téléspectateur et internaute deviennent une seule et même personne que l'on peut appréhender de façon globale, toucher plus malignement et plus efficacement pour le client. Cela demande que les experts soient de plus en plus performants et de plus en plus complémentaires aux autres experts, ce qui fonctionne idéalement lorsqu'ils sont sous le même toit. C'est la raison pour laquelle une partie de l'équipe se dispatche dans les trois villes où la société est implantée, perfectionnant ainsi la collaboration.

Ensemble, ils planchent aussi sur des sujets d'avenir comme le référencement vocal. De plus en plus de gens utilisent la voix pour la recherche Web, sur leur téléphone ou sur leurs enceintes connectées. Si une personne demande « une pizzeria proche de chez moi à 20 heures ce soir », quelle pizzeria sera proposée ? La mieux référencée ? Celle qui a les meilleurs avis des consommateurs ? La plus ancienne, celle qui a le plus de trafic, ou celle qui est la plus proche ? Par ailleurs, on commande le GPS à la voix, on laisse des notes vocales dans les messageries des réseaux sociaux. La voix devient un outil de navigation, de plus en plus dominant, posant la question de l'avenir des smartphones, tant nous serons entourés d'outils connectés. Il faudra s'adapter, car tout bouge très vite, mais Brioude Internet semble être déjà prêt...

EMPREINTE.COM

PIONNIER DES LOGICIELS DE CONNEXION ET DES INFRASTRUCTURES VIDÉO EN LIGNE.

Avant de fonder Empreinte.com, François Caron a eu plusieurs vies : champion sportif, musicien mais aussi linguiste. Dans les années 80, sa nature curieuse et créatrice l'a entraîné vers les médias et la communication, d'abord à la tête de radios et télé pirates. L'avantage des métiers hors cadre, c'est qu'ils obligent à se former à des fonctions imprévues, une bonne trentaine dans son cas.

En 1989, il se lance dans le conseil en communication et devient producteur audio pour de grandes entreprises. Durant cette période charnière où il est déjà équipé d'ordinateurs, le succès de ses activités et son regard sur l'émancipation des métiers audio-visuels grâce au numérique le poussent à créer Empreinte.com.

Au départ, la société réalise deux types de CD-ROM : les kits de connexion à Internet de AOL, Compuserve et Wanadoo, et les suppléments de magazines informatiques. À partir de 1997, la société lance Empreinte.com et innove en réalisant les premiers webcasts en direct, pour le grand public, le gouvernement, des sociétés du CAC 40 et des universités (jusqu'en 2003, l'entreprise était à peu près la seule à diffuser en direct sur Internet). Parce que le moteur de sa société a toujours été d'agir en réponse aux besoins de ses clients, des médiathèques en ligne l'ont suivi et à partir de 1999, les premières WebTV pour des entreprises (Citroën, CEA, Dassault-Aviation...) et des institutions. À partir de 2001, Empreinte.com - qui travaille avec l'agence nationale de la recherche et trente universités de médecine afin d'élaborer des solutions audiovisuelles d'apprentissage à destination des étudiants et des professionnels de santé - crée le premier logiciel de Richmedia, ajoutant à la vidéo documents, images, liens... tout ce qui est susceptible d'agrémenter la diffusion audio-visuelle.

Découvrant sans cesse des nouveaux usages liés à la vidéo, l'équipe se lance fin 2004 dans l'expérience grand public : elle crée « M6 Webcam », un kit comprenant un logiciel et une webcam « pour passer à la télé », qui sera diffusé à plus d'un million d'exemplaires. C'est la première expérience de télévision interactive, où pendant six mois, le public a pu interférer avec la chaîne et voir leurs vidéos diffusées à l'antenne. YouTube venait juste de naître...

Très tôt, l'entreprise travaille également sur les problématiques de sécurisation des données, car si Internet a été conçu pour l'échange de celles-ci, rien n'a jamais été mis en place pour les fiabiliser. Travaillant avec le CEA sur ces questions (en particulier au moment de l'accident de Fukushima) ▸▸ Empreinte.com développe un extranet en vidéo crypté, afin que les webcasts demeurent confidentiels. En 2017, la société permet à ses clients de faire des MOOC sécurisés en *pay-per-view*, interfacés à des systèmes d'information pour la diffusion de cours en accès payant. Puis, c'est la mise en place de systèmes d'affichage dynamique affranchis de tout problème de bande passante. Plus récemment, Empreinte.com a développé l'offre « Webinar Please », une solution qui permet des réunions virtuelles totalement confidentielles, aussi bien au niveau de la diffusion que de l'enregistrement et de la consultation de meetings, garantissant de ne récupérer aucune donnée à des fins autres.

Stimulée autant par les besoins de ses clients que par les circonstances, l'équipe cherche sans cesse à élargir son périmètre et répondre à de nouvelles problématiques. Empreinte.com réussit le pari d'être à la fois capable de fabriquer des solutions techniques et d'être un laboratoire d'usage, afin de répondre de façon innovante à des besoins audio-visuel pointus.

Aujourd'hui, sa technologie de plateforme vidéo universelle, indépendante, pour l'édition et la diffusion de contenus audiovisuels, répond aux questionnements les plus délicats de la vidéo, tout en offrant à ses clients des outils qui leur permettent de créer des médias, de faire des webcasts, des communications en visio, d'optimiser la diffusion de flux dans les intranets, de gérer l'affichage dynamique, de faire des podcasts et surtout de s'intégrer aux critères de fiabilité des systèmes d'information.

L'entreprise s'est donné la double mission de proposer à ses clients des outils vidéo simples et complets, offrant la meilleure sécurité possible. Or, depuis la pandémie de Covid-19, les cyber-attaques sont devenues plus nombreuses et dangereuses, alors que grands et petits éditeurs de l'économie numérique sont menacés de la même façon, renforçant la nécessité pour Empreinte.com de veiller constamment à leur robustesse, malgré le rythme interrompu des réécritures requises pour la performance des technologies et des logiciels.

L'entreprise tâche également de réduire au maximum les dépenses énergétiques, notamment grâce à la méthode de « *security by design* » qui permet de fournir des solutions à la fois légères et capables de fonctionner même dans les cas les plus contraints (piratage, panne de réseau...). Empreinte.com ambitionne de compenser au mieux l'inachèvement du projet de datagramme de Louis Pouzin, qui aurait permis d'avoir aujourd'hui un Web plus intelligent, mieux sécurisé, et plus responsable en termes de consommation électrique.

Empreinte.com se soucie également de résilience : elle propose des voies de secours, en cas de panne Internet, estimant qu'il y a un devoir impératif à proposer des plans alternatifs à ses clients. L'équipe préconise de revenir à une sagesse de conception, n'hésitant pas à remettre en cause les grands standards, afin que les choix d'avenir ne deviennent pas de plus en plus complexes.

Dès sa création, Empreinte.com s'est fixé pour règle d'être sans cesse à la pointe de l'expertise, d'être pionnière en termes de réalisation, avec l'absolue conviction que le chemin le plus rémunérateur n'est pas forcément le meilleur sur le long terme. Animée par l'idée de remplir une mission, l'entreprise au long cours fonctionne sur ses fonds propres depuis plus de vingt ans. Axée sur un écosystème qui repose sur une expertise et un ensemble de savoir-faire, elle ambitionne aussi l'espoir de voir naître une Europe souveraine, car celle-ci a considérablement innové dans les nouvelles technologies sans oser le bond industriel, laissant les Américains ouvrir cette voie. Cette aspiration donne elle aussi des perspectives excitantes sur ce marché en refondation permanente.

NAMESHIELD

PIONNIER DE LA GESTION ET PROTECTION DES MARQUES ET NOMS DE DOMAINES.

En 1994, alors que le Web est balbutiant, Jean-Paul Béchu a un raisonnement simple : s'il y a des contrefaçons dans le monde physique, il y en aura aussi en ligne. Avec l'équivalent de huit mille euros en poche et le sentiment que de possibles usurpations de marques et dépôts frauduleux de noms de domaines sont un terrain sur lequel bâtir, il monte ce qu'il appelle initialement un Observatoire des marques qui, à partir de 1997, propose également un moteur de recherche de noms de domaine accentués. En 1998, il rachète la société Nameshield et l'utilisation de son identité pour en faire un établissement dont le but est de protéger l'identité numérique des entreprises.

Béchu est un être singulier qui a quitté tôt sa province natale pour exercer de multiples métiers un peu partout dans le monde : il a été patron aux États-Unis à l'âge de vingt-deux ans, tout comme il a aussi été agent immobilier, professeur de danse ou voiturier au Ritz. Lorsque l'Angevin revient dans sa ville natale, c'est avec l'idée de valoriser et protéger tout ce qui va se faire en ligne. Il trouve sur place une équipe de gens et avec eux il développe inlassablement de nouveaux services dédiés aux grandes firmes (accessibles depuis une plateforme globale multi-utilisateurs, adaptée aux besoins des grands groupes).

Bien que, dès le départ, une partie du CAC 40 travaille avec Nameshield, les débuts sont complexes et la bulle spéculative en 2000 est un moment difficile. La société ne commence à générer des bénéfices qu'en 2003, sans toutefois cesser d'innover autour de la protection de l'identité de ses clients. En 2007, l'acquisition de Pingwy Monitoring vient enrichir l'offre, tandis que les nouvelles exploitations d'Internet, qui ont fait augmenter les menaces et les risques, permettent à la société une croissance régulière depuis lors. Six ans plus tard, le groupe se rapproche du registraire monégasque Namebay et depuis 2016 il propose Brandsays, une start-up créée au sein de Nameshield : ce module d'extension pour navigateur permet aux marques de prévenir immédiatement les internautes surfant sur des sites où ils risquent d'être victimes de *phishing* ou de contrefaçon.

Au fil des ans, le portefeuille d'activités s'est élargi à des services de surveillance, développés notamment au moment de l'arrivée des réseaux sociaux, de recherche d'antériorité sur marques et noms de domaines, auxquels sont venus s'ajouter des volets de sécurité, (certificats SSL, Registry Locks afin de verrouiller les noms de domaines, DNS indépendants propriétaires...). Par ailleurs, l'arrivée du RGPD a poussé PME, *pure players* du Web et autres grandes entreprises à se mettre en conformité grâce à l'aide de Nameshield, dont l'avantage majeur est d'être une société aussi technique que française, avec pour réputation d'anticiper les besoins de ses clients. Ayant à présent des bureaux entre la France, Monaco, l'Allemagne et le Canada, et un cœur de production et d'opérations à Angers, Nameshield couvre les demandes des filiales internationales, tout en œuvrant à un Internet souverain avec des solutions qui répondent à des problématiques françaises de protection des données et des serveurs principalement hébergés en France. Nameshield ne fait aucune sous-traitance, raison pour laquelle près de la moitié du personnel est constituée de développeurs et d'administrateurs système. Suivent les chargés de clientèle, intermédiaires entre les clients et l'équipe technique. Ici, le turnover est faible : ceux qui partent, partent à la retraite. Car Béchu est très tôt parti du principe que ce sont les collaborateurs qui éduquent leur chef, et non l'inverse, et que personne n'a la science infuse. Avoir le sens des autres et être à l'écoute de ceux qui consacrent une partie de leur vie à l'entreprise lui semble primordial, offrant ainsi au staff le loisir de travailler sereinement.

À un moment donné, la croissance insolente de Nameshield a attiré des fonds d'investissement, poussant Jean-Paul Béchu à prendre une décision radicale et inédite. En décembre 2019, il décide de vendre sa société à ses collaborateurs, car il lui semble qu'avoir un métier aussi stratégique nécessite de protéger les informations de ses clients. Il est par ailleurs impensable pour lui que la dimension humaine s'efface : il considère que le moteur d'une entreprise tient à ses gens, or les fonds d'investissement se focalisent sur les rendements sans égard pour le capital humain. Ainsi, il permet à ses collaboratrices et collaborateurs d'embrasser le futur de l'entreprise, tout en garantissant la souveraineté numérique des entreprises qu'il protège. Béchu pose cependant une condition : dix pour cent de la société et un pour cent des bénéfices doivent aller à Esperancia, un fonds de dotation installé depuis 2012 au cœur de l'entreprise, qui finance des projets associatifs autour de la petite enfance, de l'éducation et de l'insertion professionnelle. Lui-même est un enfant adopté, qui a été balloté de familles d'accueil en familles d'accueil dès l'âge d'un an, il connaît par conséquent le risque de mal tourner et la nécessité de solutions concrètes.

Jean-Paul Béchu, de nature altruiste, était convaincu dès les premières heures qu'il faut savoir prendre les gens comme ils sont, avec leurs capacités comme avec leurs limites. On peut construire une entreprise avec des gens qui ne sont pas forcément dans l'excellence, à partir du moment où l'on a appris à les connaître, à les respecter. Depuis que l'ensemble des équipes est actionnaire de la société, le fonctionnement participatif encourage encore un peu plus cette intelligence collective au service du bien commun, prônée par le fondateur. Les salariés ont voté pour élire leur directeur général (l'ancien directeur général adjoint), ils participent à certaines assemblées générales et l'ensemble des ▶▶

décisions est diffusé à l'intégralité des employés-actionnaires. Naturellement, puisqu'ils se sentent à présent plus investis encore, ils s'emploient à poursuivre les initiatives mises en place lors de la création du fonds de dotation, consacrent une journée annuelle à cette association au service de la fragilité, ainsi qu'à d'autres associations à travers le monde. Parce que nous sommes à présent dans une époque où les gens cherchent plus de sens à ce qu'ils font, l'aspect humanitaire rend tangible un travail basé sur des produits virtuels et de nouvelles propositions viennent s'ajouter aux premières : certaines permettent à celles et ceux qui le souhaitent d'évoluer vers de nouveaux métiers, d'autres servent à améliorer le confort au travail (Olympiades) ou à renforcer la conscience écologiste (composteur extérieur avec des lombrics). Aucune n'est imposée par le management, rendant palpable le degré d'implication de chacun. L'accord direction, salariés et clients se fait dans un cercle vertueux, sans prétendre être idyllique, mais répondant sobrement à la philosophie du fondateur.

Avec des équipes ainsi soudées, soutenues dans leurs développements, et un besoin croissant pour tous les clients de se focaliser davantage sur les questions de sécurité digitale, Nameshield présente tous les prodromes d'un avenir prospère. À cela s'ajoutent de nouveaux marchés, comme l'IoT ou les villes intelligentes, des systèmes qui ont besoin de DNS, ou encore les différents métavers, sur lesquels leurs prospects s'interrogent. Si l'entreprise angevine mise naturellement sur la recherche pour anticiper des besoins futurs, aucun produit du passé n'est mis au rebut pour des questions de rentabilité, tout reste accessible, assurant la tranquillité des usagers.

Le plus beau fleuron angevin fait ainsi résonner recherche et technologie avec épanouissement et équanimité. Cet ensemble d'ingrédients fait implicitement de Nameshield la référence française en matière de protection des marques, cybersécurité et gestion de noms de domaine, pour les grandes marques comme pour l'administration française.

NUMBERLY (1000MERCIS GROUP)

PIONNIER DU DATA MARKETING.

À la fin des années quatre-vingt-dix, Yseulys Costes était chercheuse à la Harvard Business school, spécialisée dans le marketing interactif et digital. Thibaut Munier, passionné par le data-mining, travaillait sur les programmes de fidélité d'Air France. Rien ne devait les faire dévier de leurs trajectoires et ils n'envisageaient pas de devenir entrepreneurs, mais d'une rencontre sur les bancs de Dauphine autour d'un engouement réciproque pour la data sont nées des conversations enflammées dans la cuisine d'Yseulis, puis l'idée de créer 1000mercis, un site de *wishlists* de cadeaux collectant les données des individus qui les créent.

L'application lancée le 23 février 2000 est devenue virale : les gens envoyaient à leurs proches les listes de cadeaux dont ils avaient envie et très vite quatre-vingt mille personnes se sont inscrites, sans publicité aucune. Un score exceptionnel pour l'époque, ce qui en a fait un des premiers sites français du moment, faisant des partenariats avec tous les autres : Last Minute, Rue du Commerce, etc.

La première levée de fonds eut lieu en octobre 2000, avec comme partenaires les fondateurs de Caramail, puis Marc Simoncini, leur permettant de recruter des développeurs en interne. Afin de générer un chiffre d'affaires à partir d'un modèle gratuit, Costes et Munier se sont tournés vers Amazon. La plus grande librairie du monde se lançait en France avec une importante campagne publicitaire, et les deux dirigeants leur ont proposé de remplacer les *flyers* généralistes par des messages ciblés sur un seul produit. À ce moment-là, au début 2000, dix mille personnes avaient dans leur *wishlist* 1000mercis le DVD d'*Amélie Poulain*. Les deux chercheurs ont choisi de ne personnaliser que 5 000 mails pour faire démonstration, quinze jours plus tard, d'une performance quatre fois supérieure de ceux-ci sur les mails génériques. À la suite de cette expérience, les deux chercheurs ont diversifié leurs activités dans le CRM, comprenant qu'ils souhaitaient avant tout transformer le monde du marketing.

L'année suivante, 1000mercis lançait la première opération de collecte de données pour Voyages SNCF, récoltant en deux semaines les contacts de deux cent mille personnes, grâce à un grand jeu de « vols à gratter ». Ce fut un cas qui fait encore école aujourd'hui, figurant encore dans le *Mercator*[1], la bible des tendances du marketing de demain.

▶▶

1 Arnaud DE BAYNAST, Jacques LENDREVIE, Julien LÉVY et Gachoucha KRETZ, *Mercator*, 13e éd., Dunod, 2021.

Sur le site de dispositifs de collectes, les consommateurs inventaient des nouveaux usages, dont l'utilisation de la plateforme pour dresser des listes de mariage, ce qui a donné envie à l'équipe de lancer un deuxième site en C2C, 1000Mercis mariage. En parallèle, ils géraient le CRM et la fidélisation de gros clients du Web, ce qui devint très vite une importante partie leur activité.

En 2006, alors qu'ils avaient reçu une offre de rachat qui semblait mettre fin à leur aventure entrepreneuriale, Marc Simoncini, les fondateurs de Caramail et Fabrice Grinda, également au capital, refusèrent. Contre toute attente, Simoncini leur suggéra plutôt de rentrer en Bourse. Avec plus de consultants et de financiers que de staff au sein de leur entreprise, ils ont préparé leur IPO, réalisée en un temps record au début de l'année suivante.

Thibaut Munier estime préférable de ne pas figer les principes d'une culture d'entreprise et c'est peut-être ce qui permet aux deux dirigeants de voir des opportunités partout. Lorsque l'une de leurs collaboratrices leur a annoncé se marier et partir à Londres, ils ont trouvé là l'occasion de lancer une première filiale, obtenant très vite la confiance de clients prestigieux comme Ebay et Easyjet. Une partie de celles qui ont suivi sont également nées de situations similaires. Après New-York en 2012, ils ont ouvert à Dubaï, Amsterdam, Palo Alto, avec aujourd'hui huit bureaux, opérant dans plus de cinquante pays.

Jusqu'en 2009, la société s'était tenue à l'écart des médias et n'avait jamais acheté de bannière, mais la visite inopinée d'une équipe de Microsoft leur suggérant de s'investir dans le trading programmatique a transformé leur point de vue. Microsoft se projetait en investisseur structurant de cet écosystème, mais cela nécessitait que des sociétés de datas y portent un intérêt. À nouveau, Costes et Munier se montrèrent assez flexibles et enthousiastes pour racheter d'abord une société dans le SMS, puis une autre dans le programmatique, multipliant ainsi les services entre e-mail, CRM, SMS, et programmatique médias, offrant de telle manière un éventail de services que peu de sociétés concurrentes pouvaient offrir à leurs clients.

Une autre spécificité marquante de cette entreprise française est le nombre de clients internationaux qu'elle accompagne : après Amazon et eBay, ont suivi Expedia, Procter & Gamble et bien d'autres... « C'est vrai, dit Thibaut Munier, que les Américains nous donnent une chance, nous testent et quand ça marche ils nous font confiance et deviennent des très gros clients pour nous. C'est fantastique et on ne le dit pas assez. » Cette affluence de clients américains a eu trois conséquences inattendues : tout d'abord, les deux dirigeants ont entièrement repensé la gouvernance de l'entreprise, puis ils se sont installés à Palo Alto en 2014, et réalisant une fois sur place que ce nom trop français n'évoquait pas la data, pourtant au cœur de leur activité, ils ont renommé l'entreprise Numberly.

Cinq ans plus tard, l'envie de retrouver leurs équipes les a poussés à rentrer en France et à s'épanouir dans un immeuble du neuvième arrondissement dans lequel ils se sentent bien, avec une équipe qui mélange plus de cinquante nationalités différentes. C'est un goût profond de la transmission qui les porte à la fois à recruter des gens jeunes qu'ils aident à grandir et à continuer d'enseigner, proposant des certificats pour permettre à qui veut d'améliorer sans cesse ses compétences. La pandémie ayant été une période de transformation, Numberly a également ajouté le conseil stratégique et la mise à disposition de leurs outils en *self-service*, à la demande de certains clients.

Aujourd'hui, la société fonctionne avec une gouvernance décentralisée organisée en *streams* parallèles, prenant des décisions à travers des comités de pilotages spécifiques, en partant du principe que le plus gros patrimoine de Numberly étant ses clients, souvent là depuis dix ou quinze ans, il faut avoir comme ligne conductrice le goût de les servir au mieux. Avec des effectifs d'environ six cents personnes, la société regarde l'avenir comme un marché immense sur lequel beaucoup reste à faire et où peu ont des niveaux d'expertise équivalents, mais elle encourage à garder à l'esprit ses fondamentaux. Croissance et niveaux de performance viennent aussi du goût presque jouissif des équipes à résoudre sans cesse les problématiques nouvelles de leurs clients ; chaque équation à résoudre est vue comme une terre d'opportunités. En alternant selon les besoins entre automatisation à travers leurs plateformes technologiques et capacité à développer sans cesse des solutions spécifiques innovantes, Numberly aime se métamorphoser au gré des nécessités de ses clients.

Cette capacité à se réinventer sans cesse, mêlée à la quête d'innovations permanente et la possibilité pour les équipes de changer de postes ou de pays, guidées par un principe de curiosité ou d'envies, attestent d'une culture avant tout familiale de Numberly, qui rend les équipes fidèles (et majoritairement féminines). Nombreux sont celles et ceux qui sont là depuis dix ou quinze ans, liés à l'entreprise par une liberté dans le travail. L'unicité du groupe est également alimentée par des rites, (ici on compense la vie dans un monde immatériel à travers des fêtes) et la possibilité de proposer toutes sortes de projets, y compris les plus fous : depuis quelques mois deux ingénieurs passionnés brassent une bière nommée Numbièrly dans les caves du siège social. Chez Numberly, le champ du possible est toujours plus large…

SELOGER

PIONNIER DE LA RECHERCHE IMMOBILIÈRE EN LIGNE.

Au départ de SeLoger était le groupe France Télématique Diffusion. Denys Chalumeau, Vincent Rousset et Amal Amar développaient des services pour leurs clients, faisant un métier informatique tout en hébergeant les services proposés. Lorsqu'en 1994, les trois fondateurs de 3614 SeLoger décidèrent de vendre, ils étaient les mieux placés pour savoir que le trafic incroyable du service déployé par leurs soins méritait qu'ils le rachètent.

Contre toute attente, leur première initiative après l'acquisition fut de lancer une édition papier. De 1994 à 1996, *Spécial Locations* fut édité à partir de leur importante base de données d'annonces. Alors que le marché était en partie dominé par les petites annonces du *Figaro* - où le coût du message dépendait du nombre de caractères publiés - et en partie par Particulier à Particulier, qui limitait les annonces auxdits particuliers, *SeLoger* proposait un modèle économique original : les agences immobilières s'abonnaient pour publier des annonces, avec un forfait calculé sur un nombre de publications. Si le chiffre était plus ou moins dépassé, cela ne changeait rien au tarif de quatre cent quatre-vingt-dix francs par mois. La formule était la plus économique du marché, transformant des ingénieurs informaticiens en éditeurs de presse à succès. À partir de 1996, *Spécial Locations* devenait *SeLoger,* les annonces de ventes s'ajoutant aux locatives, obligeant l'équipe à un travail artisanal : les agences envoyaient des photos par voie postale, qu'il fallait scanner une à une. Dès le premier numéro, *SeLoger* magazine avait deux à trois fois plus d'annonces que ses concurrents, avec pour nouveauté la possibilité de voir les annonces classées par tailles de biens et par lieux. L'offre devenait identique à celle de SeLoger sur Minitel, avec cette fois-ci la faculté de voir les biens.

Au même moment, Charles Sautier, Alexandre Nérat et Jean-Marie Rétif, étudiants à peine âgés de dix-huit ans, sont venus rencontrer les trois dirigeants du centre télématique pour leur parler d'Internet. Sans trop s'y intéresser ou y croire, ils offrirent néanmoins aux trois futurs ingénieurs la possibilité d'héberger leurs activités chez eux, ayant de fortes capacités de réseaux et de nombreux ordinateurs. Les jeunes, qui venaient le soir après leurs cours, ont lancé un service de pages perso du nom de CitéWeb. Une croissance fulgurante de leur consommation de bande passante et des échanges informels avec les informaticiens du groupe ont fait prendre conscience aux trois dirigeants qu'ils ne pouvaient passer à côté des possibilités qu'offrait le Web. Les jeunes réalisaient de leur côté la charge financière imposée à une PME, en l'absence de tout *business model*. En 1996, alors que FTD était propriétaire du service de voyages PromoVacances, de BilletRéduc dont la croissance était spectaculaire, et de deux ou trois autres services à succès, il fut décidé que pour amortir les coûts de CitéWeb, les trois étudiants rendraient *SeLoger* accessible sur le Web. Cela faisait rire les équipes initiales, puisqu'Internet concernait aux mieux quelques jeunes sans pouvoir d'achat et qu'il serait vain d'essayer de le vendre aux agences. Mais Denys Chalumeau, Amal Amar et Vincent Rousset étaient des ingénieurs qui avaient suivi une même formation, ce qui les aidait à mieux appréhender ce nouveau média et à prendre des risques. La version en ligne de *SeLoger* prospéra rapidement, offrant le premier service d'alerte par e-mail et devenant disponible depuis les sites de partenaires comme Wanadoo, Club Internet et *Le Monde*.

Lorsqu'un peu plus tard Marc Simoncini vendait iFrance, CitéWeb faisait quatre-vingts ou cent millions de pages vues par mois et toujours zéro chiffre d'affaires. Une boîte américaine, FortuneCity, surgit de nulle part et signait un chèque d'une dizaine de millions de francs pour repartir avec un ordinateur comprenant toutes les données du site. Les pertes ainsi essuyées, le groupe récupérait trois formidables compétences Internet. Deux sont encore chez SeLoger, tandis que le troisième s'est consacré au développement de BilletReduc.

À la fin du siècle, FTD avait des revenus qui provenaient à cinquante pour cent du Web. Au même moment émergeaient des offres d'Internet grand public comme Club Internet, que le trio dirigeant voyait arriver, sans y prêter garde, avec une capacité à lever vingt, trente ou quarante millions de francs, pour des boîtes qui ne proposaient rien d'autre qu'un tableur et des projections plus ou moins justes. Ce n'est que lorsque Travel Price est venu les titiller sur le voyage (en ayant lourdement misé sur la communication et le marketing) et Immostreet sur l'immobilier, qu'ils ont pris conscience qu'il devenait impossible de continuer à se développer en misant uniquement sur leurs fonds propres. Immostreet avait levé plusieurs dizaines de millions de francs, Travel Price plusieurs centaines, forçant la PME à trouver, au printemps 2000, trois investisseurs qui apportèrent une centaine de millions afin de développer le voyage et l'immobilier. FTD est ainsi devenu Poliris, dont l'hyper croissance, née entre 2000 et 2001, leur a permis de doubler leur chiffre d'affaires chaque année pendant une quinzaine d'années, malgré l'impact profond sur le voyage des attentats de septembre 2001, qui les obligera à revendre PromoVacances à Karavel pour un euro symbolique.

Les trois dirigeants, qui avaient instauré un nouveau mode de management au moment de la folie Internet, associant tout le staff avant que l'actionnariat salarié n'existe pour ne pas s'imaginer millionnaires en laissant sur le bas-côté des équipes qui avaient tant travaillé, ont agi sur le même principe, fin 2001, alors qu'ils découvraient leur ruine : il leur a paru logique de vendre une bonne partie de leurs biens pour pouvoir payer les salaires d'une équipe passée du jour au lendemain de trois cents à cinquante employés. ▶▶

Conservant intacte leur énergie, le management a concentré ses efforts sur SeLoger, rachetant dans la foulée Immostreet par échange d'actions, éliminant ainsi leur plus sérieux concurrent. En 2006, il montait un LBO, suivi par une introduction en Bourse et développait la société en rachetant le logiciel de diffusion d'annonces Pericles ainsi que Belles Demeures, proposant également SeLoger sur applications pour Android et iPhone, à un moment où le *responsive design* n'existait pas. Après des spécialisations dans l'ancien, le neuf, le luxe et la location de vacances, a suivi le développement d'un argus immobilier.

Les trois ingénieurs ont toujours été à l'aise avec l'adoption de nouvelles technologies et ont intégré sans difficulté les métiers de financiers et de marketeurs, mais ils n'ont jamais pu développer leurs activités à l'international, car aucun d'entre eux ne parlait anglais. Ce n'est qu'en 2011, après l'OPA d'Axel Springer, que l'activité a commencé à s'étendre au-delà de nos frontières.

Après le rachat de Logic-Immo et la reprise de Meilleurs Agents, le groupe SeLoger et sa marque emblématique sont devenus un écosystème immobilier permettant d'accompagner les Français en leur facilitant l'accès au logement, avec une personnalisation de la plateforme adaptée aux besoins de chacun, la création d'alertes sur la recherche et plus de data dans le moteur de recherche, comme les temps de trajet ou les cartes géolocalisées, auxquels s'ajouteront bientôt d'autres services adjacents comme l'assurance, les dossiers de prêt, les choix de rénovation énergétique ou la prise de rendez-vous en ligne, rendant le site plus rapide et efficace pour les porteurs de projets et les agents.

La force de SeLoger c'est aujourd'hui plus d'un million de visites chaque jour, tandis que la technicité de Meilleurs Agents, avec une estimation toutes les huit secondes, permet de donner des évaluations précises aux propriétaires qui cherchent à vendre leurs biens. Les forces sont à présent mutualisées.

L'avenir repose sur le mariage récent des forces de SeLoger et Meilleurs Agents à celles de l'acteur belge Immoweb et de l'allemand Immowelt au sein de Aviv, un projet européen qui devrait prochainement inclure l'Espagne. Aviv, c'est à présent deux mille salariés et plus de cinq cents millions de chiffre d'affaires. La data science pilotée par plus de quatre cents responsables va permettre de créer des expériences encore plus personnalisées et d'offrir des innovations qui vont simplifier plus encore le parcours. Les équipes de data science, réparties dans les trois pays, partagent leurs bonnes pratiques et leur architecture technique, afin de créer la meilleure technologie tout en préservant les marques locales, leurs forces et leurs valeurs intrinsèques.

Trente ans plus tard, le groupe immobilier est devenu le leader de la PropTech en Europe, avec onze plateformes spécialisées qui offrent une force de frappe inédite dans ce secteur.

WEBORAMA

PIONNIER DES OUTILS DE WEBANALYSE ET DE TRACKING.

L'histoire de Weborama démarre en 1998, lorsque trois geeks lancent un annuaire de sites reposant sur un classement de fréquentation (proposition relativement inédite en 1999) et le développement d'un outil de mesure d'audience grâce aux cookies, prémices des *analytics* d'aujourd'hui.

François Chassaing, ingénieur, Sunny Paris, docteur en physique théorique et Rodolphe Rodrigues, docteur en mécanique quantique, passionnés par la technologie et sans doute motivés par les rêves de partage que le Net portait à l'époque, ont opté pour un *business model* reposant sur la gratuité. Des incidences inopinées les ont rapprochés de Daniel Sfez, alors responsable mondial de produits à la Société Générale, et d'Alain Lévy, basé en Russie, chez un grand acteur mondial de matières premières, transformant radicalement Weborama, devenu ainsi un acteur majeur de la data en France.

En Russie, Alain Lévy se sent freiné par une dévaluation galopante et une surabondance de taxes qui rendent les opérations trop nébuleuses pour l'ingénieur qu'il est. Parce qu'il s'intéresse de plus en plus à Internet, il retourne sur les bancs du MIT où il a fait ses études, pour mieux s'immerger dans ce nouvel univers. Les universités américaines prennent alors une part active dans l'innovation et le développement des start-up et dès le premier jour il rencontre quelques grands acteurs, dont les fondateurs d'Akamai. La décision de monter un incubateur avec Daniel Sfez, son ami d'enfance, a été aussi rapide qu'un coup de foudre et le duo de partenaires monte fin 1999 le premier incubateur privé en France, Startup Avenue[1]. Avant même l'acquisition de locaux, une interview dans le *Journal du Net* les inonde de propositions ; une, suffisamment alléchante pour provoquer un rendez-vous, vient des fondateurs de Weborama. Ils présentent de façon complexe leur entreprise et de réunions en réunions, le potentiel et la richesse inouïe de Weborama se dessinent. Il est cependant impératif pour les incubateurs de transformer l'activité pour la faire tendre vers la publicité, ce qu'une étude faite par deux conseils avalise. Pendant que patiemment ils s'appliquent à convaincre les trois pionniers de passer outre leur résistance au sujet, ils investissent dans d'autres boîtes, mais aucune ne leur semble plus excitante que Webo. De mois en mois, Sfez et Lévy découvrent la richesse technologique de l'entreprise et parviennent à ▸▸

1 Startup Avenue, à présent plus orienté sur le pilotage de ses entreprises, est devenue partie intégrante de Ycor, un *family office* tourné vers les entreprises qui utilisent l'intelligence artificielle et/ou la blockchain.

ébranler l'opiniâtreté des trois fondateurs : la pub va être une clé essentielle du changement d'échelle.

Dès 2002, Webo bâtit les premières bases de données de profils marketing et ne cesse d'ajouter des couches technologiques de pointe. En 2005, pour résoudre l'envie des fondateurs de vendre l'affaire, Startup Avenue devient actionnaire majoritaire, encourageant plus encore l'appétence pour l'innovation qui fait le socle de Webo et refondant le *business model* de façon à permettre une introduction en Bourse l'année suivante. Cette entrée à Alternext, en même temps que des sociétés comme NetBooster et 1000mercis, est, outre le moyen de dynamiser le secteur, l'occasion pour Levy et Sfez de montrer dès l'IPO le lien qui se tisse entre la diffusion publicitaire, la compréhension du consommateur et les subtilités qui permettent le fonctionnement optimal de la publicité digitale.

La start-up devient la première à faire de la mesure d'audience, à développer les *analytics*, l'*adserver*, la DMP[1], la gestion de data, multipliant les activités de telle sorte qu'il y a dix boîtes en une. L'*adserver* développé pour les besoins d'un client est devenu leader du marché français. L'extension à l'international est née de la nécessité d'un autre client à couvrir tous ses marchés. La témérité est au cœur de la stratégie de Webo, partant du principe qu'elle est intrinsèque à la marche en avant du secteur et qu'elle finit toujours par l'emporter. Les dirigeants ont un tempérament qui frise l'idéalisme, faisant fi de la règle qui veut que pour bien construire une entreprise il faut la réfléchir en fonction de sa sortie. Leur lien viscéral à Weborama les a poussés à refuser des dizaines d'opportunités de vendre, car la fécondité du sujet leur apparaît inépuisable et parce qu'ils sont au cœur de l'intelligence artificielle, de la donnée, avec un point de vue sur les GAFAM qui semble introuvable ailleurs. Une attitude qui se retrouve aussi chez les fondateurs, lesquels ont longtemps continué à y travailler après avoir vendu leurs parts, attachés à la boîte et curieux d'assister à sa transformation. Leurs clients ne sont pas insensibles non plus à cet esprit d'entreprise, grâce entre autre à la possibilité de piloter de façon autonome la plateforme. Qu'il s'agisse de produits data (IA sémantique, *profiling cookie*, *profiling content*), de produits tech (DMP/CDP, *adserving*) ou de produits « programmatique » (*activation cookie*, *activation content*), ils peuvent inventorier leurs consommateurs, dessiner le profil d'une marque, d'un produit, d'une catégorie de produits, d'une thématique et analyser aussi des signaux faibles... La plateforme permet également de segmenter à partir du contenu vu par l'utilisateur, une solution prometteuse pour la phase du marché qui va s'ouvrir avec le *cookieless*.

Le développement de l'entreprise se fait aussi par des acquisitions. En 2007, c'est C-Marketing, régie publicitaire qui vend aux agences média, leur permettant de créer un network et d'offrir aux annonceurs la bonne pub, au bon endroit

1 Data Management Platform.

et au bon prix, en faisant manuellement du programmatique. En 2012, ils font l'acquisition de Datvantage, plateforme de *data exchange*, puis d'autres à travers l'Europe, dont Adrime (société hollandaise spécialisée dans la publicité *rich media*) et Interactive Services[1]. Mais, à un moment donné, Lévy et Sfez pensent nécessaire de choisir entre DSP[2] et DMP[3] et optent pour cette dernière, devenant ainsi leaders du secteur. Avec une équipe de deux cent trente personnes, dont 50 % d'ingénieurs, et des bureaux dans le monde entier, Webo s'oriente depuis une dizaine d'années sur les fascinantes questions de traitement automatique du langage et de l'intelligence artificielle sémantique.

L'idée que 80 % du marché de la pub soit essentiellement dans l'escarcelle de Google, Amazon et Meta et que cela puisse être une pierre d'achoppement est tout sauf un frein au développement de Webo. Les dirigeants voient les évolutions naturelles du marché comme des terres d'opportunités (la notion de consentement, Apple bloquant les cookies tiers, etc.) et, sans fléchir face à ces Goliath abstraits, l'équipe développe une approche « contenus », afin de faire correspondre les recherches des clients dans les pages de façon anonyme, sans cookie, ciblant selon la finesse d'analyse du contenu. C'est ce qui va permettre une redistribution des cartes sur quatre-vingts ou cent milliards de dollars et créer des opportunités insoupçonnées. La désaffection nouvelle des jeunes pour les grosses boîtes tech, l'attachement des équipes à Webo et l'appréciation des outils et des aides par les clients participent à cette approche résolument optimiste du futur. Mais l'avenir de Webo se dessine aussi dans son agilité à surfer sur l'extraordinaire potentiel de l'IA. Pour Alain Lévy et Daniel Sfez, le marché du marketing digital est un terrain d'exploration complet de celle-ci, où l'on trouve à la fois du *deep learning*[4], du *computer vision*[5], du NLP[6], sans aucun des risques inhérents à la conduite automatique, au lancement d'une fusée ou aux implants dans le cerveau... Le leader des services de gestion de campagnes et de publicité comportementale, au cœur du développement le plus influent de notre société au cours des années à venir, s'applique à penser différemment car, après tout, c'est le premier moteur de l'innovation.

La publicité digitale arrive à une nouvelle étape de sa croissance, plus en phase avec les exigences de protection des données personnelles et d'une publicité plus « durable ». Weborama aborde cette période en se réinventant, comme la société l'a fait déjà à plusieurs reprises. C'est désormais une *data intelligence platform* centrée sur le management et la valorisation des données clients, grâce à ▸▸

1 Société française spécialisée dans le ciblage publicitaire sur le marché russe, l'un des marchés les plus porteurs en termes de publicité digitale.
2 Abréviation de *Demand Side Platform*. Les plateformes DSP sont des solutions technologiques qui permettent d'effectuer et d'optimiser l'achat d'espace en ligne.
3 Abréviation de *Data Management Platform*. Ces plateformes servent à stocker, trier et analyser les données des clients, afin de faire des campagnes marketing ciblées avec précision.
4 Algorithmes mimant les actions du cerveau humain à travers des réseaux de neurones artificiels.
5 Domaine de l'IA qui permet aux ordinateurs et aux systèmes de dériver des informations significatives à partir d'entrées visuelles.
6 *Natural Language Programming*, ou traitement du langage naturel afin de créer des machines qui comprennent et répondent à des données textuelles ou vocales, répondant par texte ou discours, de façon similaire aux humains.

tout l'arsenal de technologies développé depuis des années (dans les domaines de l'IA, l'intelligence artificielle sémantique et comportementale, le *data lake*, la *data clean room*, la data science, les *insights*...). Cette expertise unique permet aux annonceurs, aux agences et aux éditeurs d'acquérir, de retenir et de valoriser leurs audiences et d'activer des publicités ciblées, consistantes et pertinentes dans le nouvel univers *cookieless*, *IDless* et *multi-devices*. « Cela ouvrirait la voie à un marketing digital plus respectueux de l'individu, plus éthique et davantage en phase avec les aspirations de la société[1] » comme l'écrivait récemment Alain Levy dans le journal *Les Echos*.

1 *Les Echos*, 21 décembre 2022.

PARTIE II

PORTRAITS DES PIONNIERS DU DIGITAL

Quelles ont été les premières personnes en France qui, entre 1994 et 1997 tout d'abord puis de 1998 à 2000, ont été assez intrépides et téméraires pour penser qu'un nouveau protocole de transfert de données était à même de transformer radicalement leur avenir et le nôtre ? Quels ont été les moments déclencheurs et les moteurs de leurs pensées hors cadre ? Enfin, comment ces personnes ont-elles agi ?

Ce sont les questions que nous avons posées à celles et ceux qui nous ont semblé avoir été à l'origine de cette première transformation digitale de la France.

La liste des pionniers du digital que nous proposons ici n'est pas exhaustive : nos jugements sont forcément subjectifs. Nous sommes cependant certains que la poignée de ceux qui ont englouti leurs fortunes faites dans le Minitel et utilisé leurs connaissances acquises dans celui-ci pour développer des offres de connexion à Internet ont été instrumentaux. Il faut se souvenir qu'aux premiers jours du Web, alors que France Télécom cherchait à préserver le service Vidéotex en place, aucun fonds, aucune banque, aucun *business angel*, n'aurait alors couru le risque de placer de l'argent dans une nouvelle économie sans marché et sans modèle économique fiable.

Ce sont ces pionniers qui ont permis à d'autres de proposer des sites de contenus, sans lesquels ces « autoroutes de l'information » auraient semblé désertiques et peu séduisantes pour les internautes francophones.

Elles et ils ont été nombreux à s'enthousiasmer pour un média qui laissait une majorité de gens insensibles à ces connexions lentes et bruyantes, pour faire quoi, exactement ? C'est certainement là que nos choix ont été les plus personnels (en espérant que les oubliés nous pardonnent). Entre entrepreneurs et/ou intrapreneurs, nous avons également adjoint quelques grands patrons dont la stratégie nous paraissait visionnaire et indispensable au développement d'un nouveau monde nécessitant une politique et des investissements massifs pour pouvoir devenir grand public, ainsi qu'un ministre féru de nouvelles technologies qui a permis au marché de se développer dans de meilleures conditions, en souhaitant que les pionniers purs et durs nous indulgencient. Notre sélection est également assez partiale pour accorder des temps de parole plus longs à celles et ceux qui nous ont paru tenir des rôles particulièrement constitutifs. Cela n'enlève rien à la performance des autres, si ce n'est de la place pour s'exprimer ici.

CHRISTOPHE AGNUS

FONDATEUR DU MAGAZINE TRANSFERT, À PRÉSENT ÉDITEUR CHEZ NAUTILUS MÉDIAS.

▶ *Quand et comment êtes-vous arrivé à travailler dans le Web ?*

« Ma relation avec Internet a commencé par l'utilisation des services en ligne (BBS) dès 1986. Puis, en 1992, je naviguais sur le Web en mode *shell*, c'est-à-dire dans une version non graphique, mais déjà via une connexion au FTP de Stanford... Dès 1993, j'ai utilisé le premier navigateur graphique, Mosaic, grâce auquel j'ai publié du contenu en ligne deux ans plus tard.

Sur le plan professionnel, j'ai d'abord vécu de près la création de LexpressOnline, en 1995, par Corinne Denis et Jean-François Bizet. J'étais alors grand reporter à L'Express. Je faisais un peu de tout, y compris modérateur de forum la nuit pour Ushuaia. À l'époque, il n'y avait que deux numéros de connexion à Compuserve.

Plus tard, en 1998, j'ai créé le site et le magazine papier *Transfert*, que le *Nouvel Obs* décrira comme le "*wired* français". C'était surtout la première publication en ligne et imprimée pour laquelle les deux formats étaient gérés par la même équipe éditoriale. Nous étions en quelque sorte le laboratoire de la presse en ligne (publiant aussi de nombreux scoops), testant avant l'heure certaines formes d'abonnements, ou mettant dans le magazine papier des codes donnant accès à des contenus en ligne premium (vidéo, sons, textes). Transfert a ainsi reçu en 2000 le Clic d'Or du meilleur site média français et, l'année suivante, le Grand Prix des médias et le prix Narrowcast pour le meilleur programme WebTV d'information. Précision : nous faisions cela en bas débit ! »

KUIDER AKANI

EX-MARKETING MANAGER À LA SOCIÉTÉ GÉNÉRALE, À PRÉSENT DIRECTEUR GÉNÉRAL (SPÉCIALISTE DIGITAL ET E-COMMERCE) CHEZ YVES ROCHER.

▶ *Quand et comment êtes-vous arrivé à travailler dans le Web ?*

« C'est en 1997 que j'ai organisé mon premier jeu concours en ligne destiné aux étudiants alors que j'étais marketing manager à la Société Générale depuis 1991. Les participants devaient créer leurs avatars sur le Web pour répondre à des questions relatives aux offres de services et aux produits correspondant à leur profil d'étudiants. En 2000, j'ai rejoint la start-up My New Deal (*mynewdeal.com*), une plateforme d'intermédiation entre les banques et les particuliers sur Internet. »

PIERRE ALZON

EX-PRÉSIDENT DE *LASTMINUTE.COM*, À PRÉSENT FONDATEUR DE RCI-JEUX.

▶ *Quand et comment êtes-vous arrivé à travailler dans le Web ?*

« J'ai débuté dans une agence de voyage qui s'appelait 3615 DEGRIFF'TOURS, sur le Minitel. Cette agence a été créée en 1991, à la suite de la guerre du Golfe, en réponse à la crise qu'elle a engendrée. Cette structure a fonctionné de manière électronique : on pouvait écouler les invendus à la dernière minute. À l'époque, il n'existait que le Minitel. La demande était de plus en plus forte et, pour pouvoir vendre un voyage de façon optimale, il était préférable de présenter des images. Mon passé de développeur informatique/bricoleur me poussait à faire beaucoup de veilles et j'ai pris un abonnement dès que les premières offres d'Internet (FranceNet) sont arrivées sur le marché français, en 1994. Au départ, l'utilisation était complexe. Nous étions basés dans le Val-d'Oise, où il n'y avait pas d'accès Internet. On a dû tirer des lignes Transpac en faisant passer Internet dessus. La qualité du réseau était médiocre et pour mutualiser les besoins, on a créé une filiale qui s'appelait Active Net, laquelle commercialisait de la bande passante et autres prestations. Il y a eu un grand appel à projet, "Les autoroutes de l'information", piloté par le ministère de l'Industrie, des postes et des télécommunications, avec cinq ou six cents répondants en France (dont deux boîtes dans le tourisme). Nous avions une petite société, avec deux développeurs qui ont mis en place un prototype, lequel a été validé. On a d'ailleurs fait notre première vente sur Internet grâce à cet outil. Cette initiative nous a permis d'investir et de monter notre propre plateforme d'hébergement à Cergy-Pontoise.

En bref, je suis arrivé dans le Web parce qu'il y avait un besoin professionnel et que je suis passionné par les nouvelles technologies. »

ALEXANDRA ANDRÉ

FONDATRICE DE VECTEUR D'IMAGE, EX-OPERATING PARTNER DE SERENA CAPITAL, À PRÉSENT DIRECTRICE GÉNÉRALE DE LA FRENCH TECH GRAND PARIS.

▶ *Quand et comment êtes-vous arrivée à travailler dans le Web ?*

« Enfant, j'étais plutôt timide et je rêvais de devenir avocate ou vétérinaire : rien ne me prédestinait à la communication et encore moins au digital puisque celui-ci était inexistant. J'ai commencé ma carrière dans une agence de communication et l'un de mes premiers clients a été Aufeminin.com, que j'ai gardé durant quasi dix ans. De là, j'ai commencé à avoir quatre/cinq clients dans le Web et à découvrir les nouvelles technologies qui étaient en pleine émergence. ▶▶

En 2002, riche de mon expérience en agence et après avoir tissé mon réseau professionnel, j'ai décidé de créer ma propre agence de communication avec mon associé Francis Lelong : Vecteur d'image. Il s'agissait de la première agence de communication et relations presse dédiée aux start-up. Dès qu'un site Internet ou un acteur de la tech se créait, nous l'avions en client. En 2007, nous avons été la toute première agence à lancer un département e-réputation pour gérer la réputation des marques sur Internet. »

OLIVIER ANDRIEU

FONDATEUR DE ABONDANCE.

► *Quand et comment êtes-vous arrivé à travailler dans le Web ?*

« J'ai travaillé une dizaine d'années dans l'univers du Minitel. Puis, en 1993, j'ai commencé à faire de la veille technologique au sein de l'ADIT (Agence pour la diffusion de l'information technologique) à Strasbourg, où j'étais chargé de mettre en place une veille sur les technologies ayant trait aux Télécoms. J'ai donc vu arriver l'ADSL, le langage HTML, les BBS (*bulletin board system*), la norme Gopher, le moteur de recherche Archie, WAIS (*Wide area information server*), les premiers navigateurs (Mosaic 1.0), etc. Bref, tout ce qui préfigurait le Web de demain (donc d'aujourd'hui).

En 1993, j'ai assisté à une démonstration d'Internet et du Web à l'ULP (Université Louis Pasteur) à Strasbourg et il m'a semblé évident qu'Internet allait se développer. C'était le wagon à ne pas rater. Je me suis alors passionné pour les outils de recherche (annuaires, moteurs). En 1994, j'ai publié un premier livre (le premier écrit par un auteur français sur le sujet), *Internet : guide de connexion*, avec une disquette permettant de se connecter gratuitement sur le réseau pendant une heure. Deux ans plus tard, j'ai créé ma société, Abondance (pour être bien classé dans les annuaires, qui listent leurs résultats par ordre alphabétique), avec une offre de référencement naturel (qui deviendra le SEO) sur les outils de l'époque : Excite, WebCrawler, Infossek, AltaVista, Lycos, Nomade, Yahoo!, le guide de Voilà, etc. Google arrivera ensuite, en 1998, puis Microsoft Bing, etc. À présent, j'ai écrit environ vingt-cinq ouvrages sur le sujet, soit sensiblement un par an et j'ai plein de souvenirs en tête. »

AGNÈS AUDIER

EX-VIVENDI, À PRÉSENT *SENIOR ADVISOR* AU BOSTON CONSULTING GROUP.

« Le digital est entré dans tous les secteurs, et presque tous les aspects de nos vies personnelles et professionnelles. »

▶ *Quand et comment êtes-vous arrivée à travailler dans le Web ?*

« J'ai travaillé pour la première fois sur le Web quand j'étais directrice de cabinet de Jean-Pierre Raffarin, alors ministre chargé des PME, du commerce et de l'artisanat. Nous avons fait émerger à l'époque, donc entre 1995 et 1997, le sujet des jeunes entreprises de croissance en France, et poussé la création de l'ancêtre de BPI (Banque publique d'investissement), par fusion de la BDPME (Banque du développement des PME) et de l'ANVAR (Agence nationale de valorisation de la recherche). Nous avons également créé le premier site Internet de l'État : un site qui avait pour vocation de permettre aux entreprises de connaître les aides auxquelles elles avaient droit. C'était un OVNI juridique et technique. Je trouvais super de pousser les murs pour que la France soit un des premiers pays européens à utiliser le Web pour de l'accès public à des informations organisées, triées, avec un petit moteur de recherche. Le point de départ ? Un ami revenu de Californie venu me chercher au ministère pour dîner qui avait installé un modem dans sa start-up. J'ai tout de suite cherché un usage lié à mes préoccupations du moment : informer directement les millions de PME françaises de leurs droits. ▶▶

En 1997, j'ai quitté la fonction publique et j'ai rejoint la Compagnie générale des eaux (rapidement devenue Vivendi). Entre 1997 et 2000, j'ai donc plongé dans les enjeux de stratégie et de croissance externe du groupe Vivendi, aux côtés de Jean-Marie Messier, Philippe Germond, Agnès Touraine, Denis Olivennes, etc. J'ai assisté en direct à l'explosion des premiers sites Internet, au début de l'e-commerce, à la numérisation des contenus musicaux, vidéos, éditoriaux. C'était bien sûr l'époque où l'on préférait investir dans des portails Web qui offraient un large éventail de services (dont le fameux projet Vizzavi) puis les prémisses des contenus sur mobile. Pour Vivendi, devenu après 2000 Vivendi Universal, le sujet connu est celui de la "convergence entre contenu et tuyaux", mais l'ambition était globale et entraînait une explosion des valorisations, et des difficultés aussi !!! Je me souviens par exemple avoir passé un temps infini sur le sujet du piratage des contenus, sujet qui n'intéressait pas grand monde à l'époque car le Web avait alors une forte composante libertaire. Les artistes se sont réveillés plus tard. »

► *Quelles ont été les grandes étapes de votre parcours professionnel et quelle logique y avez-vous appliqué ?*

« J'ai eu des postes très différents en vingt ans, mais toujours avec une dimension "Web", plutôt "digitale", parce que je l'ai voulue ou introduite. D'abord au sein de l'État (1995-1997) : directrice de cabinet de Jean-Pierre Raffarin, ministre des PME du commerce et de l'artisanat. Puis dans le privé : conseillère et directrice de la stratégie de Vivendi (1997-2002), directrice générale des activités Internet (Vivendi Net, 2002-2003), puis *Chief Performance Officer* du groupe Havas (2003-2005), et enfin directrice associée du Boston Consulting Group (BCG). Mes années BCG correspondent au début de la vague de la "transformation digitale" dans tous les secteurs, chez tous les clients. Données de mobilité, données de santé et Industrie 4.0 étaient mes sujets favoris. Je trouve fabuleuse la jonction aujourd'hui entre décarbonation de la planète et digital.

Au cours de toutes ces années, je me suis arrangée pour rester à jour, à travers des actions, des projets et des missions pour les clients. Avec toujours une attention particulière sur les usages, mais aussi les contraintes et enjeux techniques et technologiques. »

► *Quel regard portez-vous sur ces vingt-cinq dernières années et quelle vision avez-vous du monde de demain ?*

« Ce sont des années incroyables, où le digital est entré dans tous les secteurs, et presque tous les aspects de nos vies personnelles et professionnelles.

La puissance du digital a par ailleurs catalysé d'autres tsunamis d'innovation : je pense à la santé, aux découvertes actuelles sur la génomique ou les biotechnies, ou encore à tout le mouvement 4P en marketing (personnalisé, prédictif, participatif, préventif) qui a été possible grâce à la capacité de collecte et/ou traitement des données.

Il est intéressant de voir que de nouveaux sujets de préoccupation collective apparaissent presque chaque année, avec l'évolution de la techno mais aussi des sujets sociétaux : sans parler du métavers, les sujets de cybersécurité ou de *digital gap* étaient anecdotiques il y a quelques années, et apparaissent aujourd'hui comme critiques.

Pour les prochaines années, voici plusieurs sujets liés aux usages et à la vie de la Cité, considérant que les enjeux techno ont une dynamique propre.

- La cybersécurité, sous tous ses aspects : guerre économique et guerre militaire, protection des entreprises et protection de la vie privée, sécurité des transactions financières, etc.
- Le rôle des réseaux sociaux dans la vie démocratique. J'ai été violemment réveillée par le livre de Giuliano da Empoli, *Les ingénieurs du chaos*, qui développe la thèse selon laquelle les démocraties vont avoir du mal à résister à l'usage des réseaux sociaux à des fins électorales.
- Les enjeux de souveraineté liés au numérique.
- La fracture numérique.
- Et le numérique au service de la planète : *green tech*, *tech for good*, donc typiquement ChemTech. (Je suis d'ailleurs chimiste !) »

NILS AZIOSMANOFF

FONDATEUR DE ART3000, À PRÉSENT PRÉSIDENT DU CUBE ET DIRECTEUR GÉNÉRAL DU CUBE GARGES-PÔLE D'INNOVATION CULTURELLE.

► *Quand et comment êtes-vous arrivé à travailler dans le Web ?*

« J'ai commencé ma carrière comme musicien de jazz, directeur du Conservatoire de musique et de danse de Jouy-en-Josas, et spécialiste en informatique musicale (MAO) que j'ai enseignée à l'Institut national de l'audiovisuel et à l'Institut international de l'image et du son. Au début des années 90, j'ai créé ART3000, association pionnière dans le domaine des arts numériques en France, qui a organisé de nombreux événements (tels que les États généraux de l'écriture interactive), édité la revue *Nov'Art*, et soutenu la production d'œuvres numériques. J'ai également participé à la création de plusieurs start-up de technologies innovantes dans l'édition multimédia, le développement de solutions Web pour la mesure de qualité de service, ou encore de cartographies 3D temps-réel en ligne permettant de valoriser des données géolocalisées pour la *smart city* (urbanisme 3D) ou l'enseignement (*serious gaming*, RV...). Toutes ces expériences m'ont amené à côtoyer beaucoup de designers et créatifs du Web, du jeu vidéo et des applications mobiles. Passionné d'arts numériques, j'ai créé en 2001 Le Cube, premier centre de création numérique en France ouvert à Issy-les-Moulineaux. Après vingt ans d'activité, nous avons ouvert en janvier 2023 un nouveau Cube à Garges (95), un pôle d'innovation culturelle de dix mille mètres carrés réunissant plusieurs grands équipements dédiés au renouveau créatif (théâtre, espace d'exposition, cinéma, fabrique créative, médiathèque, école d'art, *fablab*...). Concept unique en France, Le Cube Garges entend être un levier de développement de la ville « créative, numérique et inclusive ». L'innovation numérique mais aussi sociale, éducative et écologique sont au cœur de la démarche d'exploration de nouveaux possibles pour un changement positif. »

GILLES BABINET

FONDATEUR DE MUSIWAVE, À PRÉSENT COFONDATEUR DE ISOTOPE ENERGY ET COPRÉSIDENT DU CONSEIL NATIONAL DU NUMÉRIQUE.

« Le monde qui vient me semble être un monde massivement technologique. »

▶ *Quand et comment êtes-vous arrivé à travailler dans le Web ?*

« J'ai commencé à travailler dans le Web en 1995. J'ai monté à cette époque une *Web agency* parce que j'étais propriétaire d'une agence de design industrielle et il me semblait normal de rentrer sur ces métiers du numérique. Premier métier du numérique, cette agence s'est développée jusqu'en 2000, date à laquelle je l'ai vendue. »

▶ *Quelles ont été les grandes étapes de votre parcours professionnel et quelle logique y avez-vous appliqué ?*

« J'ai un parcours assez bigarré : ma première entreprise était une entreprise du bâtiment, puis, à partir de ça, j'ai fait du design industriel, je suis venu à Internet, et enfin je suis rentré dans l'univers des start-up. C'est une parenthèse de vingt-cinq ans. Je pense que la logique que j'ai principalement appliquée, c'est de m'associer avec des gens qui avaient des compétences complémentaires aux miennes, ce qui m'a permis de rentrer dans des univers où j'avais peu d'expertise, comme celui de la musique où j'ai travaillé un temps. C'est un axe qui a été fort. L'autre axe a été d'essayer d'avoir une approche assez structurée en matière de commercialisation, d'avoir des systèmes d'information, par exemple, qui permettaient ▶▶

d'être assez efficaces ou d'avoir des forces de vente capables de couvrir des grands territoires, voire des continents entiers, dans le cadre d'autres entreprises. »

▶ *Quel regard portez-vous sur ces vingt-cinq dernières années et quelle vision avez-vous du monde de demain ?*

« Le monde dans lequel j'ai commencé à travailler n'existe plus, c'est-à-dire que la notion d'entrepreneuriat était extrêmement peu commune. On disait que les entrepreneurs étaient des gens qui œuvraient dans le domaine du bâtiment, ce qui était vrai pour moi au début. Par ailleurs, quand j'ai commencé, il n'y avait pas Internet : on était dans un monde extrêmement fragmenté. D'une certaine façon, il y avait des avantages à cela puisqu'il y avait moins de concurrents. Mais de l'autre, il y avait un champ du possible qui était beaucoup plus limité. D'ailleurs, c'est pour cela que je n'ai pas été tout de suite dans le domaine de la technologie.

Le monde qui vient me semble être un monde massivement technologique et je pense qu'une des clefs fortes de la lecture de ce monde-là, c'est la maîtrise du code, c'est-à-dire de la programmation informatique. Je conseillerai pour ainsi dire à tout le monde de s'y initier un minimum pour comprendre ce dont il s'agit. »

CATHERINE BARBA

EX-IFRANCE, À PRÉSENT FONDATRICE DE ENVI.

▶ *Quand et comment êtes-vous arrivée à travailler dans le Web ?*

« On est en 1996, je suis en troisième année à l'ESCP. Je tombe sur un concours organisé par le syndicat de la presse : "L'arrivée d'Internet en France et son impact sur la lecture de la presse". Je suis curieuse, je bosse le sujet et gagne le premier prix. La présidente du jury, Viviane Prat, est présidente d'OMD (l'agence média du groupe Omnicom) et elle me dit : "Vous avez l'air de vous y connaître en Internet, venez donc créer ce département chez nous, les annonceurs ont besoin de comprendre !" J'entre ainsi dans le Web en m'improvisant gourou et intrapreneure.

Mon fil conducteur est la passion d'apprendre, d'explorer, de découvrir. Quel meilleur terrain de jeu que le digital ? Le hasard des rencontres m'a très vite tournée vers l'e-commerce, puis l'omnicanal, l'évolution du commerce et des clients. C'est pour répondre à ces transformations que j'ai créé (et revendu) une, deux, puis trois entreprises. Et je suis maintenant en train de créer la quatrième.

Il y a un parallèle saisissant entre ce que les entreprises ont connu avec la révolution numérique et ce qui se passe aujourd'hui avec la révolution du travail : dans les deux cas on est dans une logique de rupture qui oblige l'entreprise à questionner ses fondements. On parlait de nouvelle économie avec le digital, c'est de nouvelle société dont il s'agit aujourd'hui. La réglementation aussi va devoir bouger. Le numérique modifiait radicalement la relation avec le consommateur ; c'est avec le collaborateur que le lien est aujourd'hui profondément transformé. L'e-commerce exigeait de replacer le client au centre de l'entreprise, de repenser sa façon de lui parler, de vendre, de le livrer, et pour cela de transformer son organisation interne. En plaçant l'actif humain au cœur des réflexions de l'entreprise, la révolution du travail exige d'inventer le socle d'un nouveau pacte social. Je crois que le nombre d'indépendants va significativement augmenter et je crée Envi pour aider tous ceux qui sont à leur compte à en vivre durablement, et les entreprises à prendre une longueur d'avance dans cette mutation. Vingt-cinq ans après, l'adrénaline est la même, tout reste à inventer !

Ce qui me frappe aujourd'hui, c'est la remarquable trajectoire de la France : on est passés de la queue de peloton, le Minitel, puis "on clique sur le mulot", à l'écosystème robuste d'aujourd'hui, composé de myriades d'entrepreneurs et entrepreneures très talentueux/ses. Maintenant que les levées se font plus importantes, à chaque étape du développement d'une start-up, on n'a rien à envier aux États-Unis.

La féminisation du secteur progresse par ailleurs – trop lentement, mais elle progresse. Ce qui change la donne, au-delà de la sensibilisation, c'est ▶▶

vraiment l'investissement. Il faut investir dans les start-up portées par les femmes ou des équipes mixtes. Cette diversité est bonne pour tous, et il nous faut mettre notre expertise technologique au service des vrais sujets de notre temps, environnementaux et sociétaux. Il y a une telle urgence. »

NATHALIE BELLAICHE LISCIA

COMMERCIALE CHEZ NUMÉRILAND, À PRÉSENT DIRECTRICE DES ACHATS MÉDIA CHEZ CRITEO, POUR UNE PARTIE DE L'EUROPE.

▶ *Quand et comment êtes-vous arrivée à travailler dans le Web ?*

« J'ai commencé ma carrière en 1992 dans la presse informatique : je commercialisais des espaces publicitaires au format papier. Sept ans plus tard, en 1999, Internet a connu un grand virage. Beaucoup de sociétés se sont alors créées et les gens que je connaissais commençaient à s'y intéresser fortement. J'ai décidé à mon tour de prendre ce virage, à la suite d'une rencontre avec Alexandre Stopnicki, que j'étais allée voir pour des conseils et des questions sur le sujet. Il m'a fait découvrir ce milieu, expliqué ce qu'il faisait avec les régies publicitaires sur Internet. Je découvrais tout un vocabulaire, un monde et des formats que je ne connaissais pas, qui changeaient complètement de ce que je faisais au quotidien avec le papier et, paradoxalement, ça m'a vraiment donné envie de participer à l'aventure !

J'étais directrice commerciale de magazines informatiques, et du jour au lendemain, j'ai accepté de prendre un poste de commerciale sur le digital. Je ne savais pas encore que j'allais changer de travail à ce moment-là, ce n'était pas dans mes intentions initiales, mais j'ai eu un réel coup de cœur pour le Web et l'originalité de la société. J'ai rejoint Numériland en 1999. »

PIERRE BESNAINOU

FONDATEUR DE LIBERTYSURF, À PRÉSENT INVESTISSEUR.

« En 2000, j'avais le sentiment très fort qu'une révolution de la société et de l'économie était en train de se passer avec l'arrivée d'Internet. »

► *Quand et comment êtes-vous arrivé à travailler dans le Web ?*

« J'avais créé une première entreprise, Kaïsui, dans l'électronique et les téléviseurs, et j'ai déposé le bilan en mars 1995. Les deux années suivantes ont été un peu difficiles et j'ai travaillé au lancement du bouquet de chaînes satellites, AB Sat. En 1997, j'ai assisté à une conférence où l'on parlait de WWW et l'intervenant expliquait que la particularité de ce nouveau média était des contenus gratuits. Venant du satellite, ça m'avait interpellé. Parce que, en 1997, le taux d'équipement des foyers en TV était de 98 %, tandis que pour les ordinateurs il était inférieur à 20 %. Je me demandais s'il n'y aurait pas une logique à ce que ce contenu soit importé directement au téléviseur. Par chance, à cette même conférence, j'ai rencontré quelqu'un de réceptif aux nouvelles idées, qui travaillait pour Bernard Arnault. Il commençait à investir dans cet environnement, de façon visionnaire. J'ai rapidement trouvé un fabricant de boîtiers, l'opérateur Netgem, pour connecter Internet au téléviseur et c'est à ce moment-là qu'a commencé l'aventure LibertySurf.

Nous devions proposer Internet sur la télévision, mais lors d'une conversation avec Bernard Arnault, nous avons pensé le proposer d'abord gratuitement, afin de constituer un nombre significatif d'internautes. ►►

C'était au moment de la dérégulation des opérateurs télécoms et j'ai racheté AXS, afin que le lancement se fasse avec un opérateur sous notre contrôle.

Nous avons lancé le site en 1999 et la société s'est développée très rapidement. Nous avons fait quatorze acquisitions en onze mois, dont le premier moteur de recherche français, *nomade.fr*, et un comparateur de prix, le site communautaire *chez.com*.

Nous sommes entrés en Bourse le matin du 15 mars 2000, à Paris, et la chance a été un facteur fondamental : la capitalisation boursière était de quatre milliards et deux cents millions d'euros, nous levions cinq cent dix-huit millions d'euros et les ordres que j'ai pris pendant les quinze jours de *roadshow* faits à travers le monde ont été soixante-sept fois supérieurs aux cinq cents millions d'euros ! Le public français a également fait des demandes quarante fois supérieures à ce que nous pouvions offrir et ça a été la deuxième plus grosse introduction en Bourse au public français, après France Télécom.

Le lendemain de notre introduction en Bourse, la bulle a éclaté.

On m'a demandé un jour ce qui était le plus important, j'ai dit : "Il y a trois choses fondamentales, la chance, la chance et la chance. Quand vous avez les trois vous pouvez réussir." Je les ai eues.

Pour des raisons différentes, Bernard Arnault et moi-même étions dans le même état d'esprit : nous voulions revendre vite, et Kingfisher - également associé - a suivi lorsqu'en janvier 2001, nous avons eu l'opportunité de fusionner LibertySurf avec Tiscali. Puis, au fur et à mesure, les uns comme les autres, nous avons vendu nos actions. »

► *Quelles ont été les grandes étapes de votre parcours professionnel et quelle logique y avez-vous appliqué ?*

« Si je devais faire un bilan, mon moteur a été l'entrepreneuriat. Dans ma troisième vie, j'ai été axé sur l'associatif, la philanthropie mais dans une approche très entrepreneuriale, j'ai été président du fonds social juif unifié et de la fondation du judaïsme français. Je pense que j'ai évidemment une approche caritative, mais aussi entrepreneuriale en cherchant à créer une dynamique autour de programmes sociaux, culturels et éducatifs.

La chance est quelque chose qu'on ne contrôle pas, mais il faut être capable de s'en saisir. Quand j'ai construit Kaïsui, j'ai eu de la chance, car j'ai commencé à importer des téléviseurs au moment où les supermarchés développaient des rayons non-alimentaires pour attirer plus de clientèle. La chance est essentielle mais, sans fausse modestie, il y a aussi le caractère d'entrepreneur qui joue. »

▶ *Quel regard portez-vous sur ces vingt-cinq dernières années et quelle vision avez-vous du monde de demain ?*

« En 2000, j'avais le sentiment très fort qu'une révolution de la société et de l'économie était en train de se passer avec l'arrivée d'Internet. Lorsque je faisais mon *roadshow*, j'étais si convaincu, que j'avais dit aux analystes : "Vous savez, vos petits-enfants ne vous croiront pas quand vous leur direz que pour faire un voyage en train, vous faites la queue pour aller chercher un billet dans une agence de voyage." Je ne sais pas vous dire ce que nous connaîtrons dans vingt ans, mais je sais qu'il y a encore de très grandes choses à faire.

Je perçois cependant une autre révolution, celle de l'alimentaire. Nous avons des problèmes de climat, d'environnement, il faut donc anticiper le moyen de fournir l'alimentation à huit ou dix milliards de personnes. J'investis dans l'agriculture cellulaire, en pensant à présent que nos arrière-petits-enfants ne croiront pas qu'on élevait des vaches, pour ensuite les tuer et les manger, ou qu'on leur donnait mille litres d'eau, pour avoir un litre de lait. Cette agriculture cellulaire se développe aujourd'hui dans plusieurs pays, dont Israël, en prélevant une cellule de la vache, pour ensuite faire du vrai lait en laboratoire. De même pour les viandes et les poissons. L'alimentaire de demain va être fondamentalement différent et c'est l'un des sujets dans lesquels je m'investis beaucoup. »

JEAN-MICHEL BILLAUT

FONDATEUR DE L'ATELIER DE LA COMPAGNIE BANCAIRE (PARIBAS), À PRÉSENT CONSEILLER.

« Les vingt-cinq prochaines années seront portées par des gens disruptifs. »

▶ *Quand et comment êtes-vous arrivé à travailler dans le Web ?*

« En 1979, j'ai ouvert, au sein de la Compagnie Bancaire, l'Atelier, une cellule de veille technologique ayant pour but de défricher les nouvelles tendances. Un vendredi soir d'octobre 1994, j'étais seul à l'Atelier sur mon ordinateur, pour prendre le temps de découvrir Internet. Quand j'ai regardé ma montre, il était minuit. J'ai pensé que ce truc-là allait tuer le Minitel.

À l'Atelier, nous avons formé une Web School où on a formé tout le monde. On a créé une équipe de Net-économistes et on a monté un incubateur, pour la banque directe. Dès 1995, la poignée d'entrepreneurs du Web français (Caramail, Club Internet, etc.) passait dans notre *think tank* et les gens posaient des questions à ceux qui venaient. Ce n'étaient jamais les élites françaises qui venaient. Nous avons été rachetés par BNP Paribas qui a tout mis à la poubelle, en 2001, y compris moi. »

▶ *Quel regard portez-vous sur ces vingt-cinq dernières années et quelle vision avez-vous du monde de demain ?*

« Les vingt-cinq dernières années ont été peinardes en France. Ce qui a été le plus important pour moi s'est passé en 2009, lorsque Sakamoto a publié douze pages pour changer le système financier. ▶▶

Je continue à faire ce que je fais parce que ça me plaît, mais je regrette que l'État, à l'époque, n'ait pas mis en place les adresses IP ou TCP/IP (inventées par un Français). Si on avait fait ce choix, au lieu de Transpac, on serait les rois du pétrole. Certains disent que le Minitel nous a handicapé, d'autres qu'il nous a aidé à nous familiariser avec le numérique, c'est probablement les deux.

Les vingt-cinq prochaines années seront portées par des gens disruptifs. Certains montent des plateformes intéressantes et 12 % des Français veulent des crypto-monnaies, donc ça se met en place. Il y a des jeunes Français qui font des choses intéressantes et c'est probablement eux qui vont changer le pays, sinon nous risquons de tomber sous la houlette des Américains. La souveraineté de la France, comme de l'Europe, est très faible, il faudrait pourtant d'autres politiques et d'autres réglementations.

Il faudrait faire en France ce qu'a fait l'Estonie, où il n'y a plus de papier. Leur programme X-Road, infrastructure *open source*, supprime complètement le papier et regroupe les services publics accessibles par un seul portail (dossier médical, vote électronique, recouvrement fiscal unique, génomique, etc.). Mais ce sont les gens disruptifs qui peuvent éventuellement sauver notre pays, il n'y a rien à attendre des politiques.

Concernant le monde de demain, nous allons changer de civilisation et les thématiques fortes seront dans tous les secteurs d'activité. Le problème, ce ne sont pas les questions philosophiques, mais le bien des peuples. »

MICHEL BISAC

FONDATEUR DU PREMIER CYBERCAFÉ EN FRANCE ET DE ECHO, PREMIER MOTEUR DE RECHERCHE FRANÇAIS, À PRÉSENT FONDATEUR DES PAGES MAGHREB, VICE-PRÉSIDENT DU COMITÉ ALGÉRIE DES CCE (CONSEILLERS DU COMMERCE EXTÉRIEUR DE LA FRANCE) ET PRÉSIDENT DE LA CCIAF (CHAMBRE DE COMMERCE ET D'INDUSTRIE ALGERO FRANÇAISE).

▶ *Quand et comment êtes-vous arrivé à travailler dans le Web ?*

« Mes débuts dans le digital ont démarré en 1994. Lors d'un voyage à Londres, j'ai vu le premier cybercafé européen et cela m'a donné l'envie de créer le premier cybercafé en France, à Nice en 1995. Je n'y connaissais strictement rien. À cette occasion j'ai rencontré Christophe Ruelle, jeune ingénieur. Nous avons regardé ensemble ce qu'il était possible de faire et de là nous est venue l'idée de créer la société Echo interactive, qui est devenue plus tard *voila.fr*. J'ai été l'un des tout premiers à m'intéresser à Internet !

N'étant pas un technicien du Web, j'ai évolué avec la société Echo interactive, devenue *voila.fr*, cédée à France Télécom dans un premier temps, puis reprise en totalité par Wanadoo en 2000. Chez Echo interactive, nous avions développé à l'époque, outre un moteur de recherche, un outil de mesure d'audience qui s'appelait e-Stat, dont France Télécom n'avait pas voulu. Nous avons finalement repris cet outil, l'avons développé et revendu à Médiamétrie en 2004, qui est devenu Médiamétrie e-Stat, leader de la mesure d'audience sur Internet.

J'ai également connu une petite expérience malheureuse dans le domaine de l'éducation avec une société du nom de Espace et Réseaux Numériques : l'idée était d'offrir un espace à tous les élèves et étudiants, du début de leur cursus scolaire jusqu'à la fin de leur parcours universitaire. C'était un Intranet dédié à l'éducation qui s'appelait Le Cartable Électronique, mais cela n'a pas marché. Nous étions, je pense, un peu trop tôt sur le marché.

Enfin, on m'a offert l'opportunité d'acheter une affaire en Algérie, dans une période de ma vie qui me permettait de m'expatrier, et nous avons décidé avec mon épouse de nous installer à Alger où nous avons créé *from scratch* les Pages Maghreb, l'équivalent des Pages jaunes pour l'Algérie. Ensuite, nous avons développé autour des bases de données toute une série d'outils et nous avons créé un *call center* dédié à la relation client en Algérie. Nous ne faisons pas d'*offshore*. Nous sommes aujourd'hui une entreprise de cent vingt salariés. »

JEAN-DAVID BLANC

FONDATEUR DE ALLOCINÉ PUIS DE MOLOTOV.

DÉCOUVERTE DU WEB

Il a découvert l'informatique vers dix ou onze ans, lorsqu'un magasin a ouvert à proximité de son collège, lui laissant le droit d'expérimenter sur les machines. C'est en passant toutes ses heures libres dans le fond du magasin qu'il a appris seul le Basic, formant ensuite des adultes au fonctionnement des ordinateurs.

Vers l'âge de treize ans, il a créé des jeux vidéo pour Apple II (dont *Futura*), tout en écrivant des articles pour des magazines informatiques. Deux ans plus tard, il créa un *bulletin board system* avec Jean-Marc Royer et fondait, l'année suivante, Crystal Technologies, société de services informatiques. Puis, à dix-sept ans, il montait Concerto télématique, une société de services interactifs pour Minitel et téléphones, pour de grandes marques comme Marlboro ou Coca-Cola.

À vingt-six ans, il a eu l'idée d'un numéro de renseignement général qui permettrait aux gens d'avoir des infos sur les films et les salles : c'était AlloCiné, avec au départ un modèle économique différent de l'audiotel et du Minitel. Il lança le service en 1993 avec Patrick Holzman, lequel pensait que la rémunération viendrait de la publicité : le serveur téléphonique d'AlloCiné préfigurait un modèle économique qui allait prévaloir sur Internet quelques années plus tard.

Puis, en 1995, étaient ajoutées la réservation de billet à l'avance et la démultiplication du service sur de multiples supports : bornes interactives, Minitel et Internet. Jean-David Blanc a dirigé la société pendant dix ans, avant de la vendre à Canal+ et de se rapprocher de Vivendi.

PARCOURS PROFESSIONNEL

Dans les années qui ont suivi, il a été conseiller et *business angel* (signant en 2001 un premier deal avec Marc Simoncini sur une version initiale de Meetic, puis Stripe, Stuart, Square, WeMoms, etc.). En parallèle, il créait une boîte de prod avec un proche, 55 productions, mais l'univers étant trop éloigné du sien, il a fini par jeter l'éponge pour revenir à la tech, à ses tendances et à ses changements d'usages.

En 2011, alors qu'il était en bimoteur au-dessus de l'Himalaya, son avion s'est écrasé sur une falaise, et il s'est retrouvé accroché à la branche d'un arbre, à trois mille mètres au-dessus du vide. Trois jours plus tard, il avait trouvé le moyen de se sauver, ce qu'il raconte dans son livre *Trois jours au Népal*.

L'année suivante, il se lance dans l'aventure de Molotov, service en ligne de distribution de chaînes de télévision en direct et en *replay*, avec quelques membres de son ancienne équipe ainsi que Pierre Lescure. La start-up française était détenue en partie par Xavier Niel (35 %) et le fonds Idinvest (35 %).

En 2018, Orange a fait une offre de rachat avortée, puis, la même année, un protocole d'accord a été signé avec France Télévisions sans plus aboutir et enfin, en 2019, un rachat par Altice/SFR avait été annoncé, sans non plus être finalisé. Mais, en 2021, l'américain FuboTV rachète finalement Molotov pour cent soixante-quatre millions d'euros en actions et en *cash*, permettant enfin à Jean-David Blanc de voir plus grand : « On est dans une industrie de géants où il y a besoin de beaucoup d'argent, pour accéder aux contenus, pour faire du marketing, pour accéder aux réseaux télécoms (...). Si on veut aller plus loin, il faut devenir grand. Et pour devenir grand, il faut des moyens.[1] »

ET MAINTENANT ?

Jean-David Blanc continue d'investir dans les start-up, notamment celles qui se tournent vers la *blockchain* (comme Zengo, porte-feuille de crypto-monnaies). Il voit là le début d'une grande révolution, celle du tiers de confiance, trouvant la technologie très excitante, même si nous n'en sommes qu'au début. Il s'intéresse davantage encore aux NFT, parce que la crypto-monnaie touche à la régulation et à la politique, mais il dit : « Je suis dubitatif, il faut y aller avec humilité, d'un point de vue politique il faut faire attention.[2] »

1 Jean LEYMARIE, « Jean-David Blanc, cofondateur de Molotov : "On est un peu le Tinder de la télévision" », *francetvinfo.fr*, 31 mai 2019.
2 *Ibid.*

ÈVE-LISE BLANC-DELEUZE

DIRIGEANTE DE CANAL+ MULTIMÉDIA, À PRÉSENT CHEF DE LA MISSION CINÉMA ET INDUSTRIES CULTURELLES (MCIC) DU MINISTÈRE DES ARMÉES.

► *Quand et comment êtes-vous arrivée à travailler dans le Web ?*

« Je suis née professionnellement avec le numérique et j'ai eu la chance d'être actrice des principales évolutions technologiques. Cela a commencé à Londres, en 1986, au tout début de l'informatique grand public. Mais tout a vraiment démarré en 1988, lorsque j'ai été recrutée - par hasard ! - pour lancer Nintendo en France.

Après le jeu vidéo, j'ai vécu les débuts d'Internet, l'arrivée du multimédia, les premiers bouquets numériques et leurs services interactifs associés, le lancement de la TNT puis sa généralisation numérique, la délinéarisation des programmes...

En 1995, j'ai été appelée par le groupe Canal+ pour créer et diriger la filiale Canal+ Multimédia. L'objectif était de valoriser les droits détenus en interne (cinéma, sports, programmes emblématiques...) ou d'imaginer de nouveaux programmes interactifs qui viendraient renforcer l'image de "chaîne jeune, branchée" sur les nouvelles plateformes digitales.

Outre la production de jeux vidéo classiques sur console ou PC, nous avons innové en lançant les premiers jeux ludo-culturels (comme "Versailles 1685 : Complot à la cour du Roi Soleil"), en rapprochant deux univers qui n'avaient rien à voir l'un avec l'autre : le jeu vidéo et le monde traditionnel de la culture. Mais surtout, en 1996, au tout début d'Internet, nous avons créé ce qui pourrait être l'ancêtre des réseaux sociaux, "Le Deuxième Monde" : un Paris entièrement virtuel, reconstitué en 3D. Les joueurs se créaient un avatar et chattaient avec d'autres joueurs. Nous avions réellement quinze ans d'avance. Nous avions même créé une régie publicitaire virtuelle pour vendre de l'espace publicitaire dans ce monde virtuel, avec Alexandre Stopnicki et sa régie Numériland. »

JEAN-RENÉ BOIDRON

EX-COSMOBAY, AUJOURD'HUI PRÉSIDENT DE KAMELEOON.

► *Quand et comment êtes-vous arrivé à travailler dans le Web ?*

« De formation marketing et commerciale, j'ai débuté ma vie professionnelle en 1990 dans une entreprise spécialisée dans la CAO (conception assistée par ordinateur). Cette technologie, avant-gardiste pour l'époque, avait été initialement développée par les grands acteurs industriels (Renault, Airbus...) : les architectes et les designers en avaient besoin, il fallait beaucoup de précision pour concevoir les modèles. ►►

En 1996, le Web balbutiait en France et j'ai rejoint les ingénieurs d'une start-up spécialisée dans la sécurisation de paiements sur Internet. Nous voulions obtenir la confiance des consommateurs qui souhaitaient faire des achats en ligne avec leurs cartes bancaires. La solution développée par GC Tech sous forme de porte-monnaie électronique géré via une application à télécharger, était compliquée et ne tenait pas suffisamment compte de l'expérience simple et spontanée attendue par les clients. La boîte a déposé le bilan au bout d'un an et demi. À la suite de cette expérience, fin 1997, j'ai créé ma société, Cosmosbay, avec pour ambition de proposer des solutions de serveurs Web et de serveurs d'application aux entreprises qui veulent créer leurs sites. La concurrence féroce de Netscape et Microsoft m'a poussé à rapidement réorienter mon projet vers une activité d'agence Web technologique pour de grands comptes, comme le journal *L'Équipe*. Lorsque la bulle a éclaté un an plus tard, les sources de financement se sont taries et beaucoup d'entreprises, trop fragiles, ont disparu. Mais Cosmosbay a résisté et prospéré en décrochant plusieurs contrats conséquents, dont le projet de conception du portail fiscal du ministère des Finances : *impots.gouv.fr*.

En 2012, j'ai lancé Kameleoon, éditeur de solutions d'optimisation de la conversion et de personnalisation de l'expérience client sur Internet. Aujourd'hui, c'est plus de cent personnes basées aux États-Unis, Grande-Bretagne, en Allemagne et en France. »

BRUNO BONNELL

FONDATEUR DE INFOGRAMES ET INFONIE, À PRÉSENT SECRÉTAIRE GÉNÉRAL POUR L'INVESTISSEMENT FRANCE 2030.

DÉCOUVERTE DU WEB

Bruno Bonnell a grandi sur le campus de l'Institut national des sciences appliquées, où dès l'âge de dix ans il expérimentait autour de l'idée du robot à partir d'un moteur de lave-linge, tout en rêvant à devenir astronaute. C'est là qu'il a découvert l'informatique, un jour où son père a ramené à la maison des feuilles sans fin avec des signes incompréhensibles et des trous sur les côtés. Il n'a réellement commencé à expérimenter les ordinateurs que pendant son service militaire, à l'armée.

Après des études d'ingénieur chimiste (à ce moment-là, il se rêvait parfumeur), un diplôme d'économie appliquée et un passage dans une PME où il a appris l'art du bluff, Bruno Bonnell est entré chez Thomson, où il était chargé de la commercialisation du premier ordinateur du groupe, le TO7. Nous étions en 1982, et au même moment, il coécrivait un livre, *Pratique de l'ordinateur familial*, où il expliquait déjà que l'outil allait permettre de travailler, de jouer, d'écouter de la musique... Les mille cinq cents francs d'avance de l'éditeur ont servi à monter Infogrames l'année suivante, avec son coauteur, Christophe Sapet. À vingt-cinq ans, il était devenu l'un des premiers éditeurs de jeux vidéo français.

Douze ans plus tard, en 1995, la bulle Internet accompagnait les projets d'Infogrames, en France comme à l'international, et Bruno Bonnell voulait rivaliser avec Sony. Cette même année, ils fondaient Infonie, fournisseur d'accès visant une cible familiale, en proposant un abonnement à des services sans limitation de durée, avec un bouquet de services (dont Talkie, un logiciel prémisse de la messagerie instantanée) dans un environnement ouvert qui permettait aussi l'accès au Web, mais en option payante. Ce sera la première introduction en Bourse du nouveau marché, alors qu'à peine une vingtaine ou une trentaine de milliers de personnes en France étaient abonnées à des services en ligne. Trois ans plus tard, Infonie rachetait le moteur de recherche Lokace, premier moteur de recherche français, lancé en 1994.

PARCOURS PROFESSIONNEL

La croissance d'Infogrames était largement due à une pléiade d'acquisitions dont, en 2001, la société américaine Hasbro et sa marque phare, Atari. La société lyonnaise a vu sa valorisation multipliée par quatre, en même temps qu'elle ▸▸

connaissait un premier exercice déficitaire. En 2005, les baisses semblaient impossibles à surmonter et deux ans plus tard, alors que le cours de l'action avait été divisé par dix, Bruno Bonnell était remercié par ses actionnaires.

En 2006, il avait acheté Robopolis, repositionné sur la robotique domestique, éducative ou ludique, devenue depuis Irobot. C'est à cette époque qu'il a commencé à parler de « robolution », écrivant en 2010 un second livre, *Viva la Robolution ! Une nouvelle étape pour l'humanité*, sans croire à l'humanoïde (R2D2 lui paraît avoir un design d'usage plus rationnel). L'année suivante, il fondait le premier salon dédié au secteur, Innorobo, ainsi que le Syrobo, syndicat professionnel de la robotique de service professionnelle et personnelle.

Il a ensuite créé Awabot, société de robotique de téléprésence, permettant de piloter à distance, car il est convaincu que la robotique est une révolution au moins aussi importante que les ordinateurs. « De plus en plus de gens vivent en ville et les machines peuvent y améliorer le quotidien, comme les voitures autonomes. Parallèlement, la population vieillit et des assistants de santé et physique permettront de mieux vivre[1]. »

Il est également cofondateur et président de Robolution Capital, fonds français consacré aux entreprises du secteur robotique.

Sans doute parce qu'il se dit très attaché aux valeurs françaises, il a attiré l'attention des politiques et, en 2013, il était chargé d'un plan de reconquête industrielle dédié à la robotique, pour financer les jeunes pousses du secteur.

Aujourd'hui, il se consacre à plein temps à l'investissement pour France 2030, dont il est le secrétaire général.

Dès le début de sa carrière, il a été autant adulé qu'haï, pour être passé de jeune entrepreneur débrouillard, à patron de grosses sociétés employant des milliers de personnes à travers le monde, en utilisant régulièrement le bluff comme indispensable outil de croissance.

ET MAINTENANT ?

Sur le passé, il parle avec émotion d'Infonie, et reconnaît à présent que la grosse erreur du fournisseur d'accès a été de ne pas basculer assez vite sur le HTML.

Concernant l'avenir, il place la décarbonation au cœur de France 2030 et les *green techs* sont sa cible centrale. Il veille également à ce que 100 % des investissements de France 2030 réduisent l'empreinte carbone, tout en étant convaincu que les start-up nouvelle génération sont *green native*. Il considère que sa mission est de favoriser leur croissance grâce à des partenariats publics-privés, en évitant de retomber dans les erreurs du passé où des économies ont été faites sur le futur.

1 « Bruno Bonnel, véritable entrepreneur loin de la télé-réalité », entreprendre.fr, 10 mai 2016.

ISABELLE BORDRY

EX-DIRECTRICE EUROPÉENNE DE YAHOO!, À PRÉSENT COFONDATRICE DE RETENCY.

« Je pense que le digital a envahi nos vies depuis l'arrivée des téléphones, en particulier depuis que Steve Jobs nous a mis un iPhone entre les mains. »

▶ *Quand et comment êtes-vous arrivée à travailler dans le Web ?*

« J'ai démarré en 1993, en intégrant Hachette-Filipacchi, car je souhaitais travailler dans les médias. J'ai intégré les équipes marketing de différents titres de presse, comme *Télé 7 jours*, *Parents*, *Cousteau Junior*, avec un véritable intérêt pour le fonctionnement des organes de presse. Ma position était assez stratégique puisqu'elle était entre la rédaction et les équipes principales, me permettant d'avoir une vision globale et transversale des rouages de ce monde.

Fin 1996, Hachette-Filipacchi a été l'un des premiers groupes français mais aussi européens à s'intéresser au digital et à mettre en ligne ses premiers titres. C'étaient généralement quelques pages, quelques articles.

À cette époque, je m'intéressais au positionnement et au fonctionnement de ce nouveau média et à la manière dont il interagissait avec les équipes éditoriales papiers et autres. J'ai rejoint l'équipe, non pas du marketing digital (car non existante), mais commerciale, pour commencer à vendre de la pub sur Internet. C'étaient les premiers bandeaux publicitaires. À ce moment-là, en 1996, il y avait peu d'acteurs dans ce domaine.

C'est à ce titre que Yahoo! m'a appelée en 1997, car la société commençait à s'implanter sur marché européen. ▶▶

Je suis restée près de neuf ans chez Yahoo!, le premier annuaire, dans lequel mes équipes et moi-même avons commercialisé les premiers espaces publicitaires.

Plus tard, j'ai été nommée directrice générale de Yahoo! France et directrice au niveau européen à partir de 2004. »

▶ *Quelles ont été les grandes étapes de votre parcours professionnel et quelle logique y avez-vous appliqué ?*

« J'ai commencé dans l'univers des médias puis j'ai rejoint un *pure player* car j'ai compris que le marché se transformait. Je me suis toujours retrouvée à des moments clés de l'évolution des marchés, à la rupture et parfois à la transformation des modèles.

C'est ce qui m'a conduit à rejoindre Yahoo! en 1997 puis à m'intéresser plus tard à tout ce qui est e-commerce, petites annonces, sentant une vraie demande, notamment de la part des femmes sur les services, la facilité d'achat, les livraisons, etc. À l'époque, l'univers Internet était très masculin, l'écosystème assez geek, les hommes étaient sur-représentés. À partir de 2007, les femmes se sont emparées d'Internet à travers les blogs pour échanger, s'informer et aussi acheter : c'est comme cela que l'on a vu arriver des marques comme Sarenza, des produits de la vie quotidienne, etc.

En 2005, j'ai quitté la société pour devenir *business angel* et j'ai accompagné des sociétés dans des univers médias et e-commerce. J'ai aussi fait de la politique (candidature aux Européennes de 2014).

En 2015, j'ai lancé le projet Retency et, parallèlement, j'ai été nommée au comité de prospective de la CNIL pour réfléchir à la problématique des données personnelles. C'est un projet qui a permis de mettre en place un procédé, validé par la CNIL, qui permet une anonymisation totale des données.

Depuis quelques années, je constate une très forte montée en puissance d'Amazon et des GAFAM en général, et la problématique est de comprendre comment aider les acteurs traditionnels en traitant de la data, à être de plus en plus pertinents et à faire face, avec de nouveaux outils, à cette situation inédite. »

▶ *Quel regard portez-vous sur ces vingt-cinq dernières années et quelle vision avez-vous du monde de demain ?*

« Pendant ces vingt dernières années, j'ai assisté à deux périodes différentes et contrastées.

Une première période avec des progressions ultrarapides sur le marché, des chiffres d'affaires à plusieurs millions d'euros, où nous étions leaders du marché.

Et des périodes un peu plus compliquées, dans les années 2001-2002, où après l'éclatement de la bulle, avoir un site Internet pour son entreprise paraissait indispensable. Il fallait s'intéresser aux nouveaux médias. Il y a donc eu une période où les modèles économiques étaient basés sur la pub. En parallèle de ce renversement de marché, on a assisté à la montée en puissance de Google qui, pour le coup, était un moteur de recherche et non pas un annuaire comme Yahoo!, et qui est devenu de plus en plus pertinent. Les algorithmes de recherche de Google et le classement des sites devenant plus performants que les équipes d'hommes qui le faisaient pour le compte de Yahoo!, c'est sans grande surprise que les utilisateurs se sont tournés petit à petit vers Google, notamment sur le marché européen. Il a pris des parts de marché considérables et est devenu l'outil quotidien de la très grande majorité.

Je pense que le digital a envahi nos vies depuis l'arrivée des téléphones, en particulier depuis que Steve Jobs nous a mis un iPhone entre les mains. Avant, nous avions une fenêtre ouverte, via notre ordinateur, sur un univers digital assez bien délimité. Depuis une dizaine d'années, on vit une imbrication très forte, le phygital, et sommes incapables de rester sans téléphone, connectés plusieurs heures par jour, ce qui était impossible il y a encore quelques années.

Il y a donc à la fois une transformation et une prise en main dans nos vies quotidiennes qui ont modifié la manière dont on perçoit le service, la capacité à transformer l'usage et l'accès à l'information, l'accès aux produits et services. C'est une transformation qui s'est faite de manière rapide et brutale, pour le bien de tous à mon avis, mais cela génère de véritables préoccupations pour les modèles anciens qui doivent se transformer à vive allure. Depuis Steve jobs, le digital a précipité de nouveaux usages.

J'ai toujours pensé que cet univers allait transformer, d'une manière ou d'une autre, l'accès à la connaissance du monde, notamment avec Yahoo! et Google. Ensuite, le public a pu échanger avec l'arrivée de Messenger, puis créer son propre média avec les blogs. Depuis, les réseaux sociaux ont obligé à une accélération, on adopte des codes qui sont totalement différents des précédents. Avant, on lisait un article sur le journal ou on écrivait un article sur le blog. Maintenant, on communique avec une image.

Par étapes, il y a eu la transformation des usages, née aussi de la manière dont les gens communiquent, réfléchissent et prennent des décisions. Il y a une révolution dans la manière de travailler, d'imaginer ses vacances, d'élever ses enfants. Il y a eu une transformation géante assimilée.

Il y a vingt ans, on ne s'imaginait pas tout ça. On se demandait plutôt qui de l'ordinateur ou de la télévision allait gagner. On n'imaginait pas que Steve Jobs allait démultiplier les écrans avec le téléphone. Aujourd'hui, il y a des écrans partout et cet accès est devenu une commodité. ▶▶

Il y a une prise de conscience qui est en train de se faire en Europe au sujet des données personnelles et ce que ça veut dire. Comment mieux les gérer, comment se protéger et à présent je ne suis pas certaine que ceux qui utilisent le plus de données personnelles soient les gagnants du futur, parce qu'il y a une vraie tendance du "je suis responsable par rapport à mes données" et je pense que cela va impacter les usages et les modèles économiques. Le RGPD va impacter tous les gens qui veulent travailler sur le marché européen. On laisse des traces partout et l'enjeu est la maîtrise que l'on peut avoir de ces données personnelles. »

CHRISTOPHE BOSQUET

CEO ET COFONDATEUR D'EFFINITY.

▶ *Quand et comment êtes-vous arrivé à travailler dans le Web ?*

« Alors que j'étais encore étudiant dans une école d'ingénieur, en 1996, j'ai commencé à m'initier à Internet en créant mes premiers sites Web. En parallèle de mes études, via une mission au Groupe Tests, j'ai participé au magazine *01 Informatique* et au lancement du magazine spécialisé au Web *Micro Hebdo*. Cela m'a donné envie de continuer dans cet univers et, fin 1998, j'ai rencontré François Deltour, alors fondateur de l'agence Palo Alto. Il m'a parlé d'affiliation : elle se développait aux États-Unis mais était encore absente en Europe.

Mon projet de fin d'études a consisté à créer une solution d'affiliation dans le cadre de son agence. En 1999, cette solution a permis de créer la première plateforme d'affiliation européenne, donnant naissance à Effiliation en 2000.

À présent, l'entreprise s'appelle Effinity et couvre l'ensemble des leviers de l'acquisition digitale. »

SOPHIE BRAMLY

FONDATRICE DE UNIVERSAL MUSIC ONLINE, À PRÉSENT PHOTOGRAPHE.

▶ *Quand et comment êtes-vous arrivée à travailler dans le Web ?*

« Je ne me souviens plus très bien de l'ordre dans lequel les choses se sont passées, mais j'ai eu un coup de foudre pour la lecture par hyperliens, en 1994. C'est aussi l'année où j'ai rencontré Patrick Robin, qui à l'époque avait une boîte protéiforme : fournisseur d'accès, magazines sur le Web et les CD-ROM, régie publicitaire, etc. Je travaillais dans une major du disque, et nous parlions beaucoup de tout ce qu'il serait possible de faire avec les artistes. C'était un peu tôt, mais comme je suis impatiente, j'ai fait une campagne de bannières pour un album d'Eric Clapton, avec la régie de Patrick. C'était pour moi l'occasion de commencer quelque chose, d'apprendre, d'aller au Milia (Marché international des contenus interactifs qui se déroulait à Cannes)... Nous étions un petit groupe avec de grands débats : les partisans du CD-ROM, dont je n'étais pas, et ceux du Web, dont j'étais, et j'ai fini par convaincre mon boss de me laisser faire un site pour un label (qui a eu un prix au Japon). Petit à petit, tous les labels ont voulu un site, ce qui m'a permis d'en faire un énorme pour toute la major, qui était à la fois un magazine en ligne et une plateforme d'e-commerce. C'est à ce moment-là que je suis passée au Web à temps plein et que j'ai pu monter une équipe, en 1998. Ensuite, les gros projets ont suivi au rythme d'un par an : plateforme de ▶▶

MP3 pour artistes non signés (*balanceleson.com*), plateforme de téléchargement légal pour l'ensemble des majors et des indépendants (*e-compil.com*), module de sites artistes, plateforme CRM, émission hebdo en hyper-vidéo (*cafedulive.com*), etc.

En 2007, j'ai quitté Universal Music pour monter *Secondsexe.com*, une start-up dédiée à la sexualité féminine, parce que je me suis aperçue que le seul mot-clé qui concurrençait MP3 à l'époque, "sexe", pointait vers des univers uniquement dédiés aux hommes et je ne voyais pas pourquoi les femmes en étaient exclues. J'ai continué à chercher des innovations dans ce modèle : service d'abonnements à des sextos avec des passages de grands auteurs de la littérature érotique (développé avec Phonevalley, qui avait accepté de faire des développements spécifiques pour nous), abonnements sur notre plateforme VOD, classiques érotiques lus par des personnalités en livres audios, etc. »

NELLY BROSSARD

EX-GCTECH, À PRÉSENT *SENIOR ADVISOR* ET VICE-PRÉSIDENTE D'INSURTECH FRANCE.

► *Quand et comment êtes-vous arrivée à travailler dans le Web ?*

« Avant même de rentrer dans la vie active, j'ai toujours été attirée par les nouvelles technologies et passionnée par l'impact que le digital pourrait avoir sur les relations avec le consommateur.

Pendant mes études, j'ai fait un mémoire sur la TV interactive aux États-Unis et l'impact de ce nouvel usage sur les relations entre les consommateurs et les marques. En parallèle, je travaillais pour le syndicat de la vente par correspondance (l'actuelle Fevad - Fédération de l'e-commerce et de la vente en ligne) en réalisant des études sur le commerce électronique, ce qui m'a permis d'aller dans des salons et d'être à l'écoute du marché. C'est d'ailleurs sur un salon que j'ai rencontré un entrepreneur qui montait une start-up et voulait marketer son offre. Convaincue par son concept très novateur, j'ai démarré en 1995 chez GCTECH, qui avait conçu le premier système de paiements sécurisés sur Internet (Globe ID), un porte-monnaie très malin permettant de réaliser des paiements (y compris les micro-paiements) avec de la cryptographie. Une gageure à l'époque, puisqu'il n'y avait pas encore vraiment d'e-commerce...

Nous avons vendu ce système à la Compagnie Bancaire, qui a créé Kleline avec le groupe LVMH. Nous avons ensuite recentré notre activité sur l'accompagnement des entreprises à créer leur site Web, les informer et les évangéliser sur les futurs usages d'Internet. Nous avons lancé la première galerie marchande électronique française sur le Net "Globe online", utilisant ce système de paiements en partenariat avec Kleline. »

EMMANUEL BRUNET

EX-REAL MEDIA, AUJOURD'HUI *BOARD MEMBER* DE EULERIAN.

► *Quand et comment êtes-vous arrivé à travailler dans le Web ?*

« À l'âge de douze ans, je m'amusais à monter et démonter des ordinateurs. J'ai commencé à surfer sur Internet en 1994 et, dès 1995, je créais des pages perso et des sites Web. À un moment donné, je me suis lancé dans l'affiliation en me rendant compte que c'était un moyen de gagner de l'argent.

Plus tard, j'ai fait un stage de stage de fin d'étude dans une agence de marketing direct, Wunderman. En 1998, j'ai été engagé chez Real Media, une société spécialisée dans les technologies publicitaires digitales et la vente d'espaces.

Au départ, je n'avais imaginé que des usages personnels du Web. Mais, après ce stage en agence, j'ai réalisé que je pouvais aussi en faire un métier. Je suis resté chez Real Media pendant quatre ans, avant de cofonder, en 2001, Archi & D'alembert, une agence de Web média, avec mon associé Antoine Lescure. Nous l'avons revendue à Carat deux ans plus tard.

En 2007, nous avons fondé ensemble une maison d'édition de sites Web : Archipelago Publishing, qui édite *Pratique.fr*. Six ans après, elle a été reprise par l'annuaire *118000.fr*, backé par Newfund.

J'ai rejoint Eulerian en 2012, une société dans laquelle j'avais investi en 2002. En parallèle, j'ai également investi dans d'autres start-up. J'ai toujours préféré l'entrepreneuriat, pour la liberté et l'autonomie que cela m'apporte. »

PIERRE CALMARD

EX-NOVO-MEDIA, À PRÉSENT PRÉSIDENT DE DENTSU FRANCE.

► *Quand et comment êtes-vous arrivé à travailler dans le Web ?*

« En 1996, je m'apprêtais à quitter mon premier job, chez Médiamétrie, où je mesurais l'audience de la télévision. Mon patron de l'époque, Philippe Tassi, et Jacqueline Aglietta, la présidente de l'époque, ont eu l'intuition qu'un nouveau truc qui arrivait des États-Unis, Internet, allait devenir important. Bien qu'il n'y ait aucun marché publicitaire à ce moment-là, ils m'ont confié la création d'un nouveau service, joliment nommée "nouveaux médias", pour commencer à mesurer cette audience. J'ai donc eu la chance de réaliser les premières mesures d'audience d'Internet en France. À l'époque, il fallait interviewer un grand nombre de personnes avant de trouver quelqu'un avec un modem. Petit à petit, les choses sont montées en puissance, alors que ce n'était qu'un pari sur une technologie fascinante. En trois ans, sur toute la fin du XXᵉ siècle, il y a eu un boom, à la fois des utilisations et du marché. ▶▶

Un de mes premiers clients était Yahoo! France et, à l'époque, il n'y avait qu'un président et une stagiaire qui se trouvait être Isabelle Bordry, devenue plus tard DG de Yahoo! France, à qui j'ai vendu les premières études sur l'audience Internet.

En 1999, René Saal, Eyrick Rebbouh et Brunot Kémoun sont venus me voir pour me présenter Carat Multimédia, qui était en quelque sorte un observatoire d'expertises en train de devenir un vrai business auquel ils souhaitaient que je participe. Je les ai rejoint et n'ai jamais quitté le monde des agences. »

FRANÇOIS CARON

FONDATEUR ET PRÉSIDENT DE LA SOCIÉTÉ EMPREINTE.COM

▶ *Quand et comment êtes-vous arrivé à travailler dans le Web ?*

« 1981 : alors étudiant je croise le philosophe Félix Guattari et participe à Radio Tomate. 1982, je deviens directeur d'antenne de Radio Paname, radio libre à Paris. 1983, je crée "SOS Radio libre", quotidien audiotel suivi par Frank Eskenazi (Libération) et Annick Cojean (Le Monde) qui écrivirent l'histoire des radios libres. 1984, je suis directeur technique de Radio Arts et Spectacles destiné au projet de radio nationale avec Maurice Siegel (ancien directeur d'Europe 1). 1985, je dirige la communication de CVS, radio créée par Roland Faure (ancien directeur de Radio France). 1987, je cofonde puis revends la société Bande Annonce (audio, vidéo, télématique). 1988, je crée mon activité de conseil en communication et collabore avec André, Carrefour, Renault... 1992-1993, je m'équipe des premiers graveurs de CD-audio et CD-ROM. 1994 je fonde la SAS "Empreinte" et produit les CD-ROM de Wanadoo, AOL, Compuserve et suppléments multimédia des magazines PC Expert et PC Direct. 1997, Empreinte.com diffuse le premier webcast vidéo du Congrès mondial d'endo-cardiologie sur le Web. 1999-2000, Empreinte.com réalise les premières webTV de la Cité des Sciences, du CEA, de Citroën et de Dassault-Aviation. 2001, Empreinte.com diffuse les premiers logiciels et programmes "Richmedia" pour CEA et UMVF (Université virtuelle de Médecine) avec le soutien de l'ANR (Agence nationale de recherche). C'est un évolution continue, quarante ans dans l'audiovisuel : de l'artisanat au numérique. »

MORGANE CASTANIER

EX-PLAY BAC, AUJOURD'HUI CHEF MARKETING ET TECHNOLOGIE À LA SNCF.

▶ *Quand et comment êtes-vous arrivée à travailler dans le Web ?*

« C'était en 1997, je sortais de l'école, j'avais signé mon premier CDI aux Éditions Play Bac comme responsable des éditions spéciales des *Incollables* et de *Mon Quotidien*. Au cours de ma veille ludo-éducative, j'étais tombée sur le portail pour enfants @preslecole, une initiative précoce d'Hachette, qui m'avait ouvert les yeux sur les possibilités extraordinaires de ce nouveau média. C'était il y a plus de vingt ans et je me souviens encore de mes premiers pas sur la toile et de l'irrésistible attraction que j'avais ressentie devant ce terrain de jeu infini.

Après ma proposition aux Éditions Play Bac de travailler sur le lancement d'un portail ludo-éducatif sur le Web qui n'a pas abouti, faute de modèle économique, j'ai cherché une expérience sur le Web. À l'époque, fin 1998-1999, les premiers sites à voir le jour étaient les sites de petites annonces. Sur les modèles américains Craiglist et eBay, sont apparus les sites Toutèlà, IBazar, les rubriques d'annonces des portails, et les versions en ligne des spécialistes de la PA print. J'ai rejoint Hebdomag France (devenu plus tard Trader.com puis Car & Boat Media) pour écrire un cahier des charges et lancer une première version du site de La Centrale, qui sera pendant plus de cinq ans dans le top 10 des sites français les plus consultés. »

CHRISTOPHE CASTETS

EX-DIRECTEUR GÉNÉRAL DE MÉTÉO FRANCE RÉGIE, *SENIOR ADVISOR* CONSULTING DIGITAL MARKETING ADTECH, MARTECH, RETAIL MEDIA.

► *Quand et comment êtes-vous arrivé à travailler dans le Web ?*

« Ma carrière a démarré à l'âge de vingt-cinq ans, dans les années 1990-1991, en tant que "directeur de clientèle" (on dirait aujourd'hui "directeur *business development*") dans une petite PME qui s'appelait CEMI SA. Cette PME a été rachetée plus tard par PeakTime, Nous fournissions une suite logicielle de média planning TV, d'analyse de performance des écrans et spots, d'optimisation des campagnes publicitaires et de *reporting*. Avec celui qui fut mon grand mentor Olivier Duffaut aux commandes, la société utilisait toute la puissance de calcul de l'informatique au service de l'analyse statistique du média TV. Tout le travail sur la data, que ce soit sur la récupération des données d'audience échues auprès de Nielsen et Mediametrie, le moteur de projection d'audience, la livraison des données d'audiences projetées et la gestion des mises à jour de nos logiciels, etc., tout était en constante progression, au fur et mesure de l'apparition de telle ou telle nouvelle technologie.

Cela a été une de mes premières actions. J'ai mis en place des lignes RNIS/Numeris (Internet) entre nos clients nos partenaires et nous. Étant donné que j'étais en charge aussi, (nous étions en mode start-up) de la récupération et de la livraison des données (via livreurs et disquettes Bernoulii), je me suis servi de cette technologie pour la récupération des données d'audimat auprès des instituts Mediamétrie et Nielsen, des grilles de programmes et de tarifs auprès des diffuseurs et pour alimenter nos logiciels des ▶▶

données d'audiences projetées auprès de nos clients agences médias (on les appelait centrales d'achats d'espaces) et régies TV. Puis sont arrivés les supports interactifs et multimédia comme le CD-ROM et l'informatique embarquée, technologie idéale comme support de vente. Nous avons donc connecté nos data et nos logiciels à des IHM interactifs pour proposer aux régies des diffuseurs des argumentaires médias interactifs dont il dotait leurs forces commerciales. Ensuite, entre 1994-1995, j'ai rejoint ImagiNet - qui était à la fois un FAI, un hébergeur et une agence Web - pour collaborer avec Patrick Robin, grand pionnier du Web. Très vite, en 1995, il a monté ROL (Régie On Line), la première et seule régie publicitaire *online* à cette époque, où j'occupais le poste de directeur du business développement. Nous y avons créé les premières bannières dynamiques (DCO) en Java avec le studio Web et surtout le roi du Java, Pascal Jaillon, et ce pour l'annonceur CNP.

J'ai ensuite participé au développement du site F1-live, à la création de ma propre régie Axidium Espace, où j'ai rapidement intégré le site de Météo France et une soixantaine d'autres sites encore majeurs aujourd'hui pour certains et des disparus. L'*adserver* utilisé dès début 1998 était Dart de la société Doubleclick, devenu Google Ad Manager aujourd'hui. Nous étions donc les deux premiers pionniers avec Rémy Ladreyt (Regie Accessite devenue Adlink puis Doubleclick média Europe puis Google) à signer en France dès début 1998 avec Doubleclick. Dès cette époque nous avons développé les premiers ciblages météorologiques grâce à l'exploitation des data de Météo France et de la géolocalisation des internautes. C'est d'ailleurs l'exploitation des data qui en 1998 a motivé ma rencontre avec les deux premiers fondateurs du groupe Internet Télécom (Crozier, Blanchot), fournisseur d'accès Internet en marque blanche. L'exploitation de la data à des fins publicitaires nous a convaincu de lier nos activités (FAI/Régie). Je suis donc entré au capital d'Internet Télécom et Axidium Espace est devenu une filiale d'Internet Télécom, avant de participer avec succès à une levée de fond auprès d'ABN AmRo en juillet 1998 de vingt millions de francs. Nous étions donc prêts pour aborder les années 2000 et le XXIe siècle ! »

FABRICE CAVARRETTA

EX-BOL FRANCE, À PRÉSENT PROFESSEUR DE LEADERSHIP ET D'ENTREPRENEURIAT À L'ESSEC BUSINESS SCHOOL.

► *Quand et comment êtes-vous arrivé à travailler dans le Web ?*

« J'appartiens probablement à la plus ancienne génération de *digital natives*. Mon père m'a fait fréquenter les salles machines quand on y utilisait encore des cartes perforées au début des années 70, et j'ai commencé à toucher les premières machines grand public, des calculatrices programmables (HP34, Ti58), à la fin de cette décennie. Pendant les années 80, j'ai bricolé sur les premiers ordinateurs personnels (Qui se souvient encore du DAI ?), et assez étrangement pour l'époque, en 1988, j'ai conçu le projet d'être programmeur à la Silicon Valley. J'ai codé du C++ chez Oracle, en Californie, et ils m'ont envoyé apprendre l'informatique à Stanford, car, jusqu'à récemment, on n'apprenait pas vraiment l'ingénierie logicielle dans les grandes écoles françaises. J'ai appris à programmer la stack IP et, au quotidien, j'utilisais l'e-mail, les news, etc. Mes premières expériences sur le Net datent de 1989. En 1990, j'ai tenté ma première levée de fonds avec un ami pour construire une base de données orientée objet.

Tout cela était avant qu'un obscur administrateur système du CERN invente le protocole HTTP, son langage HTML et le logiciel pour permettre à toute la planète de se brancher sur le réseau.

Je suis rentré en France terminer ma scolarité (école d'application) et j'ai commencé une carrière managériale classique dans l'industrie. Cela m'a amené à retourner aux USA en 1994, à la Harvard Business School. Le Web venait d'émerger, je me suis mis à organiser des visites nocturnes dans les sous-sols du collège pour montrer cette merveille à mes camarades.

En 1995, j'étais en stage chez Morgan Stanley, qui s'occupait de l'introduction en Bourse d'une start-up : Netscape. Ironiquement, j'ai eu une offre de Netscape lors de ma sortie de MBA en 1996, mais je ne croyais pas qu'ils allaient survivre face à ce que Microsoft prévoyait de leur faire subir.

À l'époque, je pensais déjà que la France est un paradis pour entrepreneurs. J'ai appris en 1996 que la Compagnie générale des eaux/Vivendi allait offrir des opportunités pour monter des activités Web, grâce à Jean-Marie Messier. On m'a laissé libre de choisir le domaine sur lequel "faire de l'Internet". J'ai proposé de m'occuper de l'accès et de le localiser dans le pôle Télécom. J'ai monté une équipe, qui a ensuite fusionné avec une autre, Vivendi était déjà un vrai *maelstrom* organisationnel. Entre-temps, il avait été décidé que AOL et la convergence contenu-contenant était la bonne voie, et je croyais peu à cette approche. On m'a proposé de m'occuper d'e-commerce et, en 1998, j'ai pris la tête de BOL France, un projet multi-pays de Bertelsmann dont Vivendi était le partenaire local. Mais ces deux mammouths européens sous-traitaient leur développement technologique à des SSII (société de services et d'ingénierie en informatique) et ils se sont retrouvés face à Amazon sans trop comprendre ce qui leur arrivait. J'ai pris de la distance avec tout cela et je me suis lancé fin 2001 dans la création d'une start-up dont je rêvais depuis treize ans : c'était un réseau social. »

NENAD CETKOVIC

EX-LIBERTY SURF, À PRÉSENT *CHIEF EXPERIENCE OFFICER ET BUSINESS ANGEL.*

► *Quand et comment êtes-vous arrivé à travailler dans le Web ?*

« Début des années 90, thésard en informatique, j'ai évité la carrière de chercheur pour aller vers la presse informatique naissante. J'ai rejoint en France le groupe média Ziff Davis, leader mondial du secteur, groupe acquis ensuite par Masayoshi Son (Softbank) un des plus gros investisseurs du monde digital aujourd'hui. À l'époque rédacteur en chef du magazine *PC Expert*, j'ai vu le Web émerger dès ses prémisses en 1994. Nous avons lancé les premières publications dédiées aux acteurs du secteur (AOL, Compuserve, Wanadoo...) et diffusé des CD de connexion. En même temps, nous avons incubé en Europe une participation de Softbank nommée... Yahoo!. Témoin privilégié, cela m'a donné envie de rejoindre l'aventure du Digital. Chose faite en 1999 où j'ai décidé de partir chez un "*pure-player*" pour "vivre pleinement de l'intérieur la révolution en cours". J'ai rejoint le groupe Liberty Surf, pionnier des fournisseurs d'accès gratuit, et plus précisément une de ses acquisitions, Respublica, un site de communautés (sites Web, chat et forums) fondé par Christophe Dupont - déjà à l'origine du moteur de recherche Voila et Christian Conti... Dix-huit mois plus tard, IPO, croissance explosive de la société, de ses effectifs et cession... Je suis parti reprendre le site média 01net pour en faire rapidement un des premiers site média de France (plus de sept millions d'internautes par mois dès 2005). »

JEAN-DAVID CHAMBOREDON

EX-CAP GEMINI, À PRÉSENT CEO DU FONDS ISAI.

DÉCOUVERTE DU WEB

Rentré chez Capgemini à vingt-trois ans, Jean-David Chamboredon y a rapidement créé une division télécoms et média. Il y restera treize ans et, pour accompagner les fournisseurs d'accès français dans leur expansion, il monte en 1997 une antenne dans la Silicon Valley : Cap Gemini Telemedia Lab. C'est là qu'il a découvert « les capitaux risqueurs, capables d'anticiper les tendances et imaginer des marchés qui n'existent qu'en puissance ». Lorsque la bulle Internet arrive en France, il est courtisé de tous côtés et rejoint Europe@Web pour en être le CTO. Il y restera un peu moins de deux ans et passera les deux années suivantes chez Viventures. Il dirige ensuite le bureau californien d'un investisseur où il mise sur PriceMinister, qui n'en était qu'à ses débuts.

Lorsqu'en 2010, Pierre Kosciusko-Morizet, Geoffroy Roux de Bézieux et Stéphane Treppoz lancent le fonds Isai, ils en donnent la direction à Jean-David Chamboredon, pour son flair et sa connaissance du métier d'entrepreneur. En démarchant soixante-dix investisseurs à ses débuts, il obtient soixante-dix millions d'euros...

PARCOURS PROFESSIONNEL

En septembre 2012, Jean-David Chamboredon dénonce la loi de finance de 2013 dans le journal *La Tribune*, car il la considère dangereuse pour l'avenir des start-up. Il parle d'une « démotivation quasi-sadique ». Cet article donne lieu à des échanges entre entrepreneurs, lesquels donnent rapidement naissance à un manifeste (coécrit avec en autres Marie Ekeland, Olivier Mathiot, Patrick Robin...) publié le mois suivant pour dénoncer le gouvernement « qui a décidé de prendre les milliers d'entrepreneurs de ce pays pour des Pigeons et d'anéantir l'esprit d'entreprendre faisant dès lors courir un risque majeur à la France[1] ». Il est cosigné par plus de trois mille entrepreneurs. Plus de soixante-quinze mille militants ont suivi ce « mouvement des Pigeons » (#Geonpi), afin de dénoncer l'augmentation massive des cotisations et des taxations sur les cessions d'entreprises, poussant Bercy à créer un statut fiscal de l'entrepreneur.

1 *Mouvement des Pigeons*, octobre 2012.

À la suite de cela, Chamboredon crée France Digitale, première organisation de start-up en Europe, afin de faire émerger l'écosystème, en aidant entre autres les adhérents à lever des fonds, car, dit-il : « C'est indispensable dans un écosystème où la participation et l'intéressement ne peuvent pas fonctionner fautes de profits suffisants. On a en France un bon système, mais il y a encore des améliorations possibles...[1] ». France Digitale est depuis devenue une association phare de la défense des entrepreneurs du Net, mais lui reste déçu concernant l'actionnariat des contributeurs non-salariés, tout comme il pense la taxe GAFA « idiote ». Il a passé la main à Benoist Grossmann en 2019.

ET MAINTENANT ?

Pour hier comme pour demain, l'optique de Jean-David Chamboredon est de faire du numérique un sujet majeur auprès des politiques, tout en aidant les entrepreneurs à faire plus en termes de croissance, de création d'emplois et d'internationalisation, tout en encourageant les investisseurs à s'engager dans le secteur. Il souhaite également toujours plus de formations au numérique. Son objectif est de « faire éclore de nouveaux champions du numérique année après année. Une position qui nous permet d'être entendus par les personnalités du monde politique qui savent désormais que le digital est un secteur qui compte pour le pays[2] ».

1 Jeanne Dussueil, « Les batailles digitales de Jean-David Chamboredon, ex-leader des "Pigeons" », *latribune.fr*, 13 décembre 2019.

2 Richard Trainini, « Jean-David Chamboredon (France Digitale) : "Le numérique doit être un élément essentiel à la présidentielle" », *decideurs-magazine.com*, 20 juin 2016.

PIERRE CHAPPAZ

COFONDATEUR DE KELKOO, À PRÉSENT FONDATEUR DE TEADS.

DÉCOUVERTE DU WEB

Avant de fonder Kelkoo en 1999, Pierre Chappaz a été directeur marketing chez IBM où il a réorganisé son service autour de l'avènement d'Internet.

En août 1999, alors qu'il rêve de monter son entreprise, Dominique Vidal lui fait part d'un projet dans lequel il compte investir : un comparateur de prix créé par Mauricio Lopez, qui cherche un leader pour diriger la boîte. Séduit par cet outil d'accélération du développement du commerce électronique, il fonde le comparateur de prix avec Lopez, ainsi que Rémy Amouroux et Christophe Odin, tous trois ex-Bull, et Jérôme Mercier, directeur marketing chez Lotus/IBM. Dominique Vidal les rejoindra un peu plus tard, en tant que directeur financier.

Le projet est d'abord développé sous le nom provisoire de Liberty Market, la nuit, alors que Chappaz est toujours en poste chez IBM.

En mars 2000, ils ont levé deux millions d'euros et prennent le risque d'investir la moitié dans une campagne TV (un spot de huit secondes qui frappe les esprits et tourne en boucle sur toutes les chaînes) et très vite, Kelkoo devient une référence. La croissance se fait ensuite entre acquisitions et développement européen. Mais la société a dépensé trop hâtivement le capital levé quelques mois plus tôt, ce qui la force à changer rapidement de stratégie, pour lever ensuite trente millions d'euros. C'est, à ce moment-là, la plus grosse levée de fonds en France pour une start-up. Lorsque Google lance un comparateur gratuit, Chappaz fait de même en montant Kelbest, qui fait exploser le trafic et les revenus.

Il reste président jusqu'au rachat de la société par Yahoo! en 2002, pour quatre cent soixante-quinze millions de dollars. Il reviendra quelque temps plus tard comme président de Yahoo! Europe, mais le cadre est trop rigide pour un entrepreneur habitué à être libre et il part trois mois plus tard.

PARCOURS PROFESSIONNEL

Pendant quelque temps, il travaille dans un fonds d'investissement basé à Genève, mais le besoin entrepreneurial domine et, en 2006, il crée avec Laurent Binard - un ancien d'IBM - le moteur de recherche d'informations Wikio.

Trois ans plus tard, il fusionne avec Ebuzzing et croît en Europe grâce à une série d'acquisitions. Une seconde fusion à lieu en 2014, avec Teads, une ▸▸

start-up spécialisée en vidéo. « Grâce aux progrès de la technologie de ciblage et de détection des émotions, la vidéo en ligne permet non seulement aux annonceurs de cibler leur contenu en fonction du sexe, de l'âge, de la démographie et du lieu, mais aussi de comprendre ce que le spectateur ressent à l'égard du contenu vidéo. Ainsi, le bon contenu se retrouve devant le bon public. »

Pierre Chappaz prend la tête du groupe, qui devient Teads, une régie qui distribue des publicités dans le cadre de contenus produits par des professionnels dans vingt-trois pays, se concentrant « sur le segment haut de gamme du marché - les grandes marques, les agences et les éditeurs - avec une plateforme de bout en bout qui sert à la fois le côté achat et le côté vente ».

En 2017, l'ensemble est cédé à Altice, mais Chappaz en garde la présidence.

NICOLAS, CHRISTOPHE ET HERVÉ CHARLE

FONDATEURS DE CDISCOUNT.

DÉCOUVERTE DU WEB

En 1996, les trois frères sont à la tête de Scopus (impression de publicités sur des badges en plastique) et décident de la déménager de la banlieue parisienne vers Mérignac, près de Bordeaux, pour une vie plus tranquille. Cette même année, lors d'un voyage à Londres, ils sont attirés par les CD vendus 30 % moins chers qu'en France. Cela leur donne envie de les importer. L'entreprise est florissante et ils réfléchissent à créer une chaîne de magasins, mais l'investissement se révélant trop lourd, ils optent pour un site Internet, lancé en 1997. Puis, le succès étant là, ils étoffent l'offre avec des CD et DVD d'occasion, de la Hi-fi et autres produits techs. Les ventes explosent lorsque Wanadoo les contacte pour ajouter l'offre à leur bouquet de services.

PARCOURS PROFESSIONNELS

Au fil des années, les frères ont continué à élargir leur gamme de produits, ajoutant électroménager, ameublement, etc. En 2001, parce qu'ils fonctionnent à flux tendu, ils réfléchissent à céder leurs parts aux Éditions Atlas, pour à peine trois millions de francs, avant qu'un banquier d'affaires reprenne le dossier et le propose à Casino. Le groupe prend 60 % des parts pour plusieurs dizaines de millions, laissant les frères à la gestion de l'activité pendant les dix ans qui suivent. En 2009, ils font un milliard d'euros de chiffre d'affaires, faisant d'eux les uniques cyber-marchands français à rivaliser avec Amazon.

En janvier 2011, le groupe Casino a racheté la totalité de la participation des frères Charle, lesquels abandonnent leurs fonctions au sein du groupe et ont cessé de travailler en trio.

Christophe Charle a créé Images Corp, pour vendre des produits dans des magasins physiques, avant de monter MyDesign, un *fablab* spécialisé où les clients peuvent acheter des objets personnalisés, fabriqués devant eux, avec Carrefour comme partenaire.

Nicolas Charle est actuellement gérant d'une société de distribution, Alienor, qui travaille plus de trois cent mille références entre l'Europe et les États-Unis.

LAURENT CHEMLA

FONDATEUR DE GANDI ET DE CALIOPEN.

DÉCOUVERTE DU WEB

Les premiers pas de Laurent Chemla dans les frémissements d'Internet sont inoubliables : ils ont fait la une des journaux. En mai 1986, à sept heures du matin, le jeune homme de vingt-deux ans était réveillé par sept policiers qui demandaient à fouiller sa chambre. « Ils ont frappé à la porte, arme au poing, réveillé mes parents et récupéré tout ce qu'ils pouvaient : l'ordinateur et même le Minitel. J'ai été embarqué au 36 quai des orfèvres.[1] » Il est resté quarante-huit heures en garde à vue, pour un motif surréaliste : « Vol d'énergie. » Il avait utilisé le Minitel comme modem, pour bénéficier du réseau Internet de France Télécom. Le juge d'instruction lui-même était perdu...

Chemla s'était initié seul à l'informatique, dès la classe de première et, au moment des faits, il était déjà programmeur dans une société qu'il avait cofondée, Imperasoft. Dans son livre *Confessions d'un voleur*, il raconte qu'il a « connu Internet un peu avant tout le monde, quand c'était encore le Far West, l'Eldorado, l'Utopie. À cette époque, le réseau était financé par de l'argent public (majoritairement américain), la vie était plus belle et le ciel électronique plus bleu. On travaillait tous ensemble, entre passionnés, à l'invention de nouveaux objets informatiques que même Microsoft ignorait, comme Linux ou le World Wide Web ».

PARCOURS PROFESSIONNEL

Pendant les années 90, il travaillait chez Brainstorm sur le développement de logiciels pour les ordinateurs Atari. Puis, en 1995, il a créé la première association d'utilisateurs d'Internet, qu'il a quitté deux ans plus tard, pour divergence d'opinions. Très engagé à faire en sorte qu'Internet ne soit pas détourné de ses usages initiaux, il a également écrit de nombreux billets pour le premier magazine consacré au réseau, *Planète Internet*.

En 1998, il a été à l'origine de la création de l'École ouverte d'Internet, « à une période où le gouvernement ne souhaitait pas prendre en charge la formation des citoyens à l'utilisation du Net » et il a été membre fondateur de plusieurs associations pour la défense des logiciels libres.

1 Constance VILANOVA, « Laurent Chemla, premier cyberpirate de France », *lavie.fr*, 10 novembre 2021.

Il a fondé Gandi, le premier et principal registraire de noms de domaines en France, en 1999, avec trois associés, Valentin Lacambre, Pierre Beyssac et David Nahmias. Six ans plus tard, ils revendaient la société.

Lorsqu'en 2013, Jérémy Zimmerman, de la Quadrature du Net, rend visite à Chemla, ils parlent des révélations d'Edward Snowden sur les capacités d'espionnage en ligne et se demandent comment répondre à la problématique de la surveillance. De là est né CaliOpen, solution en open source pour agréger les messageries instantanées : e-mails, textos, messages sur Facebook, etc. « CaliOpen est un des projets qui essaient de répondre à cette problématique (...) en essayant d'agir sur ces deux aspects-là : en considérant que la perte de la vie privée est vraiment un problème plus économique qu'autre chose. Le résultat de perte de valeur d'un côté, et de surveillance très peu chère de l'autre.[1] »

Deux ans avant le lancement officiel de CaliOpen, en octobre 2016, Laurent Chemla entrait au comité stratégique de l'association La Quadrature du Net.

ET MAINTENANT ?

Lorsque le Web est arrivé avec les premières images, les premiers outils de navigation, les premiers liens hypertextes, Laurent Chemla ne pensait pas que ce serait ces éléments qui allaient enfin permettre à son entourage de comprendre pour quelle raison il s'était passionné pour ce média. « De mon point de vue de technicien, le Web ne présentait qu'une apparence de nouveauté et j'ai mis des années à admettre que quelques zigouigouis graphiques puissent à ce point changer l'appréhension des choses.[2] »

Aujourd'hui, Laurent Chemla se bat pour l'inter-opérabilité, elle est « ce qui a fait le succès d'Internet et du Web. Vous pouvez vous connecter sur n'importe quel site Web, installé sur n'importe quel serveur, quelle que soit sa marque et son système d'exploitation, depuis vote propre ordinateur, quelle que soit sa marque, son système d'exploitation et le navigateur installé dessus[3] ». Mais, dit-il, le modèle économique de la gratuité contre la publicité s'est imposé, créant « une accaparation de nos données - de nouveaux géants qui, peu à peu, se sont refermés sur eux-mêmes (pour votre sécurité)[4] » obligeant les utilisateurs à passer du temps devant les publicités et fournissant toujours plus de données personnelles qui permettent d'affiner son profil et de faire grimper le coût des espaces publicitaires. « C'est un cercle vertueux (pour les GAFAM) et vicieux (pour nos vies privées et nos démocraties). (...) Et il est évidemment plus qu'urgent de réguler les GAFAM pour leur imposer l'inter-opérabilité.[5] »

1 Aude FREDOUELLE, « Avec Caliopen, nous allons lutter contre la surveillance généralisée », *journaldunet.com*, 11 mars 2015.
2 Laurent CHEMLA, *Confessions d'un voleur*, Éditions Denoël, 2002.
3 FRAMASOFT, « Laurent Chemla propose : exigeons des GAFAM l'interopérabilité », *framablog.org*, 25 février 2020.
4 https://www.non-droit.org.
5 FRAMASOFT, *op. cit.*

PASCAL CHEVALIER

EX-NETBOOSTER, À PRÉSENT PRÉSIDENT DE REWORLD MEDIA.

DÉCOUVERTE DU WEB

Pascal Chevalier commence sa carrière à Londres, dans une société de logiciels, mais il revient en France en 1997, pour fonder la *Web agency*, OSD Nagora. L'entreprise proposait de créer des sites Web pour des industriels qui réfléchissaient à Internet, mais qui ne faisaient pas encore d'e-commerce.

PARCOURS PROFESSIONNEL

Il vend sa boîte trois ans plus tard pour se lancer dans le capital-risque avec CPI Ventures. Puis, en 2000, il retourne à Londres pour diriger Prosodie jusqu'en 2004. À ce moment-là, Jean-Pierre Eskenazi, fondateur de NetBooster (société pionnière dans le référencement), venait de traverser la bulle sans trop de difficultés mais n'arrivait pas à procéder à une nouvelle levée de fonds. Il rencontre Pascal Chevalier, lequel décide de l'accompagner pour redresser l'entreprise, rachetant les participations des investisseurs. En 2006, il prend la présidence de la société, dont la croissance devient fulgurante.

En 2012, aimant aller à contre-courant, il fonde Reworld Media, avec Gautier Normand et, ensemble, ils font une série d'acquisitions dans le secteur des médias, considérant que ce secteur n'a pas su s'adapter aux évolutions engendrées par Internet et reste plein d'opportunités. C'était, a priori, la première fois qu'un acteur du numérique acquérait une activité de presse traditionnelle. Détenteur d'une quarantaine de marques médias, il considère être à 50 % éditeur des logiciels, avec des technologies qui permettent de monétiser automatiquement les audiences à travers une plateforme de logiciels et, à 50 %, une plateforme de vente de contenus. Là où Spotify vend de l'abonnement à de la musique, Pascal Chevalier vend de l'abonnement à des marques médias. Ses abonnés peuvent s'abonner à un magazine, un site Web, une chaîne de télé... Peu importe le média qu'ils vont choisir, ils s'abonnent au contenu qui a été créé pour eux en prenant une forme un peu différente : vidéos, podcasts, photos, écrits.

La société est cotée depuis juin 2014. L'année suivante, elle devient le premier actionnaire de Tradedoubler, prenant 19 % du capital de la régie d'affiliation basée en Suède, « une opération importante qui va nous permettre de proposer de nouvelles offres à nos annonceurs premium ».

En 2018, Pascal Chevalier rachète Mondadori Presse pour soixante-dix millions d'euros, faisant de Reworld Media le premier groupe de presse magazine français en nombre de références détenues. Les acquisitions se multiplient au fil des années : en 2019, il rachète des sites de sport à Lagardère, en 2020, il prend une participation dans Hopscotch (société de relations publiques et d'événementiel). « Après l'année qu'on a vécue, ma conviction est que tous les événements qui vont être organisés maintenant vont fonctionner, car les gens ont besoin de contacts. Pour moi, c'était le bon moment d'investir.[1] » En 2022, il commence à développer un pôle *gaming*.

Côté agences, il possède 10 % de Manifestory et, avec Bertrand Biard, il a créé One Experience, société de lieux évènementiels misant sur la tokenisation. « La blockchain est une révolution qui va permettre d'amener des ruptures sur le marché. »

1 Vincent-Xavier MORVAN, « Pascal Chevalier, la main invisible », *strategies.fr*, 19 octobre 2021.

CHRISTIAN CONTI

FONDATEUR DE OVE INTERACTIVE, À PRÉSENT FONDATEUR DE SWIKE.

▶ *Quand et comment êtes-vous arrivé à travailler dans le Web ?*

« Je suis ingénieur de formation et j'ai débuté ma carrière en créant ma première société de conseil en 1991, au sortir de mon école d'ingénieur, puis une SSII qui a naturellement pivoté vers une *Web agency* lorsque les débouchés commerciaux du Web ont vu le jour en 1995.

En 1998, j'ai tout plaqué pour me lancer corps et âme dans Respublica, jusqu'en 2001. J'en suis parti avec un peu d'argent, ce qui m'a permis de m'acheter du temps libre pour développer pendant quelques années des projets personnels.

J'ai repris du service en 2008, en participant à la nouvelle aventure du Web 2.0, avec la création de ipernity, un réseau social centré sur le partage de photos que nous avons conduit jusqu'à son introduction en Bourse. Pour autant, à partir de 2009, Facebook s'est développé à une vitesse fulgurante et a asphyxié de nombreux réseaux sociaux dont ipernity.

En 2016, j'ai fondé Swike, une plateforme de collecte d'opinions auprès des millenials. Aujourd'hui, je développe des projets d'ordre privé tout en réfléchissant encore à des idées dans le digital. Tout reste à faire ! »

YSEULYS COSTES

COFONDATRICE ET CEO DE NUMBERLY, PRÉCÉDEMMENT APPELÉ 1 000MERCIS.

« L'open Internet permet [la] transparence et nous devons nous battre pour qu'il existe encore demain. »

▶ *Quand et comment êtes-vous arrivée à travailler dans le Web ?*

« J'ai "rencontré" Internet quand je faisais mes études aux États-Unis, en 1994. Je me destinais alors à faire de la recherche et à enseigner. Lorsque j'ai découvert l'impact du Web sur le marketing, j'étais persuadée que cela allait changer la façon dont les annonceurs s'adressaient à leurs clients. Il était devenu possible de connaître en amont les besoins des consommateurs et, ainsi, de leur parler de la manière la plus pertinente possible. À mon retour, j'ai décidé de faire de la recherche et de participer au lancement de l'IAB (*Interactive Advertising Bureau*) en France. Il y avait beaucoup de choses à inventer sur ce métier encore quasiment vierge en Europe et naissant aux USA. J'ai ensuite créé 1000mercis, devenu depuis Numberly, avec mon associé Thibaut Munier en 2000. La vision a toujours été de collecter des données de manière transparente pour les consommateurs et de faire levier dessus pour être plus pertinents dans les messages relationnels envoyés par les marques.

Si ce passage du monde académique à l'entrepreneuriat peut surprendre en France, aux États-Unis ou en Allemagne, le monde universitaire et l'entreprise ne s'opposent pas, ils se conçoivent dans une démarche d'innovation collaborative.

▶▶

Avec Numberly, nous contribuons à inventer le métier de *marketing technologist* à un niveau global et ainsi à améliorer l'intégration du digital dans les entreprises pour lesquelles nous avons la chance de travailler. »

▶ *Quelles ont été les grandes étapes de votre parcours professionnel et quelle logique y avez-vous appliqué ?*

« La principale logique que j'ai appliquée à mon parcours est de toujours faire ce qui me passionne avec des gens avec qui je prends plaisir à passer du temps ! C'est une des clefs de l'innovation qui est au cœur du moteur de la croissance dans l'univers digital.

Je viens du monde académique et j'ai participé à la création de l'IAB en France, avant que l'envie de participer de manière plus opérationnelle à la révolution digitale ne prenne le dessus et que je crée Numberly.

J'ai toujours été animée par l'envie de faire et de réfléchir en même temps : c'est un état d'esprit que je suis toujours heureuse de retrouver chez les six cents personnes qui collaborent au succès de la société à travers le monde. Nous sommes à la fois des *thinkers* et des *doers*. On a tendance à donner beaucoup d'importance à la stratégie en dévalorisant l'exécution, or je pense qu'il n'y a pas de bonne stratégie sans excellente exécution. C'est donc cette envie de faire par moi-même qui m'a donné l'élan et l'envie de créer 1000mercis (Numberly) avec mon associé Thibaut Munier en 2000.

S'en sont suivies une introduction en Bourse puis une expansion internationale, avec l'ouverture du bureau de Londres en 2009, qui a inauguré une série de collaborations dans plus de cinquante pays et l'ouverture de plus de dix bureaux.

En 2014, Thibaut et moi avons choisi de sortir de notre zone de confort pour accélérer l'innovation et permettre au groupe de grandir plus vite et nous sommes partis pour la Silicon Valley.

Cette immersion dans le centre névralgique de l'Adtech et du Martech nous a semblé nécessaire car en tant que *marketing technologists*, il est indispensable pour nous de rester à la pointe de notre secteur. Nous avons la chance, en France, d'avoir de nombreux talents et une expertise forte et pointue que nous nous devons d'exprimer à l'international. »

▶ *Quel regard portez-vous sur ces vingt-cinq dernières années et quelle vision avez-vous du monde de demain ?*

« Ces vingt-cinq dernières années ont été passionnantes. Internet a bouleversé beaucoup de choses et en particulier le domaine qui m'intéresse particulièrement : celui du marketing et les relations entre une marque et ses consommateurs. Le rapport de force est beaucoup plus égalitaire, les consommateurs ont plus de pouvoir : ils choisissent quand et comment les marques peuvent leur parler. Il est donc primordial pour les annonceurs de se montrer pertinents et précis dans leurs communications. Cette pertinence nécessite de disposer de données et de les utiliser à bon escient dans un cadre réglementaire qui garantit une totale transparence pour les consommateurs.

L'*open Internet* permet cette transparence et nous devons nous battre pour qu'il existe encore demain et qu'une juste part des investissements marketing et de communication y soit investie. Si nous réussissons, l'Europe saura trouver sa place dans cet écosystème et créer des emplois et de la valeur dans les années qui viennent. »

JULIEN COULON

EX-FRANCE TÉLÉCOM, À PRÉSENT INVESTISSEUR.

► *Quand et comment êtes-vous arrivé à travailler dans le Web ?*

« J'ai démarré chez Image Directe dans la transmission d'image par Numéris en 1992. Je venais d'avoir dix-neuf ans lorsque j'ai rencontré Jean-Michel Billaut, qui m'a invité à faire évoluer ce service en m'appuyant sur Internet. Ce conseil a révolutionné ma vie !

Pour moi, Internet ou Ethernet, c'était la même chose... Dans la réalité, pas vraiment. J'ai ramené le Mac du bureau à la maison et, sans émulateur, j'ai développé le site vitrine d'Image Directe. Ce fut le premier site Internet développé chez France Télécom, qui à l'époque n'avait d'yeux que pour le Minitel. Sans la vision d'Olivier Tcherniak, j'aurai perdu mon job et il est probable que France Télécom aurait pris beaucoup plus de temps avant de devenir une "Net Compagnie". Il a arrêté certaines activités du Minitel pour lancer la conception, la création et surtout l'hébergement de sites Internet. De ces serveurs est né un FAI plus connu sous le nom de Wanadoo.

L'innovation aux travers des défis liés à l'évolution d'Internet semble être ce qui m'a conduit à lancer l'activité hébergement de France Télécom, France 98, Langages Virtuels, le développement d'Akamai en Europe du Sud puis la création de ma propre société Cedexis - l'aiguilleur du net - le Waze d'Internet, vendue à Citrix.

Aujourd'hui, investisseur pour Crédit Mutuel CIC, je continue à accompagner l'innovation, mais cette fois-ci du côté sombre de la force. »

ROLAND COUTAS

COFONDATEUR DE TRAVELPRICE, À PRÉSENT PRÉSIDENT DE RC CAPITAL.

DÉCOUVERTE DU WEB

D'abord journaliste au *Figaro* puis producteur de télévision, Roland Coutas s'est tourné vers le Web dès 1995, grâce à Guillaume Victor Thomas, cofondateur avec lui de TravelPrice. Ils créent une société ensemble cette même année, active dans différens domaines : d'abord le tourisme qui fut un succès, puis un site érotique et un autre astrologique, lequel a été le premier site marchand sur Club-Internet et Wanadoo.

Ils fonctionnent au départ en coopération avec Galileo, système mondial de réservations électroniques. En 1996, ils développent un moteur de recherche pour produits touristiques destinés aux agences de voyages. À partir de l'année 1999, tout s'accélère avec l'ouverture du capital et TravelPrice est lancé. Le développement en Europe et au Canada se fait dès l'année suivante et, en 2001, la société fait plus de soixante-sept millions de chiffre d'affaires pour une perte d'environ un tiers. L'anglais Lastminute.com rachète TravelPrice l'année suivante pour un peu moins de cinquante millions d'euros et Roland Coutas devient le CEO de Lastminute en Europe du Sud.

PARCOURS PROFESSIONNEL

En 2004, Roland Coutas rachète Télémarket aux Galeries Lafayette, avec d'autres actionnaires, parce qu'il est convaincu que la grande distribution va percer en ligne. « Il y a encore deux ans, personne n'y croyait. Pour moi, c'est le sens de l'Histoire. » Et, effectivement, le premier supermarché en ligne en Europe décolle. Pour accompagner la croissance, il étoffe les rayonnages et mélange le *hard discount*, le bio et les produits de luxe. Deux ans plus tard, le site fait un chiffre d'affaires de soixante millions d'euros. En 2007, il marque les esprits avec une campagne publicitaire nationale d'affichage ludique : « La queue, ça va cinq minutes » ; « Des queues, j'en ai assez vu », ou encore « Marre de se taper des queues ». Télémarket ajoute ensuite le voyage à ses offres avec Ecotour et Roland Coutas revend l'ensemble à Système U en 2011, alors que les ventes ont commencé à décliner. Il déclare deux ans plus tard que : « C'est la fin des *pure players*, dans le tourisme comme dans le *retail* en général. C'est la fin du 100 % *pure player* et du 100 % commerce traditionnel. Nous sommes au début ▸▸

d'une nouvelle ère, nous irons vers du 50/50. Un modèle hybride est en train de naître. Une convergence va s'opérer.[1] »

En 2017, Roland Coutas retourne à ses premières amours audiovisuelles, en lançant avec Bruno Barde et Frédéric Houzelle une plateforme SVoD, E-Cinema, dédiée au cinéma d'auteur, proposant des films exclusifs, en partant du principe que la chronologie des médias est amenée un jour à exploser avec le numérique et que la France produisant trois cent cinquante films par an à ajouter aux super-productions américaines, il fallait offrir un autre circuit de distribution pour le cinéma du reste du monde. « Nous allons contribuer à produire et à financer des films de cinéma français et si nous ne voulons pas que les Anglo-Saxons nous capturent notre portefeuille [...] il faut se bouger.[2] »

Investisseur dans des domaines parfois atypiques, il mise depuis quelques années sur l'Afro, « première monnaie digitale pan-africaine » (créée en 2017, par une ONG basée à Genève). Coutas considère le continent africain comme étant le continent du futur, car « en Afrique, 83 % des habitants n'ont pas de compte en banque, 80 % des PME n'ont pas accès à l'épargne ».

1 Fabrice BUGNOT, « Roland Coutas (ex-Travelprice) : "C'est la fin des *pure players*" », *lechotouristique.com*, 8 mars 2013.
2 « E-cinema.com, la première salle de cinéma digitale ouvre ses portes », *frenchweb.fr*, 1er décembre 2017.

SÉBASTIEN CROZIER

FONDATEUR DE INTERNET TÉLÉCOM, À PRÉSENT DIRECTEUR DU MÉCÉNAT PUBLIC CHEZ ORANGE.

DÉCOUVERTE DU WEB

Sébastien Crozier démarre sa carrière chez Alten, où il est ingénieur, avant de créer à vingt-cinq ans une société de télématique, JKLM Multimedia qui fusionne rapidement avec le groupe Ecritel pour devenir Ici Télématique, dont il détient un tiers des parts. Il dirige l'entreprise jusqu'en 1994.

Il rentre ensuite dans une filiale de France Télécom, VTCom, où il reste jusqu'en 1996. Il prend part au lancement de Wanadoo et c'est là qu'il a l'idée de monter une régie publicitaire Web, Axidium Espace, montée deux ans plus tard avec Christophe Castets.

PARCOURS PROFESSIONNEL

Tout en gérant la régie, Crozier investit dans des start-up et, avec Xavier Blanchot, il crée en octobre 1998 Internet Télécom (essentiellement sur ses fonds propres, car personne ne croit à son projet), un fournisseur d'accès en marque blanche pour grands groupes, dont la Fnac, Pinault-Printemps-La Redoute, M6, TF1... La régie est intégrée à la société, qui ajoute également une activité de *Web agency*.

En 1999, il lève un million huit cent mille euros auprès de la banque d'affaires ABN Amro, mais lorsque la bulle éclate, les financements se tarissent et certains gros clients disparaissent, entraînant l'effondrement de la valorisation de la société, mais Crozier continue à essayer de lever des fonds. « Nous aurons vécu le cycle complet de la finance sans visage, qui déstructure chaque jour notre économie. Auparavant, j'étais libéral sans y penser.[1] »

Finalement, c'est France Télécom qui rachète la société pour un million seulement et comme l'opérateur historique cherche une rentabilité immédiate, il se sépare de l'équipe de direction, à l'exception de Sébastien Crozier, devenu entre-temps délégué syndical (CFE-CGC Orange, il en deviendra rapidement président).

Chez France Télécom/Orange, il est pendant un an directeur des projets mobiles, avant de devenir directeur de la Stratégie et de l'Innovation/Orange Business Services. En 2012, il devient directeur général d'Orange Horizons (développement d'activités commerciales à l'international).

1 « Sébastien Crozier, un entrepreneur amer », *01net.com*, 26 juillet 2001.

Initialement en conflit avec son premier patron, Didier Lombard, à qui il reproche des erreurs stratégiques, ses relations avec Stéphane Richard sont à l'inverse excellentes pendant plus d'une décennie.

ET MAINTENANT ?

Crozier est heureux d'avoir participé dès 2000 à la guerre du WAP, une technologie fermée « pénalisante pour l'utilisateur (...) et pour les autres fournisseurs d'accès WAP, qui ne pourront proposer un tarif inférieur[1] ».

Pour lui, les deux évolutions les plus marquantes sont l'adoption du téléphone mobile par tous et le haut débit, avec le risque d'une « fragilité totale et absolue. Il passe tellement de choses sur le petit fil de cuivre... Le risque, c'est que quand ça se grippe, tout se grippe : l'accès Internet, la musique, le téléphone, la télévision... Tout est capable de s'arrêter soudainement. Je ne sais pas si c'est un danger, mais il y a un risque, on met les gens dans une situation difficile et on n'en a pas conscience[2] ».

1 « WAP : empoignade entre Itinéris et Internet Télécom », *01net.com*, 1er juin 2000.
2 *Ibid.*

VALÉRIE DAGAND

EX-MONOPRIX, COFONDATRICE ET PRÉSIDENTE LES COMPAGNONS DU DIGITAL.

► *Quand et comment êtes-vous arrivée à travailler dans le Web ?*

« À la fin de mes études, j'ai eu la chance de faire un stage en nouvelle technologie et distribution au sein de l'institut français du merchandising.

Mon premier job a été chez Monoprix, au sein du département marketing. En 1996, on a mis en place un premier site Internet, destiné à apporter du service au consommateur. Puis, on a mis en place des bornes interactives dans les magasins pour apporter là aussi du service.

Vers 1996-1997, le groupe Galeries Lafayette a permis de mettre en place les premiers tests de sites e-commerce, des *marketplaces* qui fédéraient nos marques. Le groupe avait un laboratoire pour la distribution, testant énormément de choses concernant les nouvelles technologies. Être tourné vers l'innovation faisait déjà partie de l'ADN de l'entreprise et mêler l'innovation au marketing était quelque chose de très riche, que j'ai adoré et continué à appliquer partout.

En 1998, je suis partie dans une *Web agency*, Connect World, dans le groupe Havas. Pendant dix à quinze ans, j'ai mis en place des projets digitaux complexes. C'étaient surtout des premières fois qui nécessitaient beaucoup de pédagogie. Puis, pendant les dix ans qui ont suivi, j'ai fait de la transformation digitale de grandes organisations complexes. J'ai intégré le groupe Pinault-Printemps-Redoute (PPR, devenu Kering), pour une filiale multi-canale et multi-enseigne. Puis, j'ai été directrice de la communication digitale chez Aéroport de Paris, où l'objectif était de préparer la privatisation de l'entreprise et l'introduction en Bourse. J'ai par la suite accompagné Philippe Gildas sur la création de la chaîne de télé Vivolta, où j'étais à la direction de la filiale numérique pour créer un nouveau *business model* grâce au numérique et au digital.

J'ai monté ma propre entreprise de conseil en transformation digitale et modélisé une approche, avant de retourner en entreprise, chez Vinci autoroutes. Ensuite, je me suis tournée vers un nouveau monde : ministère des Armées, où j'étais adjointe au DG de la transformation numérique, en charge de la transformation numérique des armées. »

MARINETTE DALBARD

EX-MEDIAMETRIX, À PRÉSENT CONSULTANTE.

► *Quand et comment êtes-vous arrivée à travailler dans le Web ?*

« J'ai rejoint MMXI Europe lors de sa création, en 1999. La maison mère, Mediametrix, cartonnait aux US et il fallait lancer une expansion ►►

internationale. Notre objectif était de devenir la référence en termes de mesure d'audience d'Internet. Il y a eu un rachat par Jupiter Research, qui souhaitait nourrir ses analyses par des données chiffrées. Le groupe est devenu Jupiter MMXI et a acquis AdRelevance, pour mesurer précisément l'exposition à la publicité, puis a lancé Jupiter Events et LiveMetrix. Le refus du Nasdaq de laisser Jupiter MMXI fusionner avec son principal concurrent, et l'explosion de la bulle Internet quelques mois plus tard et ont sonné le glas de cette aventure.

À l'époque, Google et Amazon avaient des trafics marginaux alors que Wanadoo et Yahoo! étaient incontournables. VivendiNet voulait devenir le principal fournisseur de contenus, Marc Simoncini était à la tête de iFrance, et chacun voulait sa page perso... Je commençais chez CRM Metrix : il fallait accompagner les groupes dans l'optimisation de l'impact de leurs points de contact digitaux. Nous avions commencé par les sites et rapidement sont venus s'ajouter les pages Facebook, les comptes Twitter, Instagram, Pinterest... On avait à peine le temps d'harmoniser leurs stratégies POEM, qu'on passait déjà à un autre sujet : le 360 !

C'est là que j'ai intégré Metrix Lab. On avait - enfin - trouvé un moyen pertinent de mesurer l'impact du digital au sein d'une campagne pluri-média. Nous avons pu démontrer que, en associant un bon ciblage et des messages personnalisés, ce média pouvait nourrir la notoriété des marques à des niveaux équivalents à la toute-puissante TV. Puis, j'ai aidé des entreprises traditionnelles à s'ouvrir au digital, collecter de l'information, suivre des comportements : l'ère du *big data* avait commencé. »

DAVID DALSACE

EX-CARAT, À PRÉSENT DIRECTEUR INTERNATIONAL DES CONTENUS CHEZ NUXE.

► *Quand et comment êtes-vous arrivé à travailler dans le Web ?*

« Petit, mes parents voyageaient assez fréquemment, notamment au Japon, à l'époque en avance sur le reste du monde pour toutes les nouveautés technologiques. Ils me rapportaient en avant-première tout ce qui sortait là-bas et ça me passionnait. Plus tard, j'ai effectué un stage aux États-Unis, chez OMD (Optimum Media Direction), qui utilisait déjà Internet pour faire des recherches et qualifier les clients. Nous n'étions que trois au digital, traitant avec de très gros clients : AXA, Pepsi, etc.

Ensuite, je me suis tourné vers Carat, où j'ai rencontré des gens inspirants comme Cécile Moulard, Sandra Bertoli ou Jérémy Garamond, qui m'ont aidé à grandir. Comme j'avais une petite expérience dans le domaine, on m'a tout de suite confié des gros dossiers : Volkswagen, Pernod-Ricard, Microsoft, Procter & Gamble. La plupart des annonceurs venaient des États-Unis et avaient déjà un peu de recul et d'expérience en digital. Ils souhaitaient le même niveau de service en France et en Europe. Il a fallu rattraper le retard, notamment en ce qui concerne le *tracking*.

Puis, j'ai rejoint le groupe BBDO, avec là encore d'autres personnes inspirantes, comme Gaël Duval et Loïc Le Meur. J'ai été embauché comme directeur clientèle sur un poste transverse, multi-expertises, où la publicité allait jusqu'aux sites Web, avec une vision plus globale.

Lorsque BBDO a fermé ses portes, je suis passé côté régie, chez Sports 4 fun, NewsWeb, NewsSport, puis Lagardère, avant de revenir côté agence, pour vendre des formats publicitaires à la performance, avec un petit concurrent en face du nom de... Google !

Après un retour en agence, j'ai eu l'opportunité de rejoindre Yves Rocher, pour gérer le marketing digital. »

CHRISTOPHE DANÉ

EX-CLM BBDO, À PRÉSENT RESPONSABLE DE PROGRAMMES À L'IM DIGITAL SCHOOL DEVINCI.

► *Quand et comment êtes-vous arrivé à travailler dans le Web ?*

« J'ai commencé dans l'industrie publicitaire il n'y a pas loin de trente ans et je travaille dans le digital depuis un peu plus de vingt ans. J'ai travaillé dans plusieurs structures et j'en ai monté plusieurs également, six au total en tant qu'entrepreneur et intrapreneur.

Dans les années 1992-1993, je me suis intéressé au digital, en termes de bandeaux publicitaires et suis rentré dans une entreprise qui faisait du conseil en stratégie marketing et du consulting, et c'est là que j'ai commencé dans le digital. L'agence a été rachetée par un groupe anglo-saxon, CIA, et j'ai pris la direction des études dont le digital était un des sujets.

En 1996, je suis rentré dans le vif du sujet en achetant de l'espace sur Yahoo!, et au fur à mesure, j'ai ajouté des briques à mes compétences, dont le *search*. Un des éléments, selon moi, qui a structuré un peu plus le marché sur la manière dont on achète du trafic, des clics, etc.

J'ai ensuite monté une structure, Outrider (qui depuis a changé plusieurs fois de nom), dans le domaine du *search* et, en parallèle, une structure dans le marketing viral, qui s'appelait le Lab Viral (2001), première sur le marché en buzz marketing, à une époque sans réseaux sociaux.

Puis, j'ai rejoint Havas pour prendre la direction générale de Media Contact, première agence digitale du marché en France (très vite le *on* et le *off* fusionnent). Par la suite, je suis devenu directeur associé de Havas Media, gérant de grands comptes, jusqu'en 2011, où je suis devenu directeur général de toutes les activités digitales Omnicom Media, autour de la performance, ▶▶

la programmatique et l'analytique. J'ai ensuite créé Digitall Makers, agence de conseil et de formation. »

PASCAL DASSEUX

EX-ZEBANK, À PRÉSENT SECRÉTAIRE GÉNÉRAL COMITÉ VIVENDI ASIE, EVP HAVAS.

► *Quand et comment êtes-vous arrivé à travailler dans le Web ?*

« Totalement par hasard. Au sortir de dix ans dans la publicité anglo-saxonne à m'occuper de grands budgets internationaux, un cabinet de chasseur de têtes anglais m'a contacté. Ils cherchaient un patron pour une banque en ligne qui se lançait en France et en Espagne et au UK. Je leur ai dit que je ne connaissais rien à la Banque et rien à Internet. Ils m'ont répondu : "C'est parfait, c'est exactement votre profil que nous cherchons." Ils n'étaient pas totalement irresponsables dans leurs critères de décisions, ils savaient que le concept de banque en ligne était totalement novateur et que personne n'en avait l'expérience.

C'était au début 2000, pour le lancement de Zebank, qui faisait partie de Europ@Web du groupe Arnault, branche cousine de LVMH. J'ai donc rejoint une bande de cent personnes, un mélange improbable de polytechniciens, de grands serviteurs de l'État, de vendeurs par téléphone, d'ingénieurs, de saltimbanques divers, bref une des premières start-up, avec une énergie incroyable. Son président était un jeune talent, Olivier de Montety, adoubé par Bernard Arnault. Vingt personnes étaient embauchées chaque semaine. Notre mission : déstabiliser le système bancaire français avec nos offres, rien que ça. Nous avons lancé des produits bancaires innovants comme le livret le mieux rémunéré du marché et plus tard sous la marque Egg la fameuse *cash-back card* qui rémunérait les dépenses à 3 % ou 5 %. Nos objectifs commerciaux de soixante mille clients en partant de zéro ont été pulvérisés à quatre-vingt-douze mille clients avec nos campagnes publicitaires disruptives, mais le 11 septembre 2001 a annihilé tous nos efforts. Il a fallu vendre la société à Prudential, une société d'assurance anglaise, la mort dans l'âme. Cette expérience reste néanmoins une des plus grandes joies de ma vie professionnelle, tout comme Leo Burnett et Havas.

Chez Havas Media, j'ai eu la chance d'avoir travaillé dès 2006 avec Vincent Bolloré et le *management board* à développer Havas Digital, devenue la plus grande agence média digitale en France, puis j'ai participé à l'intégration du digital au sein du groupe Havas. Depuis, avec Yannick Bolloré, devenu CEO du groupe Havas en 2013, nous vivons l'épopée du groupe Havas et maintenant de Vivendi. En fait, je m'épanouis dans les groupes bâtisseurs, à esprit familial et à la culture internationale, avec des patrons charismatiques, ayant une vision long terme et où l'employé peut évoluer et j'aime changer de responsabilités tous les cinq ans.

Je travaille aujourd'hui de façon proche avec la Chine. C'est la première société fondée sur le *mobile only*, avec huit cents millions d'utilisateurs de smartphones et les BATX qui transforment radicalement la société. Pour ne citer qu'un seul exemple de la capacité d'adaptation de la Chine, treize mille restaurants par jour s'inscrivaient sur la plateforme e-commerce d'Alibaba au début de l'épidémie de Covid-19 pour pouvoir livrer à leurs clients. C'est aussi un pays qui a décidé d'investir massivement dans l'IA et possède déjà 60 % des top 500 calculateurs mondiaux. »

JAMES DAVID

EX-PLANÈTE INTERNET, AUJOURD'HUI FONDATEUR SENSEI PARTNER RECRUITEMENT.

▶ *Quand et comment êtes-vous arrivé à travailler dans le Web ?*

« Mon entrée sur le marché du Web commence par une anecdote. En 1995, j'ai rendu visite à un ami geek, qui travaillait pour des magazines informatiques. Il attendait un dossier sur le piratage informatique qui arrivait des USA. En lui demandant à quelle heure devait arriver le coursier ou le facteur, mon ami s'est esclaffé, a ensuite ouvert son ordinateur, est allé sur sa boîte mail et a téléchargé le dossier en dix minutes. C'était la première fois de ma vie que j'entendais le son d'un Modem 14.4 ou 28.8K. J'ai compris à ce moment-là qu'Internet était la révolution de notre siècle et qu'il fallait à tout prix faire partie de cette aventure.

Ensuite, j'ai cherché tous les articles possibles sur le sujet. J'ai trouvé un fanzine qui parlait des autoroutes de l'information : *Planète Internet*. J'ai appelé son jeune fondateur, Xavier Cany, pour lui proposer mon expertise de vente d'espaces publicitaires. Il a accepté et deux ans plus tard, *Planète Internet* devenait le magazine numéro un des ventes sur le marché français.

Lorsque Grolier Interactive a racheté le magazine, j'ai accompagné, avec deux associés, le lancement d'Accesite, une des premières régies publicitaires *online*. Nous avons géré une quarantaine de sites dont Radio France, Caramail, Free, La Tribune, la PQR... Le développement de notre entreprise nous a permis d'attirer des investisseurs avant de la vendre à United Internet, régie leader en Allemagne souhaitant devenir la référence en Europe. Re-brandé en "Ad'Link", je suis resté trois ans avant de quitter l'entreprise.

Par la suite, j'ai eu de nombreuses expériences de directeur commercial ou directeur général dans des entreprises innovantes comme Espotting/Miva (régie spécialisée dans les liens sponsorisés), eXelate (où nous avons développé la première *data marketplace* en France et vendions des cookies afin d'optimiser les campagnes *display*).

▶▶

Ces différentes expériences dans le monde du digital m'ont donné envie de revenir à des projets plus concrets, moins virtuels. Je me suis rendu compte que les collaborateurs avec qui j'avais travaillé, que j'avais recrutés et formés, sont devenus des directeurs généraux ou occupent des postes à haute responsabilité dans le secteur du digital. J'ai donc fondé Sensei-Partner, un cabinet de recrutement spécialisé sur les métiers du digital et des nouvelles technologies. Identifier les profils adéquats me permettait d'être en cohérence avec mes envies, mes aptitudes et mon expertise métier. »

LAURENT DE LA CLERGERIE

FONDATEUR DE LDLC.

DÉCOUVERTE DU WEB

Laurent De La Clergerie s'intéresse très jeune à l'informatique : à dix ans il est déjà développeur et crée un club dédié avant même son entrée au lycée. Il poursuit en devenant ingénieur en électronique et informatique et, dès 1996, il monte un site d'e-commerce dédié à la revente de produits électroniques et d'informatique. Il parvient tout de suite à effectuer des ventes, malgré une absence totale de stock : limité dans ses moyens, Laurent De La Clergerie n'achète les produits qu'au moment où les chèques arrivent (il ne trouve pas de solution de paiements en ligne). Malgré ce handicap, il atteint rapidement le point mort. En gagnant quinze mille euros grâce à Paris Match, il ouvre une boutique à Lyon et étoffe son équipe en recrutant des membres de sa famille.

PARCOURS PROFESSIONNEL

À peine quatre ans plus tard, le groupe entre en Bourse, pour faire face à l'arrivée de la concurrence. Les trois millions d'euros levés lui permettent de racheter des sociétés, de se diversifier et de devenir leader de son marché. Il réitère l'opération quelques années plus tard afin de lever quatre millions supplémentaires. En 2005, l'installation d'un nouveau logiciel de traitement logistique se révèle catastrophique, empêchant de traiter les commandes et l'entreprise est au bord du gouffre. Pendant les quatre ans qui suivent, sa motivation s'érode et il pense à vendre à son principal concurrent, Rue du Commerce. Par chance, les négociations n'aboutissent pas. C'est lorsqu'il cesse de tirer les prix vers le bas qu'il parvient finalement à redresser l'entreprise. Il mise sur la qualité du service et l'ouverture de commerces physiques en franchise. Puis, il se diversifie en fondant diverses entreprises dont L'Armoire de Bébé (puériculture), DLP Connect (domotique et vidéosurveillance), Anikop (éditrice de logiciels). Il ne s'arrête plus : en 2014, il monte un studio de jeux vidéo, en 2019 une des plus grandes salles de VR en France, ainsi que de nombreuses autres sociétés d'e-commerce allant des croquettes pour animaux à la déco.

Par ailleurs, en 2016, celui qui se rêvait entrepreneur dès l'enfance et qui n'a jamais aimé l'enseignement qu'il a reçu ouvre l'École LDLC, un cursus de trois ans dédié aux différents métiers du numérique, validé par le ministère du

Travail. Mitoyens du siège de LDLC, étudiants et salariés partagent des espaces ludiques conçus pour favoriser la rencontre.

En janvier 2021, il étonne à nouveau en publiant un texte où il défend la semaine de quatre jours qu'il met en application dans son groupe et dont il trouve les effets spectaculaires : 6 % de croissance et 20 % de gain de résultats. Inspiré par une expérience de Microsoft au Japon, il est convaincu que le bénéfice sera autant pour ses collaborateurs que pour leur image de marque. « Constatant dès le départ que les effets étaient hyper efficaces (...) et que cela ne coûtait rien à l'entreprise voire que ça nous rapportait de l'argent, nous avons même réévalué les salaires.[1] » Lui-même a renoncé à son salaire fixe afin de pouvoir augmenter ses salariés, ne se rémunérant qu'à la performance.

Par ailleurs, très engagé sur le plan écologique, il développe également des concepts alimentaires et investit dans Time for the Planet, qui finance des projets innovants pour la planète.

1 Max ARENGI, « Qui est Laurent De La Clergerie, président de LDLC ? », *business-cool.com*, 15 janvier 2023.

CORINNE DELAPORTE

FONDATRICE DU JOURNAL DU NET, À PRÉSENT FONDATRICE EUTOYOU.

DÉCOUVERTE DU WEB

En 1996, Corinne Delaporte a « imaginé une newsletter professionnelle nommée « Stratégie Internet. Expliquer concrètement les développements naissants de la toile ». Mon idée était d'être rentable en deux ans avec 200 abonnés payants. Je les ai eus en un mois (...) Je sentais que le grand public avait aussi envie de ces informations. J'ai alors lancé le Journal du Net en 1999[1] ». L'accès, initialement gratuit, passe ensuite à vingt euros par an, ce qui suffisait pour assurer 30 % du chiffre d'affaires, malgré une équipe de deux cents personnes.

Rapidement, Corinne Delaporte passe d'une newsletter à la création de Benchmark Group, constitué du Journal du Net, Copains d'Avant, L'internaute et Le Journal des Femmes.

PARCOURS PROFESSIONNEL

À la suite de la bulle, le groupe a failli disparaître après l'échec d'une entrée en Bourse. Mais Delaporte réussit à remettre l'entreprise sur pied et déclare ne pas vouloir vendre. Puis, en 2010, elle envisage une cession et dialogue avec tous les grands acteurs médias pour finalement revendre à Comment ça marche, dont le chiffre d'affaires est pourtant plus petit (quatorze millions contre dix-sept pour Benchmark), mais avec une meilleure marge (50 %, avec 30 salariés, contre 145 pour Benchmark Group). À la surprise générale, elle répond : « Nous n'avons jamais créé de contenus pour les moteurs, mais pour les lecteurs, en nous attachant à l'ergonomie et à la qualité des contenus, mais depuis trois ans, des acteurs dont 95 % de l'audience vient des moteurs, comme Comment ça marche ont fait irruption. Nous allons donc faire des efforts en prenant garde de ne pas tomber dans la Google dépendance, mais nous ne voulons pas nous faire doubler en audience injustement.[2] »

Corinne et son mari, Christophe, empochent soixante millions d'euros, gardent un rôle de conseil et prennent une petite participation dans Comment ça marche.

Puis, en 2013, Corinne Delaporte se dédie à une société que le couple avait fondée en 2000, à Nantes : Euptouyou, premier SmartWorkCenter en France, avec des espaces de travail partagés, des salles de réunion, etc. Le couple ▸▸

1 « Corinne Delaporte : de *Linternaute.com* au *coworking* », *ouest-france.fr*, 22 novembre 2013.
2 CBWeb.

Delaporte accompagne certains projets, voire investit. Sans doute parce que le Workcenter, en pleine nature, est respectueux de la planète avec une économie circulaire, Corinne Delaporte revient à la presse, en 2015, en créant le magazine *OutdoorGo!* consacré aux loisirs en extérieur.

FRANÇOIS DE MAUBLANC

COFONDATEUR DE AQUARELLE.

DÉCOUVERTE DU WEB

François de Maublanc, diplômé de Sciences Politiques et de l'ENA, travaille chez Sanofi, où il est en charge d'un département des activités nouvelles. Il y remarque que le secteur des fleurs est porteur, avec des progressions de 10 à 15 % par an. En 1987, il ouvre à Rennes un magasin test, Aquarelle. Le succès permet d'ouvrir d'autres magasins à travers la France, dont les fleurs ne proviennent pas de Rungis, mais de petits producteurs à travers le monde.

François De Maublanc est accompagné de son frère aîné, Henri, diplômé de Polytechnique et des Ponts et Chaussées, qui, à l'époque, dirige le centre de services Minitel Politel. C'est avec les bénéfices du Minitel qu'Aquarelle se développe.

En 1990, alors que les deux frères ont déjà une quinzaine de boutiques, ils lancent une nouvelle chaîne dédiée aux roses, Au nom de la rose, dont le premier magasin, dans le sixième arrondissement de Paris est tenu par la chanteuse Dani (cinq ans plus tard, magasins et franchises seront revendus à leur associé, Georges Barthes).

Dix ans après la création du magasin de Rennes, une cliente leur demande de livrer un bouquet de l'autre côté de la France et c'est avec cette commande qu'ils ont l'idée d'ouvrir un site Web, offrant des bouquets identiques à ceux présentés en photos sur le site.

PARCOURS PROFESSIONNEL

Parce qu'Henri vient du secteur du Minitel, les deux frères sont très au fait du développement d'Internet. Dès le début, ils innovent en ajoutant des services comme l'envoi de photos des bouquets expédiés aux clients. Les débuts sont artisanaux et les clients rares, mais ils misent sur leurs connaissances conjuguées des métiers du Web et des fleurs. À partir de l'année suivante, les bouquets sont expédiés depuis un entrepôt, mais la professionnalisation de l'expédition et les besoins en dépenses marketing les obligent à faire une première levée de fonds. Ils obtiennent trente millions de francs et, dès l'année suivante, ils font une seconde levée de cent quatre-vingts millions de francs, même s'ils sentent le vent tourner. Ils achètent ainsi en région parisienne, alors qu'ils y font 40 %

de leur chiffre d'affaires, une ancienne distillerie de betteraves qu'ils transforment en entrepôt. Les deux frères prennent une participation de 15 % dans My Media, l'agence média dont ils sont aussi les clients et, pour faire face à l'arrivée de nouveau entrants sur le marché, ils font une nouvelle levée en 2008, de six millions d'euros.

Au fil des années, la liste des territoires où ils s'implantent s'agrandit un peu partout en Europe, grâce à des filiales. Au début des années 2010, ils sont leaders des fleurs en ligne et le groupe prend une participation dans 123fleurs.com (réseau de plus de dix mille fleuristes) en 2015, ainsi que dans Foodette, start-up de paniers repas, ce qui leur permet de mutualiser leurs lignes de production. L'arrivée sur le marché français de l'Anglais Bloom & Wild et la concurrence constante de Bergamotte et Interflora les oblige à innover sans cesse : depuis 2019, il est possible d'ajouter à une commande un message vidéo via un QR code et, depuis 2020, le site propose des bouquets à faire soi-même en ligne.

STÉPHANIE DEMMERLÉ

EX-OMD INTERACTIVE, À PRÉSENT DIRECTRICE MARKETING ACQUISITION ET COMMUNICATION.

▶ *Quand et comment êtes-vous arrivée à travailler dans le Web ?*

« J'ai commencé dans le Web en 1999, chez OMD Interactive. L'équipe digitale fondée par Ludovic Levy et Catherine Barba comptait trois personnes, dont eux deux. Ils cherchaient une personne qui avait également travaillé dans des secteurs *offline* pour compléter l'équipe. À l'époque, seules des marques Information Technology communiquaient sur le Web. J'ai donc travaillé principalement sur Microsoft et WStore. On était polyvalents dans nos missions, travaillant de la recommandation à l'achat d'espace en passant par la négociation, les devis, la programmation des campagnes, les bilans et les analyses. Nous nous sommes très vite équipés d'un outil de *tracking* des campagnes et l'équipe s'est étoffée à une vingtaine de collaborateurs.

En 2000, avec l'explosion de la bulle, le département OMD Interactive a commencé à recruter massivement. Je suis passée du poste d'acheteur digital à directrice de marque Internet, en charge des stratégies digitales des marques. J'ai managé une équipe de plusieurs personnes composée principalement de jeunes, avec un rythme de travail effréné. Il y avait peu d'appels d'offres et les annonceurs appelaient pour lancer massivement des campagnes digitales. Puis la bulle a éclaté et je suis passée d'une période d'euphorie, de travail acharné, de coups de téléphone, de plans média à délivrer, de stratégies digitales à... RIEN.

J'ai décidé de faire du conseil pluri-média afin de convaincre les marques du bien-fondé de campagnes digitales. Mais comment convaincre des entreprises qui mettaient des millions en achat TV, d'investir cent mille euros dans le digital ? Avec le temps, j'ai réussi à introduire auprès de mes clients des tests digitaux avec des KPIS qui n'étaient pas les mêmes que ceux donnés à la TV ou la radio. Je me suis spécialisée dans l'*entertainment* et j'ai retrouvé mon rythme.

En 2010, je me suis mis en tête de travailler pour une boîte qui mettait le digital au cœur de sa stratégie de communication, mais qui communiquait tout de même sur les médias de masse et je suis entrée chez Boursorama Banque pour un poste de directrice acquisition. »

JEAN-BAPTISTE DESCROIX-VERNIER

FONDATEUR DE RENTABILIWEB DEVENU DALENYS.

DÉCOUVERTE DU WEB

Jean-Baptiste Lacroix-Vernier a commencé par être un brillant élève de la banlieue de Lyon, hésitant entre la loi et la foi. Il fait des études de droit tout en étant auditeur libre en théologie, puis il tombe amoureux et se dirige vers le droit des affaires. Son cabinet, spécialisé dans le redressement d'entreprises, devient rapidement prospère, mais il a des clients dans le multimédia et la gratuité partout l'interroge sur les modèles économiques possibles. Alors que l'éclatement de la bulle est là, il monte Rentabiliweb pour aider à la monétisation des contenus, grâce aux micro-paiements (SMS et appels surtaxés). « Tout était gratuit sur le Web, sans *business model*. J'ai senti alors que c'était tout le secteur qui allait s'effondrer ! Comme j'avais beaucoup travaillé avec des entreprises qui utilisaient l'audiotel pour monétiser l'accès à l'info, ou le Minitel, je me suis dit qu'on pouvait appliquer ça à Internet. Le micropaiement était né[1]. »

PARCOURS PROFESSIONNEL

Il monte Rentabiliweb en Belgique, pour des raisons de stabilité de la législation et de la fiscalité, s'installe à Amsterdam sur une péniche et se fait remarquer pour ses looks atypiques entre kilts et dreadlocks, mais le monde des affaires est surtout sensible à sa réussite (dès la première année, il a une marge largement bénéficiaire). C'est son mode de management qui le distingue des autres patrons du Web. « Chez Rentabiliweb, l'organisation est quasi militaire, et la hiérarchie à la fois très stricte et très respectée. C'est aussi très clanique : avec mes deux cent cinquante salariés, que j'appelle mes ninjas, nous formons un clan, une communauté, qui a en quelque sorte son uniforme et son cri de guerre. On peut conserver les codes du Web et avoir une activité bancaire[2]. » Il engage des hackers, qui n'ont pas de diplômes mais des compétences, et les dirige depuis sa péniche, via Skype et d'autres outils moins attendus : « J'ai créé une Web radio qu'on ne peut écouter qu'en interne. Les salariés y mettent leurs playlists et je

1 L'ÉQUIPE DYNAMIQUE ENTREPRENEURIALE, « Interview de Jean-Baptiste Descroix-Vernier, PDF de Rentabiliweb », *dynamique-mag.com*, 23 avril 2012.

2 Alexandre COUNIS, « J.-B. Descroix-Vernier (Rentabiliweb) : "Avec mes salariés, nous formons un clan" », *lesechos.fr*, 31 octobre 2014.

peux intervenir à l'antenne en cas de besoin. Je le fais en particulier les derniers vendredis de chaque mois, pour permettre aux salariés de me poser des questions, les tenir au courant de la vie de l'entreprise, qu'ils ne se sentent pas perdus dans leur boîte[1]. »

Il rachète le groupe Montorgueil, qui édite des contenus pornographiques, sans que cela empêche son entrée en Bourse en 2006 (il en sortira en 2017), ou l'arrivée au capital de la crème des grands patrons : Messier, Madelin, Bergé, Pinault, Arnault, Courbit. En 2007, il fait vingt-cinq millions d'euros de chiffre d'affaires, engage Anne Méaux pour assagir son image et crée avec elle Repu7ation, agence d'e-réputation.

Bien qu'en 2009 le ministère de l'Intérieur ait porté plainte contre lui pour avoir distribué de l'argent liquide sur la place publique (une opération marketing pour l'une de ses filiales), en 2011, il devient membre du Conseil national du numérique, soulignant dans son discours que « la première de ses missions, ce sera une mission de pédagogie, d'explication, de transmission d'informations. Et cette mission sera en priorité à destination des pouvoirs publics et notamment du Parlement puisque c'est le Parlement qu'il va falloir éduquer, qu'il va falloir aussi convaincre sur certaines problématiques du numérique ». Mais il en claque rapidement la porte.

En 2012, il annonce la mise en place de Be2bill, qui met fin au monopole bancaire sur les services de paiement en ligne et il devient le premier *pure player* à être agréé par la Banque de France comme établissement de paiement.

En 2015, il recentre la société sur la Fintech, la rebaptise Dalenys, et se spécialise dans le « *payment marketing* » (acquisition et fidélisation des clients, avec des paiements optimisés). Le pôle B2C est revendu à ses dirigeants.

La même année, Descroix-Vernier déclare se verser un salaire de 3 900 euros net et, n'ayant pas besoin de plus, il destine sa fortune (estimée à cent millions d'euros environ) à sa fondation, qui agit contre la pauvreté en France comme en Afrique, où il finance notamment des puits. « Venant d'un milieu assez modeste, j'ai l'impression que cette fortune ne m'appartient pas intégralement, j'ai besoin d'être dans le partage[2]. »

En 2018, Dalenys devient une filiale de Natixis, puis, à partir de mars 2022, elle devient une filiale du groupe BPCE.

ET MAINTENANT ?

En 2012, Jean-Baptiste Descroix-Vernier publiait un article dans un hors-série de *La Revue Civique*, où il affirmait qu'« Internet est à la fois un générateur d'énergie colossal et un broyeur. Sa capacité d'innovation est sans fin, sa force de frappe, en termes marketing, est gigantesque. C'est une machine surpuissante capable de faire émerger des marques mondiales en quelques ▸▸

1 *Ibid.*
2 « Télématin », France 2, 20 juin 2018.

mois et de façon pérenne. Les exemples ne manquent pas, citons simplement Facebook, Google, Twitter, Angry Birds, etc. À l'inverse, Internet est un broyeur impitoyable, il broie ses propres marques (AltaVista, Lycos, Voilà, Second Life, etc.) mais il broie aussi les marques "du monde d'en haut"[1]. »

1 Jean-Baptiste DESCROIX-VERNIER, « Jean-Baptiste Descroix-Vernier : Interntet, la fin de l'insouciance », *revuecivique.eu*, 2012.

PHILIPPE DEWOST

EX-WANADOO, À PRÉSENT FONDATEUR DE PHILEOS ET EX-DIRECTEUR DE L'EPITA (ÉCOLE D'INGÉNIEURS EN INFORMATIQUE).

▶ *Quand et comment êtes-vous arrivé à travailler dans le Web ?*

« En 1994, j'ai fait mon stage du corps des télécommunications chez Apple à Cupertino, dans l'équipe qui développait les services de communication pour le Newton et ses applications. Cet objet qui n'était pas encore connectable de manière permanente, c'est l'ancêtre du Palm - que l'on peut considérer comme la Lucy de tous les smartphones jusqu'à l'arrivée de l'iPhone. J'ai rencontré un grand nombre de Français dans la Silicon Valley, et j'ai compris qu'Internet grand public se développait à toute vitesse.

Le Minitel était parvenu à maturité et France Télécom réfléchissait à la suite avec trois options : la première consistait à prendre 20 % du capital d'AOL (America Online, l'un des deux géants américains qui rachètera plus tard Time Warner) pour développer et opérer AOL Europe. La deuxième option était celle d'une "télématique à la française" déployée sur ordinateur avec un modèle de revenus, un modèle d'App Store (le kiosque de services, avec reversements) qui avait déjà fait ses preuves, mais était limité à la France. La troisième grande option était d'utiliser ce fameux protocole IP qui n'avait pas été inventé en France, qui était américain donc un peu suspect aux yeux des chercheurs du CNET (Centre national d'études en télécommunications), mais qui avait l'avantage d'être universel.

À l'été 1994, j'ai reçu un appel d'Yves Parfait, qui deviendra le fondateur de Wanadoo, me disant : "Tu es manifestement sur les sujets d'Internet grand public et un de ceux avec la meilleure compréhension de ce qui se passe. Je suis en train de travailler sur la suite du Minitel ; est-ce que tu me rejoindrais une fois ton stage terminé et tes derniers trimestres d'études achevés ?" Et je suis arrivé dans le domaine d'Internet et du Web.

J'ai eu le plaisir de développer Wanadoo pendant quatre ans. Nous construisions alors les services d'accès aux *news*, le premier webmail, un des premiers App Store, ainsi qu'un service d'hébergement de contenus personnels.

En 1999, j'ai rejoint Ukibi, une start-up lancée à New York et à Paris, qui était le premier réseau social. Lancée trop tôt (juste avant la bulle Internet et celle de la 3G, la start-up, financée par Mars Capital et Europ@Web), elle a fermé en 2003.

Mon expérience suivante s'est faite autour des terminaux domestiques chez France Télécom. Nous avions compris que si le service est important, il demeure immatériel, et a précisément besoin de matériel pour créer l'expérience.

J'ai assisté à la naissance du marché des *camera-phones*, et ai été recruté par la start-up RealEyes3D pour déployer ses technologies brevetées ▶▶

de post-it mobiles et de scanners de poche, puis par une autre start-up, ImSense, qui développe à Cambridge des algorithmes pour améliorer automatiquement la qualité des photos et vidéos. J'ai négocié un partenariat de distribution avec Apple, qui a finalement proposé de nous racheter, à la suite d'une colère légendaire de Steve Jobs, qui estimait que la caméra de l'iPhone 3 n'était pas au niveau du reste du produit. Aujourd'hui encore, certains morceaux de notre technologie *eye-fidelity*™ sont utilisés dans les iPhone et contribuent à la qualité d'un demi-milliard de photos tous les jours !

Après cette expérience, je suis devenu directeur du programme des investissements d'avenir à la Caisse des Dépôts, en charge de l'économie numérique. Nous finançons le déploiement de la fibre dans les zones peu denses, et investissions dans l'écosystème des start-up. J'ai participé à la création de la French Tech en rédigeant le rapport d'orientation demandé par le premier Ministre, début 2013.

Ensuite, le groupe VINCI m'a recruté pour déployer un ambitieux programme d'innovation et de transformation appelé Leonard, combinant veille, prospective, et intrapreneuriat. »

MANUEL DIAZ

EX-FONDATEUR GROUPEREFLECT, À PRÉSENT PRÉSIDENT DE EMAKINA/INFLUX.

▶ *Quand et comment êtes-vous arrivé à travailler dans le Web ?*

« Mon histoire avec le Web a commencé en 1993 : j'ai découvert Internet lors d'un séjour scolaire en Angleterre. J'avais quinze ans, ça a été comme une révélation et depuis je n'ai jamais déconnecté. Les technologies de communication étaient déjà dans mon ADN, puisque j'étais le plus jeune radio-amateur de France. À l'époque, on construisait notre *packet-radio* seuls, en soudant des résistances, et on s'en servait pour envoyer des données d'ordinateur à ordinateur via les ondes hertziennes. Le mien est d'ailleurs encore chez mes parents. Bref, quand j'ai découvert Internet, j'ai compris qu'on allait changer d'échelle et que quelque chose de très gros arrivait.

En 1997, à dix-huit ans, j'ai plaqué mes études de médecine (pour faire plaisir à mes parents) pour monter une agence dans ma ville, Limoges, et j'ai "sauvé" mon frère Carlos d'une carrière de professeur d'espagnol en lui proposant de me rejoindre. Tout a été très vite. Les premiers clients locaux à qui il fallait expliquer qu'Internet avait plus de potentiel que le Minitel, les banquiers à qui il fallait expliquer la même chose, les premiers clients nationaux avec Business Objects et Microsoft, les First Tuesdays, la crise qui nous a obligés à aller chercher encore plus de business à Paris et à y ouvrir une agence, puis la fusion avec des Belges pour construire un leader européen, indépendant, autour d'une vision et de convictions partagées depuis longtemps.

On a vraiment connu trois étapes. La construction d'un leader régional, puis d'un acteur national, et enfin d'un leader européen. On a toujours essayé d'avoir un coup d'avance : on a été les premiers à croire aux blogs et au Web social, un Web "utile, utilisable et utilisé". Les premiers à croire (trop tôt d'ailleurs) à son impact dans l'entreprise avec blueKiwi, le premier réseau social d'entreprise, ancêtre de Slack ou de Workplace, issu de notre R&D et revendu à Atos sept ans plus tard. Aujourd'hui, on se félicite d'avoir anticipé depuis des années la mutation d'un métier qui relève de moins en moins de la communication mais du *business enablement* par le digital, où l'on serait de plus en plus challengé par les cabinets de conseil. En mettant l'expérience design au cœur de nos méthodologies, on continue à rester à l'avant-garde de notre secteur. »

PHILIPPE DOKES

COFONDATEUR DE COMPANEO, À PRÉSENT DIRECTEUR DU DÉVELOPPEMENT CHEZ WEBIKEO.

▶ *Quand et comment êtes-vous arrivé à travailler dans le Web ?*

« J'ai le sentiment d'évoluer dans le monde du numérique depuis toujours !

J'ai étudié à l'Essec avec Laurent Horwitz, cofondateur de Companeo, et j'ai démarré ma carrière à la fin des années 80 dans le Minitel. La puissance de cet effet de levier me passionnait. Nous avions des clients comme la radio NRJ, qu'il fallait d'abord convaincre du potentiel du Minitel et des bénéfices d'ouvrir un 3615. Cette technologie était confidentielle, le développement était donc très long. Puis, un jour, nous avons vendu un logiciel à un particulier qui s'en est servi pour lancer le premier service de messagerie gay en France. À peine une semaine après l'ouverture, son activité a explosé : chaque jour les connexions doublaient, triplaient... une réussite fulgurante ! Face à ce succès, mon patron a décidé de repositionner l'entreprise sur le créneau très porteur de la messagerie rose. J'ai quitté l'entreprise, ce qui était - avec le recul - une erreur car j'aurais sans doute connu le même succès que Xavier Niel si j'étais resté !

En 1987, je me suis orienté vers la monétique, un secteur qui bénéficiait aussi d'effets de levier impressionnants grâce à l'explosion de la carte bancaire. En 1996, j'étais directeur adjoint R&D chez Carte Bleue Visa et j'ai découvert le commerce électronique aux États-Unis.

À la fin des années 90, nous vivions "la bulle Internet" et le digital faisait figure d'Eldorado. Laurent et moi échangions souvent sur notre envie de nous lancer à notre tour dans le digital. L'idée de créer une plateforme Internet facilitant la mise en relation entre entreprises et fournisseurs ▶▶

est née de l'expérience vépéciste B2B avec Jean-Paul Guisset, fondateur et ex-président de JPG, et de la conviction que nous avions Laurent, Denis Riols (troisième cofondateur de Companeo) et moi, de l'énorme potentiel du projet. Ensemble, et soutenus financièrement par Jean-Paul, nous avons lancé la marketplace B2B Companeo en 2000. Le modèle hybride que nous avions mis en place, avec un catalogue au format papier en complément de la place de marché digitale, nous a permis de tenir durant les années de vaches maigres. En 2004, le vent d'Internet s'est enfin levé et Companeo a véritablement décollé. Progressivement, l'entreprise s'est internationalisée et diversifiée. La complémentarité de l'équipe est aussi un facteur clé de succès. Laurent, qui a toujours eu une vision globale pour l'entreprise, opérait en véritable chef d'orchestre. Mon rôle était celui de "défricheur". Je réalisais une veille technologique à 360° pour identifier et évaluer les potentiels canaux et leviers de développement. Pour Adwords, par exemple, dès que ce service est apparu sur Google, j'ai réalisé des tests pour mesurer l'effet de levier sur notre activité. Cela paraît incroyable aujourd'hui mais il y a quinze ans, c'était un canal émergent. Chaque média (SEO, réseaux sociaux, e-mailing...) a ainsi été progressivement installé en *test & learn*. Denis - qui a une formidable capacité à structurer, processer et dupliquer - prenait ensuite le relais pour le développement en interne. La synergie de notre trio explique en grande partie la longévité et le succès de Companeo. »

DAMIEN DOUANI

EX-RESPONSABLE INNOVATION ET PROSPECTIVE ORANGE LABS, À PRÉSENT FONDATEUR DU CABINET DE CONSEIL ET DE CURIOSITÉS LAB36.

► *Quand et comment êtes-vous arrivé à travailler dans le Web ?*

« En 1996, alors que j'étais étudiant, j'avais un job dans un magasin d'informatique pour financer mes études et je faisais la démonstration des kits de connexion Infonie et Club Internet. C'est ainsi que j'ai découvert le Web. Fasciné par les possibilités de ce "nouveau monde", j'ai commencé par en explorer les arcanes pour ensuite créer des sites Web.

Le hasard, qui n'en est jamais un, m'a amené à aider le rectorat de Montpellier dans la création d'une base de données de stages à destination des étudiants de la ville. Un ancêtre du *job board*. C'est après cela que j'ai pensé nécessaire d'explorer plus encore cet univers numérique vertigineux et de prendre par la main les entreprises qui désiraient s'y aventurer.

Deux ans plus tard, je rentrais au prestigieux CNET (le Xerox PARC de France Télécom) pour travailler dans un laboratoire de recherche en prospective sur les scénarios liés au numérique et à Internet. »

NICOLAS DUFOURCQ

EX-PRÉSIDENT DE WANADOO, AUJOURD'HUI DIRECTEUR GÉNÉRAL DE BPIFRANCE.

« Le défi serait de se distinguer des GAFAM. »

▶ *Quand et comment êtes-vous arrivé à travailler dans le Web ?*

« J'étais chez France Télécom depuis un an et, en octobre 1995, j'ai eu l'idée de créer une division multimédia, dans laquelle on mettrait l'hébergement et les contenus, l'investissement à venir dans TPS (notre plateforme de télévision par satellite), les Pages jaunes, le câble, le Minitel et nos premiers services sur Internet. De cette division multimédia est sorti, en janvier 1996, le service Wanadoo, qui est rapidement devenu une société. Progressivement, on a créé le groupe Wanadoo, qu'on a coté en Bourse le 10 juillet 2000. On a racheté FreeSurf, le leader britannique, le 3 décembre 2000, puis le leader espagnol Eres Mas au printemps 2001. »

▶ *Quelles ont été les grandes étapes de votre parcours professionnel et quelle logique y avez-vous appliqué ?*

« J'ai commencé par créer un ensemble de services, qui conduisait à une vision qui était finalement assez proche de ce qu'Internet est devenu, avec notre moteur de recherche Voilà, les pages perso, le commerce électronique (on avait investi dans Alapage, racheté en 1999). On a été le premier acteur au monde à lancer un jeu massivement multi-joueurs en réseau : *Dark Age of Camelot*. On avait également Mappy (d'abord sur le Minitel, puis à partir de 1997 sur le Web). ▶▶

On avait tout pour réussir, sauf la permanence et la puissance.

Je suis parti en 2002, lorsque Thierry Breton est arrivé, et ce dernier a décidé d'arrêter cette stratégie, pour se recentrer sur l'accès Internet.

Concernant la puissance, on voyait bien les capitaux qui ont été mobilisés par Amazon, Google et l'ensemble de ces groupes nord-américains, pour pouvoir mondialiser leurs offres, et mois après mois, lancer des versions beta supplémentaires toujours de qualité supérieure. Mais on n'avait pas vu que Google allait avoir le culot de vendre les résultats des recherches.

L'idéologie du premier Internet était moins hiérarchique, on n'aimait pas AOL et le Minitel, dont les *business models* étaient fermés (les mêmes que ceux d'Apple aujourd'hui), et on rêvait de l'*open data*, de l'*open network*, de l'*open* tout. On rêvait d'une ouverture absolue sans jamais imaginer à l'époque que des grands groupes américains allaient privatiser Internet. On savait qu'AOL allait mourir, mais on n'imaginait pas que Google créerait un crime moral par rapport à notre éthique de l'époque et que cela deviendrait une entreprise prédatrice, développant des offres de commerce et service alternatives à tout ce qui était distribué par son moteur, puis que Facebook ferait la même chose, et qu'Amazon Web Service le ferait également dans le domaine du *software*. Ces start-up américaines qui ont réussi entre 1995 et 2000, n'étaient pas soutenues par l'État américain, mais elles ont eu la chance extraordinaire d'avoir, d'une part une géographie qui leur permettait de s'adresser à quatre cent cinquante millions de clients et, d'autre part, la chance d'être très largement soutenues par le capital-risque américain, alors que le capital-risque européen n'existait pas. »

► *Quel regard portez-vous sur ces vingt-cinq dernières années et quelle vision avez-vous du monde de demain ?*

« Après mon départ en 2003, Orange/France Télécom a cessé de mettre les fonds nécessaires pour que Voilà reste compétitif, donc la bataille a commencé à être perdue. Amazon a commencé à se faire financer d'une façon gigantesque et l'écart avec Alapage a commencé à se creuser. Puis, est arrivé l'iPhone, qui a permis à Apple de recréer le *business model* du Minitel, mais à l'échelle mondiale. Nous n'avons hélas pas livré nos combats avec les armes adaptées - le capital, la détermination, la permanence. Il n'y a pas eu de mobilisation générale des grands acteurs et, en dehors de Xavier Niel, on n'a pas eu de grands entrepreneurs comme Jeff Bezos ou Serguei Brin.

La bulle internet nous a liquidés, mais on s'est rétablis. Cependant Google et Facebook dominent totalement le marché de la publicité française, de manière insensée. Dans les couches basses du cloud, on a OVH, mais sur le côté applicatif du cloud, Microsoft, Amazon et Google ont une avance qui semble irrattrapable. Dans les applicatifs qui tournent sur le cloud, on a tout à fait la possibilité de produire des gammes de services en SAAS, et c'est un domaine dans lequel on a encore toutes nos chances.

Dans le *software* B2C, on a énormément perdu. Dans le *software* B2B, avec Dassault System, Schneider, on s'en tire plutôt pas mal. Dans la distribution de contenus, c'est Netflix et Hulu qui ont gagné. Canal+ se défend autant que possible, mais Netflix est devenu un élément du paysage audiovisuel français.

Avec la *french tech* et la BPI, le numérique français est malgré tout en train d'ouvrir une nouvelle page. On crée énormément de services, qui circulent sur les réseaux et dans le cloud, mais le défi serait de se distinguer des GAFAM.

C'est un défi que nous sommes en train de relever. »

CHRISTOPHE DUHAMEL

COFONDATEUR DE MARMITON.ORG, À PRÉSENT CONSULTANT.

► *Quand et comment êtes-vous arrivé à travailler dans le Web ?*

« J'ai commencé comme développeur Web chez l'agence Allaban en novembre 1995. J'étais le premier employé et tout était à inventer dans ce qui était vraiment le "Far West". Après quelques années à coder, je suis passé du "côté obscur" (le marketing) pour imaginer des sites Web pour nos clients potentiels. J'ai adoré, et j'ai commencé à travailler sur quelques projets perso : le premier cyber-roman, un site sur les voyages, un guide d'Internet à l'usage des "gens normaux" (disponible gratuitement).

Un jour, mon ami Olivier a récupéré une petite base de recettes sur le Net, qu'il a branchée sur le site de l'agence pour servir de démo de site "dynamique" (connecté à une base de données, car c'était encore assez neuf à l'époque). Et puis on s'est dit qu'on pourrait en faire quelque chose de mieux. C'est là qu'est né Marmiton, avec l'aide de notre collègue Anne-Laure Vincent et de Jean-Bernard Vérot qui avait structuré la base de recettes. Une époque épique a démarré, avec beaucoup de travail et la découverte de la communauté : beaucoup de stress mais d'immenses et inoubliables moments de joie. Et le sentiment d'avoir enfin compris en quoi Internet pouvait jouer un rôle merveilleux : en créant du lien. Cela nous a portés, faute de nous financer (la publicité n'est devenue un modèle viable pour les médias "food" en ligne que beaucoup plus tard) et nous avons grandi avec notre bébé, jusqu'à ce qu'on décide d'intégrer Aufeminin, six mois avant son acquisition par Axel Springer et dix ans avant la revente du groupe à TF1.

On a connu l'arrivée de l'iPhone, les tentatives d'internationalisation (infructueuses, d'où une grande méfiance de l'idée de "voir trop grand" qui peut vite être un gouffre financier et temporel), ou le succès complètement dingue du premier Marmiton magazine version papier. »

CHRISTOPHE DUPONT

FONDATEUR DE ECHO.

« À la fin, la liberté diminue. »

► *Quand et comment êtes-vous arrivé à travailler dans le Web ?*

« J'ai débuté dans le Web en 1995, en créant le premier moteur de recherche francophone appelé Echo, racheté contre ma volonté par France Télécom en 1997, puis intégré sous différentes marques : Voilà, PagesWeb, Wanadoo, Orange...

En 1998, j'ai fondé Respublica, qui cherchait à utiliser Internet pour favoriser la communication entre les gens. On appelait cela une communauté virtuelle, l'ancêtre d'un réseau social. La plateforme proposait un bouquet de services comme l'hébergement de pages personnelles, les chats, l'e-mail, les services de rencontres, de trocs, des forums de discussion autour d'une trentaine de différentes thématiques. Christian Conti m'a rejoint quelques mois après pour apporter une dimension business au projet. Respublica a vécu la vie incroyable des start-up de la fin des années 90, avec un taux de croissance insolent et une valorisation hors normes, en peu de temps. »

► *Quelles ont été les grandes étapes de votre parcours professionnel et quelle logique y avez-vous appliqué ?*

« Six mois après le lancement, nous avons ouvert notre capital à un fournisseur d'accès Internet, LibertySurf, fraîchement créé par le fonds ►►

de Bernard Arnaud dédié au Web (Europ@Web) et Kingfisher, un groupe leader dans le *retail* (Darty, Castorama...). À ce moment-là, nous avons vécu une double aventure. La première fut de développer Respublica, devenu en quelques mois leader en France sur le *chat*, grâce aux *live chat* qui permettaient de faire discuter une personnalité avec des internautes et de nombreuses personnalités sont passées dans ce studio : Ricky Martin, Shakira, Jamel Debbouze, Patrick Bruel...

Pour fidéliser nos utilisateurs et anticiper les nouveaux usages permis par l'arrivée de l'ADSL, nous avions racheté Netradio, qui était à l'époque le premier service de streaming musical sur le Web, avec une dizaine de radios thématiques.

En mars 2000, nous avons cédé l'intégralité de Respublica et sommes devenus actionnaires de Libertysurf. Concomitamment, le groupe s'est introduit en Bourse avec succès... quelques jours seulement avant le krach boursier ! »

▶ *Quel regard portez-vous sur ces vingt-cinq dernières années et quelle vision avez-vous du monde de demain ?*

« À l'époque, entreprendre c'était se mettre en marge d'une société où le salariat prédominait. En France, jusqu'à il y peu, nous étions dans une logique ascensionnelle, linéaire, où l'on ne tolérait pas les carrières par à-coups, prenant différentes directions. Ce n'est plus le cas depuis quelques années. Les gens sont désormais décomplexés par rapport à l'entrepreneuriat. C'est une excellente chose et entreprendre en France aujourd'hui n'a jamais été aussi facile. Il n'y a jamais eu autant d'accompagnement, d'incubateurs, de fonds d'investissement, d'aides publiques, notamment avec la BPI, et c'est plutôt encourageant.

Le monde de demain dans le digital sera tout simplement le monde de demain. Le digital aura infusé partout. Je ne suis en revanche pas convaincu qu'il va concourir à un monde meilleur. Un monde peut-être plus connecté, où les savoirs seront plus accessibles, mais un monde aux libertés individuelles toujours plus réduites.

L'espace de créativité est bien moindre qu'il ne l'était. Les coûts de développements sont devenus plus importants. Le Web est aujourd'hui monopolisé par les GAFAM. Ces acteurs ont aussi mis la main sur les ressources humaines en termes de compétences. Trouver des ingénieurs sur de l'IA par exemple va devenir de plus en plus compliqué et l'innovation technologique va devenir de moins en moins accessible aux petits acteurs. Les règles imposées par les GAFAM restent très contraignantes pour les petits acteurs. Internet est décidé dans la Silicon Valley. C'est un peu anxiogène pour les créateurs de nouveaux services. D'un point de vue technique, il faut être se plier aux règles d'Apple et de

Google. Si on sort de ce cadre on n'a pas accès aux technologies et si les lois sont contradictoires entre les pays cela risque de devenir compliqué. L'exemple du projet de loi français pour interdire la haine sur Internet est complexe, celle-ci prend différentes formes selon les pays donc qu'est-ce qui va primer ? Le lieu d'où est posté le message ? Le pays où il arrive... ? C'est un peu dangereux et cela risque d'entraîner des mises en demeure les opérateurs, et des injonctions à retirer telle ou telle application... mais selon quel argument juridique ? De la loi de quel pays ? Dans tous les cas, à la fin, la liberté diminue. »

GAËL DUVAL

COFONDATEUR DE ALPAGA, À PRÉSENT FONDATEUR ET PRÉSIDENT DE JECHANGE.

▶ *Quand et comment êtes-vous arrivé à travailler dans le Web ?*

« On m'a offert un ordinateur pour mes quatorze ans et ça a été un véritable coup de foudre. J'ai ensuite naturellement découvert l'univers des forums et échanges, puis le Web. J'ai créé mes premiers sites Internet avec un ami, puis une agence pour aider les entreprises à utiliser ce nouveau médium.

Cela m'a amené à devenir un serial entrepreneur du digital qui n'a jamais envoyé de CV : j'ai toujours créé mes propres sociétés.

J'ai créé en 1997, à l'âge de vingt-cinq ans, la première agence de marketing interactif en France, Alpaga, dédiée à la promotion des marques sur les médias numériques. Alpaga a ensuite rejoint le groupe BBDO/B2L dont j'ai assuré la coprésidence et qui a été élue "agence interactive de l'année" aux Clics d'Or 2000.

En 2000, j'ai cofondé Kangaroo Village, un incubateur financé et animé par des entrepreneurs, qui a été cédé à la SGAM en novembre 2002. Puis, en 2002, j'ai fondé et dirigé l'agence UN77, agence de conseil en communication et marketing qui donna naissance en 2005 à Nextedia, premier groupe d'agence média interactive, revendu au groupe Lagardère en 2007.

Depuis novembre 2008, je suis président fondateur de *jechange.fr*, le premier site de comparaison de prix dédié à la facture courante (assurance, banque, ADSL, énergie...). Cofondateur de France digitale, j'ai créé et lancé une conférence internationale, La French Touch Conference qui, durant six ans, a fait rayonner l'entrepreneuriat et l'innovation française pour faire le pont avec les autres écosystèmes de la tech dans le monde et particulièrement aux USA.

Ma logique a toujours été de faire des choses qui m'animent et me passionnent et qui sont en avance de phase d'un marché, avec l'espoir de le disrupter et le faire changer. Je suis aussi *business angel* pour favoriser l'émergence des futurs talents de la tech. »

GILLES ENGUEHARD

EX-IBM, À PRÉSENT PRÉSIDENT DE NETWORK FINANCES.

▶ *Quand et comment êtes-vous arrivé à travailler dans le Web ?*

« J'ai débuté ma carrière chez Accenture en tant que consultant senior, puis j'ai créé l'entité de R&D EMEA pour l'éditeur de logiciels IBM-LOTUS.

J'ai commencé à utiliser et à manipuler le Web dès 1993, alors que j'étais en fin d'études à New York. À cette époque-là, il n'était pas encore accessible au public en France. Dès mon retour des États-Unis en 1994, alors que j'étais consultant international chez Accenture, j'ai créé le Club des entrepreneurs au sein de l'association des anciens étudiants de mon école EPITA. L'e-commerce commençait à peine à émerger en France et le club a très vite rencontré un vif succès.

J'ai commencé à investir en tant que *business angel* – avec d'autres partenaires membres du Club des entrepreneurs – dans de jeunes entreprises. Nous nous sommes aperçus que les sociétés investies devenaient rapidement débordées, n'arrivaient plus à suivre, et n'avaient pas toujours toutes les compétences nécessaires. C'est ainsi qu'en 1998, nous avons décidé de mettre nos compétences respectives en commun pour créer, à cinq, le premier fonds d'entrepreneurs du digital en France.

Entre 1998 et 2000, le fonds CPI Ventures a créé une quinzaine de sociétés, avant d'être revendu dans sa totalité à un fonds d'investissement plus important, trois mois avant l'éclatement de la bulle Internet.

À l'époque, mes partenaires et moi-même étions convaincus que l'e-commerce ne marcherait pas tant que le haut débit ne serait pas opérationnel, ce qui nous a amenés à investir dans un premier temps principalement dans le BtoB. Lorsque le haut débit est arrivé, vers 2005-2006, j'ai pu fonder, en 2007, un nouveau fonds d'entrepreneurs, Network Finances, qui a décollé une fois que le marché s'est assaini. La proposition de valeur de notre fonds est non seulement le financement de start-up high-tech, mais surtout l'accompagnement des entrepreneurs dans leurs fortes croissances digitales (B2C et B2B).

En 2012, j'ai monté un autre fonds, Network Finance 2, qui fait partie de ce même fonds parapluie. À titre personnel ou professionnel, j'ai investi dans une quarantaine de start-up, dont LeGuide.com, Netbooster, Reworld Media, SporEver, Madvertise, Enviedefraise.com, FioulReduc, AnimalBox, TravelCar, Mazeberry, Vuble, Oxilia, Vidmizer, One Experience, Negoce CHR et WAST, Wedding Plan, Eniblock, etc.

Aujourd'hui, Network Finances fait partie du top 10 des fonds d'entrepreneurs identifiés en France et je suis au *board* de plusieurs start-up, ainsi qu'administrateur de plusieurs sociétés cotées en Bourse dont : One Experience et The Blockchain Group. »

JEAN-PIERRE ESKENAZI

FONDATEUR DE NETBOOSTER, À PRÉSENT *CHAIRMAN* CHEZ JPE.ONE ET TIBOOLO.

▶ *Quand et comment êtes-vous arrivé à travailler dans le Web ?*

« J'ai commencé ma carrière à vingt ans, dans la mode, dans le sud de la France. Après un séjour de cinq ans à New-York, je me suis installé à Munich, où j'ai créé et commercialisé une marque de sous-vêtements pour homme, jusqu'en 1993, date à laquelle je suis revenu m'installer à Paris. ▶▶

À cette époque, le Minitel était une idée française exceptionnelle, mais bridée et limitée en termes d'utilisation, et j'étais frustré par son manque de développement. On commençait à parler des "autoroutes de l'information" : Internet se développait. J'y ai vu les prémices d'un nouveau secteur avec un fort potentiel de croissance et j'ai décidé de m'y investir. Je n'avais pas de formation informatique ou technique mais, curieux de nature, j'étais intéressé et pressentais une révolution industrielle dans le domaine de la communication.

Je me suis intéressé au développement de sites Web pour le compte de tiers, en comprenant que la masse d'informations disponible sur le Web poserait un problème de tri et de distribution. Fin 1995 est arrivé AltaVista, le premier moteur de recherche suffisamment performant pour être intéressant. En juin 1996, j'ai créé la marque NetBooster, premier service de référencement en France à l'époque, à partir d'une méthodologie originale.

Malheureusement, le marché n'était pas prêt, personne ne souhaitait payer pour du référencement sur le Web. Cela ne m'a pas empêché de m'installer en 1997 dans un petit bureau de dix mètres carrés, face au Château de Versailles, et j'ai pris mon bâton de pèlerin pour proposer mes services de référencement. Visant les agences en priorité, puis les entreprises, j'ai enfin signé mes premiers contrats. La croissance s'est accélérée et j'ai recruté fortement, dès le printemps 1998.

Comme Netbooster était la première société à proposer ce type de services, les médias nous ont soutenus et nous avons pris le leadership de notre marché sans trop souffrir de la bulle Internet. Puis, j'ai eu la chance de croiser Pascal Chevalier qui m'a rejoint au capital de la société pour lui donner un nouveau souffle.

En 2006, ayant d'autres projets, j'ai quitté la présidence et l'opérationnel de l'entreprise tout en restant au *board*. Depuis, je fais du consulting et j'aide les entreprises à gérer leurs problématiques de marketing en ligne. Je m'intéresse aussi aux places de marché de l'économie collaborative. J'ai notamment créé Tiboolo, une plateforme de mise en relation pour les aides à domicile, et 123sponsor, une place de marché dans le domaine du *sponsoring* et des NFT. »

DELPHINE EYRAUD

FONDATRICE DES FIRST TUESDAY, À PRÉSENT CONSEILLÈRE CLIMAT, ENVIRONNEMENT ET ÉNERGIE À LA REPRÉSENTATION PERMANENTE DE LA FRANCE AUPRÈS DE L'OCDE.

▶ *Quand et comment êtes-vous arrivée à travailler dans le Web ?*

« Ma première exposition à Internet date de mon MBA à Harvard en 1993-1995 : j'y ai suivi le cours inaugural d'HBS sur le management dans la net économie (sur les mêmes bancs qu'un des cofondateurs de Yahoo!). À mon retour en France, j'ai rejoint en 1997 l'un des premiers incubateurs de la nouvelle économie, Virtual European Office, une start-up qui aidait les acteurs américains d'Internet à s'implanter en Europe. Nos clients étaient alors Netscape, eBay et bien d'autres sociétés prometteuses de la Silicon Valley, dont les noms sont passés aux oubliettes.

En 1999, en parallèle de ce poste, j'ai fondé avec quelques collègues le réseau First Tuesday en France, sur le modèle des First Tuesday londoniens, qui avaient été lancés l'année précédente avec succès par quatre Américains pour mettre en relation les acteurs de la net économie. Jusqu'en 2021, je réunissais tous les premiers mardis du mois l'écosystème des entrepreneurs, investisseurs et autres prestataires d'Internet (jusqu'à mille trois cents participants par évènement), faisant des First Tuesday Paris le rendez-vous incontournable de cette économie naissante. »

PAUL-FRANÇOIS FOURNIER

EX-DIRECTEUR DES SERVICES HAUT DÉBIT CHEZ WANADOO, À PRÉSENT DIRECTEUR EXÉCUTIF INNOVATION DE BPIFRANCE.

► *Quand et comment êtes-vous arrivé à travailler dans le Web ?*

« En 1994, par le fruit du hasard et de ma formation, je suis rentré chez France Télécom en tant que jeune ingénieur grand compte. J'étais chargé du réseau RENATER (Réseau national de la recherche). C'était les prémices du réseau Internet. À cette époque-là, je travaillais déjà avec Yves Parfait et Bertrand Gouze qui, par la suite, ont été parmi les créateurs de Wanadoo.

En 1999, à la suite d'un voyage aux États-Unis, j'ai pris conscience de ce qu'allaient être le haut débit et l'ADSL. À mon retour, j'ai donc immédiatement contacté Yves Parfait, devenu entre-temps patron de Wanadoo France, qui créait alors une direction des projets ADSL. Dès le lendemain, je prenais la direction des projets.

On a démarré sur la base d'une petite équipe de trois personnes, avec le sentiment de travailler sur un projet enthousiasmant et une grosse ambition transmise par notre PDG, Nicolas Dufourcq. Ce projet présentait déjà toutes les caractéristiques de l'innovation : une petite équipe, des questionnements sur la technologie, le modèle économique, les process et les usages, un certain scepticisme général et de nombreux débats sur les risques associés. À l'époque, personne n'osait vraiment imaginer que la technologie de l'ADSL deviendrait un jour grand public. Je me suis emparé du sujet et nous avons commencé à construire une histoire en différentes étapes. Nous avons finalement créé le marché du haut débit en France, avec un nouvel écosystème.

►►

Par la suite, de 2005 à 2007, j'ai rejoint le comité exécutif de Wanadoo, où j'étais responsable d'un programme de déploiement de l'ADSL au niveau européen. À ce moment-là, la France avait deux ans d'avance sur les autres marchés européens.

En 2006, Wanadoo est devenu Orange. Constatant que le digital avait fondamentalement évolué et que les services devenaient un élément clé de la valeur, j'ai créé une direction qui avait vocation à développer les services Internet du groupe et les partenariats avec les acteurs Internet. L'ambition d'Orange était de devenir un acteur significatif du digital, en capitalisant sur le travail mené avec Wanadoo. Mais la crise de 2008 est passée par là, balayant au passage les ambitions du groupe sur ces sujets. La conjoncture est ce qu'elle est, mais cela restera un regret. »

CYRIL FRÉMONT

EX-INTERSHOP, À PRÉSENT FONDATEUR DE BEST.

► *Quand et comment êtes-vous arrivé à travailler dans le Web ?*

« En 1996, j'ai eu la chance de partir effectuer mon stage de fin d'études dans la Silicon Valley. Connect Inc., l'entreprise pour laquelle je travaillais, cherchait un étudiant avec une expérience dans le Minitel et le commerce électronique, afin de créer les premiers sites de vente en ligne de Fruit of the Loom (B2B) et de Victoria's Secret (B2C).

À cette époque, les hommes accédaient difficilement aux boutiques physiques de lingerie féminine (une problématique que nous n'avions pas en Europe) et cette clientèle a très vite fait le succès de Victoria's Secret. Cette réussite m'a valu d'être très vite chassé puis recruté par Intershop en France pour travailler sur la création et le lancement des premiers sites Internet de vente en ligne de Sephora, Casino et des plus grands *retailers* français.

Je n'ai jamais quitté le Web après cela, créant de nombreuses entreprises et redevenant pionnier près de vingt ans plus tard en faisant l'acquisition de la nouvelle extension Internet : .Best. »

ORIANNE GARCIA

COFONDATRICE DE LOKACE, CARAMAIL, ET LENTILLES-MOINS-CHERES.

DÉCOUVERTE DU WEB

Étudiante en lettres à la Sorbonne, formatrice en informatique et très sensible à la cyber culture, Orianne Garcia découvre le Web le jour où elle entend un bruit curieux et insupportable chez elle : celui d'un modem qu'Alexandre Roos, son petit ami, vient de connecter à leur ordinateur. Nous sommes en 1994, il a vingt-cinq ans et est à la tête d'une petite SSII. Convaincus d'assister à une révolution, ils décident l'année suivante de monter un fournisseur d'accès, Internet Plus, mais les difficultés rencontrées les poussent à créer le premier moteur de recherche français, Lokace, avec quatre camarades d'enfance avec qui ils travaillent chez Forlog, boîte de formation à l'informatique.

Ils démarrent en 1995, avec deux ordinateurs et toutes leurs économies. En trois ans, ils auront investi un peu moins d'un million de francs.

PARCOURS PROFESSIONNEL

Lokace est revendu à Infonie trois ans après sa création, pour huit millions de francs. Entre-temps, les associés ont développé Caramail, service de webmails gratuits et de forums de discussions dont le succès est immédiat, avec un *business model* calé sur la publicité. « Beaucoup de gens attendaient un webmail en langue française. Nous avons été surpris de notre succès et le site a été surchargé les premiers jours, il a fallu très vite sécuriser la technique et s'équiper pour faire face à ce succès.[1] » Petit à petit, ils ajoutent de nouveaux services et font entrer quelques actionnaires, mais Garcia, Roos et Schaming gardent 48 % du capital. Lorsque des poids lourds du CAC 40 comme Pinault et Arnault se pressent à leur porte, ils refusent, pour que l'esprit Web demeure.

En janvier 2001, deux mois avant l'éclatement de la première bulle, le trio revend Caramail au groupe suédois Spray, pour permettre un développement européen. Spray France conserve la marque Caramail et laisse à Garcia les commandes de l'entreprise (qui en parallèle est aussi animatrice de l'émission « 3 x + Net », sur France 3, puis chroniqueuse dans « Rive droite/Rive gauche » et « Field devant le poste »). Spray fait ensuite entrer les trois associés au conseil d'administration, où Alexandre Roos et Christophe Schaming sont

1 Le Petit Journal Shanghai, « Orianne Garcia - Pas besoin d'être geek pour devenir millionnaire sur Internet », *lepetitjournal.com*, 14 décembre 2011.

restés jusqu'en en novembre 2003. Orianne Garcia demeure directrice générale jusqu'en décembre 2004, mais Spray a fini par couler. « Caramail est devenue propriété de Lycos Europe. Nous sommes alors devenus une filiale d'un grand groupe. Là, nous avons mangé notre pain noir. On a essayé de dealer un comanagement de Caramail tout en sachant que ça ne pourrait pas durer. On ne s'est pas fait de cadeaux. Et on ne nous a pas fait de fleurs parce que nous étions de gentils pionniers du Web en France...[1] »

En 2005, Orianne Garcia revient avec un site d'e-commerce, *lentilles-moins-cher.com*, qu'elle lance en Allemagne, toujours avec Alexandre Roos et Christophe Schaming ainsi que l'opticien Rolf Hogenmüller. Deux ans plus tard, Marc Simoncini prend des parts dans la société et en prend la tête, afin de développer l'optique en ligne, fonder Sensee et rendre les lunettes plus accessibles.

Entre-temps, Orianne Garcia participe au lancement en France du site féminin Glam Media, de Samir Arora, dirige pendant un an Terra Femina, publie *Comment je suis devenue millionnaire grâce au net... sans rien y comprendre* et part s'installer à Shangaï où, pendant un temps, elle ne fait rien d'autre qu'apprendre la langue et observer la culture.

1 Étienne GLESS, « Gagner de l'argent sur le Net sas rien y comprendre, c'est possible ! », *lexpress.fr*, 27 octobre 2011.

ALAIN GARNIER

COFONDATEUR D'ARISEM, À PRÉSENT PRÉSIDENT DE JAMESPOT.

▶ *Quand et comment êtes-vous arrivé à travailler dans le Web ?*

« Mon parcours est celui d'un passionné d'informatique. J'ai commencé à programmer à quatorze ans, dans les années 80, avec un ordinateur commandé en Angleterre - ce qui était à l'époque une véritable aventure - avec l'envie d'être dans l'innovation pour concevoir de nouveaux produits. Dans les années 90, j'ai lancé ma première boîte dans le domaine de l'IA, l'analyse sémantique ARISEM. Comme nous avions besoin de "corpus de texte" pour tester notre analyseur, mais pas d'argent, nous nous sommes servis du Web naissant pour collecter des pages. Et ce faisant, on a commencé à poser les bases d'un moteur de recherche intelligent. Voilà comment je suis rentré dans le Web et ne l'ai plus quitté.

J'ai lancé l'entreprise avec un autre ingénieur, Stéphane Leroy avec la volonté d'être libre dans mes choix de stratégie, de technologie, etc. Cela coûte beaucoup d'être libre, mais c'est une valeur cardinale que j'ai toujours privilégiée. ARISEM, dont l'équipe a été de plus de cent personnes, a été ensuite été revendu à Thalès. Les difficultés face à la crise de 2001 et le plafond de verre face aux Américains sur le marché du moteur de recherche ont fait que je n'y suis pas resté longtemps, car la politique des grandes structures est parfois changeante.

J'ai aussitôt remonté une boîte, Evalimage, pour faire de l'e-réputation. J'avais beaucoup appris de mes échecs, donc la croissance a été plus simple et moins douloureuse. Mais j'ai été confronté à un autre sujet : les outils qu'on développait étaient principalement utilisés par les marques pour cacher la misère plutôt que comme appui de progrès. J'ai eu l'impression d'alimenter le côté obscur de la force par le numérique. On a préféré revendre la société rapidement.

En 2005, nous avons lancé Jamespot, avec l'envie de remettre l'humain au cœur des processus, qui allait devenir les réseaux sociaux d'entreprise. Aujourd'hui, je suis toujours à la tête de Jamespot avec une grosse croissance, une équipe de trente personnes, un super produit. Je suis toujours guidé par mon goût de la liberté. La boîte est *bootstrap,* donc sans actionnaires financiers pilotes.

Le progrès est mon fil conducteur depuis le début de ma carrière. Dans tous les domaines : la connaissance, les gestes d'un entrepreneur, le produit, la maîtrise de la stratégie... Ce sont les valeurs que je défends auprès de l'équipe, ainsi que la liberté, l'autonomie et le sens, qui portent vers la responsabilité, laquelle amène le progrès. »

ANNE GAYAT

EX-SCHNEIDER ELECTRIC, À PRÉSENT COFONDATRICE DE BIG BANG VIDÉO PRODUCTION.

▶ *Quand et comment êtes-vous arrivée à travailler dans le Web ?*

« J'ai découvert Internet en 1996, en allant à Palo Alto rencontrer Louis Monier, le fondateur d'AltaVista.

Parce que la réservation d'hôtel avait été une des premières effectuées en ligne, les bonnes recettes du marketing ont fait que nous avons été considérés comme des clients VIP++ !

Pendant les deux ans qui ont suivi, mes usages d'Internet ont été personnels. Mais, à partir de 1998, alors que je travaillais au département marketing transverse de Schneider Electric, nous nous sommes lancés dans la création d'une plateforme digitale de gestion de projets internationaux, destinée à valoriser les contributions de chaque pays à chaque projet. Le développement a été assuré avec Coplanet, une des premières agences Web. C'était un des tout premiers outils du genre dans les grands comptes.

Comprenant que l'univers du digital était un formidable outil pour transformer et innover, j'ai créé une des premières agences marketing digital Précurseur, l'agence accompagnait de grandes marques et des *retailers* dans leurs stratégies globales digitales orchestrant les leviers d'expertises avec une approche multi-spécialistes. L'agence était également précurseur sur plusieurs leviers dont les liens sponsorisés et la publicité digitale locale.

Grâce à mon expertise digitale, j'ai créé et développé quatre entreprises et start-up de croissance, innovantes et technologiques. Je conçois aussi depuis vingt-cinq ans des plateformes pour la digitalisation des process et métiers. »

PASCAL GAYAT

EX-SOFTBANK INTERACTIVE MARKETING ET ALTAVISTA, À PRÉSENT ORGANISATEUR DES CAS D'OR DU DIGITAL.

▶ *Quand et comment êtes-vous arrivé à travailler dans le Web ?*

« En 1995, on m'a proposé de participer à la production d'un CD-ROM de formation à la cybersécurité pour les banques.

J'ai saisi l'opportunité de l'arrivée du Web pour identifier les spécialistes du sujet qui, pour la plupart, étaient internationaux, pour les intégrer dans le catalogue d'offreurs de solutions du CD-ROM. En consultant AltaVista, des bandeaux "*Space for Rent*" sont apparus et m'ont fait penser qu'il y avait certainement de nouvelles opportunités sur ce nouveau média. J'ai immédiatement contacté le webmaster dont l'adresse e-mail était sur le site AltaVista.

Quarante-huit heures plus tard j'étais contacté par un gentleman écossais qui me proposait un entretien de recrutement. Quinze jours plus tard, je débutais ma première belle histoire professionnelle au sein du Web.

De 1996 à 2005, j'ai dirigé des filiales ou des départements de groupes publicitaires américains, à commencer par Softbank Interactive Marketing, puis 24/Media Europe, où j'étais responsable de l'entité Europe du Sud, puis responsable d'Overture Paid Inclusion Europe au sein de Yahoo!.

De 2005 à 2010, j'ai dirigé un groupe de marketing interactif que nous avons fait élire meilleure croissance "Médias et Services" au Deloitte FAST50, en 2009, présent dans trois pays européens et principal partenaire de Yahoo! pour l'offre Yahoo! Search Submit Pro.

De 2012 à 2016, j'ai dirigé l'entité France-Benelux de Tradedoubler, la première entreprise des fondateurs de Spotify, une entreprise suédoise leader en performance marketing.

Depuis 2016, j'ai modifié mon positionnement dans la chaîne de valeur et j'ai repris mon métier d'origine, celui d'organisateur d'événements B2B et de rencontres d'affaires. J'ai créé les Cas d'OR du Digital une série de plus de vingt soirées Trophées & Networking à Paris et en région, où nous célébrons les succès opérationnels du numérique en France. J'ai également modifié mes centres d'intérêt business et suis beaucoup plus porté par le numérique français et européen, via ma seconde initiative, Solainn, le référentiel des solutions numériques françaises. »

CÉLINE MARIE GESSIER

EX-ATELIER DE LA COMPAGNIE BANCAIRE (PARIBAS), À PRÉSENT DÉCORATRICE D'INTÉRIEUR.

▶ *Quand et comment êtes-vous arrivée à travailler dans le Web ?*

« En 1994, j'ai rencontré Jean-Charles Bossard, alors directeur marketing de l'UFB Locabail (groupe Compagnie Bancaire) et futur directeur général de BusinessVillage.fr. Il m'a permis de rentrer en 1996 comme chef de projet à l'Atelier de la Compagnie Bancaire, créé par Jean-Michel Billaut.

Durant deux ans, j'ai animé et développé la première communauté professionnelle en ligne, dédiée aux industries graphiques, Graphic-Village.com. Ce métier d'animateur de communauté est l'ancêtre du *community manager* : à la fois rédacteur et producteur de contenus, l'animateur doit créer de l'interaction entre les membres. J'ai mis en place le premier espace Web du salon Graphitec en 1998. La marque Graphic Village est devenue événementielle, ce que les journaux et magazines ont tendance à faire de nos jours.

Fort du succès commercial obtenu, Graphic-Village.com a fait des petits : Marianne-Village.com pour Dexia, dont j'ai assuré la rédaction en chef, ▶▶

en partenariat avec Vivendi et Groupe Moniteur. Ma fonction épousait le principe du couteau suisse : rédactrice, secrétaire de rédaction, correctrice, journaliste Web, photographe, rédactrice en chef. Mon équipe publiait près de cent *news* par jour, en continu pour des fils d'actualité.

Simultanément, a eu lieu la naissance de la Business Village, filiale à 100 % de Paribas, *pure player* e-commerce destiné aux PME-PMI en France (première place de marché, Clic d'Or B2B 2001). Mon poste a évolué alors vers le management pour la première *business unit* éditoriale Web du groupe, en tant que responsable éditoriale pour les sites Web, intranets et extranets, de clients B2B (Dalkia, Laforêt Immobilier, Monsieur Meuble, le Sénat, Dexia).

J'ai formé de jeunes journalistes à l'écriture HTML et ai créé une base de données de deux mille photos sectorielles sur les salons, afin d'illustrer nos articles. J'ai participé à la V2 du site *corporate* du groupe BNP Paribas. Nos journaux personnalisés représentaient les premiers fils d'infos du Web et nous avons fait du Twitter sans le savoir, l'interaction en moins… Mais l'aventure s'est arrêtée en 2001, avec le rachat de Paribas par BNP et l'éclatement de la bulle Internet.

Je suis ensuite devenue consultante chez Links, afin d'accompagner entreprises, agences ou associations, puis chez Jam Conseil et enfin en freelance, avant de récemment changer radicalement d'activité. »

GILLES GHESQUIERE

FONDATEUR DE NOMADE,
À PRÉSENT PRÉSIDENT GG INVESTISSEMENTS.

« Ce qui compte, c'est d'être là très tôt pour essayer d'inventer des choses. »

► *Quand et comment êtes-vous arrivé à travailler dans le Web ?*

« J'ai été attiré par le Web au début des années 80, dans le cadre de mes études en école de commerce. L'accès à la vente d'informations en ligne à distance, les caractéristiques de l'information en tant que telles qui avaient une valeur différente en fonction des clients et de l'usage, c'était un intérêt plus intellectuel. J'ai fait des pieds et des mains pour entrer dans le seul serveur de bases de données en lignes qui existait en France, une émanation du ministère de l'Industrie au sein d'une filiale de France Télécom : Télésystèmes Questel, en 1984.

J'ai poursuivi par des études aux États-Unis, où j'ai découvert CompuServe et AOL. J'y ai fait ma thèse de master sur le sujet de l'expérience du Minitel en France et ses implications sur le marché américain.

En 1994, lorsque le Web s'est développé et que le CERN a inventé l'implémentation d'hypertextes et Mosaic, la possibilité de développer des applications avec une interface graphique simple et un accès à l'information via des liens hypertextes, j'étais de plus en plus attiré par ce réseau de données international, avec une interface graphique.

En décembre 1994 apparaissaient les premières publicités sur Internet, permettant un *business model* viable. J'ai pensé qu'Internet était le ►►

format qui allait s'imposer et qu'il fallait donc trouver une idée de business. Je suis parti en voyage en Asie pendant sept semaines et, en revenant, j'avais décidé de créer Nomade : un moteur de recherche, ou plutôt un annuaire, basé sur l'idée de Yahoo!, un peu amélioré en termes d'informations fournies. Je l'ai lancé avec Jean Postaire, qui partageait le même bureau que moi chez Télésystèmes Questel. On a lancé une première version *soft* fin 1995 puis le lancement réel a eu lieu en mai 1996. On pensait qu'il y avait une vraie place à prendre, parce que *yahoo.com* n'était pas adapté pour la France. On a cherché à faire mieux sur les sites francophones et trois annonceurs nous ont suivis dès juillet : Canon, US Robotics et Peugeot. »

▶ *Quelles ont été les grandes étapes de votre parcours professionnel et quelle logique y avez-vous appliqué ?*

« Nous avons ensuite fait une nouvelle version de Nomade chaque année, en adoptant différentes technologies d'indexation. D'annuaire, nous sommes devenus moteur de recherche. D'abord avec la société Echo, puis avec AltaVista et enfin Inktomi.

Dès 1997, nous avions commencé à créer des liens avec des équivalents européens de Nomade. On l'a développé sous l'aspect commercial pour proposer une offre paneuropéenne aux annonceurs. Le réseau s'appelait All Europe et regroupait notamment Olé (espagnol) et Virgilio (italien). En 1998, nous avions abordé une possibilité de fusion avec ces acteurs mais c'est resté informel. Début 1999, le réseau a perdu de sa vigueur quand Olé, Virgilio et nous-même avons rejoint des groupes différents.

D'un point de vue capitalistique, l'entrée de Sofinova dans le capital de Nomade - trois ans après sa création - a été importante. Nous avons levé près de quatre millions de francs. En juillet 1999, nous avons cédé la majorité du capital à LibertySurf. À cette époque, il y avait une accélération très forte du marché à un moment où nous étions sous-capitalisés. Le fait de nous adosser à un grand groupe nous a permis de répartir des investissements et de générer du trafic. Nous apportions de notre côté une expertise en termes de plateforme et de régie publicitaire. C'est la base de ce qui est devenu LibertySurf Group Advertising. Avec le recul, je pense que nous avons bien vendu.

J'ai pris une année sabbatique en Espagne, et Nomade a fermé un peu plus tard, au moment du rachat de LibertySurf par Tiscali. Enfin, en 2001, j'ai monté GG Investissements, une société où j'ai un portfolio d'une vingtaine d'entreprises, dont une moitié aux États-Unis. »

▶ *Quel regard portez-vous sur les vingt-cinq dernières années et quelle vision avez-vous du monde de demain ?*

« L'euphorie des premières années a été suivie par une concurrence acharnée et par une spéculation excessive. Du tout et du n'importe quoi. Ensuite, il y a huit ou neuf ans, il y a eu les pionniers des crypto-monnaies. À présent, plein d'autres technologies apparaissent, comme la biotech ou la réalité virtuelle, avec des pionniers qui défrichent de nouveaux *business models*. Il faut l'accepter et savoir que ce sera pareil pour les nouvelles technologies demain : on retrouvera à chaque fois la même euphorie.

Maintenant, la conjoncture financière risque de se tendre un peu pour la création d'entreprises, que ce soit aux US ou en France. On ne le ressent pas encore sur les étapes de financement de sites et de séries A, mais les derniers tours (les séries D-E-F pré-introduction en Bourse) sont déjà plus rudes. Il est difficile de lever des fonds et les baisses de valeur sont divisées par deux ou trois pour certains acteurs, qui ont beaucoup de mal à lever.

Mais ce qui compte, c'est d'être là très tôt, avant qu'il y ait beaucoup d'utilisateurs, pour essayer d'inventer des choses, de développer un marché balbutiant. Et pourquoi pas même avant les Américains ou les Chinois ? »

YANN GOURVENNEC

FONDATEUR DE VISIONARY MARKETING.

► *Quand et comment êtes-vous arrivé à travailler dans le Web ?*

« J'ai commencé à travailler sur le Web en 1994, à la suite d'une publicité que j'avais lue sur l'autoroute A40, à Londres : "Aujourd'hui sur la A40, demain sur les autoroutes de l'information !" J'ai demandé à un confrère de quoi il s'agissait. Il m'a montré Mosaic et je n'ai jamais débranché depuis cette période.

Ma carrière a été rythmée par des événements économiques et professionnels. De 1994 à 1999, je suis allé voir les premiers clients et j'ai conçu mon premier site (celui qui est le soubassement de mon entreprise aujourd'hui : Visionary Marketing). Cette période a aussi été la première liée à mes activités de conseil sur Internet, avec une mission auprès du directeur général d'Abbey National. Les questions posées par les patrons sur les sujets du Web et d'Internet étaient très stratégiques : "Devons-nous créer une société à part ? Ou une filiale ? Racheter une société ? ..." Finalement, j'ai été embarqué très rapidement sur le marketing stratégique, ce que l'on appellerait aujourd'hui la transformation digitale.

De 1999 à 2002, j'ai fait mes armes dans une grande entreprise, côté annonceur, en tant que directeur e-business, soit directeur digital aujourd'hui. Les premières expériences en *content marketing* réalisées auparavant m'ont été très utiles. J'ai lancé ViaSolutions.com (webification de services, création de nouveaux systèmes, lancement de *business models* Internet et e-commerce) : ce fut la période faste de la communication unifiée et du couplage avec le Web sur Wanadoo. J'ai aussi lancé la conférence en ligne pour le groupe France Télécom, au travers du choix de la solution WebEx dès 2001, qui n'était alors qu'une simple start-up.

Mais, malheureusement, la bulle Internet - que je voyais venir depuis déjà quelques années - a éclaté et je me suis éloigné entre 2003 et 2007, pour développer des programmes dans d'autres domaines. De 2007 à 2013, je suis revenu à la direction digitale, d'abord chez Orange Business Services puis chez Orange, où j'ai pu approfondir mes expériences autour du *content marketing*, de la gestion des sites, de l'innovation et du marketing automatisé.

Depuis 2014, je vis la période la plus riche et la plus intense avec la création de ma société, Visionary Marketing, qui est une prolongation de ce que j'avais commencé à faire avec mon premier site. Nous avons travaillé avec plus de soixante-dix sociétés. C'est très enrichissant, je ne m'ennuie jamais, et cerise sur le gâteau, je continue à travailler avec mes anciens confrères d'Orange. Je suis également directeur de programme du mastère spécialisé Digital Business Strategy de Grenoble EM. »

JACQUES-ETIENNE GRANDJEAN

EX-DIGITAL EQUIPMENT CORPORATION, À PRÉSENT CEO DE WE::NXT.

▶ *Quand et comment êtes-vous arrivé à travailler dans le Web ?*

« J'ai toujours travaillé dans l'informatique et les télécoms. Je suis entré chez IBM en tant qu'ingénieur commercial, pour des grands comptes comme Altech Télécom. Cinq ans plus tard, j'étais chez Digital Equipment Corporation, à l'époque deuxième leader mondial informatique et très en avance sur un ensemble de technologies. C'est là que j'ai eu accès aux premières expériences Web avec le navigateur Netscape. J'y suis resté de 1988 à 1997. Puis, Digital a été l'un des premiers inventeurs des moteurs de recherche sur le Web avec AltaVista. J'ai voulu poursuivre dans ce domaine, parce qu'il me semblait que c'était là que les choses se passaient. J'ai observé que l'informatique s'ouvrait, tout comme s'ouvrait le fonctionnement entre les différents ordinateurs. J'ai également senti que le Web allait avoir un impact majeur sur le B2B et le B2C, qui sont ma passion.

J'ai ensuite été recruté par Cegetel/SFR en tant que directeur commercial des services télécoms et des grosses entreprises pendant deux ans.

Puis j'ai créé ma start-up, Patech Venture Capital, entre Paris et San Francisco. L'entreprise visait à accompagner les entrepreneurs pour monter des dossiers de start-up, ou monter des projets comme SellingVision, un équivalent à Salesforce. J'ai recruté de nouvelles équipes et conçu de nouveaux produits avant l'explosion de la bulle fin août, après deux ans d'activités.

Plus tard, j'ai à nouveau travaillé chez Microsoft, où j'étais chargé de diriger le secteur des télécoms médias pendant dix ans. C'était la société qui maniait le meilleur des deux mondes, avec une gestion horizontale et une rigueur financière exemplaire.

Ensuite, pendant sept ans j'étais vice-président Europe de Here Technologies, entreprise de cartographie numérique pour les systèmes de navigation et voitures autonomes, ainsi que des services cloud de localisation, permettant aux entreprises de faire des projets en solution SaaS. J'ai quitté cette entreprise pour devenir consultant indépendant en start-up. À travers WE::NXT, je fais du conseil en accélération commerciale B2B des sociétés sur le cloud, l'IA, les *location services* et la *smart mobility*. »

FABRICE GRINDA

FONDATEUR DE AUCLAND, À PRÉSENT MEMBRE FONDATEUR DE FJ LABS.

DÉCOUVERTE DU WEB

Fabrice Grinda part à dix-sept ans à l'université de Princeton, aux États-Unis, afin de préparer un MBA en économie (qu'il obtient avec les plus hautes distinctions). Afin de financer ses études, il fonde Princeton International Computers, une société d'export de matériel informatique vers la France : « J'ai commencé avec 100 dollars, et j'ai vite réalisé un chiffre d'affaires de plusieurs millions[1] ». Puis, il s'installe à New-York, travaille un temps au cabinet de conseil McKinsey et décide de retourner à l'entrepreneuriat. Il vend ses biens pour monter Aucland, car, dit-il : « J'ai eu un coup de foudre pour la vente aux enchères sur Internet. Ce créneau répondait à mes critères : un fort potentiel de chiffre d'affaires en milliards de dollars, une idée qui avait déjà réussi, réalisable avec cinq à dix millions de francs de capital-risque, appliquable à l'Europe et qui ouvre un nouveau marché. De plus cette activité permettait de démarrer sans stock ni logistique[2]. »

PARCOURS PROFESSIONNEL

Il démarre sa boîte en juillet 1998 à Nice, d'où il est originaire, dans les locaux d'une ancienne pizzeria. Il s'associe à Sacha Fosse-Parisis, en charge de la programmation informatique, et consacre un million à la création de son équipe et un autre à la publicité. Il fait également le tour des rédactions parisiennes pour raconter son histoire car son parcours fascine les médias : ils font régulièrement appel à lui pour parler de tech. C'est cette couverture médiatique qui lui permet d'attirer l'attention de Chahram Becharat, chez Europ@web, et lui permet de lever dix-huit millions de dollars dès l'année suivante. Alors qu'en février 2000 Ebay lui fait une proposition de rachat de trois cents millions de dollars, le vent commence à tourner et il finit par vendre le reste de la société au fonds d'investissement de Bernard Arnault pour une somme bien moindre. Entre-temps, il aura déployé Aucland partout en Europe.

En 2001, Europ@Web donne la direction de la boîte à un gestionnaire et Fabrice Grinda quitte Aucland. Il repart s'installer aux États-Unis où il fonde Zingy, une entreprise de contenus pour téléphones mobiles qu'il revend en 2004 à un groupe japonais pour près de cent millions de dollars.

1 « Aucland : Fabrice Grinda fait monter les enchères », *webtimemedias.com*, 10 mars 2000.
2 *Ibid.*

Il reste encore un an chez Zingy, avant de fonder un site de petites annonces locales, OLX, avec Alec Oxenford. « J'ai créé OLX parce que je voulais tuer Craigslist. C'est un mauvais produit. J'étais sûr de pouvoir créer une meilleure expérience en créant une meilleure offre[1]. » Rapidement, le site est disponible dans cinquante langues et les visiteurs se comptent en centaines de millions. Il dirige le site jusqu'à la fin de l'année 2012, où un cancer de la peau lui fait réaliser qu'il travaille trop et n'a pas de vie personnelle.

Il fait parler de lui autrement : il vend la totalité de ses biens matériels, donne les bénéfices à des charités et va chez ses amis, de maisons en maisons, jusqu'en 2018. Il finit par acheter un terrain à Turques-et-Caïques afin de construire une « île Necker 2.0, pour inviter une communauté d'entrepreneurs, d'artistes, de chefs spirituels et d'intellectuels à s'y retrouver[2] » et il alterne les mois à New-York avec d'autres dans sa maison des Caraïbes.

En 2013, il cofonde avec son partenaire Jose Marin le fonds de capital-risque FJ Labs, qu'il décrit comme une société concentrée « sur les places de marché et les start-up orientées vers les consommateurs[3] ». Il mise très tôt sur des sociétés comme Alibaba, Delivery Hero, Airbnb, Instacart et bien d'autres. Il est désigné par Forbes comme premier investisseur providentiel au monde.

ET MAINTENANT ?

Grinda estime que « nous sommes encore au tout début de la révolution technologique. Seulement 15 % du commerce est en ligne. La pénétration en ligne reste négligeable dans les secteurs qui représentent la majeure partie du PIB : l'éducation, les soins de santé et les services publics. La façon dont nous construisons les maisons est encore artisanale. La biologie synthétique n'en est qu'à ses débuts. La tendance émergente du no-code, qui permet à des non-programmeurs de construire des sites Web complexes et entièrement fonctionnels, déclenche une vague d'innovation massive. Elle démocratise la création de start-up et l'innovation, permettant à des personnes de tous horizons et de tous niveaux d'éducation de prendre part à la révolution d'Internet[4] ». Il ajoute : « Je suis convaincu que nous allons assister à une nouvelle accélération de la croissance induite par la technologie. Nous utiliserons la technologie pour relever les défis de notre époque : le changement climatique, l'inégalité des chances, l'injustice sociale et la crise de la santé physique et mentale. C'est pourquoi, avec FJ Labs, je continuerai à investir de manière agressive dans les jeunes entreprises technologiques qui s'attaquent aux problèmes du monde. La situation macroéconomique des prochaines années est peut-être mauvaise, mais elle n'est pas pertinente. Ce qui m'intéresse le plus, ce sont les entreprises extraordinaires que nous allons créer pour créer un monde meilleur demain, un monde ▸▸

1 Mira MUURINEN, « "Make your marketplace unit economics work", says Fabrice Grinda », *sharetribe.com*, 22 mars 2019.
2 Fabrice GRINDA, « 2019: Getting my Move On », *fabricegrinda.com*, 9 janvier 2020.
3 www.fjlabs.com.
4 Fabrice GRINDA, « 2019: Getting my Move On », *op. cit.*

socialement conscient de l'égalité des chances et de l'abondance[1]. » Il a d'ailleurs investi dans We Don't Have Time, une start-up technologique suédoise en faveur du climat, qui ambitionne d'être l'équivalent de TripAdvisor pour le secteur du voyage.

Très confiant dans le rôle des technologies pour construire un avenir meilleur, il déclare : « Le climat politique actuel me conforte dans ma décision d'éviter de suivre et de lire les informations, que ce soit dans les journaux, en ligne ou à la télévision. Il s'agit d'un divertissement négatif sensationnaliste qui passe à côté des véritables améliorations technologiques qui transforment lentement, mais inexorablement, nos vies pour le meilleur[2]. »

1 Fabrice GRINDA, « The Great Unknown », *fabricegrinda.com*, 11 mars 2022.
2 Fabrice GRINDA, « 2019: Getting my Move On », *op. cit.*

BENOIST GROSSMANN

EX-VIVENDI, À PRÉSENT PRÉSIDENT DE EURAZEO.

« Aujourd'hui, on a un écosystème entrepreneurial en France qui est de qualité »

▶ *Quand et comment êtes-vous arrivé à travailler dans le Web ?*

« Dans le monde du Web, depuis 1998, c'est en tant qu'associé que je suis entré chez Viventures, le fonds de capital-risque créé par Jean-Marie Messier chez Vivendi. Ce monde du Web, je ne l'ai plus jamais quitté, même après l'éclatement de la bulle, signe que les technologies développées à l'époque étaient bien plus durables que de nombreuses critiques le disaient. Je me suis vraiment éclaté pendant les deux premières années, mais le 20 mars 2000, quand la bulle a éclaté, c'était beaucoup moins drôle, c'était la descente aux enfers. Cependant, la remontée a été passionnante. J'ai plus appris en un an et demi qu'en trente ans de vie professionnelle. C'était l'époque où on levait des fonds en un claquement de doigts. On a levé de l'argent en Asie, aux USA, dans le monde entier...

Pendant cette période, tous les gens étaient devenus cons. Moi le premier ! Jean-Marie Messier, Bernard Arnault, on était tous devenus cons. C'était l'époque où les valorisations étaient complètement décorrélées de la valeur économique des actifs. Trois mois après un tour de table, on en faisait un autre avec une valorisation trois fois supérieure... C'était vraiment de la folie. »

▶▶

▶ *Quelles ont été les grandes étapes de votre parcours professionnel et quelle logique y avez-vous appliqué ?*

« La fin des années 90 et le début des années 2000 étaient des périodes fastes et excitantes, faites de découvertes et d'aventures. En effet, beaucoup des grands noms numériques d'aujourd'hui ou des entrepreneurs de référence actuels y sont nés. J'ai eu la chance d'apporter ma pierre à l'édifice en étant, notamment, l'un des premiers à investir dans Meetic, la société fondée par Marc Simoncini, que j'avais déjà accompagnée dans iFrance (on l'avait financée ensemble en 1999, et revendue au groupe Vivendi pour 200 millions d'euros le 15 mars 2000). Peu de monde croyait à ce moment-là à la réussite de ce modèle de rencontres en ligne. Contre toutes attentes, il est aujourd'hui non seulement rentable mais surtout parfaitement intégré dans la vie des hommes et des femmes. Ce modèle démontre ainsi que la puissance du numérique repose dans sa capacité à modifier les modes de vie ou de consommation.

J'ai aussi participé à la création du site anglais LastMinute, créé en 1998 par Brent Hoberman et introduit en Bourse en 2000. On a financé plein de boîtes, dont de nombreuses qui ont eu leur heure de gloire en 2000 mais qui n'ont pas été vendues ; des sociétés comme ChâteauOnline ou Clust. Elles ont disparu aussi rapidement qu'elles se sont montées. Durant ces vingt années, j'ai évidemment connu des échecs, mais ce furent de formidables opportunités d'apprentissage sans lesquelles le tissu actuel de start-up françaises ne serait pas aussi vivace. Tout le monde est devenu plus professionnel, entrepreneurs comme investisseurs.

À ce jour, deux décennies après mon entrée dans l'univers du Web, l'investissement dans les technologies numériques, qu'elles soient aux services des médias, de l'industrie ou de la santé, reste le cœur de mon métier. Chez AGF Private Equity à partir de 2002, devenu depuis Idinvest Partners, je peux affirmer que l'expertise financière compte évidemment, mais que c'est l'expérience des rencontres qui joue le plus. En effet, ce métier d'investisseur du numérique repose tout d'abord sur la capacité à connaître et à reconnaître les entrepreneurs les plus talentueux, ceux capables de transformer une idée innovante en un succès économique. Digital et entrepreneuriat sont intimement liés. »

▶ *Quel regard portez-vous sur ces vingt-cinq dernières années et quelle vision avez-vous du monde de demain ?*

« La bulle Internet des années 2000 a aidé à créer une première génération d'entrepreneurs, comme Marc Simoncini, Xavier Niel, Jacques-Antoine Granjon, Pierre Kosciuzko Morizet... Ils ont créé des marques emblématiques, qui ont eu un effet d'attirance, pour toute une nouvelle génération, et ils ont investi dans d'autres sociétés et fait du *mentoring* avec d'autres entrepreneurs.

Aujourd'hui, on a un écosystème entrepreneurial en France qui est de qualité, avec des boîtes magnifiques comme Doctolib, Back Market, Mano Mano... qui pourraient encore grossir, qui sont sur des créneaux innovants et avec encore beaucoup de potentiel. »

PHILIPPE GUGUEN

COFONDATEUR DE CITYVOX.COM, AUJOURD'HUI PRÉSIDENT FONDATEUR DE L'AGENCE [MAP | EMULSION].

▶ *Quand et comment êtes-vous arrivé à travailler dans le Web ?*

« J'ai découvert le Web de façon passive, lorsque j'étais au marketing chez L'Oréal produits de luxe, puis de manière plus tangible, à partir de 1997, en intégrant le Comité français d'organisation de la Coupe du monde de football France 98. Les contenus étaient pilotés par la direction de la communication, proche de notre direction marketing et billetterie. Après l'aventure forte de France 98, l'idée de créer une start-up était un challenge plus excitant que de retourner servir les grands groupes.

Nous avons fondé Cityvox avec Bertrand Bigay et Bertrand Gstalder. Les trois premières années de l'aventure ont été les plus riches en rebondissements : les levées de fonds, la médiatisation, la bulle Internet qui fait fuir l'investisseur ayant signé sa lettre d'engagement, les ouvertures de bureaux à l'étranger, les First Tuesday, les déménagements successifs pour suivre la croissance... Avec Cityvox, nous étions parmi les premiers à miser sur le *user generated content*, avec non seulement des avis sur les bars, les restos ou les spectacles, mais aussi la proposition de référencement d'établissements à nos rédactions. Cityvox a eu une vocation européenne dès sa création. Nous étions les premiers à proposer un réseau disponible en treize langues, incluant l'alphabet grec.

Une dizaine d'années plus tard, en 2008, Orange a racheté l'entreprise et j'ai créé une agence de communication qui n'est pas uniquement digitale : c'est un moyen fantastique, mais pas une finalité en soi dans notre activité actuelle. Nous aidons les marques à utiliser le digital pour améliorer leurs objectifs. Les acteurs sont pléthoriques, pourtant ceux qui permettent aux marques d'être vues ou de capter de l'audience vers elles ne sont que quelques mastodontes. »

PHILIPPE GUILLANTON

EX-YAHOO!, À PRÉSENT PIANISTE.

▶ *Quand et comment êtes-vous arrivé à travailler dans le Web ?*

« Lors d'un voyage à Bruxelles, j'ai vu passer dans *Le Monde* une offre d'emploi pour la "Star montante d'Internet", sans plus de détails, qui recherchait son directeur commercial pour la vente d'espaces publicitaires en Europe. Le recruteur m'a parlé de Yahoo! ; j'avais lu le premier grand portrait de cette start-up quelques jours plus tôt dans la presse américaine, alors que Yahoo! était encore inconnu en France. J'ai décroché le poste sans trop de concurrence – la plupart des (rares) autres candidatures émanaient d'informaticiens plutôt que de gens de médias.

À l'Expansion où je travaillais alors, deux accès à Internet avaient été installés : un pour la rédaction et l'autre pour moi qui travaillais avec l'international. On considérait à l'époque qu'Internet ne pouvait concerner que les journalistes et les fonctions impliquées à l'international. Quand j'ai quitté l'Expansion, plusieurs amis m'ont mis en garde : "Tu es inconscient ! En France, Internet ne marchera jamais puisqu'on a le Minitel." Certains se reconnaîtront, qui travaillent aujourd'hui dans des régies *online*...

J'ai donc rejoint Yahoo! à la fin de l'année 1995. Le poste de directeur commercial consistait surtout à recruter des commerciaux pour la vente d'espace publicitaire dans les pays où Yahoo! venait de lancer des versions locales. D'abord en France, en Allemagne et en Grande Bretagne, puis en Italie, en Espagne et en Scandinavie.

Quand j'ai rencontré les dirigeants de Yahoo!, dont les deux fondateurs et le COO Jeff Mallett, la stratégie était claire : Yahoo! est un média multiforme, et fonctionne sur la vente d'espace publicitaire à des annonceurs. L'essentiel de ce que nous essayions était nouveau, mais tout ou presque fonctionnait ! Tout s'inventait au fur et à mesure : définir les espaces publicitaires, traduire ces créations en lignes de code pour que le site demeure fluide, établir un prix pour ces espaces, processus souvent empirique.

Parmi les étapes clé dans ce processus, la Coupe du Monde de 1998 : nous vendions pour la première fois un gros package de *sponsoring* à un seul annonceur, HP, pour l'ensemble des espaces consacrés à la Coupe du monde, sur tous les Yahoo! du monde. Nous structurions notre offre grâce à de telles étapes. En 1998-1999, nous avions des tarifs globalement cohérents, il s'était monté des agences publicitaires spécialisées et les annonceurs comprenaient notre offre.

Le fonctionnement de Yahoo! était celui d'un annuaire, une bibliothèque, et non pas d'un moteur de recherche. Les "surfeurs" classaient les sites en fonction de ce qu'ils y découvraient. Alors que Yahoo! avait surclassé les premiers moteurs de recherche grâce à cet aspect humain, Google a tout emporté autour de 2002 en proposant des algorithmes bien plus évolués qui permettaient également de gérer le problème de l'explosion du volume de contenus disponibles, sur lequel l'organisation humaine de Yahoo! allait rapidement buter. À leurs débuts, les fondateurs de Google étaient venus proposer à Yahoo! de se développer sous sa houlette. Or Yahoo! ne se considérant pas comme un moteur de recherche a préféré laisser passer cette opportunité. Je suis resté chez Yahoo! jusqu'en 2001, puis j'ai quitté la société pour poursuivre d'autres projets. »

OLIVIER GUILLO

FONDATEUR DE FRANCE TECHNOLOGIE, À PRÉSENT PRÉSIDENT DE SMART GLOBAL GOVERNANCE.

► *Quand et comment êtes-vous arrivé à travailler dans le Web ?*

« J'ai commencé à travailler sur le Web en 1995, en créant ma première Web agency, France Technologie. Notre mission était de créer des sites Web B2B, en étant payés à la performance. Très vite, la société a été rentable, nous avons fait un premier *deal* de seize millions de francs en aidant un de nos clients à vendre des mini-laiteries à l'Indonésie. Lorsque France Technologie a été vendue, j'ai créé Webcco, une société d'hébergement, en 1997. Nous avons atteint les mille clients dès l'année suivante. Deux ans plus tard, j'ai vendu Webcco et créé Webformance, qui est devenu le leader européen du référencement naturel, intégrant Business Interactif en 2005, puis Publicis. En 2007, après deux ans de réflexion, l'aventure The Best Match commence : une plateforme d'affiliation spécialisée dans la banque, l'immobilier et l'assurance. Nous avons créé de nombreux sites et comparateurs, comme comparer mon assurance, comparer mon crédit ou encore jedéménage.com, afin de collecter des données qualifiées fraîches pour nos clients. Lorsque The Best Match a été vendu, j'ai fait une pause de sept ans en Amérique du Sud.

À mon retour, j'ai porté mon intérêt sur les enjeux des risques et des conformités au sein des entreprises, conscient des défis croissants liés à la complexité des réglementations en constante évolution. C'est à ce moment que j'ai fondé Smart Global Governance avec mon associé Benoît Guignard. Notre vision était claire : créer une solution qui conjugue technologie de pointe et stratégie pour relever les défis modernes de la gouvernance d'entreprise, de la gestion des risques et des conformités.

La création de Smart Global Governance a été un moment déterminant dans mon parcours professionnel. Cette plateforme incarne la fusion entre mon expérience antérieure dans le domaine du Web et ma passion pour les technologies innovantes. Elle est devenue notre moyen de permettre aux entreprises de relever les défis complexes de la gouvernance d'entreprise moderne, tout en couvrant l'ensemble des domaines des risques et des conformités réglementaires. Smart Global Governance représente le résultat de nombreuses années de travail acharné, de réflexion stratégique et de quête de l'excellence. Je suis fier de la contribution qu'elle apporte à la gestion efficace des risques et aux conformités pour nos clients. »

RAFI HALADJIAN

FONDATEUR DE FRANCE NET,
À PRÉSENT COFONDATEUR DE JUICE.TECH.

« Je ne suis pas arrivé à travailler dans le Web, j'ai créé le Web ! »

▶ *Quand et comment êtes-vous arrivé à travailler dans le Web ?*

« Je ne suis pas arrivé à travailler dans le Web, j'ai créé le Web ! J'ai vécu les années du Minitel au milieu des années 80. Ensuite, je me suis dit qu'il ne pouvait pas être éternel, il y avait forcément une étape suivante et j'ai commencé à chercher ce qui pouvait être la génération d'après. C'est là que j'ai découvert Internet en 1990. Ce n'était pas encore le Web, mais des caractères verts sur un fond noir où il fallait taper des commandes Unix. C'était très peu convivial et l'on se demandait comment cela pouvait être un produit grand public. Lors d'une visite chez un ami au Québec, celui-ci me présente un logiciel qu'il venait de recevoir. C'était le premier navigateur Web, en novembre 1993 : Mosaic, avec des textes de taille différente, avec une image en noir et blanc, des liens où il fallait cliquer pour passer à une autre page et c'est là que je suis devenu convaincu que c'était ce qu'il fallait faire ! Je suis rentré en France en me disant que j'allais faire une boîte de "ça", mais lorsqu'on est le premier, on ne sait pas encore ce que "ça" veut dire. De la même manière, lorsque Gutenberg a inventé l'imprimerie, il était à la fois imprimeur, éditeur voire auteur et libraire à la fois, la segmentation arrive après ! J'ai créé France Net qui a démarré le 8 juin 1994. C'était la première boîte d'Internet en France. Aujourd'hui, on parle d'un fournisseur ▶▶

d'accès, mais nous faisions de tout : nous créions et nous hébergions des sites Web, nous développions des outils de mesure d'audience, nous avions un annuaire d'Internet... Voilà comment j'ai découvert Internet, précisément en créant les premiers sites Web français. »

▶ *Quelles ont été les grandes étapes de votre parcours professionnel et quelle logique y avez-vous appliqué ?*

« J'ai un parcours qui est assez cohérent : j'ai commencé le Minitel dans les années 80, dans les années 90 j'ai fait de l'Internet, j'ai créé France Net, dédié au Web et aux métiers qui vont autour. Au début des années 2000, je me suis intéressé à ce qui allait se passer après le Web et là, j'étais convaincu de deux choses : la première était que nous allions être connectés tout le temps, partout, et la seconde que tout serait connecté !

J'ai donc créé deux sociétés, Ozone, qui permettait de se connecter en tous lieux à partir d'antennes qui se trouvaient sur le toit des immeubles, depuis n'importe quel appareil en Wifi, et la société Violet, dont la mission était de connecter tout à Internet. Comme "tout" c'est quand même beaucoup, on a décidé de connecter un objet, avec l'idée qu'il y avait d'autres formes de consultation des données que le fait de regarder des écrans. C'est comme cela qu'en 2005 est né notre lapin connecté, Nabaztag, une autre façon d'interagir avec le Web, par le biais de la voix, le mouvement, le son, la couleur, etc.

Dans les années 2010, j'ai essayé de populariser l'Internet des objets avec un nouvel objet connecté, Mother, et d'en faire quelque chose qui peut passer par l'utilisation de l'intelligence artificielle et du *machine learning* dans les capteurs. Ce qui m'intéresse aujourd'hui c'est l'homme augmenté, la génération encore d'après, le monde dans lequel nous serons encore plus immergés dans les réseaux, comment nous connecterons l'homme de plus en plus et comment l'information arrivera directement dans l'homme. »

▶ *Quel regard portez-vous sur ces vingt-cinq dernières années et quelle vision avez-vous du monde de demain ?*

« Sur le futur, on arrive à un moment où l'on sait que le numérique est là pour durer. Il n'y a pas encore longtemps, les gens disaient : "Tout cela ce ne sont que des outils !". Nous avions l'impression d'avoir le choix d'abandonner nos téléphones. Aujourd'hui, ce n'est plus vrai, notre téléphone agit comme une vraie prothèse de nous, qui nous aide à savoir, à nous diriger, à nous rappeler des choses qu'on lui délègue. Cet usage est entré dans les mœurs, nous avons accepté la prothétisation de l'information et augmenté notre dépendance à la technologie. La moralisation devient urgente ! »

STÉPHANE HAUSER

EX-LIBÉRATION ET CLUB INTERNET, À PRÉSENT PROPRIÉTAIRE D'UN GÎTE EN NORMANDIE.

▶ *Quand et comment êtes-vous arrivé à travailler dans le Web ?*

« C'était en 1996, lors d'une formation multimédia. Nous nous sommes pacsés en 1997 lorsque j'ai rejoint Club Internet au département marketing et ensuite à la régie, Interdeco Multimédia. J'avais déjà un goût prononcé pour les nouveaux territoires et les challenges : Médiapolis (création d'une centrale d'achat d'espaces), BMG France (le disque et la pub TV), Canal+ Régie (les chaînes thématiques). Le Web est venu couronner ce parcours, enrichi d'une fidélité de onze ans à mon quotidien préféré, *Libération*. »

ABDALLAH HITTI

FONDATEUR DE KLELINE, À PRÉSENT PRÉSIDENT DE EUROFED FRANCE, YVOE FRANCE, BRAPAGO PAYMENTS ET VISCONDE PAYMENTS.

▶ *Quand et comment êtes-vous arrivé à travailler dans le Web ?*

« De formation ingénieur en informatique, j'étais aux premières loges des balbutiements du monde digital des années 90. Je travaillais pour la Compagnie Bancaire, en charge des *front office* de Cortal et *back-office* de Banque Directe. Mes voyages aux États-Unis avec Jean-Michel Billaut m'ont rapidement donné la vision des transformations à venir dans le domaine bancaire.

Ma rencontre avec la société Globe On Line, qui cherchait à créer un premier porte-monnaie électronique en ligne m'a ensuite permis de lancer un projet dans ce sens. C'est ainsi qu'a été créée, en 1995, la société KLELine, que j'ai dirigée pendant quatre ans et dont le produit, précurseur de l'actuel Paypal, a permis une croissance fulgurante.

S'en est suivie une campagne pour la promotion des services financiers à distance, qui m'a valu le surnom de "stakhanoviste de l'Internet" : à une époque où les réseaux étaient lents et la sécurité mise sur disquette, ma vision était que le digital, les transactions en ligne et la sécurité seraient des enjeux de l'avenir.

Lorsqu'a débuté le phénomène d'Internet en France, entre 1995 et 2000, KLELine avait déjà un réseau mondial, et était présent dans vingt et un pays avec plus de mille marchands connectés. Elle était devenue la principale plateforme de paiement électronique.

Vint le rachat de Paribas par la BNP, qui choisit de parier plutôt sur la carte à puce, pour la sécurité, ce qui m'a amené à quitter la banque et ▶▶ à me lancer dans le financement de start-up innovantes : j'ai démarré avec le groupe suédois Result, et parmi les onze premières start-up, il y avait Skype revendue depuis à Microsoft.

Je compte à ce jour plus de cent neuf start-up déployées. La croissance devait être accompagnée et accélérée dans la zone européenne. Le défi était grand, mais je l'ai relevé en créant un groupe de soixante-dix experts digitaux, permettant ainsi le développement de plusieurs de ces sociétés, dont j'ai été investisseur et/ou que j'ai dirigées jusqu'à leur prise d'envol.

En 2001, j'ai lancé un incubateur à Paris, dans lequel j'ai soutenu et financé le lancement de start-up, en coachant ces jeunes entrepreneurs pour les aider à développer leurs projets.

En 2007, j'ai renoué avec mes vieilles amours, et me suis associé avec Cyril Zimmermann, avec qui nous avons lancé un porte-monnaie électronique. Nous avons obtenu la licence bancaire en 2008, puis avons créé le porte-monnaie Hipay. J'ai dirigé la société de 2008 à 2014 et elle est aujourd'hui cotée en Bourse.

J'ai ensuite décidé d'élargir mon activité de paiement digital à la crypto-monnaie, aux coupons et porte-monnaie électroniques. À ce jour, j'opère onze sociétés de paiement électronique à travers le monde, dont Brapago Payments do Brazil, dédiée aux achats des Brésiliens à l'étranger. »

LAURENT HORWITZ

EX-LA REDOUTE, À PRÉSENT DIRECTEUR INFOPRO DIGITAL.

► *Quand et comment êtes-vous arrivé à travailler dans le Web ?*

« À la fin des années 90, j'ai rejoint l'enseigne vépéciste La Redoute au poste de directeur Home & Lifestyle. À l'époque, le canal de vente principal était le catalogue et le digital ne représentait qu'une part infinitésimale des ventes. En comité de direction, on suivait bien plus les chiffres du Minitel qui représentait entre 10 à 15 % du chiffre d'affaires !

En 1999, j'ai rencontré une start-up qui avait développé une plateforme innovante, permettant aux entreprises de réaliser des appels d'offres sur Internet. Nous avons testé ce nouvel outil et, en quatre jours, nous avons obtenu une réduction de 15 % ! J'ai été complètement bluffé par la puissance du digital : un vrai déclic.

À la même période, mon ancien patron Jean-Paul Guisset (qui venait de vendre son entreprise éponyme JPG) m'a fait part de son projet d'investir dans le secteur du digital, qui traversait une ébullition financière folle. Nous avions l'idée de créer une start-up qui répondrait aux besoins spécifiques des petites entreprises dans le *sourcing* des fournisseurs. Avec deux amis aux profils complémentaires au mien, Denis Riols, marketeur, et Philippe

Dokes, technicien, nous avons fait une étude de marché en France et aux USA et nous sommes lancés au tout début de l'année 2000, quasiment au moment où la bulle Internet éclate... ! Malgré l'hécatombe, croyant viscéralement en l'avenir du digital, nous avons décidé de poursuivre notre projet et Companeo était née.

Le démarrage a été chaotique : il n'y avait pas de trafic sur Internet ! À cette époque, la technologie était encore balbutiante et onéreuse, la navigation encore lente et, côté entreprises, les *leads* étaient trop peu nombreux.

Dès 2004, l'arrivée du haut débit et la montée en puissance de Google ont décuplé le potentiel de notre marché. L'usage d'Internet et de l'e-mail se généralisant, le trafic a décollé. Des canaux d'acquisition sont apparus : le SEO - basé à l'époque uniquement sur le contenu du site - et le SEA avec un CPC très accessible. Jusqu'à 2010, nous avons eu une phase d'hypercroissance, multipliant notre chiffre d'affaires par cinq. Un fonds américain est rentré au capital et nous avons pu exporter notre concept et devenir leader européen sur ce secteur.

En 2011, nous avons connu un nouveau revers avec, cette fois, la technologie contre nous, mettant un coup de frein à notre expansion avec Google Panda. Ce changement d'algorithme brutal nous a fait perdre des positions face à nos concurrents et a dégradé nos performances, mais nous avons eu ensuite une phase de restructuration et de diversification avec notamment le rachat de Webikeo (webinars en ligne), qui nous a permis de renouer avec la croissance.

En 2018, la société a été rachetée par le groupe français Infopro Digital et vingt ans après le début de l'aventure, Denis, Philippe et moi sommes toujours soudés, menant chacun divers projets au sein du groupe. »

FRÉDÉRIC HOUGARD

EX-VOLKSWAGEN, À PRÉSENT DIRECTEUR INDÉPENDANT.

► *Quand et comment êtes-vous arrivé à travailler dans le Web ?*

« Les années 90 ont vu l'explosion des offres logicielles de type client-serveur et en 1996-1997, on m'a confié le développement d'un outil décisionnel qui m'a permis de découvrir, grâce à Umanis, les premiers outils de *business intelligence* et j'ai été totalement bluffé ! Une démo nous a montré comment une analyse fine du Web aurait permis à Perrier d'éviter de tomber aux États-Unis, victime d'un coup monté par Coca-Cola, insinuant que du Benzène aurait été découvert dans ses bouteilles. Le Web est public, ouvert. Tout ce qui s'y dit est détectable, et ses applications paraissent sans limite, en bien comme en mal.

►►

En 1998, nous avons déployé un ERP à destination des réseaux automobiles du groupe Volkswagen, en concevant un *business model* de type SaaS pour la première fois. En 2000, j'ai rejoint Maporama, une des start-up prometteuses de la première vague Web en France. À la suite de cette expérience, Michelin m'a offert la chance de rejoindre les équipes de ViaMichelin, pour développer l'offre Business Services. Avec une équipe d'une vingtaine de personnes, nous avons ouvert plusieurs filiales en Europe et animé un des sites Web les plus puissants de France. En 2005, le périmètre de l'équipe s'est agrandi, avec la responsabilité de la *business unit online*, incluant B2B, B2C et la réservation hôtelière. Nous avons créé la première place de marché sur l'hôtellerie, avec un *business model* inédit, suivi ensuite par la plupart des acteurs tels que Tripadvisor, Accorhotels, etc.

En 2009, j'ai fondé Testntrust, une plateforme d'avis de consommateurs, dont le but est de mesurer la satisfaction client. Cet outil pionnier, embarquant *big data* et IA dans son concept, est sans doute arrivé trop tôt sur le marché. Nous avons initié avec l'AFNOR la création de la norme ISO 20488:2018 portant sur les avis de consommateurs en ligne. Convaincus que l'éthique et la transparence constituent les clés du positionnement numérique, il nous semblait déterminant de construire une norme permettant de disposer d'un cadre scellant la confiance entre consommateurs et entreprises. »

JEAN-YVES HOURCADE

EX-24/7 REAL MEDIA, À PRÉSENT DIRECTEUR DES OPÉRATIONS.

► *Quand et comment êtes-vous arrivé à travailler dans le Web ?*

« Ça devait être en 1998. Au départ, je faisais des études d'Histoire et je ne savais pas trop ce que je voulais faire. À la fin de mon service militaire, Pascal Gayat qui avait une régie publicitaire, m'a proposé de faire un stage chez lui en tant que *trafic manager* pour une durée de trois mois.

Ce nouveau marché où tout était à construire m'a vraiment plu. J'ai persisté dans cette voie et j'ai pris des cours du soir au CNAM, formation multimédia. J'ai par la suite intégré la société de Pascal, InterAd, qui a été rachetée par 24/7 Real Media.

Le marché du numérique n'était pas aussi structuré qu'aujourd'hui. Il suffisait de le vouloir pour y entrer. Il n'y avait pas d'études, pas de profil type, tout était à construire. Le fait de n'avoir fait que des études d'Histoire n'a pas vraiment été un handicap. Je suis entré dans le numérique avec un profil plus technique, mais parce que j'avais la sensation qu'il me manquait un pan plus commercial et marketing, j'ai continuellement cherché à me former tout au long de ma carrière, laquelle n'a pas été faite de plans, mais d'opportunités saisies. Comme c'était un petit marché, le bouche-à-oreille fonctionnait bien. »

BERTRAND JONQUOIS

EX-WANADOO, À PRÉSENT REPONSABLE DU MASTER DIGITAL MARKETING ET DATA ANALYTICS (DMDA) ET COFONDATEUR ET ANIMATEUR DU PODCAST LE GAGNE-PAIN.

▶ *Quand et comment êtes-vous arrivé à travailler dans le Web ?*

« Ma première connexion Web date de l'époque où Mars Pathfinder était partie explorer Mars (1996). On avait la possibilité d'aller sur nos ordinateurs de bureaux et de voir en direct les images de Mars vue par la sonde spatiale.

Peu après, je suis rentré chez France Télévisions, où j'ai commencé à travailler sur le Web. Je me suis occupé de la régie publicitaire, France Télévisions Interactive.

Mon vrai démarrage, c'est lorsque j'ai travaillé chez Wanadoo. Orange voulait créer une structure pour regrouper toutes les activités Internet. Je me suis occupé de créer la régie publicitaire de Wanadoo avec Voilà, les PagesJaunes et le portail d'accès de Wanadoo. Notre objectif était de concurrencer Yahoo! qui était le premier portail en France. Je m'occupais du management de l'équipe commerciale et de *business development*. Il fallait évangéliser, car les annonceurs n'y croyaient pas beaucoup, il y avait encore trop peu d'utilisateurs. C'était précurseur par rapport à la réalité économique du sujet.

En 2004, j'ai rejoint la start-up Overture, qui m'a sans doute donné le goût de la chose. Elle avait inventé un modèle extraordinaire : mettre des liens sponsorisés, payés aux enchères dans les moteurs de recherche, avec un affichage des liens au-dessus des résultats de recherche. J'ai développé son business sur les marchés français et d'Europe du Sud.

Lorsque Overture a été rachetée au niveau mondial, j'ai intégré Yahoo! et suis ensuite devenu entrepreneur dans le digital. »

GODEFROY JORDAN

COFONDATEUR DE ALPAGA, À PRÉSENT PRÉSIDENT DE STARTING DOT/TWINEVA.

▶ *Quand et comment est-il arrivé à travailler dans le Web ?*

Après avoir fait des études à l'Institut d'études politiques de Paris, Godefroy Jordan s'est tourné vers Internet dès 1995. L'année suivante, il fonde Alpaga, l'une des premières agences de marketing interactif, avec quatre partenaires et soixante mille francs. Deux ans plus tard, l'agence qui a des clients comme Aucland et IFrance, fusionne avec BLL, l'agence multimédia de BBDO, et propose à la fois la création de sites, de contenus, des solutions marketing, la vente en ligne… Il en prend la présidence lorsque Loïc le Meur part créer sa start-up et y reste jusqu'en 2003. Parallèlement, ▶▶

il est *business angel* et cofonde Immostreet.com, pour aider les étrangers à acquérir des propriétés en France. Seloger.com rachète la start-up deux ans plus tard.

En 2004, il se tourne vers le football et cofonde la Galaxy Organisation, salon grand public dédié au foot. À partir de 2008, il dirige les activités digitales de Spir Communication, travaillant notamment sur Logic-Immo (fondé en 1995 par Jean-Christophe Serfati).

En 2011, il devient président exécutif de StartingDot, société de gestion d'actifs numériques, initialement *registrare*, qui sous la marque Twineva fournit également un logiciel NFT et un service de gestion aux institutions artistiques et aux musées.

Convaincu qu'il y a des pans entiers de l'immobilier à réinventer dans le digital, il monte SmartHab en 2016, une start-up dédiée aux logements connectés. « Notre objectif est de faire en sorte que les nouveaux appartements soient nativement équipés en domotique. Bien que l'entreprise soit finalement assez récente, nous avons à ce jour un carnet de commandes de plus de cinq mille logements à construire et nous travaillons avec de grands noms de la promotion immobilière[1]. »

PASCAL JOSEPH

EX-RÉDACTEUR EN CHEF DE NIRVANET, À PRÉSENT DIRECTEUR CHEZ UN ÉDITEUR DE LOGICIELS.

▶ *Quand et comment êtes-vous arrivé à travailler dans le Web ?*

« J'ai eu la chance d'avoir des ordinateurs dès le début des années 80 (ZxSpectrum, Apple IIe) et j'ai tout de suite compris que la technologie et l'innovation feraient partie intégrante de ma vie. À la fin de mes études de commerce, en 1991, j'ai commencé à me balader dans le cyber espace via les BBS (j'en avais même créé une). Puis, l'année suivante, j'ai eu ma première adresse e-mail au CNAM et je lisais mes e-mails via les serveurs Minitel du CNAM.

Quelques mois plus tard, j'ai vu la première page Web s'afficher sur mon écran avec cette formule absconse : *http://www...* De cette époque j'ai gardé la conviction que la technologie pouvait rendre le monde meilleur et qu'il valait mieux la comprendre pour l'appréhender que de refuser le progrès technologique. C'est l'une des raisons pour lesquelles j'ai été journaliste jusqu'au début des années 2000, afin de vulgariser ces révolutions technologiques auprès du grand public. »

1 Caroline LAMAUD, « Pourquoi lancer une ICO ? Interview de Godefroy Jordan, fondateur du HAB », *anaxago.com*, 10 septembre 2018.

FRÉDÉRIC JOUSSET

COFONDATEUR DE WEBHELP, À PRÉSENT FONDATEUR DE ART EXPLORA.

DÉCOUVERTE DU WEB

Frédéric Jousset traverse les années 90 en occupant divers postes marketing et commerciaux chez L'Oréal. En 1998, il fonde une société de gestion de points de vente pour les instituts de beauté et les coiffeurs, mais il la vend un an plus tard pour brièvement travailler chez Bain & Company, un fonds de Private Equity.

En 2000, il cofonde Webhelp avec Olivier Duha, rencontré chez son dernier employeur. Initialement, il s'agit d'un moteur de recherche assisté par des humains, financé par la publicité. « Les internautes posaient leur question par *chat* sur le site Webhelp et un "Magicien du Web" renvoyait les réponses sur l'écran et par e-mail[1]. » Mais l'arrivée de Google les oblige à réagir et rapidement l'entreprise devient un centre d'appels et de télé-marketing, avec initialement un centre d'appels au Maroc, puis également en Roumanie, en Afrique du Sud et en France.

PARCOURS PROFESSIONNEL

À partir de 2011, l'entreprise cherche la croissance à l'international et rachète au fil des ans une trentaine de concurrents en Angleterre, en Hollande et ailleurs (sans jamais les racheter à100 %, le duo préférant garder le plus longtemps possible le management d'origine) pour se déployer dans quarante-neuf pays et adresser de nouveaux marchés grâce à une grande amplitude horaire.

La licorne est à présent proche des deux milliards de chiffre d'affaires. Posant un regard différent sur un métier souvent mal vu, ils ont choisi de favoriser la qualité pour bâtir un groupe devenu numéro un en Europe. Pour les deux dirigeants, la croissance oblige à une extrême vigilance concernant les embauches et la formation à la culture entrepreneuriale. Pour aider la motivation, ils ont choisi d'ouvrir le capital aux six cents managers du groupe et ont créé un fonds pour soutenir l'éducation et l'inclusion.

Jousset étant né dans une famille où l'art occupe une grande place, il rachète en 2016 le magazine *Beaux-Arts* (il y développe le numérique et la formation), après avoir également été au conseil d'administration de l'école des Beaux-Arts et à la commission des acquisitions du musée du Louvre, où il a participé au développement du site Web du musée. « De tout temps, être protecteur des arts est ▸▸

1 « Webhalp à contre-courant », *lesechos.fr*, 12 février 2014.

une façon d'améliorer son image de marque, et le Net permet de la relayer[1]. » Il travaille ensuite sur le Pass culture et devient administrateur des Arts Déco, puis, en 2019, il crée le fonds de dotation Art Explora avec un capital de six millions d'euros, afin de financer des actions qui réduisent la fracture culturelle en Europe et s'engager pour un partage de l'art avec le plus grand nombre. Plus récemment, le philanthrope a lancé un catamaran-musée, Artexplorer, qui sillonnera la mer Méditerranée pour proposer des expériences artistiques inédites et gratuites.

Depuis fin 2020, Frédéric Jousset a laissé Olivier Duha seul dirigeant de Webhelp, mais il reste vice-président du conseil d'administration.

1 Roxana AZIMI, « Jeune mécène deviendra grand », *lemonde.fr*, 10 janvier 2013.

OCTAVE KLABA

FONDATEUR DE OVH.

DÉCOUVERTE DU WEB

Dans les années 1980, Octave Klaba grandit en Pologne et s'initie seul à l'informatique sur l'ordinateur de son père, de façon si intuitive qu'il lui développe un logiciel afin de gérer les salaires.

En 1992, la famille immigre en France et s'installe à Roubaix. Il a seize ans, ne maîtrise pas le français, mais se dirige rapidement vers des études d'ingénieur à l'ICAM de Lille. « Durant mes études, je passais beaucoup de temps sur un site Internet personnel, qui comprenait des forums et de petits utilitaires. Ce site était hébergé aux États-Unis, en Pennsylvanie, chez un petit prestataire. Cet hébergeur a voulu me couper la ligne parce que j'utilisais trop de ressources. Je lui ai dit : "Stop, donne-moi une semaine." Et je me suis rendu chez lui, aux États-Unis, pour installer un serveur dans ce qui, en fait, était une cabane en bois avec quelques machines. Ça m'a permis de me rendre compte que le métier d'hébergeur n'était pas si compliqué que ça en réalité[1]. »

Rentré en France, il travaille à peine un mois chez Alcatel, puis quitte la société pour lancer OVH (On Vous Héberge, ou Oles Van Herman, son surnom sur les forums). « J'ai lancé ma propre activité d'hébergement, de manière modeste, en empruntant trois mille huit cents euros à mes proches et en louant dix serveurs chez un prestataire parisien. Mes parents m'ont vite rejoint dans l'aventure puis mon frère, quelques années plus tard. Après mes études, j'avais le rêve de créer une entreprise différente, plus communautaire[2]. »

PARCOURS PROFESSIONNELS

Octave Klaba installe ses serveurs chez Claranet, à Paris, mais rien ne se passe comme prévu. L'accord est rompu et il se retrouve sans rien. Xavier Niel lui propose une cave, vers la Bastille, où il entrepose des centaines de serveurs, tout en les administrant depuis Roubaix. Lorsque l'espace devient trop limité, Niel lui vend un sous-sol parisien, dans lequel il installe dix mille serveurs, chauffant les centaines d'appartements au-dessus de lui, grâce à la chaleur des serveurs.

Dans cette entreprise familiale, Octave Klaba se charge de l'expansion de sa société, du recrutement et des contrats, sa mère est contrôleuse de gestion, ▸▸

1 Virginie WOJTKOWSKI, « Octave Klaba, fondateur d'OVH : "Si on ne sait pas recruter, on ne peut pas croître" », *lejournaldesentreprises.com*, 7 juin 2017.
2 *Ibid.*

sa femme est en charge de la communication, son frère est directeur technique et son père joue un rôle primordial, entre innovations techniques (il crée, par exemple, un circuit hydraulique sous-terrain afin d'abaisser la température des serveurs et de baisser la consommation d'électricité) et gestion des *data centers*.

À partir de 2004, OVH commence à se déployer dans le reste de l'Europe, puis au Canada, en continuant de fabriquer tous les serveurs dans leurs ateliers et en s'adaptant systématiquement aux pays et à leurs cultures. « Étant Européen et ayant vécu dans différents pays, je me rends compte que les gens sont tellement différents. On ne peut pas proposer la même chose, ça ne fonctionne pas. Je positionne l'entreprise en multi-local, ce qui nous permet de mieux comprendre le client et de nous adapter pour l'accompagner[1]. »

Au printemps 2020, alors que OVH vient d'annoncer sa volonté de rentrer en Bourse, un gigantesque incendie ravage son *data center* de Strasbourg, emportant des milliers de serveurs. Quelques mois plus tard, la société est affectée par une panne importante mais, malgré cela, le titre est introduit en Bourse avec succès, valorisant la société à 3,6 milliards d'euros. « Nous avons fait cette introduction-là pour honorer tous ceux qui croient, comme nous, dans ce même rêve de construire une alternative européenne, un fournisseur de cloud, pour l'Europe », a-t-il annoncé chez Euronext.

Klaba pense que le développement de OVH tient avant tout à ses équipes (si l'état d'esprit est bon, de nouvelles compétences peuvent être acquises) et à sa capacité à avouer ses points faibles (il ne cachera pas son cancer, au début de l'épidémie de Covid). Mais Octave Klaba, élevé sous un régime communiste, est un fervent défenseur de la vie privée, attaché à protéger les données de ses clients. « C'est très important de protéger les données de nos clients. Les hébergeurs américains ne peuvent pas garantir la même confidentialité, même pour les données qui restent en Europe[2]. » Ainsi, pour son développement aux États-Unis, il a créé OVH US, une société indépendante, afin de ne pas être soumis au Patriot Act.

Toujours installé à Roubaix, ville dévastée par le départ des industries textiles, il accompagne des start-up locales avec Euratechnologies, rejoignant la croyance du *Financial Times*, pour qui la ville est un « cas d'école de renaissance post-industrielle ».

Il a reçu en 2018, le prix de l'entrepreneur de l'année.

1 Arthur Le Denn, "Octave Klaba, de la Pologne communiste à la Bouse de Paris avec OVHcloud", *maddyness.com*, 13 octobre 2021.

2 Paul Loubière, « Octave Klaba, itinéraire du geek surdoué polonais fondateur d'OVH, qui fait ses premiers pas en Bourse », *challenges.fr*, 3 juin 2018.

TARIQ KRIM

FONDATEUR DE NETVIBES, JOLICLOUD ET CYBERNETICA.FR, ANCIEN VICE-PRÉSIDENT DU CONSEIL NATIONAL DU NUMÉRIQUE.

▶ *Quand et comment êtes-vous arrivé à travailler dans le Web ?*

« En 1982, un ami de mon père s'occupait d'un des premiers labos d'intelligence artificielle en France. C'est là que j'ai découvert les premiers ordinateurs connectés au réseau. Cela m'avait fasciné. Au collège, je me suis lié d'amitié avec un garçon qui lisait des revues d'informatique. Il m'a fait découvrir qu'on pouvait créer avec son propre serveur, avec un simple ordinateur et un Minitel. Je n'en ai pas dormi de la nuit. Le lendemain on lançait Electre, un système de messagerie pour le lycée. J'avais douze ans. En explorant les réseaux, j'ai découvert la culture des hackers des années 80, notamment avec le Chaos Computer Club. J'étais absorbé par l'apprentissage de cette technologie, mais j'ai aussi découvert une nouvelle vision politique qui a façonné mon enfance : l'idée que la technologie était la seule façon, à l'époque de la guerre froide, d'interconnecter les gens du monde entier. Mon obsession était de sortir du monde Minitel pour rejoindre un groupe de pionniers qui voulait construire les bases d'un Internet non commercial. Mais les connexions au réseau n'existaient qu'à la fac. C'est pour cela que j'ai choisi mon cursus universitaire uniquement en fonction des universités qui proposaient la meilleure bande passante. À Jussieu, j'ai découvert Linux et le Web. Je me rappelle ma première visite le jour du lancement du premier site Web public depuis un site en Finlande en 1993. La même année, j'ai rencontré Jean-François Bizot, patron de radio Nova et Nova Mag, et je me suis mis à écrire sur les débuts de la Cyberculture. Cette année-là, John Perry Barlow me fait découvrir San Francisco, Wired et Burning Man. Une période de créativité culturelle intense. Puis, j'ai travaillé aux États-Unis, pour une filiale de Thomson et de Sun sur les prémices du Cloud. Je codais le jour, j'écrivais pour *La Tribune* le soir. J'avais compris que l'ordinateur allait être au centre de nos vies à l'image du MP3 qui avait déjà remplacé nos CD. Mais j'ai attendu le renouveau du Web, le Web 2.0, pour lancer ma première start-up, Netvibes, en 2005, puis Jolicloud en 2009. Avec le même fil rouge : permettre à l'utilisateur d'avoir un contrôle sur sa vie numérique. Un combat toujours d'actualité. »

MICHEL-YVES LABBÉ

FONDATEUR DE DIRECTOURS.

▶ *Quand et comment êtes-vous arrivé à travailler dans le Web ?*

« En septembre 1995, je me suis retrouvé tout à fait par hasard au premier congrès “Internet et Tourisme”, à Kansas City dans le Missouri. À l'époque, je travaillais déjà avec le Minitel, ça a donc été une révélation immédiate pour moi. J'ai tout de suite compris qu'Internet c'était un Minitel plus rapide et en couleur. Alors que pour les Américains ça restait un concept assez difficile à appréhender.

J'ai commencé comme fonctionnaire à la direction de la Maison des jeunes et de la culture à Nice, loin de l'entrepreneuriat qui a ensuite guidé ma carrière. Mais ma passion a toujours été de faire des voyages. Je suis tombé dedans tout petit, avec des parents expatriés au Cambodge. En 1977, je suis devenu associé chez le tour-opérateur Plein Vent. Lorsque j'ai revendu mes parts huit ans après, j'ai travaillé chez Cruisair-Airtour, puis Chorus Tours et Jet Tours, au gré des fusions. À cette époque, j'ai eu la chance de travailler aux États-Unis et au Canada, ce qui m'a permis de voir la prospective.

En 1994, mon âme d'entrepreneur a repris le dessus et j'ai fondé Directours, avec toujours cette volonté d'innover et d'avoir un coup d'avance sur la concurrence. Le concept était novateur pour l'époque : vendre des voyages en direct sur la base d'une brochure sans prix, mais avec des tarifs affichés sur le Minitel. Cela offrait la possibilité d'adapter les prix en temps réel. C'était la première forme de *yield management*. Un an après je lançais un site Internet dédié aux voyages. Directours était un véritable laboratoire d'idées.

À la fin des années 90, le monde était fasciné par cette “nouvelle économie”. En 2000, Directours a été racheté par des capital-risqueurs mais, quinze jours avant l'entrée en Bourse, la bulle Internet a éclaté, puis est arrivé le 11 septembre, la hausse du dollar... Rien ne s'est passé comme prévu et j'ai racheté la société que j'avais en grande partie vendue en 2000. À cette époque, des poids lourds comme Expédia émergeaient. Il fallait se démarquer pour résister. J'ai alors choisi de me positionner sur le segment du luxe sur Internet, ce qui était à contre-courant de la tendance *low cost* du moment. Lorsque j'ai revendu en 2008, Directours était devenu la référence du luxe sur Internet pour les voyages. »

PASCAL LAGARDE

EX-SOUS-DIRECTEUR INFORMATIQUE ET TÉLÉCOMMUNICATIONS DU MINISTÈRE DE L'INDUSTRIE, À PRÉSENT DIRECTEUR EXÉCUTIF BPIFRANCE.

▶ *Quand et comment êtes-vous arrivé à travailler dans le Web ?*

« J'ai commencé à travailler dans le Web en 1996, lorsque j'ai été nommé sous-directeur informatique et télécommunications, à la direction générale des stratégies industrielles (DGSI) du ministère de l'Industrie.

À cette époque, j'étais passionné d'informatique et de jeux vidéo. Je construisais mes PC, testais les premières cartes son et vidéo et essayais de survivre au *Blue Screen of Death* de Windows. Mon premier accès Internet me fut fourni par l'Institut national de recherche en informatique et en automatique (merci Laurent Kott !) puis je m'abonnais à Club-Internet. J'ai connu alors la joie des modems 14,4 Kbits/s et leurs douces mélodies de connexion.

En 1996, d'un point de vue plus professionnel, le Web commençait à fortement se développer de l'autre côté de l'Atlantique et la DGSI se devait de s'interroger sur l'avenir de cette technologie en France, notamment dans ses aspects commerciaux. Une de mes premières réunions sur le sujet fut avec François Fillon. Nous devions expliquer au ministre les débuts d'une nouvelle tendance économique : le commerce électronique. J'ai été très surpris lorsqu'il nous a demandé d'accélérer la présentation, car il possédait un ordinateur qu'il avait acheté en ligne.

Lorsqu'en août 1997, le Premier ministre Lionel Jospin a annoncé à Hourtin le Programme d'action gouvernemental pour la Société de l'information (qui consistait pour grande partie à agir sur tous les leviers publics possibles pour développer l'utilisation du Web dans la société et l'économie française), j'ai participé à tous ces travaux, qui iront de la modification du droit de la preuve dans le Code civil (signature électronique), en passant par la libéralisation de la cryptologie (très conflictuelle au sein de l'État), l'avenir du Minitel (beaucoup voulaient ralentir la diffusion d'Internet pour conserver la poule aux œufs d'or), la protection des consommateurs sur les sites étrangers (combat de titans entre l'UE et les USA), etc.

Parallèlement, je suis devenu secrétaire général de la mission que Dominique Strauss-Kahn a confiée à Francis Lorentz sur le commerce électronique. Nous avons écrit, au sein d'une petite équipe transverse à Bercy, la feuille de route publique pour développer le commerce électronique en France, sous les angles B2C et B2B (y compris les PME), en travaillant étroitement avec les entrepreneurs et les capitaux-risqueurs, mais aussi des grands groupes précurseurs comme BNP Paris (Jean-Michel Billaut) ou les Galeries Lafayette (Jean-Claude Pelissolo). ▶▶

En septembre 1999, j'ai rejoint le groupe CDC pour diriger les activités d'amorçage et de capital-risque au sein d'une nouvelle filiale en charge du capital investissement, CDC PME, présidée par Albert Ollivier. Le principal objectif était alors de créer des fonds d'amorçage nationaux et régionaux. À cette occasion, j'ai investi dans plusieurs fonds de capital-risque spécialisé dans Internet et participé au lancement des fonds d'amorçage I-source, C-source et T-source dirigés par Eric Harlé, qui finançaient la création d'entreprises dans les technologies de l'information. »

BRUNO LANGLOIS

COFONDATEUR DE @POSITION.

▶ *Quand et comment êtes-vous arrivé à travailler dans le Web ?*

« Cela remonte au lycée. Mon voisin de classe venait d'arriver de Hong-Kong où, en plus d'être lycéen, il était déjà développeur informatique et c'est lui qui me fit découvrir cet univers. J'ai compris à ce moment-là que nous étions à l'aube d'un changement profond de la société, où l'informatique serait le pivot. Cette prise de conscience m'a orienté vers des études en informatique et mathématiques appliquées. Internet m'a accompagné dès mon entrée dans cette école d'ingénieur : première adresse électronique en 1993, puis l'arrivée effective du Web en 1994, avec les premiers navigateurs Mosaic et Netscape.

En 1997, j'ai débuté au cabinet de conseil Anthex en tant que consultant en stratégie, organisation et systèmes d'information. Dès le début de ma vie professionnelle, j'ai travaillé sur des modèles d'organisation avant-gardistes, mobiles et flexibles, car ce cabinet de conseil s'appuyait sur la base des théories de la complexité et du chaos plutôt que sur les matrices classiques du secteur. L'objectif était de casser les systèmes statiques au profit de systèmes plus dynamiques. Cette première expérience a structuré mon approche des choses par la suite.

En 1999, j'ai cofondé et dirigé la start-up @position (référencement naturel, SEO), où contrairement à nos concurrents qui proposaient aux entreprises de les référencer dans des annuaires, nous anticipions que la croissance d'Internet et de son contenu allait rendre la maintenance de ces outils trop coûteuse et lourde, et que ces annuaires allaient être remplacés par des moteurs de recherche. Nous avons construit une solution technologique dédiée aux moteurs de recherche. Nous avons révolutionné le marché en construisant notre stratégie autour de la donnée, en créant des systèmes qu'on appelle aujourd'hui big data et intelligence artificielle. Nous sommes devenus leaders européens du référencement naturel pour les grands groupes et les sites Internet majeurs. »

CHINE LANZMANN

EX-PRÉSENTATRICE DE « CYBER CULTURE », À PRÉSENT COACH.

▶ *Quand et comment est-elle arrivée à travailler dans le Web ?*

Au départ, Chine Lanzmann semblait destinée à devenir écrivaine (elle publie un premier roman à dix-sept ans), mais elle devient journaliste à Canal+ et après quelques années sur le plateau de « Nulle Part Ailleurs », elle présente l'émission mensuelle « Cyber Culture », qui durera quatre ans.

En 1999, Jean-David Blanc lui suggère de lancer un portail pour femmes. Elle lève vingt millions de francs et ouvre le site *desfemmes.com* avec Alexandra de Waresquiel. Le site change de nom pour avoir une meilleure résonance à l'international, et la couverture médiatique de Newsfam est si importante que même Jacques Chirac leur rend visite. « Ça a marché au-delà de nos espérances, parce que les journalistes avaient besoin de visages pour humaniser Internet, particulièrement de visages féminins[1]. » Mais les deux fondatrices sont devancées par Aufeminin et l'augmentation de capital de six millions de francs en 2001 est assez stressante pour que Chine Lanzmann jette l'éponge.

Depuis, elle est retournée à ses amours anciennes, écrivant romans (dont un interactif : *La femme qui ne supportait pas les ordinateurs*) et livres sur l'entrepreneuriat.

Depuis 2004, elle est également coach au sein de sa société, Woman Impact, afin de développer le leadership au féminin.

1 ARCHMAG14, « Chine Lanzmann en attente d'un nouveau job », *transfert.net*, 1er mai 2001.

JÉRÔME LECAT

FONDATEUR DE INTERNET WAY, À PRÉSENT FONDATEUR ET PDG DE SCALITY.

« L'intelligence artificielle peut être mise au service des grands problèmes de notre époque, au premier rang desquels vient la préservation de notre écosystème. »

► *Quand et comment êtes-vous arrivé à travailler dans le Web ?*

« Fils d'entrepreneur, j'ai grandi en entendant mon père arpenter les couloirs la nuit, à la recherche de nouveaux concepts ou de solutions. En sortant de l'École des Ponts et Chaussées, je rêvais comme lui d'une aventure entrepreneuriale et je me suis mis à mon compte en attendant de trouver l'idée. En 1994, j'étais à San Francisco pour livrer un logiciel que j'avais développé et j'ai été au tout premier salon consacré à Internet. Là, j'ai eu une révélation : aucun doute, Internet allait révolutionner le monde de façon aussi fondamentale que l'imprimerie en son temps. J'ai appelé mon ami Olivier Dauchot (par ailleurs chercheur au CEA), pour qu'il me rejoigne sans attendre pour découvrir ça. Dès le lendemain, on a décidé de créer ensemble un fournisseur d'accès à Internet (FAI) : Internet-Way. On a lancé ce FAI pour les entreprises depuis mon appartement de l'Île de la Jatte, le 13 octobre 1994, avec sa propre liaison spécialisée vers les États-Unis. Une gageure à l'époque. Trois ans plus tard, alors que nous étions devenus le troisième opérateur Internet français avec plus de six cents entreprises clientes, nous avons revendu la société au fournisseur d'accès américain UUNET (filiale de MCI WorldCom), leader mondial de l'accès à Internet. »

▶ *Quelles ont été les grandes étapes de votre parcours professionnel et quelle logique y avez-vous appliqué ?*

« J'ai continué à développer les infrastructures d'Internet et de ce que l'on appelle aujourd'hui le *cloud*. Je suis resté trois ans chez UUNET, où les capacités de la maison mère m'ont permis de développer un Internet français avec une logique de présence sur l'ensemble du territoire. La croissance était telle qu'il a fallu tout inventer. On a dit après que c'était impossible, mais le tour de force, c'est que nous ne le savions pas. J'ai recruté des génies de l'imprévu, capables de se débrouiller seuls et d'inventer des tournevis qui n'existaient pas encore, qui pour beaucoup venaient déjà de l'EPITA.

En 2003, j'ai cofondé Bizanga avec Olivier Lemarié, Marc Sheldon et Giorgio Regni, pour résoudre le problème du spam sur les e-mails. Les plus grands opérateurs de la planète tels que Orange, Comcast, Telefonica, Softbank ou Telstra déploient notre solution. Mission accomplie, car aujourd'hui le spam n'est plus un problème majeur. Nous avons revendu la société à Cloudmark, en 2010.

Simultanément, avec Giorgio Regni, nous pressentions que le prochain grand problème à résoudre allait être le stockage de données dans le *cloud*, ce qui nous a décidés à créer Scality, que nous dirigeons encore aujourd'hui. L'entreprise française, labélisée FT120, est devenue un leader mondial dans son domaine avec plus de quatre cent cinquante clients, dans cinquante-quatre pays. Nos logiciels permettent à des gouvernements, des grandes entreprises ou des hôpitaux de mettre en place des *cloud* privés, pour assurer la souveraineté et la sécurité de leurs données, en toute indépendance. Les solutions de Scality sont aussi utilisées par de nombreux fournisseurs de *cloud* pour produire leur infrastructure. »

▶ *Quel regard portez-vous sur ces vingt-cinq dernières années et quelle vision avez-vous du monde de demain ?*

« Je suis tombé dans la "marmite de l'informatique" à l'âge de treize ans. Parce que j'étais passionné d'intelligence artificielle et de sciences cognitives, j'ai rêvé d'une informatique qui permettrait aux humains de vivre en harmonie. Internet-Way est né de la conviction qu'Internet permettrait de faire tomber les frontières, d'aider les humains de tous bords à se connaître, et donc de vivre plus en paix, sans peur, ni haine de l'autre. Conviction bien naïve avec le recul.

Depuis la Renaissance, le monde occidental vit avec l'illusion que le progrès technique apportera toujours plus de bonheur. On a aussi pu penser que la culture serait un paravent contre la violence. On voit aujourd'hui que ni l'un ni l'autre ne sont suffisants. L'harmonie entre les humains, et entre les humains et la nature, est un problème plus subtil. ▶▶

Je suis préoccupé par la puissance des “géants du Net”. Avec une cupidité sans borne et sans considération éthique, ils poussent nos jeunes vers le métavers, les éloignant d'une vraie rencontre avec les autres et avec la nature. Cependant, je continue à espérer et à croire en une informatique au service de l'harmonie et je suis persuadé que la génération qui vient saura s'arracher de la drogue que constituent les écrans, pour retrouver une alliance avec la nature. L'intelligence artificielle peut être mise au service des grands problèmes de notre époque, au premier rang desquels vient la préservation de notre écosystème. »

ALAIN LE DIBERDER

FONDATEUR DE LE DEUXIÈME MONDE (CANAL+), À PRÉSENT COFONDATEUR DE BUZZ2BUZZ.

« Ce n'est pas vers le "digital" qu'il faut chercher les grands changements, mais plutôt vers la santé ou le climat et les industries et pratiques sociales qui leur sont liées. »

▶ *Quand et comment êtes-vous arrivé à travailler dans le Web ?*

« Difficile de choisir une date. J'ai soutenu une thèse sur l'économie des télécoms en 1980, commencée au moment du rapport Nora-Minc de 1978. J'ai été associé au démarrage de la télématique comme testeur de produits (dès 1982, un Minitel alphanumérique) puis comme économiste. Voilà pour la préhistoire du Web. J'ai utilisé Compuserve dès 1992, j'ai lancé Le Deuxième Monde à Canal+ (début des travaux en 1994, ouverture en 1997), lancé et animé le premier site Web de télé en septembre 1995, et depuis j'ai lancé et géré plein de choses sur le Web au sens large : par exemple, le site *ideesdefrance.fr* en 2005, Culturebox pour France Télévisions en 2008, les sites et services de vidéo à la demande (FilmoTV en 2008), géré et refondus ceux d'Arte de 2012 à 2017. J'en oublie. »

▶ *Quelles ont été les grandes étapes de votre parcours professionnel et quelle logique y avez-vous appliqué ?*

« La seule logique, c'est que j'ai été une boule de flipper entre trois champignons : la culture, l'audiovisuel et le numérique. J'ai travaillé pour et au ministère de la Culture, à la Société des auteurs et compositeurs dramatiques (SACD) ; dans une dizaine de chaînes de télévision, dans la ▶▶

plupart des domaines – l'antenne, la production, le marketing, le numérique, le lobbying, etc. – j'ai conçu des sites Web, des services *online*, des jeux vidéo et je me suis occupé du *lobbying* et de la reconnaissance de ce dernier secteur. Mais tout cela s'est mélangé et j'ai eu la plupart du temps la chance de pouvoir être actif dans au moins deux domaines en même temps. »

▶ *Quel regard portez-vous sur ces vingt-cinq dernières années et quelle vision avez-vous du monde de demain ?*

« Au niveau des innovations techniques, la révolution numérique, c'est la grande décennie 1969-1981, donc ça se ralentit beaucoup à partir d'il y a quarante ans. Et les vingt-cinq dernières années sont beaucoup plus ternes sur ce plan, et l'on pourrait même dire que, sur le plan strictement technique, c'est le calme plat depuis 2010. Non pas qu'il n'y ait plus rien d'intéressant, au contraire, mais ce n'est plus une question d'innovations mais de dispersion des effets des changements techniques dans la société. En économie, les quatre plus grosses capitalisations boursières de la "high-tech" (avec plein de guillemets) sont des entreprises créées il y a plus de quarante-cinq ans (Apple, Microsoft) voire plus de vingt-cinq ans (Google, Amazon). La quasi-totalité des entreprises, y compris les plus petites, sont "informatisées". Il y a plus de huit cents millions de smartphones en Afrique. Donc, dans le monde de demain, ce n'est pas vers le "digital" qu'il faut chercher les grands changements, mais plutôt vers la santé ou le climat et les industries et pratiques sociales qui leur sont liées. »

ALAIN LEFEBVRE

COFONDATEUR DE SQLI, À PRÉSENT AUTEUR.

▶ *Quand et comment êtes-vous arrivé à travailler dans le Web ?*

« J'ai découvert le Web en octobre 1994, mais c'est en juin 1995 que j'ai eu un déclic et n'ai cessé de m'y intéresser et de faire en sorte de pouvoir y contribuer. Au début, il fallait vaincre le scepticisme de mon entourage ; nous étions bien ancrés dans un monde client/serveur et c'était une activité lucrative pour nous. Et voilà que je propose de tout remettre à plat pour miser à fond sur le Web ! Dans un premier temps, le message passait mal chez SQLI, sauf chez nos clients qui, eux aussi, sentaient bien que l'avenir était là.

La première étape a été "d'éduquer le marché" à mon niveau, de convaincre nos clients que le Web était bien une plateforme valable pour leurs applications. Nous sommes donc tout de suite passés du Web grand public au Web comme plateforme idéale de l'Intranet. Pendant quelques années, nous avons développé des applications comme on l'aurait fait avec les outils client/serveur que nous employions auparavant, mais sans avoir de "mur du déploiement" à surmonter grâce au navigateur Web déjà déployé partout.

Par la suite, nous avons élargi notre activité vers les portails, les sites d'e-commerce "intelligents" (avec des solutions très coûteuses et décevantes, telles que Vignette ou Broadvision). Cela n'a pas été notre meilleure période !

Pendant toutes ces années, je me suis aussi rendu compte que l'interface utilisateur du Web était très mal comprise des développeurs issus du monde client/serveur Windows et j'ai creusé la question en publiant des études et montant des formations *ad hoc*.

Puis, à partir de 2004-2005, je me suis lancé dans une nouvelle aventure en fondant 6nergies, un service de réseautage d'affaires destiné aux professionnels francophones. Une fois de plus, j'ai pu voir que le Web avait une réserve de puissance formidable et n'avait pas encore révélé tout son potentiel. Je faisais partie de ceux qui pensaient que les services comme Facebook avaient bien plus de potentiel que les blogs qui étaient alors à la mode. La suite nous a donné raison, mais dans des proportions qu'on n'imaginait même pas.

Aujourd'hui, tout le monde raisonne à partir du mobile, mais je continue de penser que le Web n'a pas encore donné tout ce qu'il peut offrir, tant son interface est formidablement pratique et a su évoluer avec Ajax hier et HTML5 aujourd'hui. »

PATRICE LEGRAND

COFONDATEUR DE BOURSORAMA, À PRÉSENT COFONDATEUR DE GLAMUSE.

DÉCOUVERTE DU WEB

Patrice Legrand est étudiant en économie et gestion à Nancy et ne trouve pas de société où faire un stage. Pour y remédier, il lance un site qui correspond exactement à ses attentes. « J'étais passionné de Bourse, j'avais de bonnes références mais personne ne voulait de moi. En octobre 1996, Stéphane Mathieu découvre un article sur mon site dans *L'Est Républicain* et me contacte. Sans cette rencontre, rien ensuite ne serait arrivé[1]. » Les deux étudiants montent Finance Net, une start-up nancéienne avec un capital de trente mille euros acquis grâce à un concours du meilleur boursier de France. Les deux étudiants ambitionnent de faire le Yahoo! de la finance et mettent en en ligne un répertoire de trois mille sites financiers mondiaux. Pendant dix-huit mois ils vivent nuit et jour devant leur écran. « Au bout d'un an, nous étions à fond les manettes. Alexandre Baumeister nous a rejoints en stage non rémunéré et, très vite, il est devenu notre associé[2]. »

Deux ans plus tard, ils créent Boursorama et mettent les informations boursières des grandes places de marché à la disposition des internautes, avec un forum qui assure très vite le succès du site.

PARCOURS PROFESSIONNEL

En cinq mois, le site atteint une audience largement supérieure à celle d'autres sites boursiers et devient vite rentable grâce à la publicité. Il propose aux internautes de créer leur portefeuille virtuel d'actions, de suivre les informations financières, d'accéder aux cours de différentes places boursières et de lire les dernières informations économiques. Le succès pousse Club-Internet et des grands groupes comme Carrefour ou Vivendi à les solliciter pour avoir leurs contenus en marque blanche. « En 2000, on a vécu la bulle Internet mais, en dépit de nombreuses sollicitations, nous n'avons pas vendu. Nous étions auto-indépendants et rentables[3]. » Pourtant, en 2002, les deux fondateurs revendent Boursorama pour quarante-quatre millions d'euros à Fimatex, société spécialisée dans le courtage, rattachée au groupe Société Générale.

1 Paul-Marie PERNET, « Patrice Legrand, la Bourse et la vie », *estrepublicain.fr*, 19 septembre 2020.
2 Pierre TARIBO, « Patrice Legrand : réussir sur site », *lasemaine.fr*, 27 octobre 2015.
3 *Ibid.*

En 2003, ce passionné d'aviation lance Air Pixel, agence photographique spécialisée dans l'aviation militaire.

Toujours à Nancy, il cofonde ensuite Miss Numérique - site de matériel photo et vidéo -, parce qu'il trouve difficile d'acheter du matériel en ligne. La société est autofinancée et rentable dès son deuxième exercice, mais il reste initialement en retrait, jusqu'en 2006, où il rachète les parts des dirigeants et devient actionnaire majoritaire. Avec des milliers de références, l'e-commerçant atteint rapidement le demi-million de clients, en France comme dans plus de vingt pays. En 2015, le *pure player* ouvre un magasin physique. Là où la concurrence se livre à une guerre des prix, le site défend une hyperspécialisation, avec un service de conseil à la clientèle souvent animé par des photographes professionnels.

En 2017, c'est Julien Laurent, ex-Boursorama, qui reprend la société. Mais deux ans plus tôt, Patrice Legrand s'est intéressé de plus près à Glamuse, un site de lingerie qu'il avait cofondé en 2011 avec Laetitia Monaco. Il conserve la logistique à Nancy, mais délocalise le siège social au Luxembourg pour embaucher des cadres multilingues capables de développer le site à l'international et pour bénéficier d'infrastructures de pointe. « Je suis entrepreneur et investisseur sur le Web depuis vingt ans et grand admirateur du glamour à la française. Le rachat de Glamuse marque mon retour en première ligne pour allier ces passions. Je suis convaincu que Glamuse possède un potentiel considérable basé sur les facteurs clés qui ont permis l'incroyable succès de Boursorama : qualité de service, amour du produit et anticonformisme ![1] »

1 Pascal AMBROSI, « Cofondateur de Boursorama, Patrice Legrand rachète Glamuse », *lesechos.fr*, 9 décembre 2015.

SANDRA LE GRAND

FONDATRICE DE KALIDEA, À PRÉSENT COFONDATRICE DE YAPUKA.ORG ET CONFÉRENCIÈRE.

▶ *Quand et comment êtes-vous arrivée à travailler dans le Web ?*

« J'ai travaillé pendant onze ans chez Coca-Cola (négociation grands comptes, marketing et management), une entreprise où chacun est libre d'être un intrapreneur. Tout allait bien, mais dans un coin de ma tête murissait l'envie de créer mon entreprise. Au tournant des années 2000, lorsqu'ont émergé quantité de start-up, *business angels* et *venture capitalist*, je me suis dit que le moment était venu et une émission de "Capital" sur M6 m'a convaincue. J'ai eu l'envie avant d'avoir l'idée.

J'ai d'abord créé Canalce, devenue Kalidea, première plateforme d'achat pour les comités d'entreprise et leurs salariés (billetterie cinémas, parcs, spectacles, voyages, bons d'achat...). La société s'est très bien développée avec un chiffre d'affaires de soixante-dix millions et deux cents salariés. En 2016, je l'ai adossée à un groupe industriel, car ma passion du partage et de la transmission m'a donné envie d'autre chose. J'ai ainsi cofondé Yapuka.org, une plateforme d'entraînement et de coaching pour les jeunes, concernant tout ce qui est oral (entretiens, pitch...) en vue de passer des concours ou de trouver des emplois. Les cours sont en B2C (individuels) et en B2B (masterclass et ateliers) avec les écoles et universités. Je donne également des conférences, qui me permettent de garder le lien avec l'écosystème et de continuer à partager mes savoirs. »

CORINNE LEJBOWICZ

EX-INFONIE, À PRÉSENT MEMBRE DU CONSEIL D'ADMINISTRATION DU GROUPE LA POSTE.

▶ *Quand et comment êtes-vous arrivée à travailler dans le Web ?*

« Cela remonte à tellement de temps, que j'ai été obligée de consulter mon profil LinkedIn pour me rappeler des dates ! J'ai démarré dans le Web lorsqu'il est arrivé en France, en 1993-1994.

Juste avant cela, je travaillais dans un grand groupe de pub (BDDP) ; aujourd'hui, on dirait une agence digitale. Il y avait déjà des CD-ROM, des bandes interactives, le Minitel... Je dirigeais une agence en charge du Minitel et des CD-ROM. On avait déjà compris que le réseau allait changer la manière dont les gens communiquaient, s'informaient et achetaient. C'étaient les prémices, mais l'on voyait que ça allait exploser et on faisait des sites d'e-commerce, même s'ils étaient en noir et blanc. L'agence où je travaillais a été vendue et j'ai cherché qui, en France, pouvait avoir un projet sur le Web. Je suis tombée sur le premier projet de fournisseur d'accès Internet en France qui s'appelait Infonie, imaginé par Bruno Bonnell, aujourd'hui député. Je l'ai appelé, nous avons déjeuné ensemble et au café il m'a dit : "Ok, tu démarres lundi prochain." Nous étions quatre au départ. Bruno avait un esprit très start-up même si le mot n'existait pas. Un an plus tard, on a sorti un fournisseur d'accès Internet opérationnel. Voilà comment je suis passé du tout premier "digital" en France au Web. On a monté un fournisseur d'accès avec une équipe formidable, en travaillant beaucoup et s'amusant tout autant, et je savais que je voulais continuer dans cet univers.

Ensuite, j'ai rencontré Stéphane Treppoz, qui venait de rejoindre Vivendi (qui ne s'appelait pas encore Vivendi). Il avait un projet de fournisseur d'accès Internet sur les réseaux câblés. Je me suis à nouveau retrouvée devant une "page blanche" pour monter le premier fournisseur haut débit en France, qui permettait les images et la vidéo. J'ai monté une équipe de six ou huit personnes et ça a fonctionné. Le haut débit a tout changé, permettant l'e-commerce et l'appropriation d'Internet par le grand public.

J'avais envie d'autre chose et un de mes patrons chez Vivendi m'a expliqué qu'il venait de faire un *deal* avec AOL, qu'il souhaitait développer en France, et j'ai été chez eux. Je me suis occupé de la stratégie et des nouveaux projets. La grande question à l'époque était de savoir s'il fallait ou non passer par le Web, car AOL était un monde fermé, en mode propriétaire. J'ai construit un site Web en Europe pour sortir du mode propriétaire, qui redevient hélas une logique forte aujourd'hui, pour le digital. Chez Vivendi, j'étais dans l'équipe de Jean-Marie Messier et le groupe a changé après son départ. Pour la première fois j'ai réfléchi à ce que je voulais faire (toujours dans le digital), loin de grands groupes multinationaux car c'est plus lent. À ce moment-là, j'ai été contactée par une boîte, Leguide.com. Ils cherchaient quelqu'un pour se développer. »

MARTINE LE JOSSEC

EX-WEBMASTER DU SITE DE VILLEMONBLE, À PRÉSENT CONSULTANTE ET FORMATRICE, FONDATRICE AGNCE MLJCOM, MEMBRE DE LA BRIGADE DU WEB.

► *Quand et comment êtes-vous arrivée à travailler dans le Web ?*

« Tout a commencé timidement au milieu des années 80, lorsque j'ai appris à utiliser un traitement de texte pour rédiger mon mémoire de maîtrise Information et communication. Mes premières expériences étaient à usage bureautique, avec le pack Microsoft et l'utilisation de logiciels "maison" de l'agence bretonne d'un organisme de crédit, dont la connexion à la maison mère parisienne (via le réseau interne de l'entreprise) prenait plus d'une demi-heure !

Ma carrière digitale a débuté en 2000, lorsque je suis devenue webmaster du site de la ville de Villemonble et cela m'a passionné. L'arrivée des ►►

réseaux sociaux en France, à partir de 2007, a éveillé ma curiosité et je me suis initiée à ces nouveaux usages pour y tisser mon réseau personnel et professionnel.

Alors que j'étais complètement autodidacte, je suis devenue l'une des premières à construire des cours traitant des thématiques telles que le digital et la relation client, la communication digitale ou le rôle du *community manager*. Ce nouveau challenge a été l'opportunité pour moi de mettre à plat mes connaissances et mes méthodes de travail, de les formaliser et de les structurer pour pouvoir les enseigner. »

LOÏC LE MEUR

FONDATEUR DE B2L, À PRÉSENT FONDATEUR DE PAUA ET LEADE.RS.

DÉCOUVERTE DU WEB

En mai 1996, Loïc Le Meur est encore étudiant à HEC lorsqu'il crée B2L, une première société qu'il finance en détournant son prêt étudiant. La *Web agency* conçoit des sites et fait du conseil en communication pour des clients comme Chanel ou 20th Century Fox. Trois ans plus tard, il la revend à BBDO/Omnicom, l'un des plus grands groupes mondiaux de communication.

PARCOURS PROFESSIONNEL

Entre-temps, Loïc Le Meur a lancé RapidSite France, société d'hébergement Web mutualisé pour les PME, revendu deux ans plus tard à Wanadoo. D'autres start-up suivent (Tekora, Marketo, Business Pace) mais, en 2003, il se fait remarquer en reprenant Ublog, l'une des premières solutions de blogs en Europe. Il cherchait à lancer une solution sur le marché et rencontre Stéphane Le Solliec, fondateur de Ublog, sur le point de fermer par manque de ressources. Le Meur achète la boîte et vise à la fois les entreprises et le grand public, grâce à la simplicité de publication et aux technologies comme le RSS. Le succès est tel que, moins d'un an plus tard, il revend la start-up à Six Apart et devient manager pour toute l'Europe, pendant deux ans.

Ce *serial-entrepreneur* s'engage en 2007 dans la campagne de Sarkozy, mais dès le lendemain de son élection, il quitte la France pour la Silicon Valley, où il fonde Seesmic, initialement un réseau social vidéo. Le débit, à l'époque insuffisant, et la crise de 2008, l'obligent à changer de *business model* alors qu'il est au bord de la liquidation. Il développe d'abord une application permettant d'accéder à Twitter sous téléphone Android, mais rapidement Google offre la même solution, le contraignant une fois encore à changer de modèle. Il lance une solution de *microblogging* privé et, en 2010, il achète Ping.fm, afin que ses usagers puissent mettre à jour en une seule fois leurs informations sur les différents médias sociaux. Mais, n'ayant plus assez de fonds, il vend la société à Hootsuite en 2012.

« Je me passionne plus particulièrement pour la phase de création d'entreprise et la phase de maturation est moins excitante pour moi. Sans vouloir être péjoratif, je pense que le profil de gestionnaire est différent de celui de créateur d'entreprise[1]. »

1 Jérôme BOUTEILLER, « Loïc Le Meur, Ublog.com : "Avec le blog, le contenu reprend le pouvoir sur la technique" », *clubic.com*, 6 janvier 2004.

Deux ans plus tard il démarre, avec sa femme Géraldine, LeWeb Conference : ils organisent entre Paris, San Francisco et Londres des conférences annuelles avec intrapreneurs et entrepreneurs, ainsi que des personnalités, comme Marissa Mayer (Google), Jack Dorsey (Twitter), Chad Hurley (YouTube), Kevin Systrom (Instagram), Eric Schmidt (Google), etc. En décembre 2012, Reed MIDEM devient actionnaire majoritaire.

En 2015, il monte Leade.rs, une plateforme permettant de mettre en relation des organisateurs de conférences avec des intervenants mondialement connus comme à la tête de jeunes pousses. « Notre ambition est d'être la conférence de l'écosystème ; on ne veut pas faire gros, on veut faire top[1] » et « créer la plateforme de ceux qui impactent le monde[2] ».

ET MAINTENANT ?

Loïc Le Meur qui, en 2008, a été classé par *Business Week* comme l'une des vingt-cinq personnes les plus influentes du Web, passe aujourd'hui une partie de son temps en Amazonie, avec des chamans. « En regardant mon passé d'entrepreneur, je pense que l'une de mes principales contributions a été d'aider les gens à se connecter à travers le Web pendant douze ans d'affilée, d'apprendre sur la technologie et - pour des centaines d'entre eux - de créer leur propre start-up. Je pense à un événement complètement nouveau qui ferait le lien entre les nouvelles technologies et les technologies anciennes. Chaque session et chaque sujet pourraient inclure les technologies nouvelles/anciennes ou esprit/cœur. L'organisation d'événements et la mise en relation de personnes me manquent[3] ! »

1 Samir HAMLADJI, « Leade.rs, la nouvelle pépinière de Loïc Le Meur », *forbes.fr*, 11 avril 2017.
2 Hélène QUANIAUX, « Leade.rs, la plateforme de "ceux qui impactent le monde" », *presse-citron.net*, 20 janvier 2017.
3 *https://substack.com/@loic*

ARNAUD LE ROUX

DÉVELOPPEUR, À PRÉSENT CONFÉRENCIER ET *CHIEF MARKETING OFFICER* DE FIOULMARKET.FR.

▶ *Quand et comment êtes-vous arrivé à travailler dans le Web ?*

« Le Web est venu à moi. Je suis passé de militaire à développeur de site Web ! J'ai été formé il y a vingt ans aux grands systèmes dans les banques, où je développais en langage Cobol, sur les systèmes CICS (*customer information control system*), Db2, etc., et je me suis formé tout seul au HTML, via les outils fournis dans les années 90 par les CD-ROM qu'on trouvait dans les magazines de l'époque. J'étais développeur avec tous les logiciels wyswyg (*what you see is what you get*). Puis, l'entreprise qui m'avait embauchée m'a permis de *switcher* vers le développement de sites Web et de fonder une structure interne.

Aujourd'hui je suis un *slasher* : je n'ai pas un métier, j'en ai sept je crois ! Je suis conférencier dans le domaine du digital (intelligence artificielle, la mobilité, les comportements des clients, la transformation numérique...) et cela inclut une petite dose de Web, qui aujourd'hui n'est qu'un petit pourcentage du digital. »

MARIE-CHRISTINE LEVET

EX-PRÉSIDENTE DE LYCOS, AUJOURD'HUI FONDATRICE DE EDUCAPITAL.

« Nous avons besoin de champions français, qui respectent notamment la vie privée et les données personnelles. »

► *Quand et comment êtes-vous arrivée à travailler dans le Web ?*

« J'ai eu un parcours classique (HEC, du conseil, des boîtes américaines comme Pepsi et Disney). J'étais passionnée par les médias et l'information mais je n'étais pas du tout geek. Je me suis pourtant intéressée à Internet lorsque, en 1996, un ami me l'a fait découvrir au retour d'un voyage aux États-Unis. De nature curieuse, j'ai tout de suite trouvé ça super. Même si je n'entrevoyais pas toutes ses possibilités, je m'étais dit en tout cas que cela allait transformer la manière dont on communique, dont on s'informe, dont on se cultive. Puis, j'ai vu tomber une dépêche sur Yahoo!, disant que Lycos US voulait entrer en Europe en formant une joint-venture avec Bertelsmann, pour lancer Lycos dans divers pays européens. J'ai pensé que c'était le *dream job* et j'ai réussi à contacter la personne chez Lycos. Quelques semaines après, je démarrais l'aventure Lycos en France.

Je disposais d'une technologie développée à l'université Carnegie Mellon, qui était exactement la même que celle de Google, qui sondait le Web. Ensuite, il a fallu développer ce qu'on appelait à l'époque un portail, où nous avions des guides de contenus, des annuaires et pas mal de ressources pour aider les gens à naviguer sur le Web. J'ai commencé toute seule, en vendant mes premières bannières, mais nous sommes rapidement passés à une équipe d'une vingtaine de personnes. »

▶ *Quelles ont été les grandes étapes de votre parcours professionnel et quelle logique y avez-vous appliqué ?*

« On a racheté Caramail en septembre 2000 à Spray, puis Multimania. J'ai démissionné en septembre 2001 peu après que Lycos a été vendu à Terra Networks, filiale internet de l'espagnol Telefonica. Ils n'ont pas su gérer ensuite et c'est souvent le cas des start-up qui arrivent dans de grands groupes. Ils ont laissé Google passer devant eux, sans réellement comprendre qu'il fallait notamment investir dans le moteur de recherche et dans la tech. Ils ont préféré se diversifier dans des services de shopping, de rencontres, de portails, Lycos Voyages... Ça m'a donné la conviction qu'il ne faut pas s'éparpiller et je n'ai cessé de penser que le Web, c'est avant tout la tech. Il n'y a pas de secret, tout repose sur l'interface utilisateur, l'ergonomie, et il faut que ce soit rapide.

Je suis ensuite partie reprendre Club Internet. C'était pour moi une aventure un peu différente, parce que l'entreprise était installée, avec cinq cents personnes, et cent soixante-dix millions d'euros de chiffre d'affaires versus cent soixante-dix millions de pertes. J'ai lancé le haut débit en 2002, avant notre concurrent Wanadoo, et nous avons été les premiers à faire une offre de télévision en *replay*, une offre de vidéo à la demande, etc. J'y suis restée huit ans, développant la société jusqu'à près de quatre cents millions d'euros de chiffre d'affaires. C'était l'époque où il fallait investir d'énormes montants dans la fibre, mais notre actionnaire, Deutsche Telecom, ne voulait pas investir, alors j'ai revendu Club Internet au bout de huit ans, un peu moins de cinq cents millions à Neuf Cegetel en 2007, et la société a disparu quelque temps plus tard, à la suite de la fusion de Neuf Cetegel dans SFR.

Ensuite, je suis entrée au conseil de Free, pendant deux ans, avant de reprendre le groupe Tests - un groupe de presse informatique - dans le but de le rendre bi-média. En tant que repreneuse, j'ai connu les trois phases de l'entreprise : le démarrage, la montée en puissance et la restructuration. C'était très difficile, j'ai préféré de loin les premières phases et j'ai eu envie de revenir à mes premières amours, les jeunes sociétés. Je suis partie travailler avec de jeunes start-up, car il est très difficile pour de grands groupes classiques d'innover dans le digital : vous avez plein de freins, c'est très difficile de scier la branche sur laquelle vous êtes assis. Vous avez une mentalité différente, vous raisonnez différemment, c'est pour cela que l'innovation émerge rarement des grands groupes.

Je suis partie dans le capital-risque et l'investissement. J'ai rejoint Marc Simoncini pour créer Jaïna Capital, le premier fonds d'investissement *early stage*, situé entre le fonds classique et les *business angels*. Nous ▶▶

étions en 2009, une époque où il y avait encore un “trou” de financement entre les *business angels*, qui investissaient souvent pour des raisons de défiscalisation, et les fonds classiques, qui préféraient des boîtes déjà matures. Pendant trois ans, nous avons ainsi investi dans Made.com, Devialet, La ruche qui dit oui, OuiCar… de belles sociétés d'Internet, sur de nouveaux modèles de consommation, plutôt B2C, avec des gens qui voulaient disrupter de nombreux secteurs.

Ensuite, je me suis intéressée à l'Edtech. À l'époque, j'étais dans le Fonds Google pour la presse et, avec Litzie Maarek, ancienne directrice d'investissement chez Bpifrance, nous avons fondé ensemble Educapital en 2017. Ce fonds européen de capital-risque est dédié à la question de l'éducation et de la formation professionnelle pour aider les jeunes pousses du secteur à trouver des fonds à la hauteur de leurs enjeux. Avec un fonds de cinquante millions d'euros, nous avons investi dans plus de vingt-cinq sociétés, comme 365 Learning, LiveMentor, Magic Makers, Lunii, ou encore Digischool.

L'Edtech, un secteur que la crise du Covid a accéléré, et notre fonds 2 ont été lancés, afin d'accompagner et de faire des champions français et européens dans le secteur de l'Edtech. »

► *Quel regard portez-vous sur ces vingt-cinq dernières années et quelle vision avez-vous du monde de demain ?*

« Aujourd'hui, on peut rêver de voir émerger des champions internationaux. On a commencé à avoir un bon système de financement, on a des sociétés qui peuvent prétendre devenir des licornes, être introduites en Bourse et prendre une dimension internationale. Le système devrait aussi être vertueux, sans dépendre de l'État pour cela.

Avoir des champions français, c'est fondamental, surtout dans l'Edtech où j'évolue aujourd'hui. Sinon, demain, notre éducation sera entre les mains de Google, Amazon et Microsoft, qu'on a déjà laissé prendre des pans entiers de nos vies. Nous avons besoin de champions français, qui respectent notamment la vie privée et les données personnelles.

On peut rêver de voir apparaître de nouveaux pionniers comme autrefois, avec cette fois-ci un système de financement vertueux - que nous n'avons pas encore - qui passe aussi par les introductions en Bourse. Nous avons à présent beaucoup plus de soutiens de l'État, mais il faudrait tendre vers des systèmes comme ceux des USA ou d'Israël, pour avoir des champions français qui aient assez de moyens pour se développer en France comme à l'international, et avoir également de belles sorties en Bourse, pour créer un écosystème qui fonctionne. »

JEAN-PIERRE LEVIEUX

EX- MICROSOFT-MSN, WPP-MEDIACOM, À PRÉSENT FONDATEUR DE HOLISTEAM, AGENCE CONSEIL EN IDENTITÉ, COMMUNICATION ET CONTENUS DE MARQUE.

▶ *Quand et comment est-il arrivé à travailler dans le Web ?*

Après des débuts en régie, sponsoring et production TV, Jean-Pierre Levieux découvre l'émergence d'Internet avec les équipes éditoriales de Ziff Davis (PC Direct, PC Expert) en 1995.

En 1996, il rencontre Patrick Robin alors président d'Imaginet, qui développe les premiers sites Internet en France. À ses côtés, il lancera la première régie publicitaire digitale française : ROL (RégieOnLine).

Fin 1996, Microsoft le recrute pour lancer la régie MSN en France, qu'il dirigera et développera pendant onze ans en France et à l'international.

Dès 1998, avec une poignée de pionniers de la publicité digitale (dont Cécile Moulard, Philippe Guillanton, Isabelle Bordry, Philippe Bailly, Yseulys Costes, Louis Rougier, Orianne Garcia, Loïc Le Meur, Patrick Robin, Catherine Barba, Ludovic Levy, Marie-Christine Levet...), ils fondent l'IAB France et lancent les premiers formats publicitaires standardisés, les études marché et les outils de mesure de diffusion et d'efficacité digitale qui font encore référence aujourd'hui.

Au croisement des contenus de marque, du digital et des médias, Jean-Pierre lance au début des années 2000 les premières campagnes de *brand content* et les chaînes média digitales cofinancées par des marques, notamment avec Beauty Live, la première chaîne beauté internationale de L'Oréal et MSN, ou plus récemment Détours, le média des nouvelles mobilités de Canal+ et SEAT, lancée en 2015 avec Mediacom (WPP) et toujours diffusée sur Canal+.

MAURICE LÉVY

EX-CEO DE PUBLICIS, À PRÉSENT PRÉSIDENT DU CONSEIL DE SURVEILLANCE DE PUBLICIS GROUPE ET SERIAL ENTREPRENEUR : VIVATECH, L'ESCALATOR, YOURART...

« C'est le grand problème de la France, on accepte le risque, mais mesuré, on a donc des succès mesurés. »

► *Quand et comment êtes-vous arrivé à travailler dans le Web ?*

« Il faut que je fasse un retour en arrière. Lorsqu'il y a eu un test du Minitel, à Vélizy, j'ai trouvé ça intéressant et quelque temps plus tard il y a eu la décision de le déployer à l'échelle nationale. Avant que cela n'arrive, j'ai provoqué une réunion à Publicis avec François Henrot - à l'époque chargé du développement du Minitel à France Télécom - afin qu'il explique à nos clients ce que c'était. Nous avions une société qui s'appelait la SGIP (Société de gestion et d'informatique Publicis) dont j'avais la responsabilité et je me suis dit que ce ne serait pas idiot de développer des services autour du Minitel. Nous étions en 1982 ou 83, et nous avons développé des services pour quelques clients, dont Claude Perdriel[1], qui trouvait l'outil intéressant. Je l'ai proposé un peu plus tard à d'autres, dont TF1, et nous sommes devenus leur hébergeur à travers notre activité assez soutenue d'hébergeurs de Minitel.

1 Éditeur du *Nouvel Observateur*. Maurice Lévy précise que : « Le hasard veut qu'une des premières versions du Minitel rose ait été créée par accident par Publicis, en 1982 ou 83. Les techniciens de la SGIP ont développé une sorte de place du village, les gens se rencontraient et échangeaient, pouvaient jouer à des jeux de sociétés en ligne avec des échanges et discussions. Des codes me permettaient de voir tous les soirs comment ça se passait et un soir je tombe sur un pseudo assez explicite. Le lendemain, j'en parle à Perdriel comme d'une chose terrible et lui trouve que c'est génial et c'est là que naissent tous les services d'annonce du *Nouvel Observateur*. »

Ensuite, j'ai découvert le Web en 1992, lorsque le CERN l'a ouvert au public. Je pensais que ça allait marcher parce que c'était universel, j'ai senti qu'il y avait quelque chose à faire et j'ai proposé un essai à TF1, la même année. Je crois que nous étions les premiers à cette date, avec un site modeste. Ensuite, nous sommes allés voir d'autres clients pour leur dire qu'il leur fallait une vitrine sur le Web et, au milieu des années 90, nous avons créé Publicis Technologies, avec les équipes de la SGIP et des équipes créatives. À la fin de cette période, nous avions créé plusieurs entreprises : Publicis Net (notre outil d'investissement, qu'on a plus ou moins fermé au moment de la crise de la bulle Internet), Net Intelligenz (qui, sur une idée de Jacques Attali, est devenu un outil de e-réputation et de e-influence) et on a également créé Publicis E-Brand (un outil pour les marques qui devaient s'exprimer sur le Net). »

▶ *Quelles ont été les grandes étapes de votre parcours professionnel dans le Web et quelle logique y avez-vous appliqué ?*

« À partir du milieu des années 90, il y a eu la valorisation folle de Netscape, mais il y avait d'autres boîtes : Sapient commençait à émerger, ainsi que CKS, une agence dans le numérique spécialisée dans les sites Web, qui s'était retrouvée avec une valorisation impressionnante en n'ayant quasiment pas de chiffre d'affaires et peu de collaborateurs. Il y avait également US Web, qui était venue nous trouver en me disant : "Vous avez le bilan, nous on a la valorisation, on fusionne." J'ai été très séduit, puis je me suis dit qu'il y avait trop de fragilité, pas tant du fait qu'ils faisaient des pertes ou qu'ils avaient une valorisation qui n'avait pas beaucoup de sens, mais qu'il y avait trop de fragilité dans le système pour que ça dure et j'ai donc refusé. J'avais des doutes sur les fondamentaux et je fais partie de ces gens qui croient qu'une entreprise en a besoin, on ne peut pas se contenter d'avoir la mousse de la vague, on doit avoir la force qui pousse la vague et cette force ne vient que de ceux-ci. Je n'étais pas prêt à sacrifier les fondamentaux de Publicis pour la mousse du Web.

Lorsque Marcel Bleustein-Blanchet est mort en 1996, le premier mouvement que nous avons fait a d'abord été celui de la mondialisation, en même temps que nous étions modestement présents dans le numérique. Nous avions des agences en Europe et à New York, c'était tout. Tout le sujet était de savoir comment devenir mondial et cette marche forcée a été notre première étape. En même temps que nous faisions cela, les Américains et les Anglais continuaient à se développer fortement et, à un moment donné, des analystes parlaient d'un premier niveau dans lequel il y avait Omnicom, WPP et IPG et d'un second niveau, où nous étions. Il fallait absolument que nous fassions quelque chose. J'ai désespérément tenté des tas d'opérations jusqu'à celle de Saatchi, une agence très abîmée mais avec quelques clients très puissants, une créativité hors du commun, une image fabuleuse. ▶▶

Je me suis dit que notre crédibilité allait passer par là, que cette acquisition allait nous permettre d'être multi-réseaux et que nous ne serions plus considérés comme étant de second niveau.

Puis, en 2001, est arrivé le 11 septembre et les crises successives de Enron, Worldcom puis Madoff et l'éclatement de la bulle Internet. Le 15 ou le 16 septembre, je suis allé voir toutes nos agences. Il y avait une cible, Bcom3, qui devait entrer en Bourse l'année suivante et je me suis dit qu'ils n'allaient pas pouvoir réaliser leurs objectifs. Je les ai appelés et nous avons fait cette acquisition. Pourquoi ? Trois intuitions fortes.

- La première était la masse critique, à tous points de vue : le nombre et la qualité des clients, le volume, l'achat, les médias.
- La seconde, c'est que pour vendre du numérique, il faut avoir des clients car, à l'époque, il se vendait à petite dose pour des montants ridicules par rapport à la taille des budgets qui se comptaient en milliards. Il n'y avait pas encore le programmatique, mais déjà les campagnes de *display*. Double Click se trouvait quasiment en faillite et je me suis dit que si nous voulions avoir la masse critique du display, il fallait d'autres clients, sinon nous n'allions pas y arriver.
- Au moment où nous avons commencé à gagner un peu sur la data, nous étions encore dans la crise et aucune agence ne faisait de mouvement d'acquisition dans ce domaine, Google se développait mais n'avait pas l'outil et j'ai pensé qu'en faisant l'acquisition de Digitas, j'allais pouvoir faire une opération substantielle et je l'ai fait pour un milliard trois cents millions de dollars. Un truc aberrant mais le conseil m'a fait confiance et cela s'est avéré être un succès. Quelques mois après, Google a acheté Double Click tandis que Microsoft achetait aQuantive, à l'intérieur de laquelle il y avait Razorfish, qu'ils m'ont vendu deux ans plus tard pour un tiers du prix qu'ils avaient payé. Nous avons également acheté d'autres opérations à travers le monde, y compris dans le numérique. Ce sont des intuitions qui ont bien marché.

En 2007, lorsqu'a commencé la crise des subprimes, nous avons acheté Digitas et il fallait faire en sorte que la transformation se fasse. Nous avons alors créé Vivaki en rapprochant Digitas des agences médias, pour faire une entité commune. Cette transformation radicale de l'approche nous a permis de traverser la crise mieux que les autres, à telle enseigne qu'en 2012 nous sommes sortis renforcés de cette crise. Tout le monde se repliait tandis que nous nous sommes déployés, à la fois parce que nous avons bien géré l'endettement sur Digitas mais aussi parce que nous avons réussi à maintenir nos marges. Vivaki est devenu un outil essentiel de notre dispositif de simplification et d'intégration du numérique.

En 2014, après l'échec de la fusion avec Omnicom, j'ai négocié l'acquisition de Sapient en faisant un pari bien plus considérable que le précédent, puisqu'il s'agissait là de trois milliards et demi et d'une culture qui n'avait rien à voir avec la nôtre, à l'inverse de Digitas. Sapient faisait surtout des plateformes, certaines d'e-commerce, d'autres sur des sujets sensibles (une partie de Sapient est sous contrôle d'autorités américaines). Cette acquisition était mal comprise, les gens pensaient que je m'étais planté avec Omnicom et m'égarais à nouveau... Mais pendant toute l'année 2015, j'ai invité des gens (dont tous les grands leaders de la tech à l'époque) pour réfléchir à l'avenir et à ce que devrait être une nouvelle organisation. S'est imposé une vérité, celle de "*The power of one*". J'ai changé l'organisation et les labels se sont effacés au bénéfice des clients, afin qu'une communauté de gens travaille pour eux sans cloisonnements.

La même année, pour le 90e anniversaire de Publicis, nous avons monté l'opération "90 ans, 90 start-up" afin de montrer que nous sommes authentiquement en faveur de cette économie. En parlant dans Le Club Les Echos de l'événement que nous préparions avec nos candidats, ils m'ont dit vouloir organiser un salon des start-up[1]. Nous avons discuté et, à la suite de cela, nous avons créé Vivatech en pensant que nous n'allions pas faire un CES, un WebSummit, un Founders Forum qui existent et sont très bien faits. Il fallait que ce soit différent. Que manquait-il ? La mise en avant des innovations numériques en France, qu'il fallait présenter dans tous ses secteurs et dans toutes ses dimensions. Par ailleurs, les grandes entreprises avaient besoin de se transformer, elles avaient besoin des start-up. Pas seulement pour dénouer les cravates, mais pour dénouer les esprits et libérer la pensée. Nous avons alors décidé que Vivatech ferait accueillir les start-up par les grandes entreprises. Vivatech est la rencontre entre les grandes entreprises, les start-up, les *venture capitalists* avec les plus grands *speakers* du monde et le coup d'envoi a été spectaculaire. Dans la foulée, nous avons pris conscience que la tech était attaquée, et nous avons monté Tech for Good[2]. »

► *Quel regard portez-vous sur ces vingt-cinq dernières années et quelle vision avez-vous du monde de demain ?*

« Le monde des start-up est un monde d'entrepreneurs, mais nous n'avons pas fabriqué de start-up qui sont les grandes plateformes du monde. Il y a des freins à cela, le premier étant les capitaux. La France reste engoncée dans des systèmes anciens où il faut risquer, d'accord, mais pas trop. Jamais la France n'aurait permis à une entreprise de perdre des centaines de millions et de voir des milliards perdus, comme ça a été le cas pendant plus de ►►

1 Lorsqu'en 2006, Maurice Lévy et Jean-Pierre Jouyet on fait pour Thierry Breton un rapport sur l'économie de l'immatériel, l'une des soixante-dix recommandations préconisait déjà de faire un salon des start-up. Quelque temps après, il y a une première application : le e-G8, organisé par Maurice Lévy. C'est en quelques sortes un concept fondateur de Vivatech.

2 « Tech for Good est lancé en 2018, à l'initiative du président français Emmanuel Macron, des entreprises technologiques, des grands groupes, des startups et des ONG s'engagent pour définir des modèles de développement qui mettent la technologie et le numérique au service de l'humanité. Ensemble, ils se mobilisent pour le bien commun, à destination de toutes et tous, partout. » Voir « Tech for Good : innover pour le bien commun », *elysee.fr.*

quinze ans pour Amazon, qui a perdu des sommes colossales mais a été soutenu. Google a mis des années avant de gagner de l'argent. C'est le grand problème de la France, on accepte le risque, mais mesuré, on a donc des succès mesurés. Est-ce qu'on a la capacité de faire encore des choses ? Oui, bien sûr, on a cette capacité. Est-ce qu'on aura les moyens pour les réaliser ? J'ai des doutes.

Le deuxième aspect c'est que l'Europe est un continent de réglementations, mentalement, moralement, intellectuellement, il faut des règles, alors qu'aux États-Unis on invente les règles. L'Europe n'aurait jamais pu faire Space X, parce qu'on n'a pas l'audace et même si on avait cette audace il y aurait des freins en permanence : règles de sécurité, de ceci, de cela, qui fait qu'à un moment donné il devient impossible de faire. C'est culturel, nous sommes dans cette culture de la réglementation et de la taxation. Avec également Bruxelles qui, sous prétexte de créer un territoire commun avec des normes communes, commence par les normes, là où on devrait commencer par changer la culture générale.

Par ailleurs, les politiques industrielles ne peuvent pas être pensées à l'échelle d'un pays. En ce qui concerne l'Europe, la seule façon de favoriser l'industrie, c'est d'avoir une politique industrielle européenne. Ensuite, les échecs que nous avons connus sont des échecs de compétitivité. Tant qu'on poursuivra - comme on le fait en ce moment - à réduire le temps de travail, à augmenter les charges, à augmenter les coûts et à faire en sorte que le poids du travail pèse autant dans le prix de revient, rendant nos produits finis beaucoup plus chers que les autres, on ne pourra pas éternellement courir dans la montée en gamme et vendre. On se retrouve avec une économie qui est celle du luxe, des cosmétiques et d'un certain nombre de produits d'innovation, mais on a abandonné énormément de métiers. On invente des boucliers qui pèsent sur le budget, qui pèsent sur l'économie et qui pèsent sur l'avenir des enfants puisque c'est de la dette. On se retrouve dans une situation où les capacités de manœuvre des États et en particulier de l'État français sont limitées. Notre dette est de l'ordre de trois mille milliards : comment la résorber et se redonner des marges de manœuvre ?

Le digital ni changera rien, il est un outil.

Pour ce qui est de l'Europe, et en particulier de la France, je ne suis guère optimiste. Je vois même l'avenir dans ces domaines en sombre malgré des pépites, malgré la *french tech* et quelques beaux succès. Je m'explique : nous avons des atouts considérables, notamment les talents, mais nous agissons en ordre dispersé. L'Europe n'existe pas dans le numérique malgré les excellentes directives européennes : trop de barrières, de frontières, de telcos, de "petits fonds", de disparités et de volontés nationales. Face aux géants américains ou chinois, nous faisons figure de nains et sommes vus comme un juteux marché à prendre (songez aux investissements colossaux dans l'intelligence artificielle, à Microsoft qui investit dix milliards de dollars dans OpenAI, le créateur de ChatGPT). Imaginez ce que l'alliance de quelques pays autour de la France et l'Allemagne pourrait produire ! Nous pourrions devenir un acteur mondial de premier plan ! J'enrage de voir notre énergie, nos talents, freinés par le manque d'Europe. Cela m'énerve mais ne m'empêche pas de continuer à œuvrer, agir et avoir de grands rêves, et même d'entreprendre. Ce qui me redonne le sourire c'est de voir qu'il y a beaucoup de talents qui ont de belles idées, de beaux projets et de l'ambition. »

BENJAMIN (PATRICE) MAGNARD

FONDATEUR DE ALAPAGE, À PRÉSENT *BUSINESS ANGEL*.

« Si les peuples veulent garder leur vraie souveraineté, il faut qu'ils soient plus vigilants sur le droit à la vie privée. »

▶ *Quand et comment êtes-vous arrivé à travailler dans le Web ?*

« Ça remonte à 1979. Le jour de mes seize ans, j'ai commencé à travailler le week-end à la librairie Magnard, tenue par mon grand-frère, Louis, de trente ans mon aîné. Cette même année, en me disant que ma génération serait numérique, il m'a demandé d'assister à un colloque sur l'informatique et la société de l'information : on nous a présenté ce qu'allait être le Minitel - qui n'existait pas encore - ainsi que les premiers terminaux d'ordinateurs et leurs capacités de composition. C'est à la suite de cela qu'un autre de mes frères, Stéphane, a monté la société Tite-Live, qui a informatisé les librairies.

En 1984, parce que je m'ennuyais pendant mes études, j'ai lancé avec mon ami d'enfance, Igor Schlumberger, *Le guide Magnard de tous les logiciels*, lesquels fleurissaient à foison au début de cette ère de l'informatique personnelle (également disponible sur Minitel). Pour cela, nous avons créé une base de données qui pilotait directement la photocomposeuse. En 1985, je n'avais que vingt et un ans et mon frère aîné m'a demandé de prendre la direction d'une de nos librairies, scientifique et médicale, dont le chiffre d'affaires baissait. Parmi de multiples transformations, il y a eu l'installation dans la rue d'un Minitel afin que les gens puissent interroger le stock de l'extérieur, ce qui m'a donné l'idée de créer un service pour que les gens puissent acheter à distance. En 1987, j'ai ainsi créé 3615 Medilivres, ajoutant rapidement tout le catalogue de l'édition française. Comme Électre refusait de m'ouvrir sa base de données, j'ai créé une petite société, faisant de notre librairie un client comme d'autres librairies qui pouvaient ainsi avoir leur propre boutique en ligne via ce que j'avais appelé "le système Voltaire" (une plateforme SaaS, B2B2C). Mais je n'arrivais pas à convaincre suffisamment de libraires et ceux qui avaient adopté la plateforme ne communiquaient pas dessus, contrairement à nous.

En 1988, je m'étais associé avec Luigi Gropallo dans une société qui vendait des disques sur Minitel, Novalis. Et, lorsqu'en 1995-1996 le kiosque micro de France Télécom a permis les réseaux privés WYSIWYG avant l'avènement d'Internet (MSN, Infonie, Compuserve...), nous avons décidé de numériser la totalité des visuels de cent mille livres disponibles, ainsi que des pochettes de disques et un million d'extraits sonores, pour proposer la totalité de ces services sur Internet. Cela concernait également Alapage - ouvert en mars 1996 - qui pour moi était la vitrine de notre technologie. Je me suis consacré entièrement à cette petite structure, pour qu'elle fonctionne à plein rendement, tout comme une dizaine de librairies, dont Le Furet et Chapitre.com.

Nous avons fini par convaincre la Fnac, laquelle a adhéré au service et a débauché mon associé, Luigi Gropallo. Le site devait être développé par IBM Services, mais j'ai proposé de démarrer avec nous en marque blanche. Avec le départ de Luigi, il était prévu que nous vendions l'activité de VPC, Planète Livres, pour se concentrer uniquement sur celle de fourniture de bases de données. On s'était mis d'accord avec eux sur le chiffre de huit millions de francs, mais le *deal* a fini par capoter. Ils sont malgré tout restés nos clients.

Parallèlement, la croissance de Alapage était de 3 à 5 % par mois, sans aucun marketing. Un jour, un journaliste américain est venu en Europe faire un papier sur l'e-commerce, et au moment de l'interview j'ai lu dans ses yeux qu'il me trouvait nul, parce que je n'investissais pas en publicité. Grâce à sa réaction, j'ai commencé à investir, les ventes ont explosé et on doublait notre chiffre d'affaires tous les six mois. Nous venions d'une culture PME, nous avions appris à prendre des risques technologiques, mais rien dans notre formation ne nous avait enseigné à prendre des risques marketing.

À partir de ce moment-là, tout le monde a essayé de nous racheter, y compris Amazon (grâce à Stéphane Treppoz, à l'époque à la Compagnie générale des eaux) et la Fnac (à nouveau), ainsi qu'une dizaine d'autres sociétés et le *deal* semblait se finaliser avec Amazon. J'ai finalement signé avec des *venture capitalists*, levant soixante millions de francs pour racheter les parts de Luigi et rentrer en Bourse à la rentrée. Mais tout l'été, des négociations ont continué avec Wanadoo d'un côté et Europe@Web de l'autre, sans pouvoir prendre de vacances. Nous étions interloqués, l'introduction en Bourse devait être encore deux fois supérieure et j'ai craqué pendant ▶▶

un conseil d'administration : je ne savais plus quoi faire. À ce moment-là, le contrat pour Europe@Web était prêt, mais un représentant d'Innovacom a proposé de parler à Wanadoo. Nous étions un jeudi, il y a eu une rapide montée d'enchères avec Nicolas Dufourcq, qui m'a fait une nouvelle offre, à condition que je n'aille pas faire monter les enchères avec d'autres. Nous avons signé le lundi à midi, le jour de mes trente-six ans.

Je les ai accompagnés pendant un an pour aider à la transition (sans arriver à m'intégrer dans le groupe), puis je suis devenu *business angel*, investissant dans une vingtaine de sociétés dont les plus connues sont Aufeminin, Prestashop, Meilleur Taux, Allo Resto, Leguide.com, Vente à la propriété... et j'ai redémarré immédiatement avec Maxicours, ce qui a été une erreur, car j'aurais dû prendre un temps de repos. »

▶ *Quelles ont été les grandes étapes de votre parcours professionnel et quelle logique y avez-vous appliqué ?*

« En 2000, j'ai démarré Maxicours, le premier site de soutien scolaire en ligne, en reprenant le principe des cahiers de vacances créés par mon père, Roger Magnard. Nous avions une cible grand public mais, assez rapidement, nous avons eu un concurrent qui visait le marché de l'Éducation nationale, et à partir de ce moment-là on a décidé de faire pareil. Je pense que c'était une erreur, car le marché de l'Éducation nationale est un miroir aux alouettes. Il n'y a jamais eu de marché numérique de l'Éducation nationale à la hauteur des enjeux. Aujourd'hui, il est de l'ordre de vingt millions d'euros, sur cent cinquante-sept milliards d'euros dépensés annuellement. Connaissant aussi bien le système éducatif que les acteurs et le numérique, j'étais capable de monter un projet ultra-innovant, qui permettait de faire de l'*adaptive learning,* car chaque année les quatre-vingt mille élèves qui décrochent du système scolaire génèrent une dette future de vingt milliards d'euros par an, selon le Boston Consulting Group. On avait créé une première plateforme qui proposait des outils, pour rendre cohérentes les trois cents plateformes existantes au sein du système actuel. On hébergeait des contenus, on permettait de travailler avec des bases de données de contenus extérieurs. Nous l'avions proposé au ministère de l'Éducation nationale, qui n'en a rien fait, tout comme les librairies n'avaient rien voulu faire lorsqu'on leur avait proposé une plateforme. »

▶ *Quel regard portez-vous sur ces vingt-cinq dernières années et quelle vision avez-vous du monde de demain ?*

« On a créé des outils numériques fabuleux, bien au-delà de tout ce que l'on imaginait, et dans un même temps, nous n'avons pas été éduqués à bien mesurer quelles pouvaient être les conséquences négatives et néfastes. J'en vois deux.

- La notion de l'accessibilité permanente aux écrans, ce qui nous amène à interagir sans cesse, poussant au *burn-out*. Je pense donc qu'il y a un véritable besoin d'éducation à comprendre quand, comment et pourquoi être connectés.
- Il y a également cette abomination qu'est la désinformation. On a à la fois augmenté de manière monstrueuse l'accès à l'information, pendant qu'on facilitait l'accès à la désinformation, poussant vers des scandales comme Cambridge Analytica, qui ont renversé le pouvoir en place par le biais de la manipulation des masses, et qui peut mener à des dictatures, ce qui a failli être le cas avec Trump, alors que les États-Unis sont la plus grande démocratie du monde.

Sur les vingt-cinq prochaines années, il faudrait rendre l'informatique transparente, que ça devienne un non-sujet. Il y a un vrai besoin du droit à l'oubli qui doit exister. Je trouve que le RGPD est une très bonne chose, l'Europe a fait un travail exemplaire, mais il faut qu'il soit suivi de plus d'effets. Aujourd'hui, à chaque fois que l'on utilise un site dont Google est le fournisseur d'accès d'Analytics, tous les cookies remontent chez eux. Ils connaissent tout de la vie des gens. Si les peuples veulent garder leur vraie souveraineté, il faut qu'ils soient plus vigilants sur le droit à la vie privée. Et il y a beaucoup d'injonctions, qui ne sont pas du fait des algorithmes, ce sont les bras armés de personnes qui veulent faire de l'argent à outrance. Il faudrait une meilleure connaissance des arcanes du danger, de manière que les gens puissent se faire leur opinion et se prémunir. »

PIERRE MARAVAL

ARTISTE PLASTICIEN, CRÉATEUR DE L›EXPOSITION « PIONNIERS.NET ».

▶ *Quand et comment êtes-vous arrivé à travailler dans le Web ?*

« Je n'ai pas travaillé dans le Web mais avec le Web. En 1992, j'étais un peintre, je travaillais sur le portrait individuel. La lecture d'un article à propos du Web m'a percuté. Je me suis dit que j'allais figurer des réseaux humains plutôt que des individus isolés. En 1993, j'ai réalisé l'exposition « Mille femmes » : c'était un tableau géant composé des mille portraits de femmes qui se sont choisies les unes les autres. Sur le même concept, en 1995, j'ai réalisé l'exposition « IDEAS, mille acteurs de la lutte contre le sida », présentée dans un musée virtuel sur Internet. Je suis le premier artiste en France à avoir conçu une exposition pour le Web. Depuis, j'ai fait quinze expositions de ce genre sur des thèmes divers. Le thème des femmes étant majeur, après Paris j'ai décliné à La Havane, Toronto, Montréal, Sète, Venise, pour tisser une toile mondiale. Mais, en 2018, il m'est apparu plus efficace d'inverser le processus, au lieu d'aller réaliser des portraits dans des pays divers, j'ai conçu une application Web ayant la capacité de réunir sur une plateforme unique les portraits de millions de femmes, postés du monde entier. Cette œuvre digitale, *WOW (Women Of the World)*, sera lancée en 2023 : les portraits défileront en boucle sur le site et l'œuvre grandira au fur et à mesure de la viralité globale. Dans les années à venir, on pourra la placer dans l'univers crypto en tant que NFT fractionnelle. »

JEAN-MARIE MESSIER

EX-PRÉSIDENT DE VIVENDI, À PRÉSENT PRÉSIDENT DE MESSIER & ASSOCIÉS.

DÉCOUVERTE DU WEB

En 1994, Jean-Marie Messier est à la banque Lazard, où il rencontre Guy Dejouany, président de la Compagnie générale des eaux, qui lui propose un poste de directeur général. Le polytechnicien et énarque, qui n'a pas quarante ans, se retrouve à la tête d'une entreprise surtout présente dans la distribution d'eau et la collecte des déchets, bien qu'elle commence à s'intéresser à la téléphonie mobile et à la télévision payante.

À la tête du groupe, la stratégie de Messier est inverse à celle de son prédécesseur ; il vend une partie des activités historiques du groupe et la CGE devient Vivendi. Il entame ensuite une stratégie de convergence des contenus et des tuyaux Cegetel (télécoms), Canal+ (audiovisuel) et Havas (édition), en faisant le choix délibéré de devenir très médiatique. En 1998, il fait l'acquisition du groupe canadien Seagram qui, outre les boissons, possède les studios de cinéma et la musique à travers sa filiale Universal, transformant ainsi le groupe français en deuxième plus grand groupe de médias au monde, soudainement propulsé sur la scène internationale.

À partir de ce moment-là, Messier se focalise sur Internet, « le point de convergence des télécoms et des médias[1] ».

PARCOURS PROFESSIONNEL

Au moment de la fusion entre AOL et Time Warner, en 2000, Messier s'allie au britannique Vodafone, afin de lancer le portail Vizzavi, une plateforme de services, accessible depuis téléphones mobiles, ordinateurs et, à terme, télévisions. Il rachète le portail iFrance à Marc Simoncini pour cent cinquante millions d'euros afin d'utiliser sa technologie pour traiter les différents flux de contenus, mais ce n'est pas la stratégie de Vodafone, qui veut construire une solution propre, fondée sur le Wap, afin d'être accessible sur les téléphones mobiles. Le Wap se révèle être un mauvais choix. Les contenus ont des airs trop promotionnels et la gestion centralisée par des cabinets de consulting entre les différentes entités du groupe et les huit différents pays manque d'efficacité. Le site, initialement valorisé à vingt milliards d'euros début 2000, passe rapidement à zéro malgré un investissement d'un milliard d'euros entre Vivendi Universal ▸▸

1 « La stratégie de "convergence" de Jean-Marie Messier suscite des interrogations », *lesechos.fr*, 11 mars 1998.

et Vodaphone. L'opérateur anglais rachète finalement les 50 % détenus par le groupe français pour cent quarante-deux millions d'euros. Pour Messier, le concept était pertinent, mais la technologie n'était pas encore au rendez-vous.

Parallèlement à Vizzavi, Messier fonde VivendiNet, une structure dédiée qui pendant quatre ans, avec un budget total de deux milliards d'euros, encourage les différentes entités du groupe à développer des projets Web d'envergure et rachète des sites comme MP3.com (2001) et iFrance.

En mars 2002, Vivendi révèle une perte d'environ dix milliards, après avoir amorti la valeur des acquisitions réalisées au plus fort du boom des nouvelles technologies. En mai, le conseil d'administration soutient la stratégie de Messier afin de réduire la dette ; mais, en juin, une annonce déroute le marché, qui y voit le signe d'un manque de liquidités.

Jean-Marie Messier, qui a transformé une entreprise d'eau en un géant mondial des médias, est contraint de remettre sa démission début juillet. Dans un e-mail adressé à ses employés, il dit, entre autres : « Des cessions partielles sont nécessaires mais le cœur doit être préservé : une grande entreprise de médias et de communication, la seule entreprise véritablement mondiale et multiculturelle. (...) L'élaboration d'une stratégie repose sur trois bases : la vision, les ressources et le temps (...). Le temps est quelque chose qui ne m'a pas été donné (...). L'avenir de notre monde ne dépend pas de la technologie mais de la culture dans son sens le plus large. Le fait que Vivendi Universal soit la seule entreprise véritablement multiculturelle est, à la fois, un défi et une source de grandeur. »

Il reste alors à New-York, hébergé dans un bureau de Publicis, et démarre une banque d'affaires, Messier & Partners, en se tenant cette fois-ci à l'abri des médias, (à une exception près, en 2009, lorsqu'il publie *Le jour où le ciel nous est tombé sur la tête*).

ET MAINTENANT ?

« Ma vision était juste. Mais avoir raison trop tôt, ça peut aussi vouloir dire avoir tort. Ce qui m'intéresse, c'est l'avenir, et particulièrement la transformation que cette convergence provoque sur de nombreux secteurs, notamment dans les médias et les télécoms[1]. »

En 2015, pendant les rencontres de l'Udecam (Union des entreprises de conseil et d'achat média), il déclare : « Il y a quinze ans, j'étais le doux rêveur à la tête de Vivendi. Le débat sur le rapprochement entre tuyaux et contenus est un peu archaïque aujourd'hui, dépassé par les ruptures technologiques et les réseaux sociaux. L'essence de la convergence, c'est le consommateur (...). Pour permettre la convergence entre les tuyaux et les contenus, il a fallu étendre les investissements dans le haut débit, il a fallu le temps d'offrir au consommateur une expérience simple. Il manquait le génie de Steve Jobs et l'explosion des travaux

1 Olivier UBERTALLI, « Vivendi : Jean-Marie Messier et Vincent Bolloré, même combat ? », *lepoint.fr*, 9 novembre 2015.

en matière de *software*. Quatre phénomènes se sont produits. D'abord, la généralisation du *broadband* et le rapprochement entre tuyau et tuyau (comme SFR et Numéricable). Les réseaux sociaux sont devenus un mode de vie où l'usage est plus important que la possession et le partage un mode de consommation de base. L'explosion des data a fait émerger un marketing *one-to-one* et la généralisation du *cloud*, stade ultime de la convergence, fait que tout est au même endroit. (...) Le contenu reste roi. Il y a une vraie valeur dans le premium, l'exclusivité, le *live*. Le Net ne tue pas le contenu mais le valorise. La nouvelle distribution est reine, c'est la conséquence de cet usage à la demande, la base du développement des *market places*. L'usage est plus important que la possession, l'économie du partage a pris le dessus[1]. »

1 https://www.challenges.fr/challenges-soir/la-convergence-medias-vue-par-jean-marie-messier_67511

NICOLAS METZKE

EX-CIAO.FR, À PRÉSENT COFONDATEUR DE MELVIN & HAMILTON DIGITAL.

▶ *Quand et comment êtes-vous arrivé à travailler dans le Web ?*

« En 1996, après quatre ans de conseil en stratégie, j'ai intégré Apple Europe à Munich, comme responsable des partenariats avec les éditeurs de CD-ROM. Puis, j'ai été chargé d'un programme de marketing global à destination des clients PAO.

En 1998, j'ai eu l'extraordinaire chance de remplacer un collègue américain au siège de Apple, à Cupertino, pendant ses trois mois de congé sabbatique. J'ai assisté au lancement du premier iMac - la boule bleue - par Steve Jobs. Pendant ces trois mois dans la Silicon Valley, j'ai ressenti les *vibes* particulières des jeunes pousses qui se créent tous les jours. À mon retour en Europe, je ne rêvais que de créer ma start-up. J'ai contacté les fondateurs de Ciao.com, site d'avis de consommateurs créé à Munich, et en moins d'une semaine nous sommes tombés d'accord pour que je lance la version française, puis des déclinaisons dans d'autres pays européens.

Nous avons traversé la première bulle Internet et j'ai pu entrer ensuite au capital de la société. En 2005, elle a été acquise par un concurrent américain, mais j'y suis resté deux ans de plus. »

MICHEL MEYER

COFONDATEUR DE MULTIMANIA, AUJOURD'HUI GESTIONNAIRE TECHNIQUE PRINCIPAL CHEZ META.

DÉCOUVERTE DU WEB

En 1994, Michel Meyer est en stage aux États-Unis, chez Ray Dream, une entreprise spécialisée dans la modélisation 3D. Avec quatre autres expatriés, (Olivier Heckmann, Nicolas Malherbe, Erik Robertson et Yves Tuet). Il crée Multimania Productions, qui édite le site humoristique The Virtual Baguette, pour les Français exilés. Il offre aussi des canaux de discussions en direct, organisés par sujets.

PARCOURS PROFESSIONNEL

L'année suivante, il rentre en France et leur activité se transforme : ils deviennent prestataires de services et éditeur de contenus pour des sociétés tierces. En octobre 1996, Sofinnova Partners prend une participation et injecte plus de deux millions et demi de francs. En 1998, Multimania rachète Mygale (hébergeur de pages personnelles, avec quarante mille membres, créé par Frédéric Ciréra, en 1996), pour croître et permettre à des milliers d'internautes de s'exprimer et de livrer leurs passions en tous genres. « En 1998, nous nous sommes rendu compte que les dialogues en direct (chats) étaient le principal attrait de notre site. Avec cent nouveaux membres chaque jour, le modèle économique devenait clair, nous devions devenir un site de communautés, au sens large, pour permettre aux internautes d'échanger et de communiquer autour de différentes thématiques[1]. » La fusion est l'occasion d'un nouveau tour de table, avec Sofinnova et FD5. Il prend la direction du groupe, fait des campagnes TV humoristiques, intègre la publicité aux pages Web afin que la gratuité perdure pour les internautes, et, en 1999, Multimania devient le premier site français de communautés et le troisième site en termes de visiteurs.

En mars 2000, le site rentre en Bourse, et le cours de l'action flambe dès le premier jour, valorisant la société à plus de six cents millions d'euros. Cela fait de Meyer, vingt-sept ans, un millionnaire pressé de faire des acquisitions pour développer Multimania partout en Europe. L'année suivante, l'éclatement de la bulle et l'effondrement du cours de Bourse l'obligent à vendre Multimania pour deux cent vingt-deux millions d'euros à Lycos, entre-temps devenu concurrent avec sa filiale Tripod.

1 Emmanuel PAQUETTE, « L'indépendant Michel Meyer, webmaster de la France du Net », *lexpress.fr*, 18 novembre 1999.

En 2003, toujours avec Olivier Heckman, Michel Meyer fonde Kewego, une plateforme de vidéo en ligne et de télévision interactive, fonctionnant essentiellement en B2B, pour différents médias. Mais un procès avec Canal+ et la croissance de YouTube qui gagne des parts de marché un peu partout en Europe, fragilisent le modèle de Kewego, malgré ses quatre cent cinquante clients à travers la France, l'Allemagne et l'Espagne et un chiffre d'affaires d'environ dix millions d'euros. En 2011, les deux fondateurs cèdent l'entreprise à Kit Digital (depuis renommée Piksel) pour un montant de vingt-cinq millions d'euros. Michel Meyer prend pendant quelque temps la direction internationale de la société et, deux ans plus tard, en 2013, il part chez Viadeo, réseau concurrent de LinkedIn, avec cinquante millions de membres. Il y reste directeur général pendant un an.

En 2014, il repart s'installer aux États-Unis, d'abord en tant que conseil pour le fonds d'investissement Newfund. Puis, il revient à l'entrepreneuriat avec Presence AI, qui propose aux entreprises des *bots* de messagerie instantanée, principalement par SMS, afin de leur permettre d'interagir automatiquement avec leurs clients. En 2019, l'entreprise est cédée à Groupon, et Meyer y occupe deux postes de direction jusqu'à la fin 2020, lorsqu'il est contacté par Facebook pour gérer le déploiement des technologies de messagerie instantanée. Il est chargé de créer des plateformes favorisant l'adoption de ces technologies dans les différentes applications de Meta (Facebook App, Messenger, Instagram, ...) ainsi que sur les appareils de type Oculus ou Ray-ban Stories.

En parallèle, il a fondé Newstechworld, qui lui permet d'investir et de conseiller des start-up depuis 2014.

FRANK MICHEL

EX-LAGARDÈRE ACTIVE PUBLICITÉ INTERNET, FONDATEUR ET DIRECTEUR GÉNÉRAL DE DIXER-FORMATIONS DIGITALES.

▶ *Quand et comment êtes-vous arrivé à travailler dans le Web ?*

« J'ai réorienté ma carrière vers la communication et la publicité en 1995. Après avoir travaillé un an pour RGA (régie générale d'annuaires), j'ai intégré Kompass en 1996 pour monter la cellule de télévente, activité nouvelle dans cette société traditionnelle. Quand les sites de Kompass ont été créés, certains d'entre nous y ont vu une opportunité, mais une autre s'est offerte à moi début 1999 : Interdeco Multimédia, la régie Internet du groupe Lagardère venait de se créer et ils recherchaient des commerciaux pour la développer. Nous avons défriché le marché, en commercialisant les sites Internet à notre disposition : Club Internet, l'un des premiers fournisseurs d'accès à Internet en France, *elle.fr*, *europeinfos.com* (*europe1.fr* n'a vu le jour que quand la rédaction a cessé de penser qu'Internet "salissait" son image !), etc. Nous n'avions aucune idée de ce qu'allait devenir le digital en France, mais pressentions qu'une révolution était en marche.

En 2008, j'ai lancé BouseReflex.com, un site d'informations financières qui, huit mois plus tard, se classait dans le top 10 des sites financiers.

En 2010, avec plusieurs investisseurs dont Pascal Chevalier et Stéphane Bonjean, j'ai créé une agence spécialisée en *social media.* Avec la montée en puissance des réseaux sociaux et en particulier de Facebook, Social Mix Média était né. En moins de trois ans, nous avons gagné la confiance de sociétés comme Cortal, Mindscape, Galeries Lafayette, BHV, Millésima, Liérac, Elite Auto, et nous les avons accompagnées dans leur stratégie sur les réseaux sociaux.

Fin 2013, lorsque Social Mix Média s'est rapproché de la société Come&Stay pour fonder le groupe Social Mix Média Group, côté sur Alternext, puis y a intégré Nextedia, la boucle était bouclée et j'ai eu envie d'autre chose !

Une troisième aventure est ensuite arrivée : Dixer. Partant du constat que le "digital" devenait de plus en plus complexe et comptait chaque jour de nouveaux leviers marketing, j'ai pensé que la formation allait devenir centrale pour maintenir un niveau élevé au sein des équipes. »

LAURENCE MILHAU

EX-MEDIAPOLIS, À PRÉSENT GLOBAL DIGITAL DIRECTOR ESSENCEMEDIACOM – GROUPE WPP.

▶ *Quand et comment êtes-vous arrivée à travailler dans le Web ?*

« J'ai fait un stage de fin d'études chez Mediapolis (devenu MPG, puis Havas) en 1997, puis un an de césure à l'étranger. De retour en France en 1998, je les ai contactés pour trouver un CDI. Mediapolis ouvrait son département digital, avec deux salariés : Yann Le Roux et Laetitia Fages. Je suis restée avec eux un peu plus de six ans.

En six ans chez Mediapolis, j'ai évolué sur plusieurs postes : chef de groupe, puis responsable d'un second département digital pour m'occuper des clients en concurrence, pour finir directrice média. Entre-temps, il y a eu le rachat par MPG et le département digital est devenu Mediacontacts.

J'ai ensuite rejoint en mission le Syndicat des régies Internet (SRI) pour y devenir la première déléguée générale. À l'époque, en 2004, le SRI ne comptait que six membres (les portails).

Après huit années de digital, j'ai tout plaqué pour devenir créatrice de mode enfantine et j'ai ouvert mon *concept store* : Purée Jambon.

Trois ans après, la stimulation du travail en équipe me manquait. Je suis revenue au digital dans une start-up qui venait d'être rachetée par Microsoft. Je suis restée un peu plus de deux ans comme directrice commerciale d'Atlas (un *adserver*).

Forte de cette triple expérience : agence/régie/tech, j'ai été contactée par GroupM pour prendre la direction digitale d'une de leurs agences, Mediacom. C'était il y a plus de dix ans et je suis toujours chez eux. J'y ai monté le département programmatique et je suis à présent directrice générale de GroupM Digital. »

FRANCE MIREMONT

EX-INTERNET-WAY.

▶ *Quand et comment êtes-vous arrivée à travailler dans le Web ?*

« En novembre 1994, j'ai entendu Jean-Michel Billaut, que je ne connaissais pas à l'époque, dire à la radio qu'un nouvel outil de communication, Internet, allait arriver et révolutionner la communication entre les hommes et les femmes. Je me suis dit que puisque je travaillais dans l'univers de la communication, je me devais de regarder.

Le hasard de la vie a fait qu'une de mes anciennes collègues d'une agence de communication m'a mise en contact avec une start-up, qui cherchait quelqu'un pour diriger leur communication. C'était Internet-Way, l'un des cinq prestataires d'accès à Internet pour les entreprises à l'époque en 1995 (le grand public n'y avait alors pas ou à peine accès). J'ai rencontré les fondateurs, Jérôme Lecat et Olivier Dauchot, avec qui j'ai commencé à travailler à partir d'avril 1995 pour quelques mois.

Ensuite, j'ai repris mon indépendance et j'ai réalisé une enquête sur le marché d'Internet en France, qui m'a permis de rencontrer d'autres acteurs du secteur. Je me suis fait un tableau synthétique et j'ai enchaîné les missions autour du digital. J'ai rencontré une personne du ministère de la Culture qui m'a mise en relation avec Bruno Oudet - à l'époque basé à l'ambassade de Washington - qui voulait créer le chapitre français d'Internet Society en France. Il avait une newsletter qui s'appelait FrogNet, qui parlait aux Français d'Internet aux États-Unis. Il avait rencontré Vinton Cerf, le créateur du Protocole TCP/IP et d'Internet Society (Monde), une association qui œuvre pour les standards universels d'Internet, qui lui avait conseillé de créer ce chapitre français d'Internet Society. J'ai rencontré Bruno Oudet lors d'une réunion de réflexions et, en 1996, j'ai commencé une aventure avec Internet Society qui a duré pratiquement quinze ans. Je me suis occupée des relations presse et de la coorganisation des grands événements (le Procès de l'Internet au Palais de Justice de Paris en mars 1998, la loi de l'Internet au Sénat en 1999, les rencontres d'Autrans en 2000, la Fête de l'Internet le 2 mars 2001, etc.). »

FRANÇOIS MOMBOISSE

EX-FNAC, À PRÉSENT PRÉSIDENT DE LA FEVAD (FÉDÉRATION DE L'E-COMMERCE ET DE LA VENTE À DISTANCE).

▶ *Quand et comment est-il arrivé à travailler dans le Web ?*

François Momboisse a commencé sa carrière dans la grande distribution entre la Belgique et la France. En 2001, il rejoint la Fnac, où il contribue au lancement de FnacMusic et au développement de *fnac.com*. Là, il défend l'idée d'un standard commun de téléchargement pour l'ensemble des plateformes de téléchargements, afin de simplifier la procédure pour les internautes et de limiter le piratage.

Depuis 2002, il est président de la Fevad et, en parallèle, président d'e-commerce Europe, association européenne de commerçants en ligne. Depuis 2020, il propose des solutions pour accompagner les PME dans leur transformation digitale, car « l'e-commerce est une nécessité pour tous les commerçants, dans la vente de produits comme dans la restauration ou les services[1] ».

▶▶

1 Philippe BERTRAND, David BARROUX, « "Les distributeurs n'ont pas le choix, c'est à eux de rendre l'e-commerce rentable", estime le président de la Fevad », *lesechos.fr*, 17 décembre 2021.

Il est également membre du Conseil d'administration du Conseil du commerce de France, après avoir été membre du premier Conseil national du numérique et membre du Conseil exécutif du MEDEF (Mouvement des entreprises de France). Il a par ailleurs été au *board* de Dalenys, la société de Jean-Baptiste Descroix-Vernier.

LOUIS MONIER

FONDATEUR D'ALTAVISTA, À PRÉSENT CHEZ SUGARCRM.

DÉCOUVERTE DU WEB

Louis Monier est un chercheur et programmeur qui, en 1980, a découvert l'Arpanet à la Carnegie Mellon University. Il l'expérimente en jouant à des jeux en ligne, en imprimant à distance ou encore en envoyant des e-mails. Peu de temps après, il prend un job au Xerox Palo Alto Research Center, en ayant le sentiment que tout a déjà été créé. Mais après l'invention du Web, au début des années 90, tout s'accélère et c'est à ce moment-là qu'il a l'impression que quelque chose d'important se passe.

Internet sert alors essentiellement au partage de savoirs et dispose déjà de premiers moteurs de recherche. Mais ces derniers sont académiques et servent à expérimenter ; ils ne sont pas à l'échelle pour que le grand public puisse en profiter. Ils sont instantanément submergés, demandent d'attendre longtemps avant d'obtenir une réponse et personne n'est disposé à mettre plus de serveurs pour des services qui sont gratuits. Des moteurs comme Infoseek tentent une approche payante, mais sans succès. Il y a un problème d'échelle et c'est à ce moment-là que Monier se dit qu'il faudrait faire quelque chose pour le grand public.

PARCOURS PROFESSIONNEL

« Eh bien, peut-être que je devrais essayer de le construire[1] ». Louis Monier travaille dans un laboratoire de recherche qui appartient à la société Digital Equipment Corporation, qui fait des *mainframes*. Le siège est sur la côte Est des États-Unis, mais les laboratoires sont sur la côte Ouest, loin de celui-ci. Nous sommes en 1995, et Monier, accompagné de Paul Flaherty et Michael Burrows, passe plusieurs mois à jouer avec l'idée de ce qu'il faudrait faire pour créer un moteur de recherche qui fonctionne à grande échelle. À l'époque, personne n'a la moindre idée du nombre de pages existantes, du nombre de sites Web accessibles : il faut donc parcourir le Web, prendre le contenu et construire un index.

Le 4 juillet de cette même année, le trio démarre AltaVista et leur entourage s'emballe. Quelques jours plus tard, Monier éteint son unique serveur pour faire un *upgrade* et sa boîte mail explose : le staff de la côte Est se considère bloqué ▸▸

1 Web Masters, Aaron DININ, « Louis Monier @ AltaVista: The Man Who Could Have Bought Google for $1 Million », *podcasts. pple.com*, 2023.

dans son travail sans ce nouvel outil. Il démontre alors au management l'utilité de lancer ce moteur de recherche grand public, notamment pour générer de la presse sur l'entreprise (ce sera la seule bonne presse de l'entreprise jusqu'à sa revente à Compaq) et obtient l'accès à trois serveurs puissants pour se lancer. Le succès est immédiat. Plus le moteur a de succès, plus DEC est contraint de mettre un nombre croissant de serveurs à disposition.

AltaVista a mis en place les premiers systèmes CAPTCHA pour lutter contre les robots en ligne et se protéger de la création de faux comptes sur les sites Web. C'est aussi le premier moteur de recherche avec un traducteur en ligne intégré, Babel Fish.

Le bonheur dure trois ans. Comme AltaVista n'est pas destiné à faire du profit, il est aussi sans budget. Monier n'a plus assez de ressources et aucune possibilité d'engager de nouveaux talents. Par ailleurs, le succès a encouragé des spammeurs à détricoter AltaVista, alors que l'équipe n'a pas les moyens techniques de trier.

Durant cette période, il reçoit l'appel d'un étudiant : « Il me dit qu'il s'appelle Larry Page, qu'il est à Stanford. Il a fait un moteur, qu'il essaie de vendre pour un million de dollars. Ma réponse a été de dire que « ça à l'air super, mais je n'ai pas de budget ». J'espère que Page pense encore à la chance qu'il a eu ce jour-là, car son projet serait mort si nous l'avions racheté[1]. »

Peu après, Louis Monier quitte DEC et passe un an chez BigVine, où il travaille sur des questions de sécurité et d'e-commerce. Il enchaîne, en 2001, avec quatre ans chez eBay, à la tête d'un groupe de recherche où il reconstruit entièrement le moteur de recherche du e-marchand. Parallèlement il est consultant chez 23andme. En 2005, l'ironie du sort le conduit chez Google, où il reste jusqu'en août 2007, date à laquelle il rejoint Cuil, start-up spécialisée dans les moteurs de recherche. Nommé vice-président des produits, il quitte la société un an plus tard : son opinion diverge de celle du CEO.

En 2010, il cofonde la start-up Qwiki, qui développe des produits pour smartphones, avec laquelle il remporte le prix TechCrunch Disrupt en 2010, racheté trois ans plus tard par Yahoo! pour cinquante millions de dollars. Il conseille ensuite Fotopedia Clearwell Systems et Proximic jusqu'en juillet 2013. Là, il fonde Kyron, une entreprise de technologie tournée vers la santé. Deux ans plus tard, il est chef scientifique chez Import.io, qu'il fait évoluer vers un modèle SaaS et qu'il oriente vers le *deep learning*. Le même mois, AltaVista cesse définitivement ses activités.

En 2017, il passe quelques mois comme responsable des Labs IA, chez Airbnb. Puis, il conseille et investit dans diverses sociétés pendant les trois ans qui suivent.

1 Idem.

Depuis 2020, il est en poste chez SugarCRM. La société gère un logiciel de gestion de la relation client (initialement en *open source*, à présent solution propriétaire), utilisant l'intelligence artificielle pour mieux prédire le comportement des clients et fournir des prédictions (amélioration des systèmes de recommandations, clients susceptibles de partir à la concurrence, etc.).

ET MAINTENANT ?

Louis Monier a été témoin de ce qu'il considère être les trois grandes étapes du monde informatique et d'Internet : la première correspond au moment où les ordinateurs, jusque-là réservés à des spécialistes, pénètrent le marché grand public. La deuxième se situe entre le début des années 80 et le début des années 90, lorsque s'est produite l'explosion des usages d'Internet. La troisième a commencé un peu avant 2015, avec le *machine learning* (qu'il préfère au terme d'IA). Ce domaine, longtemps réservé à quelques spécialistes, s'est popularisé grâce à la convergence de différents éléments (les machines devenues plus puissantes, le nombre important de données sur le Web, l'intérêt d'un nombre suffisant de gens). Selon lui, nous sommes encore au milieu de cette nouvelle étape.

MURIELLE MONTEIL MALVESIN

EX-INTERDECO, À PRÉSENT RESPONSABLE COMMUNICATIONS, CONTENUS, PUBLICITÉS ET MARKETING DE MARQUE, PARCOURS 360° DONT DIX-HUIT ANS CHEZ STELLANTIS.

► *Quand et comment êtes-vous arrivée à travailler dans le Web ?*

« 1995, l'année des décisions et des grands sauts !

Après une expérience dans la presse magazine, je souhaitais donner une impulsion à ma carrière qui commençait à être routinière. Aussi, lorsque le Groupe Hachette Filipacchi Média m'a proposé de participer à la création de la régie publicitaire dédiée aux nouvelles formes de communication en ligne, quasi inexistantes en France, j'ai immédiatement saisi cette opportunité en rejoignant un bureau dépourvu de tout dossier et meublé uniquement d'un téléphone et d'un gros PC : Interdéco Multimédia, première régie *online* venait de naître. Nous étions en février 1995. J'écrivais également une petite rubrique hebdomadaire pour CB News, dédiée à l'actualité des marques sur Internet.

Deux ans après mon démarrage sur le Web, j'ai été appelée à rejoindre la start-up Objectif Net, connue sous le nom de Nomade.fr, le premier annuaire de recherche francophone, pour commercialiser les espaces publicitaires. Les annonceurs n'avaient pas encore de budget dédié au *online* qui représentait une niche minime de consommateurs, mais le chiffre d'affaires publicitaire enregistrait un taux de croissance exponentiel.

Membre fondateur de l'IAB France, j'ai participé activement aux travaux de réflexion pour définir les règles de communication publicitaire sur ce nouveau média. »

CÉCILE MOULARD

FONDATRICE DE CARAT INTERACTIVE, À PRÉSENT COFONDATRICE DE MIXR.

DÉCOUVERTE DU WEB

Après Science Po, Cécile Moulard trouve un stage aux États-Unis dans une banque. Les trois mois se transforment en un an et demi. Elle a la charge d'accompagner des centaines de personnes lorsqu'ils doivent changer de méthodes de travail et adopter les premiers PC.

À son retour en France, en 1985, elle travaille sur la 5, chaîne privée appartenant à Berlusconi, mais elle souhaite vivement travailler chez Carat. En 1990, elle décide d'appeler tous les jours le patron jusqu'à obtenir un entretien. Peu de temps après son arrivée dans l'entreprise, elle crée Carat Multimédia (devenu par la suite Carat Interactive), première filiale de Carat dans le domaine d'Internet et développe la filiale dans douze pays.

PARCOURS PROFESSIONNEL

Neuf ans plus tard, elle fait une conférence où se trouve Jean-Marie Messier. Il lui propose de rejoindre Vivendi et elle intègre l'équipe d'Agnès Audier, en qualité de chargée de mission de la stratégie Internet.

L'année suivante, elle reçoit un appel d'Amazon, qui lui propose de devenir directrice marketing d'Amazon France, lequel va bientôt ouvrir ses portes. Cela a été, dit-elle, « un pivot dans ma manière de penser (...). Quand je suis arrivée chez Amazon, je pensais qu'après dix ans de médias de connexions à l'univers de la publicité, je savais ce que c'est qu'un client (...) et je me suis pris quelques coups de pieds aux fesses de la part de Jeff Bezos[1] ». Début 2001, alors qu'elle et son équipe travaillent dix-huit heures par jour, la bulle éclate et ils décident conjointement de partir, au bord du *burn-out*. « C'était assez inhumain[2]. »

En 2001, elle monte sa société de conseil, Sixième Continent, puis écrit le livre *Mail connexion* sur la façon dont la technologie transforme les rapports humains, publié en 2005. Quelques mois avant la parution de son livre, elle est contactée par Marc Simoncini qui lui propose le poste de directrice marketing Europe, afin de redéfinir la stratégie de développement. « J'étais très impliquée dans l'introduction en Bourse et c'était très marrant de vendre un site de rencontres en ligne à des assureurs et des banquiers[3]. » Elle y reste deux ans, puis lance ▸▸

1 « Épisode 38 : Cécile Moulard », *speaker.com*, 2021.
2 *Ibid.*
3 *Ibid.*

un projet avec Isabelle Bordry, avec qui elle a envie de travailler ; malheureusement le projet avorte.

Elle devient directrice du *business development* du groupe Pierre et Vacances/Center Parcs, afin de développer une approche digitale *customer centric* et accélère les synergies commerciales entre les filiales. Une année plus tard, elle retourne se consacrer à sa société et, grâce aux quotas, elle devient également membre de plusieurs conseils d'administration : « Ils avaient besoin de plus de blondes[1]. » Cette femme, qui jusque-là n'avait jamais rencontré de problèmes liés à son genre, découvre qu'elle peut être transparente : « Le sexe opposé faisait comme si je n'étais pas là[2]. »

Elle épouse un homme installé aux États-Unis et s'inscrit à UCLA pour faire un diplôme de finance. À la même période, elle rencontre le Dr Ichak Adizes, un consultant qui a conçu la Méthodologie Adizes pour transformer l'organisation des entreprises grâce à des outils qu'il a développés. Cécile Moulard le rejoint pendant deux ans, avant de cofonder MixR, en 2018, une société qui permet de donner aux employés de grandes entreprises le moyen simple de créer des communautés autour de centres d'intérêt, basé sur l'ERG (*employee run groups*, des programmes de diversité et d'inclusion créés aux États-Unis). Elle en élargit le principe, afin que les employés puissent se rencontrer, échanger à travers des centres d'intérêt communs et ne pas communiquer uniquement grâce à des outils de productivité. Elle cherche à établir un relationnel de confiance, notamment à travers une plateforme SaaS qui protège activement les données personnelles.

1 *Ibid.*
2 *Ibid.*

XAVIER NIEL

FONDATEUR DU GROUPE ILIAD.

DÉCOUVERTE DU WEB

En 1981, Xavier Niel a quinze ans lorsque son père lui offre un ordinateur avec un processeur 8 bits et une mémoire d'un kilo-octet. Il apprend le basic et le langage C, car il n'existe pas encore de logiciel. « C'était quelque chose de magique, qui accomplissait tout ce que je voulais. L'amour de mon père pour l'électronique et les ordinateurs y a sans doute été pour quelque chose[1]. » Très vite, le lycéen pirate les décodeurs de Canal+, qu'il vend deux cent cinquante francs, jusqu'à ce que la Direction de la surveillance du territoire (DST) vienne frapper à sa porte. Elle finit par lui proposer un *deal*, le laissant hacker à condition de les tenir informés, et il va même pirater le téléphone portable de François Mitterand.

Ensuite, les Minitels sont mis sur le marché et il passe ses nuits à programmer des services pour des médias qui n'ont pas le savoir-faire technologique. Il continue ses études, passe son bac et commence math sup. Les services de messagerie rose qu'il a lancés pour leur compte lui rapportent trop d'argent pour qu'il n'y consacre pas tout son temps. Il cofonde une première société, Cogecom, à l'âge de dix-huit ans, et achète une newsletter pour avoir un numéro de commission paritaire. Il revend ses parts à son associé en 1989.

Il prend la tête de Pon Éditions, où il continue de développer ses activités de Minitel rose. Un an plus tard, la revente de ses parts lui permet d'encaisser son premier million de francs, avec lequel il s'offre 50 % des parts de Fermic, qu'il codirige avec Fernand Develter. Le Minitel rose compte pour un tiers de leurs activités. « Le Minitel m'apprend à avoir une curiosité sur tous les secteurs[2]. » Niel engage des codeurs sans diplômes et des animatrices qui ont l'art de faire durer les conversations et crée un service téléphonique de rencontres, Phoneline, filiale de Fermic. À partir de 1994, il lui faut commencer à penser autrement, car les services érotiques commencent à décliner.

Il invente alors une banque de données sur les entreprises (qui deviendra Société.com chez Iliad) et surtout 3617 Annu, annuaire inversé, créé en aspirant les données d'un serveur de France Télécom, ce qui permet de retrouver le nom du propriétaire d'un numéro de téléphone (ce service générera un million d'euros de revenus par an, jusqu'à la mort du Minitel en 2012). ▶▶

1 « Comment Xavier Niel est devenu riche ? De la prison à Free », *inspire-media.fr*, janvier 2021.
2 LCP, « Les grands entretiens de de Guy Lagache », mai 2020.

L'année précédente, Sébastien Socchard, Philippe Langlois et Pierre Ségureta ont créé WorldNet et Niel héberge leurs deux serveurs Minitel, leur prête des bureaux et leur offre l'accès à une ligne haut débit, ce qui permet à Socchard de lancer l'année suivante un forfait illimité à quatre-vingt-dix-neuf francs. En 1995, Socchard offre la moitié des parts à Niel (l'entreprise sera vendue en 2000 à Kaptec pour deux cent vingt-cinq millions de francs).

En 1998, Fernand Develter prend sa retraite, Fermic devient Iliad, le Minitel sort du portefeuille d'activités. Niel lance l'hébergeur Online.net (devenu plus tard Online SAS puis Scaleway, par la suite également registraire de noms de domaines). Il est rejoint par Rani Assaf, directeur technique et responsable du réseau, et par Cyril Poidatz, initialement responsable commercial. Ensemble, ils lancent Free l'année suivante avec une offre révolutionnaire : l'accès à Internet sans abonnement. En à peine un an, ils ont un million d'abonnés et se classent dans le top 3 des fournisseurs d'accès à Internet.

PARCOURS PROFESSIONNEL

Au moment de l'éclatement de la bulle, Goldman Sachs prend 5 % de Iliad, mais les quinze millions apportés ne suffisent pas à lancer la box, qu'ils développent en interne. Niel vend toutes ses activités érotiques pour y remédier. Rani Assaf, qui fera la majeure partie des innovations techniques du groupe, monte un réseau avec des logiciels au code source ouvert, moins chers, ouvrant la porte à la voix sur IP.

Fin 2002, Iliad lance une Free box haut débit pour trente euros par mois et, malgré des soucis techniques, c'est un carton. En 2003, le groupe lance la *Triple play* : « Nous sommes partis d'une idée simple : amener un tuyau Internet chez les usagers. Mais ils ne vont pas s'en servir si on ne met pas tous les usages dessus : que fallait-il ajouter ? La télévision et le téléphone[1]. » Iliad commence à établir son propre réseau de fibre pour contrôler le coût et maintenir des prix bas. C'est ce qui va lui permettre de se développer, alors que tous les autres pionniers des offres d'accès à Internet revendent et disparaissent un à un de ce métier.

En 2004, Iliad rentre en Bourse et récupère près de cent millions d'euros. La croissance effrénée de Free permet en 2012 le lancement de Free mobile, au prix le plus bas du marché : deux euros. Un million de personnes s'abonnent le premier jour (au passage, les trois autres opérateurs seront condamnés pour entente déloyale).

Suivent le rachat d'Alice ADSL, en 2008, et l'acquisition de 52 % de Monaco Telecom en 2014 (qui devient le laboratoire du groupe et la vitrine technologique de l'opérateur). L'année suivante, il rachète la branche Suisse d'Orange communications, rebaptisée Salt. Il achète également Eircom Limited, en Irlande. En

1 *Ibid.*

2017, il lance Iliad Italie, avec une offre mobile à moins de dix euros et en 2020 il rachète Vodaphone Malte.

À partir de 2010, Niel commence à se diversifier à titre privé. Il devient coactionnaire du quotidien *Le Monde* et, au fil des ans, acquiert plus d'une vingtaine de titres de presse, ainsi que des parts du service de streaming de musique Deezer. En 2010 toujours, il monte un fonds d'investissement avec Jérémie Berrebi, Kima Ventures, afin d'aider chaque année une centaine de start-up. Selon le magazine américain *Business Insider*, c'est l'un des plus importants investisseurs dans le monde.

En 2013, il fonde l'école 42, association à but non lucratif qui offre une formation gratuite aux apprentis-développeurs entre dix-huit et trente ans. « La surprise, c'est de voir que le niveau est bien supérieur à celui des autres écoles du secteur. Mais finalement, c'est assez logique : ces écoles privées, qui coûtent plusieurs dizaines de milliers d'euros par an, s'adressent à un niveau restreint de la société[1]. »

En 2017, il ouvre le plus gros incubateur du monde, Station F, avec des milliers de start-up venues du monde entier, afin de faire exister un écosystème vertueux en France. « L'idée, c'est de se dire que le monde de demain se crée aujourd'hui, et nous le créons avec ces jeunes. Le but est de leur apprendre des choses différentes[2]. »

La même année, il fonde Mediawan avec Mathieu Pigasse et Pierre-Antoine Capton, plus grand SPAC en Europe et géant de l'audiovisuel, entre production, distribution de contenus et chaînes de télévision.

Xavier Niel, qui a été désigné comme le Français ayant le plus d'influence sur le monde, investit également dans des secteurs éloignés de la communication et des médias. Mais celui qui détient à ce jour 71 % du capital de Iliad n'est pas sans humour : il est copropriétaire des droits de la chanson « My Way », histoire de rappeler à ceux qui ne voyaient en lui qu'un pornocrate qu'il n'est pas nécessaire de faire des hautes études ou d'appartenir à l'*establishment* français pour monter un empire : on peut aussi être non-conformiste...

ET MAINTENANT ?

Pour Xavier Niel, « la nouvelle économie n'existe que dans la transgression, si vous voulez attaquer des monopoles, quels qu'ils soient, il faut que vous soyez transgressifs. (...) On va financer des choses avec la volonté de se dire, il y a des forces, des oligopoles, des lobbys, allons jouer contre eux[3] ».

Mais, le plus difficile aujourd'hui pour les entreprises, c'est de savoir vers quelles nouvelles technologies se tourner. Il considère que c'est indiscutablement l'intelligence artificielle qui deviendra indispensable à toutes, offrant

1 Johann DURIEZ-MISE, « X. Niel : "Google et la NASA sont venus draguer les élèves de l'édole 42" », *europe1.fr*, 29 mars 2014.
2 Eve SABBAH, « Xavier Niel : "À Station F, Roxane et ses équipes font un travail incroyable !" », *forbes.fr*, 5 juillet 2022.
3 LCP, « Les grands entretiens de de Guy Lagache », mai 2020.

des perspectives gigantesques dans tous les secteurs. « Il n'y a pas une entreprise qui n'aura pas besoin d'intelligence artificielle. Même un boulanger, à un moment donné, a besoin de l'IA, pour savoir quel est le meilleur moment pour produire et pour vendre, pour réguler ses prix ou les changer en cours de journée. Même un trader, s'il veut rester compétitif, a besoin de l'IA[1]. »

1 Évènement annuel Bpifrance Inno Génération, #Big 2021.

BERNARD OCHS

EX-SUN, PUIS NETSCAPE FRANCE, À PRÉSENT PRÉSIDENT DE URBANHUB.

▶ *Quand et comment êtes-vous arrivé à travailler dans le Web ?*

« Je travaillais au marketing télécom chez Sun Microsystems, depuis 1991. En 1992, John Gage, directeur scientifique, est venu “évangéliser” et présenter le Web, avec des applications Java pour l'univers financier et un service de consultation du trafic routier dans la Silicon Valley depuis n'importe quel ordinateur connecté. J'ai vite perçu le potentiel de cet accès à l'information jusqu'alors réservé aux autorités publiques françaises, très réticentes à la partager avec le grand public. J'étais en relation régulière avec France Télécom et ses équipes divisées entre préservation des acquis (le Minitel) et développement des réseaux IP, support du Web. Tactiquement, j'ai perçu le potentiel pour Sun d'incarner ce nouvel univers pour faire bouger les lignes chez tous les clients, en commençant par déployer des offres d'accès à Internet.

C'est en appuyant toutes les initiatives de Sun pour promouvoir le Web au sens large que j'ai rencontré les dirigeants de Netscape, qui m'ont proposé de les rejoindre en 1995. Fin 1997, j'ai réalisé que je n'étais pas en accord avec la stratégie et le fonctionnement opérationnel de Netscape. En même temps, j'ai compris que continuer d'investir aussi fortement nécessiterait pour les clients de pouvoir mesurer le chemin parcouru et les usages des services proposés.

Ainsi, en mars 1998, nous avons créé NetValue à trois, pour développer les outils de métrologie d'Internet au sens global, en combinant un savoir-faire en marketing et une capacité technologique, apportée par l'équipe d'anciens de Netscape, qui nous ont vite rejoints. Contrairement à nos concurrents, peu familiers avec les mécanismes profonds d'Internet, nous avons développé une plateforme capable de tout appréhender et de mesurer les usages pour les divers services disponibles sur Internet. Par exemple, nous avons été les premiers - et les seuls pendant longtemps - à mesurer l'activité musicale en ligne, source de conflits intenses à l'époque entre majors du disque et services de diffusion plus ou moins légaux. En 2000, nous opérions dans quatorze pays. La société entra en Bourse. Après un recul en 2001-2002, NetValue société fut rachetée par Nielsen fin 2002.

Parallèlement, en 2000, j'ai commencé à investir dans de jeunes sociétés d'Internet, seul ou à travers un fonds d'amorçage. J'ai plus souvent perdu que gagné, car le haut débit n'était pas encore là, avec les usages qu'il permet. »

AUGUSTIN ORY

EX-NRJ LINK ET HORYZON MÉDIA, À PRÉSENT FONDATEUR DE THE MONEYTIZER.

► *Quand et comment êtes-vous arrivé à travailler dans le Web ?*

« J'ai commencé à travailler dans le Web en 1998. À l'époque, je travaillais chez NRJ où je vendais de la publicité pour la radio. Cela se passait plutôt bien, et Alain Weill, alors directeur général du groupe, m'a demandé de développer l'activité commerciale de la régie digitale de NRJ. Avec Philippe Hermet, qui avait commencé avant moi à vendre du digital pour le groupe, nous avons décidé de créer NRJ Link qui est devenue la régie publicitaire des sites du groupe NRJ : NRJ. fr, Chérie FM, Nostalgie, Rires et Chansons. Nous étions au tout début de la commercialisation de la publicité digitale, on vendait des espaces très classiques, de la bannière, des boutons... C'était avant la crise de 2002, et ce qui était merveilleux, c'était que l'on vendait à des CPM qui pouvaient atteindre trois cent cinquante-huit francs (environ cinquante-cinq euros) pour une bannière ou une petite vignette. On vendait également au forfait pour des annonceurs comme Aucland, qui achetaient une bannière permanente avec un forfait mensuel sans aucune garantie de clics ou de visites. Tout restait à inventer et les agences média classiques commençaient seulement à se structurer avec des filiales d'achat d'espace exclusivement digital.

Après environ quatre ans chez NRJ, j'ai rejoint le groupe SPIR communication pour m'occuper de la partie digitale et de la partie emploi. Cela faisait cependant déjà quelque temps que j'avais envie de monter ma boîte. Je cherchais l'idée de génie sans la trouver et je me suis dit qu'il fallait que je fasse ce que je savais faire, c'est-à-dire de la publicité digitale. J'ai donc créé, début 2004, Horyzon Média avec une signature qui était "La régie des marques" et l'ambition de représenter des leaders sur chaque thématique et de leur vendre de belles campagnes. Nous avions d'excellents commerciaux et, en copiant un peu les méthodes de NRJ en radio, nous avons eu de très bons résultats.

En 2007, j'ai cédé à la tentation et j'ai revendu l'entreprise à PagesJaunes. Je pressentais alors que le métier de régie publicitaire premium allait devenir de plus en plus compliqué si vous n'étiez pas adossé à un grand groupe, car les marques se préparaient à internaliser ce métier. La revente de mon entreprise m'a permis de devenir *business angel* : le destin m'ayant beaucoup aidé, j'avais envie à mon tour d'aider d'autres entrepreneurs à réussir.

En 2014, j'ai lancé The Moneytizer, plateforme dédiée aux petits sites pour leur apporter sur un plateau d'argent toute la complexité de la nouvelle publicité programmatique, afin qu'ils puissent se concentrer sur leur véritable métier qui est de produire du contenu. »

JOËL PALIX

EX-3 SUISSES, À PRÉSENT FONDATEUR DE PALIX UNLIMITED.

► *Quand et comment êtes-vous arrivé dans le Web ?*

« Je suis arrivé dans le Web un peu par hasard. J'ai commencé ma carrière dans la cosmétique, chez Yves Saint Laurent. Il y a eu un changement d'actionnaires, nos convictions divergeaient et j'avais envie de mieux connaître le consommateur final et la vente directe. On m'a proposé le poste de directeur du développement des 3 Suisses, qui englobait beaucoup de responsabilités, dont le développement du Web.

À l'époque, on ne parlait pas encore d'e-commerce. Nous avons démarré avec un petit site marchand déconnecté du catalogue général, géré par un seul manager Web dans mes équipes. Je n'avais pas beaucoup de compétences, mais une vraie appétence pour cette nouvelle technologie. En quelques années, nous avons construit une vraie plateforme e-commerce.

L'arrivée de la bulle et la tentation de monter une start-up ont été irrésistibles. En 1999, mon frère Christian et moi avons créé Clust.com, dont le *business model* était axé sur le *social commerce*. Notre plateforme consistait à regrouper les consommateurs pour qu'ils achètent des produits ou des services moins chers ou pour permettre leur création, c'était le début du "*crowd buying*". J'ai quitté une carrière confortable dans de grandes sociétés pour monter cette start-up, qui a reçu de nombreux prix dont les Clics d'Or. Nous avions beaucoup de trafic sur le site, mais un niveau de conversion modeste, lorsque sont arrivés l'éclatement de la bulle Internet et l'assèchement complet des fonds destinés à des entreprises comme les nôtres, le site a été revendu à un concurrent au bout de deux ans.

Je suis alors revenu à mon premier domaine d'activité : la beauté et la cosmétique. J'ai dirigé une des sociétés du groupe Clarins, Thierry Mugler. Nous faisions partie des premières marques communautaires de beauté via la création d'un club de clients. Avec toute mon expertise acquise aux 3 Suisses et chez Clust, j'ai pu développer la marque, lui apporter une forte dimension digitale. Je suis ensuite devenu président de Clarins Fragrance Group, une entité plus grande qui fédérait toutes les marques de parfums du groupe Clarins.

Dix ans plus tard, j'ai eu envie de revivre une nouvelle aventure entrepreneuriale et l'occasion s'est alors présentée de diriger la jeune société FeelUnique. Le développement à l'international nous a permis de monter une filiale en France et de poursuivre notre expansion en ouvrant un site en chinois et un bureau à Hong Kong. Aujourd'hui l'entreprise fait environ cent cinquante millions d'euros de chiffre d'affaires en *retail*. J'ai quitté FeelUnique pour une nouvelle aventure, mais je reste actionnaire de la marque. »

ANNE-SOPHIE PASTEL

FONDATRICE DE AUFEMININ, À PRÉSENT FONDATRICE DE RE-UNIR ET EN PRÉSENCE.

DÉCOUVERTE DU WEB

Anne-Sophie Pastel découvre Internet en 1997 et l'année suivante, alors qu'elle est chargée du *business development* d'une marque de santé et de beauté, elle sent monter en elle la fibre entrepreneuriale, tout comme son mari, Marc-Antoine Dubanton, directeur de la stratégie chez Manpower. C'est en observant l'émergence de sites féminins aux États-Unis, avec des audiences impressionnantes, que le couple commence à réfléchir plus sérieusement à la question. « J'ai donné naissance à une petite fille en 1999 et alors que je recherchais des informations sur la maternité, je me suis rendu compte qu'il n'y avait pas de sites pour les femmes en France et qu'il y avait clairement une grande opportunité. J'ai donc décidé de travailler au développement du site avec Marc-Antoine Dubanton, mon mari[1] », accompagnés par Cyril Vermeulen.

Les sites Internet de l'époque copient la presse papier, sans réfléchir à proposer des contenus plus adaptés. Ils développent un site approprié aux besoins des internautes et le lancent Aufeminin en septembre 1999, sur leurs fonds propres.

PARCOURS PROFESSIONNEL

Le site trouve tout de suite son public, ce qui permet à Pastel d'initier le développement en Espagne, Italie, Allemagne et Angleterre sans attendre, pour devenir le premier féminin sur le Web en Europe. Le site est vite copié, mais il innove en permanence pour garder sa place de leader. « Notre métier est de développer des magazines mais nous exploitons bien évidemment la dimension relationnelle qu'autorise Internet avec un forum, une messagerie instantanée ou encore un nouveau service "Web 2.0" comme Mon., une page personnalisable pour nos lectrices, sur laquelle elles peuvent mettre leur photo mais également multiplier les liens vers d'autres espaces personnels ou vers des blogs[2]. » Pour séduire les annonceurs, ils proposent des formats publicitaires créatifs, dans l'esprit de la presse magazine, ce qui ne les empêche pas de diffuser également des campagnes TV.

Dès l'année suivante, la société est cotée en Bourse et lance un logiciel indépendant d'*adserving*, Smart AdServer, qu'ils vendent sous licence à des centrales

1 « Anne-Sophie Pastel », *twst.com*, 15 janvier 2001.
2 Jérôme BOUTEILLER, « Anne-Sophie Pastel : "Aufeminin a réussi à se hisser au rang de leader européen" », *clubic.com*, 12 janvier 2007.

et à des éditeurs, tout comme leur base de données. En trois ans, le site a un rythme mensuel de près d'un million de visiteurs.

Le groupe ne souffre pas de l'éclatement de la bulle : « Nous avons eu des moyens colossaux en termes de marketing, avec des ressources de plus 20 millions d'euros. En 2001-2002, il y a eu une rupture en termes d'usage, les investissements publicitaires s'en sont fortement ressentis. Nous avons réduit nos structures de coûts et investi dans l'innovation, avec des nouveaux formats publicitaires[1]. »

Parallèlement, le groupe développe d'autres sites, pour répondre à d'autres attentes : Teemix.com, pour les 15-20 ans, Voyage-bons-plans.com, Sante-AZ.com, Tiboo.com, etc., et, en 2006, il fait l'acquisition du premier site culinaire français, Marmiton.

L'année suivante, le couple de polytechniciens est récompensé par la médaille d'or du top 100 des entreprises les plus performantes, selon le magazine *L'Entreprise*. Mais, cette même année, Anne-Sophie Pastel et son mari cèdent 35 % du capital à Axel Springer, groupe de presse allemand, pour soixante-quinze millions d'euros (auxquels il faut ajouter trente-cinq millions d'euros en actions). Ensuite, contre toute attente, Marc-Antoine Dubanton devient DJ sous le pseudonyme de Marc Antona et pendant quelques années Anne-Sophie Pastel s'occupe surtout d'élever leurs deux enfants.

En 2009, ils investissent dans une société spécialisée dans la géolocalisation, Insiteo, et Anne-Sophie Pastel développe un intérêt marqué pour les pratiques de pleine conscience : « Passionnée par l'exploration de la façon dont notre esprit fonctionne et par sa découverte expérientielle à travers la méditation, j'ai plongé dans la pratique et l'apprentissage de ce domaine pendant les années qui ont suivi, avec l'envie de partager ses bienfaits[2]. »

En 2011, Anne-Sophie Pastel monte Re-Unir au Portugal, afin d'accompagner les transformations individuelles et collectives par la pleine conscience, l'intelligence collective et la psychologie positive. En 2014, elle démarre une société similaire, En présence, cette fois-ci à Paris. Elle partage son temps entre ses deux sociétés.

1 Hélène PUEL, « Anne-Sophie Pastel (Aufeminin.com) : "La croissance est sur Internet" », *01net.com*, 17 juin 2004.
2 Pierre LASZLO, « Anne-Sophie Pastel-Dunton (88), une planète plus fraternelle », *lajauneetlarouge.com*, n° 718, octobre 2016.

FRÉDÉRIC PIE

EX-MEDIATAKE, À PRÉSENT GLOBE-TROTTER.

▶ *Quand et comment êtes-vous arrivé à travailler dans le Web ?*

« En 1994, j'avais développé une entreprise d'audiotel en Espagne. Je ne connaissais rien à la télématique vocale mais je connaissais l'Espagne et les télécoms. Je suis rentré en France pour trouver un partenaire qui savait tout de la télématique et j'ai fait la connaissance de Patrick Robin, qui œuvrait depuis belle lurette dans le Minitel. Nous nous sommes associés pour lancer Lineatel et conquérir le marché espagnol. Après de multiples rebondissements, l'aventure tourna court au bout de dix mois.

Après être rentré bredouille d'Espagne, je suis tombé par hasard sur un exemplaire du magazine *Wired* et j'ai lu et relu un article qui vantait les promesses du multimédia, cette manière de combiner les images, le texte, la vidéo et l'audio et qui devait révolutionner, selon le journaliste, la manière d'apprendre, de se divertir, et de communiquer. Peu de temps après, j'ai contacté Robin qui venait de lancer un magazine grand public sur le multimédia : *CD-Média*. Les planètes s'alignaient à nouveau ! Je lui proposais de nous associer à nouveau pour développer ce marché pour les entreprises. C'est ainsi que naquit Mediatake, l'une des toutes premières agences françaises de multimédia.

Début 1995, Robin lançait Internet Reporter, et adaptait son savoir-faire acquis dans le Minitel pour lancer ImagiNet. Dans le même temps, je pris mon indépendance et Mediatake devint Pictoris Interactive, lancé au premier semestre 1995. Nous étions l'une des toutes premières agences de communication interactive (concept qui allait devenir ensuite une *Web agency*) et devînmes en moins de quatre ans la seconde agence indépendante en France, avec quatre-vingt-dix collaborateurs et quinze clients parmi le CAC 40. En 1999, je fis entrer au capital la Caisse des Dépôts et Consignations et le fonds d'investissement Galiléo, afin d'accélérer notre développement.

Mais, début 2000, j'ai saisi l'opportunité de nous adosser à Agency.com, première *Web agency* au monde (créée à New York en 1995), et filiale d'Omnicom, second groupe de communication publicitaire mondial. C'était juste avant la bulle Internet. La chance est l'ingrédient fondamental de tout succès.

En 2003, je créais la Banque audiovisuelle et lançais en 2005 le site Vodeo.tv, seconde plateforme française de vidéo à la demande, avant que n'arrive sur le marché TF1 Vision et Canalplay, puis une ribambelle d'autres sites. Vodeo devint en quelques années la première plateforme mondiale de vidéo à la demande, consacrée aux documentaires et aux reportages. Sa vocation était de permettre à chacun de “voir ce qu'il avait envie de savoir”. Après huit levées de fonds en seulement quatre années, la Banque audiovisuelle fut vendue au groupe Figaro fin 2008. (Pas le meilleur moment pour un entrepreneur... !)

Je rebondissais en 2009 en créant Hubee, une entreprise technologique proposant aux groupes de télécoms et de télévision de développer et de gérer leurs propres boutiques de vidéo à la demande et leurs services de *replay*. Hubee devint rapidement l'un des principaux prestataires du marché et fournisseur de solutions technologiques, avec une cinquantaine de collaborateurs. La société fut acquise par un groupe belge en 2018.

J'ai muselé depuis l'entrepreneur qui sommeille en moi pour parcourir le monde et recouvrer ma liberté, afin de me consacrer à ma passion, l'écriture. »

GAUTHIER PICQUART

COFONDATEUR DE RUE DU COMMERCE, À PRÉSENT COFONDATEUR DE SMILE BY PRO.

DÉCOUVERTE DU WEB

Gauthier Picquart ambitionnait de devenir journaliste mais, à vingt-six ans, il crée avec trois associés une société de marketing direct, Syracuse, dédiée à la distribution de coupons de réduction. Elle est revendue quatre ans plus tard pour cause de stratégies divergentes. En 1998, au retour d'un an de voyage à travers le monde, il souhaite se lancer dans une activité Web, bien qu'il n'ait pas de connexion Internet chez lui. Il rencontre Patrick Jacquemin, patron d'un groupe de presse informatique, qui rentre des États-Unis, où il a découvert l'existence de jeunes start-up qui se faisaient remarquer : eBay et Amazon. « C'est sur ce modèle de l'e-commerce naissant qu'on a décidé de se lancer (...). Puis, au bout de six mois de travail, nous avons lancé Rue du Commerce, à l'été 1999. Nous étions l'un des tout premiers sites d'e-commerce. Je crois en fait qu'un seul site du genre existait avant nous, c'était Alapage, qui était à l'époque encore un grossiste en livre pour libraires. Nous avons calqué notre modèle économique sur ce que nous avions vu aux États-Unis, qui avaient cinq ans d'avance sur la France[1]. »

Le site a un positionnement de canal de distribution complémentaire à la distribution traditionnelle, vend à bas prix et propose des services. Les deux cofondateurs s'installent dans le 93, en Seine-Saint-Denis, d'où Picquart est originaire, et privilégient l'embauche de personnes du département. Ils démarrent en fonds propres d'un million d'euros et investissent massivement en publicité, avec pour objectif d'atteindre le milliard de francs de chiffre d'affaires en quatre ans. Ils lèvent ensuite quatre millions et demi d'euros auprès des fonds Apax et Gallileo et atteignent leur objectif avec un an de retard.

PARCOURS PROFESSIONNEL

L'éclatement de la bulle a demandé des réajustements. Ils perdent six millions d'euros et sont obligés de licencier la moitié des cent vingt collaborateurs recrutés les deux premières années et de restructurer l'entreprise. Puis, entre 2002 et 2004, l'arrivée du MP3 et de l'appareil photo numérique booste leur chiffre d'affaires. Dans les années qui suivent, ils s'attachent à innover en permanence, (notamment en installant une *marketplace* pour les acteurs du high-tech,

1 L'ÉQUIPE DYNAMIQUE ENTREPRENEURIALE, « Interview de Gauthier Picquart, fondateur de Rue du Commerce », *dynamique-mag.com*, 3 novembre 2011.

qui deviendra bientôt 30 % du volume d'activité) et observent ce que font les concurrents dans les pays étrangers.

Rue du Commerce entre en Bourse en 2005, et trois ans plus tard le duo d'associés se sépare car Patrick Jacquemin veut aider les jeunes entrepreneurs et courir le Paris-Dakar, mais il reste actionnaire et membre du conseil d'administration.

En 2009, Gauthier Picquart rachète les sites Topachat, Clust et Alapage, transformant ainsi Rue du Commerce en troisième audience de l'e-commerce en France. Parallèlement, il développe de nouvelles offres publicitaires et se rapproche de Bertrand Boussemart, avec qui il avait cofondé Syracuse, pour créer Bela Solutions, société de services marketing pour la grande distribution (recrutement, fidélisation et *couponing*).

En 2012, la foncière Altarea-Cogedim rachète Rue du Commerce (pour le céder trois ans plus tard à Carrefour) et, au début de l'année suivante, Gauthier Picquart, se retire de ses responsabilités opérationnelles et reste simple administrateur du site.

À partir de 2014, Gauthier Picquart tourne le dos à l'e-commerce et s'oriente vers des activités artistiques comme l'écriture et la photographie. En 2017, il fonde Smile By Pro, logiciel d'aide aux photographes.

JEAN-MICHEL PLANCHE

FONDATEUR DE OLÉANE, À PRÉSENT COFONDATEUR DE WITBE.

DÉCOUVERTE DU WEB

Jean-Michel Planche a treize ans lorsque son père installe un ordinateur à la maison et la passion est immédiate. Très vite, il souhaite devenir informaticien, mais il est découragé par les études : « Il fallait à l'époque bac+15 pour faire de l'informatique et, surtout, nous travaillions sur des matériels et des méthodes totalement dépassées, j'avais dix fois mieux chez moi[1]. »

Il a dix-sept ans lorsqu'une société lui commande le développement d'un progiciel de gestion commerciale. Il le développe avec son père, pendant l'année qui suit. Au retour de son service militaire, il monte une première société, Apysoft, pour continuer à développer des logiciels et il a l'idée de créer un générateur, pour mutualiser une partie des développements de ceux-ci. Il découvre à ce moment-là l'e-mail et les *newsgroups*, ce qui lui permet de se mettre à jour plus vite et d'échanger avec des développeurs américains.

Lorsque Steve Jobs crée NeXT, Jean-Michel Planche lance Wimsea, l'un des premiers NeXT Center en France. « En 1991, nous avons gagné l'appel d'offres de NeXT pour gérer sa communauté virtuelle. En face, nous avions comme concurrents l'INRIA et Calvacom. Ce contrat nous a incités à lancer une troisième activité : Oléane, qui a absorbé les deux premières[2]. » Quelques brèves années plus tard, ce sera le deuxième fournisseur d'accès à Internet, derrière France Télécom qui le rachète en 1998. Planche y dirige l'offre « Internet Entreprise » et reste chez l'opérateur jusqu'à fin 1999.

PARCOURS PROFESSIONNEL

Il démarre le nouveau siècle en créant le fonds d'investissement Tancred Venture, toujours actif, et l'année suivante il monte une société spécialisée dans la supervision de services : « Après mon départ de France Télécom en l'an 2000, j'ai créé Witbe avec Marie-Véronique Lacaze, directrice générale d'Oléane, conscients du problème qu'allait poser l'arrivée massive de l'IP (protocole Internet) au cœur des infrastructures et des systèmes d'information. Le métier de Witbe est de superviser la télévision, la téléphonie et l'Internet/Intranet. C'est-à-dire les trois “piliers” de la convergence. Notre précédent métier d'opérateur nous

1 Fabrice DEBLOCK, « Un passionné autodidacte », *journaldunet.com*, 7 octobre 2008.
2 *Ibid.*

avait permis de comprendre que le client se moquait de la qualité de service, il voulait des services de qualité. Il fallait donc aller plus loin et faire mieux que les traditionnels systèmes de supervision *techniques* pour approcher la qualité telle qu'elle est réellement délivrée à l'utilisateur final[1]. » Des robots mesurent ainsi la qualité d'expérience de tous les types de services (Internet, téléphonie, vidéo...), de tous les types d'appareils (décodeurs, box, mobiles...), et sur tous les types de réseaux (3G/4G, câble, satellite, etc.).

En 2014, son épouse, Marie-Véronique Lacaze, gère l'entrée en Bourse de Witbe et lève seize millions d'euros, pour accélérer le développement à l'international, avec plus de trois cents clients à travers cinquante pays. Début 2021, Witbe lance la Witbox, le plus petit robot de contrôle à distance et de tests automatisés pour les *set-top boxes*. La même année, la direction générale de Witbe migre sur la côte Ouest américaine, afin d'accélérer le développement et la notoriété de la société.

Jean-Michel Planche reste à la charge de la stratégie. « Je lis et surfe beaucoup, et j'essaie de laisser une place importante à l'intuition[2]. » Il continue de combattre pour qu'Internet reste ouvert, neutre, libre et inter-opérable. Pour cette raison, il a aussi fondé en 2001 (et dirigé jusqu'en 2006) Fing, un projet collectif de recherche et développement, avec trois associations d'Internet, dont Internet Society. Fing se concentre sur les usages, les applications et les services Internet de demain.

1 Nicolas GUILLAUME, « Jean-Michel Planche : "En dix ans, Witbe est devenu un des leaders de la supervision" », *itespresso.fr*, 8 février 2010.

2 Fabrice DEBLOCK, *op. cit.*

CHRISTOPHE POUPINEL

EX-CHATEAUONLINE, À PRÉSENT COFONDATEUR ET PRÉSIDENT DE SHARE-IT.IO.

▶ *Quand et comment êtes-vous arrivé à travailler dans le Web ?*

« En 1989, ça n'était pas vraiment *fashion* de devenir entrepreneur. On ne parlait pas de start-up, mais de PME et personne n'avait vraiment envie d'aller bosser là-bas. Le Graal c'était de rejoindre Arthur Andersen, Procter ou L'Oréal. Je suis allé chez L'Oréal. Très belle maison, mais je n'ai pas eu la patience de gravir les échelons en avalant mon lot de couleuvres.

En janvier 1999, j'étais au bureau de Santiago du Chili de McKinsey lorsque j'ai reçu un appel de Stan Laurent, qui m'a demandé de rentrer. Il venait de cofonder QXL, l'eBay européen, coté quelques mois plus tard pour deux milliards de livres sterling. Je suis rentré à Paris en mai et en juin j'ai rejoint ChateauOnline, lors du *closing* du premier tour de table de dix millions de dollars.

L'année 1999 a été complètement dingue. On est passé de cinq salariés à cent, en six mois. Début 2000, on a préparé une introduction en Bourse sur une valorisation de quatre cents millions de dollars, *pricée* par Goldman Sachs, alors que l'on faisait moins de deux millions de dollars de chiffre d'affaires. Deux mois plus tard, le lendemain de la fête organisée par SelfTrade pour célébrer sa propre introduction en Bourse, le Nasdaq s'est effondré et Goldman Sachs ne répondait plus au téléphone. Les investisseurs nous ont expliqué que le Web était un mirage. Après une restructuration inévitable du capital, j'ai pris la tête de ChateauOnline début 2002 et nous sommes parvenus à assainir l'activité et les comptes et avons vendu notre *pure player* mi-2005 au cinquième groupe mondial de vins et spiritueux, Angostura. J'y suis resté un an, le temps de l'intégration.

Début 2007, j'ai créé un business de rêve sans stock, sans logistique : un site de contenu de qualité pour aider les Français dans leurs projets du quotidien, ComprendreChoisir.com, renommé Ooreka.fr. Effrayé par les excès des années 2000, j'ai levé peu et dépensé peu, et lorsque nous avons revendu à Solocal en 2011, il restait 1,2 million d'euros sur les 1,5 million d'euros levés. J'y suis resté jusqu'en 2018, car c'était un bon actionnaire.

Je partage aujourd'hui mon temps entre ISAI, le fonds créé par des entrepreneurs, et ShareIT. io, un projet à but non lucratif "*Tech for good*". »

RAPHAËL RICHARD

EX-CYBION, À PRÉSENT PRÉSIDENT DE NEODIA.

▶ *Quand et comment êtes-vous arrivé à travailler dans le Web ?*

« L'économie étant au cœur des mécanismes du sous-développement, j'ai fait des études de commerce, l'EDHEC, afin de disposer d'une formation me permettant d'apporter ma pierre à l'édifice. Mais, lorsque j'ai été diplômé au milieu des années 90, aucune association n'était intéressée par un diplômé qui ne savait ni soigner, ni construire des ponts, des écoles ou des puits. On m'a encouragé à revenir lorsque j'aurais quelques années d'expérience dans la gestion de projet, dans le secteur marchand. Me voyant mal, durant cette période, dans la peau de soldat d'une multinationale, je me suis dirigé vers un secteur où tout était à inventer, ce que l'on appelait à l'époque le multimédia (bornes interactives, édition de CD-ROM et le tout nouvel Internet). Je suis devenu entrepreneur, en devenant associé de Carlo Revelli, qui venait de créer la première agence d'intelligence économique 100 % en ligne, Cybion, un OVNI à l'époque. Recourant beaucoup aux moteurs de recherche dans le cadre des missions d'investigations que nous confiaient des sociétés comme Clarins, Axa ou BNP Paris, je me suis demandé si on pouvait manipuler leurs résultats. J'ai mis au point une méthode de référencement naturel qui nous a permis de faire progresser le trafic de notre site Web et nous avons vendu l'une des premières prestations de référencement naturel en France à Schneider Electric en novembre 1996.

Je pensais travailler dans le Web pendant trois ou quatre ans, avant de retourner vers l'humanitaire ou le génie génétique, mais Internet offrait des perspectives toujours croissantes. Je me suis laissé prendre par le flot et j'ai lancé plusieurs projets tous reliés au marketing digital : CVFM, une agence de référencement, 24pm Affiliation, l'une des premières plateformes d'affiliation, Access to Ebusiness, la première agence de webmarketing du Magreb, Neodia, une agence de webmarketing que je dirige toujours, Nomadar, un moteur de recherche en réalité augmentée. En 2015, au bout de vingt ans de marketing digital, j'ai amorcé un tournant vers l'intelligence artificielle en créant Intelligent Agents, une plateforme d'intelligence artificielle, et 24pm Academy, une formation en ligne à l'intelligence artificielle pour ceux qui pensent que l'IA est un sujet trop sérieux pour le laisser aux seuls GAFAM et *data scientists*. L'intelligence artificielle est notamment une réponse à la complexité croissante du marketing digital dont un humain normalement constitué ne peut suivre le rythme effréné. »

DENIS RIOLS

EX-DIRECTEUR MARKETING DE COMPANEO, À PRÉSENT DPO DU GROUPE INFOPRO DIGITAL.

▶ *Quand et comment êtes-vous arrivé à travailler dans le Web ?*

« Mon parcours digital a débuté en 2000 par la création de Companeo avec mes amis Laurent Horwitz et Philippe Dokes. À cette époque, Internet était encore à son stade embryonnaire, mais nous avions tous trois perçu les signaux faibles de la profonde disruption qu'allait représenter ce canal ▶▶

pour la vente à distance. On assistait aussi à un vrai boom des start-up qui surfaient sur la bulle Internet et cette frénésie financière donnait une aura incroyable à ce secteur. J'avais fait mes premières armes d'entrepreneur en 1993 dans le secteur de l'édition et lorsque Laurent m'a parlé de son envie de créer une entreprise dans le digital, je n'ai pas hésité : j'ai démissionné de JPG pour rejoindre l'aventure.

Pour nous lancer, nous cherchions une idée, un positionnement porteur. Créer une entreprise, c'est avant tout répondre à un besoin, résoudre un problème. Nous sommes partis du constat qu'il était difficile pour les entreprises de sourcer et de sélectionner de nouveaux fournisseurs. Nous avons donc allié notre savoir-faire en vente par correspondance et notre expertise B2B pour créer le concept Companeo : la mise en relation d'entreprises et de fournisseurs sur Internet.

Nous sommes passés de débuts difficiles à une croissance fulgurante de l'entreprise, portée par l'explosion d'Internet et de Google, en étant perpétuellement à l'écoute de notre écosystème. Le digital est drivé par l'innovation : tout évolue très vite. Pour rester performant, il faut être curieux et en veille technologique permanente. Nous apprenions notamment beaucoup de nos concurrents à l'international, de leurs succès comme de leurs erreurs. Cela nous a permis de prendre les meilleures décisions pour Companeo. Nous avons également mis très tôt en pratique ce que nous appelons aujourd'hui la méthode agile et le process *test & learn*. Les années noires du démarrage ont forgé notre humilité et notre résilience. Nous apprenions de chacun de nos échecs et nous adaptions très rapidement.

Lors de l'ouverture de nos toutes premières filiales en Europe par exemple, nous avions recruté dans les pays de solides équipes métiers. Nous nous sommes vite rendu compte de la déperdition d'expertise et de ressources financières générée par cette organisation. Nous avons donc concentré le cœur de notre savoir-faire en France et reconfiguré de petites équipes locales centrées sur le développement commercial. La mise au point de ce modèle efficient, agile, rentable et *scalable* nous a ensuite permis d'accélérer considérablement notre développement international. Le succès de Companeo repose aussi sur son capital humain. Laurent, Philippe et moi avons des profils très différents et complémentaires, tout en partageant les mêmes valeurs et nous avons toujours veillé à les cultiver au quotidien au sein des équipes Companeo. »

PATRICK ROBIN

FONDATEUR D'IMAGINET, À PRÉSENT COFONDATEUR DE AVOLTA PARTNERS.

« Quand on est un créateur, la probabilité d'arriver trop tôt est quasiment de 100 %. »

► *Quand et comment êtes-vous arrivé à travailler dans le Web ?*

« Dans les années 90, j'avais fondé Suite 1024, un important centre serveur télématique spécialisé dans le jeu. Le Minitel - qu'on appelait aussi "le bandit manchot" - permettait de gagner pas mal d'argent et, si on mordait un peu la ligne jaune, on pouvait même en gagner énormément. En revanche, ça n'était vraiment pas très excitant pour les neurones. Mon métier d'éditeur de livres et de presse magazine me manquait terriblement. En 1994, j'ai eu l'opportunité d'y revenir grâce au CD-ROM que je venais de découvrir et qui devait selon moi changer le monde - je me suis toujours enthousiasmé un peu vite. J'ai donc lancé *CD-Média*, le premier magazine dédié au multimédia. Trois mois plus tard, je fais une seconde découverte : Internet. J'eus l'intuition immédiate que le CD-ROM ne résisterait pas à "ça" ! Je décidais donc d'allumer un contre-feu et de lancer un second mensuel dédié à la cyberculture et aux sites Web : *Internet Reporter*.

Si *CD-Média* est un succès immédiat, en revanche le lancement d'*Internet Reporter* est un flop. J'avais oublié l'essentiel : en 1994 il n'y a pratiquement pas de Français connectés à Internet et à cette époque ça coûte beaucoup trop cher. WorldNet de Sébastien Socchard et FranceNet de rafi Haladjian, qui s'étaient tous deux lancés quelques mois auparavant, facturaient ▸▸

encore à l'heure de connexion, jusqu'à quatre-vingts francs de l'heure (soit douze euros). À cette époque, j'étais encore plus naïf et arrogant qu'aujourd'hui. J'ai donc eu un raisonnement très simple : si je veux vendre plus de magazines, il faut qu'il y ait plus d'abonnés à Internet en France et, pour cela, il faut démocratiser l'accès Internet en France. Comme je n'ai pas le temps d'attendre que quelqu'un d'autre le fasse à ma place, je décide de le faire moi-même sans avoir la moindre idée de par où commencer. C'est ainsi que, fin 1994, je prépare le lancement de la première offre d'accès forfaitaire à cent cinquante francs, avec des heures de connexion illimitées : ImagiNet était né. Quatre ans plus tard je revendais ImagiNet à un opérateur télécom anglais.

À la même période, en janvier 1995, venant plutôt du contenu et de la publicité, il m'apparaît très vite que le Web serait aussi un nouveau média et un support publicitaire et je crée Régie On Line (ROL) la première régie publicitaire Internet française, qui aura jusqu'à une cinquantaine de sites en régie dont AOL France. Il fallait tout inventer, c'était excitant et passionnant. »

▶ *Quelles ont été les grandes étapes de votre parcours professionnel et quelle logique y avez-vous appliqué ?*

« Difficile de résumer en si peu d'espace plus de quarante ans d'entrepreneuriat.

Je n'ai pas fait beaucoup d'études, j'ai quitté l'école à dix-sept ans et j'ai passé mon bac en candidat libre. J'ai fondé ma première boîte à vingt et un ans, un journal gratuit de photo distribué dans toutes les Fnac. J'étais à la fois le journaliste, le photographe, le maquettiste, le commercial, le livreur... Durant le premier confinement, on avait tous beaucoup de temps, alors j'ai pris celui de compter le nombre d'entreprises que j'ai fondé. Je suis arrivé à trente-cinq. Un tiers était dans l'édition et la presse, un autre tiers dans la publicité et la communication et un dernier tiers dans les nouvelles technologies et plus particulièrement Internet.

Toute ma vie j'ai voulu être non pas un artiste, mais un inventeur. J'ai souvent expliqué qu'il y avait deux types d'entrepreneurs : "les créateurs", les inventeurs, ceux qui innovent, et "les copieurs", ceux qui font des *me too* mais qui, parfois, exécutent tellement mieux que tout le monde qu'ils s'approprient légitimement le projet initial. Je crois avoir le plus souvent appartenu à la première catégorie, c'est bien ce qui m'excitait, mais en contrepartie, le parcours est souvent beaucoup plus difficile : il faut convaincre, évangéliser en permanence... C'est souvent épuisant et bien sûr, le plus grand risque c'est le *momentum*. Quand on est un créateur, la probabilité d'arriver trop tôt est quasiment de 100 %. Mais quand vous réussissez malgré tous ces obstacles, c'est encore plus gratifiant. Cela m'est arrivé quelques fois et tout au long de ma vie d'entrepreneur j'ai cherché à reproduire cette jouissance. »

▶ *Quel regard portez-vous sur ces vingt-cinq dernières années et quelle vision avez-vous du monde de demain ?*

« Il faut se souvenir de ce qu'était Internet au début des années 90. En 1994, Internet faisait ses tout premiers pas en France. Nous étions quelques-uns seulement à penser qu'il se passait quelque chose d'important, de suffisamment important pour y sacrifier nos nuits et nos économies.

Internet était pour certains un réseau libertaire, le média de la cyberculture où ni les entreprises, ni les marques, ni le commerce, n'auraient jamais leur place. Pour d'autres, ce n'était qu'un effet de mode, un soufflé qui retomberait rapidement.

Sans oublier ceux qui voyaient dans Internet le bras de la CIA et de la NSA réunies, quand ce n'était pas tout simplement considéré comme un réseau de pédophilie.

Et enfin, le 25 août 1997, vint le discours de Lionel Jospin à Hourtin. Son discours s'intitulait "Préparer l'entrée de la France dans la société de l'information". Il arrivait, certes, trois ans après celui du vice-président des États-Unis, Al Gore, sur le thème des autoroutes de l'information, mais ces mots étaient urgents et nécessaires.

Ce discours eut l'effet attendu. Dès l'automne 1997, nous constations un véritable changement d'attitude de la part de nos interlocuteurs au sein des entreprises, mais aussi des médias traditionnels et grand public. En quelques mois, Internet était devenu le nouvel Eldorado, *the place to be*.

Ce n'était plus une simple technologie réservée à quelques geeks, mais un nouveau canal de communication, d'information, de démocratie, d'échanges, de partage, et même de vente et de distribution. Nous allions changer le monde !

S'ensuivirent trois années folles où le champagne coula à flots et où les ventes de baby-foot explosèrent - tout comme la bulle bien sûr qui ne tarda pas à faire de même un certain 13 mars 2000.

Si on résume il y a eu cinq grandes périodes :

- 1994-1997 : c'est l'époque des défricheurs, des utopistes, des naïfs, celle des aventuriers... ;
- 1998-2000 : c'est l'arrivée d'une deuxième vague de pionniers, mais aussi de quelques opportunistes, et de beaucoup de costumes gris ;
- 2001-2004 : c'est la traversée du désert, c'est l'époque des résilients et une période qui laisse de l'espace à une nouvelle génération de pionniers ;
- 2004-2012 : c'est la *remontada*, le retour de la confiance, le début de la maturité portée notamment par la forte croissance de l'ADSL, de ▶▶

l'e-commerce, de la publicité en ligne et bien sûr de l'émergence du Web2 avec les réseaux sociaux.

- 2012-2022 : c'est une période particulière car elle est toute proche et nous avons donc moins de recul. Mais j'ai choisi 2012 parce que cette période, plutôt faste pour le secteur, a symboliquement démarré, pour beaucoup d'entre nous, avec la révolte des "pigeons" ; et 2012 c'est aussi la création de France Digitale suivie quelques mois plus tard de la BPI et de la Frenchtech... Cela s'arrête au printemps 2022, après les différentes vagues de Covid et de confinement, avec le retour de la guerre sur le sol européen, le retour de l'inflation et au moment d'une très forte baisse des valeurs tech à travers le monde et d'une nouvelle période d'incertitude sur le financement des start-up dans les prochains mois après une année 2021 record.

La sixième période dans laquelle nous entrons est comme le reste du monde : pleine d'enjeux, de défis, d'embûches et d'incertitudes. Ce qui est certain, c'est que le digital fait partie de notre vie et de celle des entreprises, au même titre que l'eau et l'électricité. Ce n'est plus un sujet. C'est bien entendu ce que nous en ferons dans le futur qui a du sens. Je pourrais vous parler d'IA, d'algorythmes, de blockchain, de NFT... mais cela reste des outils pour le meilleur et pour le pire. Nous connaissons la plupart des dérives, que nous avons déjà laissées faire. Les citoyens et les institutions auront-ils la volonté et seront-ils assez forts pour corriger le tir en partenariat avec les entreprises ? C'est la réponse à cette question qui fera la différence entre l'utopie que nous étions quelques-uns à imaginer et la dystopie à laquelle ressemble parfois notre "village global". »

JEAN-ÉMILE ET STEVE ROSENBLUM

FONDATEURS DE PIXMANIA.

▶ *Quand et comment sont-ils arrivés à travailler dans le Web ?*

Le père et l'oncle des frères Rosenblum avaient créé dans les années 70 Fotovista, société spécialisée dans la photographie. Au démarrage de sa vie professionnelle, Steve choisit de monter une société de montres personnalisées, mais il remarque qu'aux États-Unis les tirages photos se commandent en ligne. Son frère, Jean-Émile, le rejoint en 2000 pour fonder avec lui Pixmania, les remettant dans la trajectoire familiale. Initialement spécialisé dans le développement des photos numériques par Internet. Ils trouvent un nombre insuffisant de clients, et Jean-Émile Rosenblum note que « le problème, c'est que les modems avaient peu de débit et que peu de gens possédaient un appareil photo numérique[1] » obligeant les deux frères à réviser leur modèle économique et vendre appareils photo numériques et produits technologiques. Le site décolle et ils rachètent alors Fotovista puis, en 2001, le grossiste en photographie Japan Diffusion, ce qui leur permet d'avoir des entrepôts parisiens et de commencer leur développement à l'étranger. Dès 2002, les deux frères font 35 % de leurs ventes à l'étranger. « Nous avons pris le pari d'attaquer l'Europe tout de suite et, ainsi, de ne pas être dépendant d'un seul marché. Nous nous sommes d'abord lancés en France puis, très vite, nous étions présents dans vingt-six pays d'Europe[2]. »

En 2006, le britannique Dixons rachète PixMania, mais les frères restent impliqués dans le management et créent un fonds d'investissement. Au fil des ans, ils ont pris des participations dans des sociétés comme Deezer ou Guidespromo.

En 2012, les deux frères ont fondé The Kase, chaîne de magasins d'accessoires pour mobile qui s'appuie sur une communauté de plusieurs milliers de designers à travers le monde. En 2014, ils ont racheté The Phone House et ses trois cent trente-six boutiques françaises. La personnalisation des coques de smartphone et tablettes a permis à la société de devenir une marque internationale en à peine quatre ans.

1 Philippe BERTRAND, « "J'étais un pionnier français de l'e-commerce" », *lesechos.fr*, 24 juin 2016.

2 L'ÉQUIPE DYNAMIQUE ENTREPRENEURIALE, « Interview de Jean-Michel Rosenblum, cofondateur de Pixamania », *dynamique-mag.com*, 4 août 2010.

JACQUES ROSSELIN

FONDATEUR DE COURRIER INTERNATIONAL
ET DE CANAL WEB, À PRÉSENT DIRECTEUR DE L'EFJ
(ÉCOLE FRANÇAISE DE JOURNALISME).

« Pour comprendre comment le monde évolue et conserver une conscience politique, ils (les journalistes et les citoyens) doivent maîtriser les nouvelles technologies de l'information. »

▶ *Quand et comment êtes-vous arrivé à travailler dans le Web ?*

« J'ai une formation d'ingénieur, mais l'information m'a toujours intéressé. Je me suis tourné vers les banques de données et l'information en ligne dès la fin de mes études à Centrale. Je suis rentré à l'agence A Jour en 1981, à la suite d'un stage pour écrire dans *Infotecture*, bimensuel d'actualité des banques de données, qui traitait du développement de l'information en ligne en France et dans le monde. La gauche est arrivée au pouvoir et Bernard Cassen, proche de Chevènement, a pris la tête de la Midist, la mission interministérielle de l'information scientifique et technique. Elle finançait, entre autres, le développement d'un serveur français, Questel, et la numérisation des données d'institutions telles que l'INPI ou le CNRS. Le Minitel, initié par Giscard et la toute-puissante direction générale des télécoms, a été lancé par Mitterrand aussitôt après son arrivée au pouvoir. Les années qui ont suivi ont été passionnantes et innovantes. Avec son petit terminal gratuit dans les foyers et les entreprises, la France était en avance et a inventé beaucoup de ce qu'on retrouve aujourd'hui sur le Web : messagerie instantanée, info en ligne, e-commerce, rencontres, jeux, banque en ligne, etc. La plupart de ceux qui ont inventé la télématique de cette époque se sont retrouvés sur le Net dans les années 90.

J'ai compris au milieu des années 80, en travaillant pour les États-Unis, que le Minitel n'avait pas d'avenir. Dès cette époque, les Américains branchaient leurs ordinateurs personnels sur des réseaux comme Compuserve ou The Source, créaient des communautés en ligne comme The Well, issus de la contre-culture californienne et qui préfigurait ce qui allait arriver avec le Net. Avec le PC et les Mac connectés sur des milliers de *bulletin boards*, les Américains ont repris le leadership. Quand Internet est arrivé au début des années 90, ils étaient prêts et ont tout raflé. J'ai suivi ça en direct de *Courrier International*, que j'ai créé en 1990, parce que l'info technologique américaine me passionnait. Nous traduisions la presse anglo-saxonne et nos lecteurs ont été parmi les premiers à comprendre ce qui se passait. »

▶ *Quelles ont été les grandes étapes de votre parcours professionnel et quelle logique y avez-vous appliqué ?*

« Quand j'ai vendu *Courrier International* à la Générale Occidentale, un groupe de presse contrôlé par Alcatel (encore les télécoms !), l'appel du Net était trop fort. Lorsque j'ai découvert, en juin 1997, que l'on pouvait transmettre de la vidéo via une ligne de téléphone, j'ai eu un choc. C'était dans les bureaux new-yorkais de Pseudo, un opérateur de radio sur le Net à l'époque, baptisé ainsi en référence aux pseudos des messageries Minitel françaises. Joshua Harris, passionné de télématique avec qui je m'étais associé dans les années 80 pour vendre du conseil aux télécoms américaines, m'a montré sur son ordi une image vidéo en direct, encodée grâce à Real Video, qui passait par le Net. Je n'arrivais pas à le croire ! J'ai compris que ce mode de diffusion de la télévision allait bouleverser les médias. J'ai suivi son conseil et créé une copie de Pseudo à Paris, CanalWeb, qui a été une aventure incroyable. Avec l'aide de mes investisseurs de presse, Pierre Bergé bien sûr, mais aussi Dominique Louis, Guy de Wouters et Sud-Ouest, nous avions créé le premier opérateur européen de télévision sur le Net, sept ans avant YouTube et Dailymotion et nous nous sommes installés symboliquement dans les locaux des inventeurs de la télévision française, rue Cognacq-Jay. Hélas, ni Pseudo, ni CanalWeb n'ont survécu à l'explosion de la bulle en 2001. Trop grosses, trop délirantes, sans modèle économique, remplies d'inventeurs et de pionniers, ces entreprises dopées par l'argent des fonds - qui investissaient sans compter à l'époque - se sont écroulées dès que les capitaux se sont retirés. L'explosion des deux tours de Wall Street a marqué brutalement la fin de la récréation. Le monde s'est pétrifié pendant deux ans, le développement du Net a marqué le pas. La faillite de CanalWeb, qui employait une centaine de personnes, a été un choc terrible, tant sur le plan personnel que financier.

De cette période, je garde le souvenir de plusieurs pionniers, dont certains sont dans le Net20 : Jean-Louis Amblard, de Cyperus, avec qui nous avons failli fusionner et créer CanalWeb Pro. Il faisait de la vidéo en ligne ▶▶

pour les entreprises et a réussi à céder son entreprise à temps. Patrick Robin, fondateur d'ImagiNet, mon premier fournisseur d'accès à Intenet, toujours bienveillant et enthousiaste, Jérémie Berrebi et Fabrice Grinda, les jeunes surdoués, Pierre Boucaud, à l'époque chez Lagardère qui avait compris et a failli convaincre Arnaud Largadère de nous reprendre, Jean-François Lemoine, patron de Sud-Ouest hélas disparu qui n'a pas hésité à se lancer dans la télévision IP avant tous les autres. Je me souviens aussi de Dominique Delport, futur patron de Havas, un jeune homme prometteur qui avait pris en 2000 la tête d'un de nos concurrents, Streampower, fondée par le pionnier de la télé sur le Net, Gil Machac. Je voudrais aussi rendre hommage à Julien Billot, patron d'Orange à l'époque, qui nous a soutenus jusqu'à la fin, comme il a pu. Et bien sûr, comment ne pas avoir une pensée émue pour Pierre Bergé, disparu lui aussi, pionnier de la télévision sur le Net, un peu malgré lui. Je repense en souriant à sa perplexité devant la taille de l'image saccadée qu'il voit pour la première fois, s'animant difficilement sur mon écran d'ordinateur. D'autres encore se retrouvent sur la fameuse photo de Paris Match, comme Christophe Agnus, Roland Coutas, Philippe Meyer, Jean Postaire... "À eux treize, ces jeunes surfeurs sur leurs drôles de machines pèsent déjà un milliard"... *Sic transit.*

En 2003, sans un sou, j'ai retrouvé un ancien camarade de Centrale, Emmanuel des Moutis. Nous avions été essorés par l'explosion de la bulle et voulions nous relancer ensemble, hésitant entre la télévision sur le Net et la télévision locale. Nous avons choisi la deuxième option, par prudence. La première bulle a laissé des traces, nous préférions innover dans un secteur vieillot plutôt que repartir vers des chimères. Les nouvelles technologies avaient fait baisser les coûts de la production vidéo. J'avais bâti plusieurs télévisions locales *de poche,* dans les rédactions de la presse régionale en association avec plusieurs grands titres.

Je sentais qu'on pouvait faire une télévision de proximité plus proche des gens, plus légère, plus agile, moins coûteuse en s'inspirant de mon expérience de télévision en ligne mais aussi des télévisions locales espagnoles, très en avance sur les Français. C'est en revenant d'une visite chez nos amis de Barcelone TV que nous avons décidé de prendre le même nom que celui de leur opérateur "Antena Local". Antennes Locales, opérateur français de télévisions locales (sans une seule télévision à sa création), est né en 2003, grâce encore à Pierre Bergé (qui était, il est vrai, plus intéressé par un projet de chaîne parisienne que par des télévisions en province). Nous avons convaincu le groupe Hersant de nous rejoindre. L'association semblait prometteuse. Le groupe venait de reprendre la Comareg, champion de la pub locale. Nous avons créé six télévisions locales sur un modèle nouveau, plus légères, moins coûteuses, dont le modèle technique et éditorial s'inspirait des Web-télévisions, plus média de médiation que télévision classique. Ces chaînes locales sont en partie à l'origine du réseau Via, fondé par Christophe

Musset, un ancien du groupe Hersant et Sabine Torres. Il regroupe aujourd'hui vingt-deux chaînes et s'appuie sur une plateforme de vidéos géolocalisées, beaucoup plus puissante que celle de CanalWeb et surtout plus pertinente sur le plan économique puisqu'elle intègre la publicité, elle aussi géolocalisée.

Emmanuel des Moutis et moi avons quitté le groupe Hersant en 2007 et lui avons revendu Antennes Locales. Nous avons réinvesti l'argent gagné dans la création de l'hebdomadaire *Vendredi*, une sorte de *Courrier International* du Web. Le Net était plein d'une information différente, décalée, produite par des blogueurs et de jeunes journalistes à la recherche d'un espace d'expression moins contraint que celui de leur rédaction. Le travail de Philippe Cohen, auteur de *La face cachée du Monde,* avec Pierre Péan, Philippe Labarde, le créateur de *La Tribune* et moi-même, était de dénicher sur le Net les nouveaux talents, les points de vue hétérodoxes, les infos qu'on ne trouvait pas dans les médias traditionnels et de les éditer chaque semaine, dans un journal grand format de douze pages. Nous avons commis l'erreur de démarrer sur nos fonds, sans attendre le second actionnaire dont nous avions besoin. La crise financière de 2008 a fait le reste et nous avons cessé la parution du journal en juin 2009. Je reste malgré tout persuadé que l'expérience de lecture papier est incomparable et ne sera jamais remplacée par le tout numérique. Reste au papier et au numérique à apprendre à vivre ensemble.

Ensuite, j'ai retrouvé la presse papier aux côtés de Pierre Bergé, à la reprise du groupe *Le Monde* en association avec Xavier Niel et Matthieu Pigasse. Puis, j'ai pris la direction de rédaction de *La Tribune* en 2011, avec Valérie Decamp d'abord, puis j'ai accompagné quelques années le développement de ce titre de presse avec son jeune repreneur Jean-Christophe Tortora. Il a fallu mener le difficile chantier éditorial de l'arrêt du papier quotidien, dont j'ai bouclé le dernier numéro – Philippe Labarde ayant lui bouclé le premier ! – et celui de sa conversion au numérique et du passage du journal au rythme hebdomadaire. »

▶ *Quel regard portez-vous sur ces vingt-cinq dernières années et quelle vision avez-vous du monde de demain ?*

« Depuis 2015, je dirige une école de journalisme, l'EFJ, basé à Paris et à Bordeaux, dont l'ambition est d'être la plus numérique des écoles formant les professionnels de l'information de demain. Les espoirs qu'avait fait naître le Net à ses débuts dans le monde des médias se sont estompés. Comme beaucoup, j'ai cru à l'avènement d'une nouvelle ère de l'information à la fin des années 90, jusqu'au début des années 2000. À CanalWeb, nous parlions d'une "nouvelle télévision", plus active, plus interactive, d'un paysage qui libèrerait l'info et la créativité journalistique, d'une ré-appropriation des moyens de production de l'info et des médias par les journalistes et ▶▶

les citoyens. Cette vision libertaire des débuts de l'information en ligne a été mise à mal. Aujourd'hui, le Net est dominé par une poignée de géants américains, champions de ce qu'on appelle "le capitalisme de surveillance". Les populations sont contrôlées au-delà de ce qu'Orwell avait imaginé, tandis que se multiplient les *fake news* et les contenus ineptes ou haineux.

L'enjeu des prochaines années est de donner une véritable culture numérique, tant aux futurs journalistes qu'aux citoyens. Pour comprendre comment le monde évolue et conserver une conscience politique, ils doivent maîtriser les nouvelles technologies de l'information et mieux connaître sa jeune Histoire. C'est à cela que je me consacre désormais. »

GREGORY SALINGER

FONDATEUR DE CHATEAUONLINE, AUJOURD'HUI ASSOCIÉ CHEZ APAX PARTNERS.

▶ *Quand et comment êtes-vous arrivé à travailler dans le Web ?*

« J'ai démarré dans la télématique chez Pathé en la transformant en centre de profit (3615 et numéro surtaxé) et en contribuant à définir la stratégie de développement du multimédia du groupe (programmes interactifs CD-ROM et jeux vidéo). Ma première expérience dans le Web est arrivée à travers France Télécom : j'ai fait une étude sur l'opportunité de développer une plateforme de jeux en ligne. J'ai ensuite monté le projet GOA, le portail de jeux de France Télécom. Au même moment, je suis devenu membre du comité d'orientation chargé de la création du premier site Web du Premier ministre, lequel a servi d'inspiration aux autres sites officiels des membres du gouvernement.

C'est au contact de créateurs d'entreprises sur la côte Ouest des États-Unis que j'ai attrapé le virus entrepreneurial. C'est ainsi que j'ai lancé en 1998 ChateauOnline, avec l'ambition de devenir le leader européen de la vente de vins en ligne, en rendant accessibles les meilleurs vins du monde au plus grand nombre. »

IGOR SCHLUMBERGER

FONDATEUR DE LEGUIDE.COM, À PRÉSENT FONDATEUR DE MENUCHIC.

« Nous sommes passés de solutions utiles à des solutions indispensables et complètement ancrées dans le quotidien. »

▶ *Quand et comment êtes-vous arrivé à travailler dans le Web ?*

« J'ai commencé à travailler dans le Web en 1998, à la suite du dépôt de bilan de Compose-Tel, ma société d'édition de logiciels pour Macintosh. J'ai travaillé quelques mois chez Alapage.com, lui apportant plus d'un millier de nouveaux clients, valorisé quatorze mille francs du client lors de son rachat par France Télécom.

En parallèle, j'avais commencé à travailler sur ce qui allait devenir LeGuide.com, avec Michael Copsidas et Benjamin Magnard. Nous avons été les premiers à dire qu'Internet pouvait aussi servir à acheter moins cher. Un reportage sur nous dans l'émission "Capital" de M6 a généré beaucoup de presse et apporté de nombreux abonnés, car les gens ont compris l'intérêt économique du Web.

Ensuite, on est passé à la période du "guépard", où une start-up devait être la plus rapide. Puis à la période "chameau" (après l'effondrement des tours du World Trade Center et la bulle), où il fallait tenir le plus longtemps. Nous avions levé et fusionné avec un comparateur de prix, mais comme on peinait à trouver le nom du site, cela a retardé le lancement et permis de ne rien dépenser, ce qui s'est révélé être une chance.

En 2002, le dirigeant souhaitait liquider l'entreprise. Je lui ai racheté ses parts et j'ai pris sa place, et trois ans plus tard, nous devenions une entreprise "gazelle". Malheureusement, je n'avais pas le *mind set* d'embaucher plein de gens et comme mes concurrents étaient Google, Yahoo!, Microsoft et eBay, j'étais très prudent dans mes prévisions. J'ai ensuite été remplacé par Corinne Lejbowicz. On a alors décidé de vendre la société et le moyen le plus rapide était d'entrer en Bourse.

Le *timing* était le bon, parce qu'après la période de *lock up* d'un an, pendant laquelle je n'avais pas le droit de me défaire de mes titres, j'ai pu les vendre au bon moment : la crise des *subprimes* a commencé juste après. »

▶ *Quelles ont été les grandes étapes de votre parcours professionnel et quelle logique y avez-vous appliqué ?*

« Les grands succès de mon parcours ont été d'abord la contribution au développement du CA d'Alapage.com, société revendue en 1998. Puis, la création de LeGuide.com (sous le nom de Promosoldes) en 1998, premier guide d'achat en France, puis comparateur de prix européen, qui fut introduit en Bourse en 2006. Ces deux premiers succès ont été suivis par la création de Prestashop en 2007, revendu en novembre 2021 à la société italienne MBE International quelques mois avant la crise ukrainienne et la chute des valeurs technologiques, encore une fois au bon moment.

Prestashop est né de ma rencontre avec Bruno Lévêque. Je l'avais engagé comme ingénieur alors qu'il n'avait que seize ans parce qu'il avait l'esprit agile et des idées. Nous avons eu l'envie d'adopter une stratégie multi-marque pour favoriser le référencement naturel en relançant WebMarchand.com racheté à Patrick Robin, que nous nous apprêtions à fermer. Quand nous sommes entrés en Bourse, il faisait 30 % du CA de notre boîte, tout le résultat d'exploitation de l'entreprise.

Bruno a proposé à plusieurs élèves de son école de nous rejoindre. Ensemble ils ont fait comme projet de fin d'études une solution *open source* de vente en ligne. J'avais été licencié de LeGuide.com et Bruno n'y travaillait plus non plus. Je lui ai proposé de transformer ce projet de fin d'études en start-up et c'est ainsi qu'est né Prestashop. J'avais de mon côté créé Videomark quelques mois avant, agence digitale pour promouvoir les produits complexes en vidéo sur Internet. Les fabricants d'électroménager culinaire se sont avérés être nos principaux clients, mais Darty et Boulanger exerçaient une pression trop importante sur eux pour limiter la concurrence des sites de vente en ligne.

Puis, j'ai aidé un polytechnicien à monter Videodesk, une plateforme de conseillers vidéo en *live-chat*, pour aider les commerçants à vendre des produits compliqués qu'on a installés sur Microsoft Store aux États-Unis lors du lancement de la surface. C'était mon idée, c'est lui qui pilotait, il a consommé trop de *cash* en s'installant aux US, et a jeté l'éponge après avoir racheté sa propre société au tribunal de Commerce. Trop fort !

J'ai toujours été attiré par le monde de la nourriture. Nous sommes composés de ce que nous ingurgitons. J'avais déposé en 1998 le nom de domaine ▶▶

BienManger.com, apporté en 2001 à une jeune société devenue leader de l'épicerie fine par Internet en France et vendue partiellement en 2021 à Geoffroy Roux de Bézieux.

À présent, je développe MenuChic, solution digitale pour les restaurants pour gérer de façon transversale les réservations, les commandes à table, le paiement à table et le *click and collect.* L'enjeu est de gérer les commandes de dernière minute et d'éviter de faire attendre les clients. 50 % du CA en *click and collect* se fait moins de trente minutes avant leur retrait. Quand ça marche, les clients sont fidèles et reviennent.

Je préfère maintenant me développer seul qu'avec les fonds d'investissement qui sont trop pressés de sortir.

Ma logique a toujours été :

A – de faciliter la vie des consommateurs, (les clients de mes clients), ce qui génère malheureusement des contraintes nouvelles pour mes clients (les entreprises) ;

B – de pouvoir expliquer mon métier à un enfant de dix ans (et donc à un investisseur) ;

C – de faire gagner du temps aux gens ;

D – d'être transposable à l'international. »

▶ *Quel regard portez-vous sur ces vingt-cinq dernières années et quelle vision avez-vous du monde de demain ?*

« Sur les vingt-cinq dernières années, nous sommes passés de solutions utiles à des solutions indispensables et complètement ancrées dans le quotidien de la plupart des habitants de la terre, pour qui le smartphone est le dernier objet qu'ils abandonneraient. Le challenge de la taille d'écran et la diversité des utilisateurs rendent les interfaces de plus en plus sophistiquées.

Ma vision est que les problèmes rencontrés par les gens vont les obliger à utiliser leur temps à les résoudre et le digital va les y aider. Partage de ressources, partage d'objets, recyclage, aide à l'agriculture et à la consommation, logement, sécurité, on va sûrement revenir sur des fondamentaux au détriment des loisirs et des divertissements.

Les fameux objets connectés vont prendre un essor avec la robotisation.

Je pense également qu'il y a un gros enjeu sur la désintermédiation. Tout le monde veut être au-dessus de la pile et tout le monde veut parler en premier au consommateur pour toucher sa part du gâteau. Je pense que progressivement ce sont les gens qui font le travail qui vont récupérer leur clientèle en direct. Débat intéressant à suivre. »

LIONEL SÉGARD

EX-247 MEDIA, À PRÉSENT PRÉSIDENT DU CONSEIL D'ADMINISTRATION DE QUANTUM GENOMICS.

► *Quand et comment êtes-vous arrivé à travailler dans le Web ?*

« Quand ? Début 1999. Comment ? Un peu par hasard. Au départ, je suis biochimiste, mais cette année-là, je travaillais dans une maison d'édition et de communication classique. À la suite d'une mésentente avec l'actionnaire majoritaire, j'ai croisé par hasard Pascal Gayat dans le métro. J'avais travaillé avec lui dans une régie publicitaire, lorsque nous étions étudiants.

Pascal m'a parlé d'Internet, ce qui était pour moi complètement nouveau, et il m'a confié que la société anglaise pour laquelle il travaillait - qui se faisait racheter par la société américaine 247 Media - cherchait à se développer en France. C'est ainsi que j'ai été appelé à développer la filiale française, marquant mes débuts avec Internet. Ce sont souvent des histoires de rencontres, des gens qui se font confiance à un moment donné, mais là, c'est aussi le goût pour l'innovation qui m'a motivé à rejoindre 247 Media en France. En 1999, l'intégration d'Internet dans le plan média d'un client restait compliquée : il a fallu, pour y parvenir, des pionniers du digital des deux côtés, côté acheteur, comme côté vendeur.

On a lancé la première campagne européenne publicitaire sur téléphone mobile, ce qui est courant aujourd'hui mais ce qui à l'époque n'existait pas. C'était une espèce de folsonnement d'idées et de vente de technologies improbables ! Les gens pensaient que ça n'allait pas marcher, que ça ne s'afficherait pas.

Mais très vite, on est passé d'une espèce d'incongruité à proposer ça dans un plan média, à un incontournable. J'ai quitté le Web en 2002 au moment de la fermeture de 247 Media en France. Ils subissaient une forte pression boursière et préféraient se recentrer sur le marché américain.

Je suis ensuite retourné dans le domaine de la santé, qui me tient à cœur. J'ai rejoint la filiale privée INSERM Transfert qui fait de la valorisation, du transfert de technologie et de l'amorçage de sociétés innovantes. On a créé sur trois ans une douzaine de sociétés de biotechnologies amorcées par INSERM Transfert, qui ont levé à l'époque (2005) plus de quatre-vingts millions et dont certaines existent encore, ou ont été bien vendues.

Trois ans plus tard, j'ai créé une société de biotechnologie, Quantum Genomics, qui produit des médicaments dans le domaine des pathologies cardio-vasculaires, parce que j'ai été fasciné par une découverte majeure en neurobiologie, qui montre au niveau du cerveau une voie de contrôle de la pression artérielle qui permet de soigner des malades en échec de traitement aujourd'hui. C'est compliqué de créer une entreprise, en France comme ailleurs, ça demande beaucoup d'énergie et le domaine de l'innovation ►►

demande beaucoup de persévérance. Mais il n'y a que les limites qu'on se fixe nous-mêmes qui nous empêchent d'avancer. »

RODRIGO SEPULVEDA SCHULZ

EX-KPMG PEAT MARWICK, À PRÉSENT INVESTISSEUR.

▶ *Quand et comment êtes-vous arrivé à travailler dans le Web ?*

« En seconde, vers 1985, mon professeur d'informatique me racontait comment il se connectait depuis un ordinateur de son université au Canada, sur des ordinateurs en Californie. Cela me fascinait et m'a conduit à choisir l'option Systèmes & Réseaux lors de mes études d'ingénieur à l'EPITA. J'ai ensuite fait mon stage de fin d'études chez Novell, entreprise leader du secteur à l'époque en 1995.

Souhaitant marier les affaires à la technologie, j'ai rejoint le cabinet KPMG Peat Marwick où j'ai monté le département e-business vers 1997. À ce titre, j'ai travaillé sur de grands projets d'e-commerce (par exemple pour le groupe Manutan en Europe, qui m'a permis de découvrir la Silicon Valley en 2000) et réalisé de nombreux audits de sécurité informatique pour de grands groupes. J'ai commencé à côtoyer tout l'écosystème naissant, les start-up, les investisseurs, les agences... En 2001, j'ai décidé de faire une école de commerce, pour me diriger ensuite vers l'entrepreneuriat. J'ai d'abord cocréé une copie de Netflix en France et en Allemagne, Glowria, puis j'ai fondé une plateforme de partage de vidéos en ligne, Vpod.tv, dans les mois qui ont suivi la création de YouTube, sans les connaître. Après la revente de ces sociétés à la fin des années 2000, je me suis tourné vers l'investissement, d'abord en tant que *business angel*, puis en créant le fonds d'investissement Expon Capital. »

FABRICE SERGENT

COFONDATEUR DE CLUB-INTERNET, À PRÉSENT COFONDATEUR DE BANDSINTOWN.

DÉCOUVERTE DU WEB

Fabrice Sergent a rencontré Julien Mitelberg pendant qu'ils faisaient leurs études à l'institut Mines-Télécom. Mitelberg faisait des études d'ingénieur, Sergent de business. Au départ, leur amitié s'est forgée autour d'une passion commune pour la musique *live*. Lorsque Sergent part aux États-Unis, à l'occasion d'un échange universitaire en 1992, il découvre Internet et passe des heures à échanger par le biais de celui-ci avec Julien, resté à Paris, ce dernier se connectant à Internet à travers un Minitel. À ce moment-là, il n'y a pas de système graphique pour le consulter.

Un jour, Fabrice Sergent a une prise de conscience : « Si cet outil, qui semblait être un outil formidable d'ouverture sur le monde et d'éducation avait existé [pendant la Seconde Guerre mondiale], les gens auraient peut-être été mieux informés, mieux éduqués et donc probablement moins intolérants et plus réactifs[1]. » C'est cette conviction très personnelle qui lui donne envie de devenir fournisseur d'accès et, en 1995, il lance Club-Internet avec son ami devenu associé, Julien Mitelberg. « Ça m'a donné une énergie particulière qui fait que l'ensemble des premières équipes de Club Internet a été constitué de gens qui croyaient en l'aspect libertaire et disruptif d'Internet[2] », d'où également un étonnant premier film, créé par Publicis, *L'Autodafé*, où une armée vient détruire des ordinateurs. « Ceux qui ont brûlé les livres, voudront peut-être un jour brûler les ordinateurs. Club Internet, le club le plus ouvert de la planète[3]. » Sensible à une approche plus sociale d'Internet, il vise le grand public, là où certains concurrents visaient plutôt les élites ou les entreprises.

PARCOURS PROFESSIONNEL

À Club Internet, Fabrice Sergent fait circuler partout cet esprit engagé : il recrute des équipes qui ne sont pas toujours formées aux tâches à accomplir, les bureaux sont ouverts de façon hebdomadaire aux entreprises, parfois également au public et, tous les week-ends, il y a une école de formation informatique, dont sont sortis quelques startuppers. Mais, même avec un actionnaire comme ▸▸

1 Ilan ABEHASSERA, « De la creation de Club Internet en 1995 à Bandsintown, Fabrice Sergent est resté en haut de la vague », podcast, *frenchweb.fr*, 28 mars 2019.
2 *Ibid.*
3 INA, « Club Internet : Autodafé », *ina.fr*, 2 novembre 1998.

Lagardère qui leur donne les moyens de leur ambition, ils sont obligés de constater que leurs concurrents sont des opérateurs télécoms (Free le devenait) avec des réseaux, et qu'il leur faut d'autres moyens pour créer le leur. Ils revendent donc Club Internet à Deutsche Telekom, en 2001, un mois avant l'éclatement de la bulle. Le montant est historique en Europe : un milliard deux cents millions d'euros.

Fabrice Sergent reste ensuite chez Lagardère, où il continue d'être chargé de Lagardère Active Broadband (depuis 1993) et observe tous ceux qui pensaient Internet définitivement mort. Il lui semble à ce moment-là que le problème vient surtout de ce que l'ordinateur coûte cher, qu'il n'est pas assez démocratique. « Je croyais à ma vision d'un média de contre-pouvoir, d'influence, il fallait mettre ça dans la main de tous et, à ce moment-là, les opérateurs mobiles, notamment japonais, permettaient la transmission de contenus assez proches de ce que deviendra ensuite l'iPhone. On a eu la chance avec Bouygues Telecom de faire un voyage au Japon qui nous a complètement transformés et avec Julien on s'est dit que "la plateforme démocratique d'Internet, ça va être le téléphone mobile"[1]. »

Ils transforment progressivement le Studio Grolier, au sein de Lagardère, avec les contenus du groupe qu'ils vendent soit à l'acte, soit à l'abonnement. Ils rachètent l'agence Plurimedia, qui faisait de la syndication de contenus culturels (films, musique...), pour des sites comme Allociné et finalement Grolier devient Cellfish (« *A media about you*[2] »).

À travers des accords avec les différents opérateurs mobiles, ils prennent conscience de l'appétence des gens pour les contenus mobiles et développent jeux, sonneries et toutes sortes de contenus susceptibles de plaire. Puis, en réalisant que l'Europe est en avance sur les États-Unis grâce à la norme GSM, ils font un *spin-off* et délocalisent leur siège aux États-Unis en 2006, tout en gardant une division en France. L'arrivée de l'iPhone en 2008 permet de développer fortement leur activité. Petit à petit, Cellfish acquiert ToneMedia (plateforme de pub digitale spécialisée dans la musique), Airborne Mobile (qui deviendra Cellfish studios) et surtout Bandsintown, application de découvertes de concerts avec plus de dix millions d'abonnés, permettant aux artistes d'informer leurs fans sur les dates de tournées.

En constatant que Bandsintown grandit de façon organique, ils changent à nouveau le nom du groupe qui devient Bandsintown en 2014, et atteignent une audience de cent cinquante millions de personnes, ce qui leur permet de vendre également du contenu aux marques. L'année suivante, ils vendent Cellfish Europe, qui deviendra Alchimie.

En 2016, leurs activités se limitent à un périmètre américain, entièrement basé sur le mobile, partagé entre services aux artistes (plus de cinq cent mille) et

1 *Ibid.*
2 Un média sur vous.

services aux fans de musique, de façon à nouveau entrepreneuriale, avec des bureaux à travers le monde. L'essor du streaming et surtout de la musique live (plus de 5 % par an depuis plus de dix ans) participe à la croissance, avec pour sources de revenus les rétro-commissions sur les ventes de billets et la publicité. Mais, petit à petit, le retour du développement à l'international s'impose à eux. En découvrant les nouvelles méthodes de management, Fabrice Sergent abandonne son poste de président, pour devenir *managing partner* et avoir une équipe où chacun se sent plus responsable de ses actions.

Plus récemment, Bandsintown a fait un accord d'intégration à Shazam, ce qui donna à Fabrice Sergent l'occasion de dire : « Être innovant, c'est perturber... Un artiste perturbe tout ce qu'il fait, par nature. Je trouve les gens intéressants quand ils sont différents... C'est ce que je recherche, c'est ce qui est si intéressant dans le monde. Les forces qui résistent au changement, qui ne reconnaissent pas les différences, qui essaient de les supprimer, sont celles que je combats[1]. »

1 Rutger Ansley ROSENBORG, « Fabrice Sergent on how Bandsintown helps artists get seen and much more », *artists.bandsintown.com*, 12 avril 2022.

DENISE SILBER

EX-PRÉSIDENTE DE SPINNAKER, À PRÉSENT CEO DE BASIL STRATÉGIES.

► *Quand et comment êtes-vous arrivée à travailler dans le Web ?*

« J'ai eu la chance d'avoir comme camarade de classe à Harvard Dan Bricklin, l'inventeur du premier tableur Visicalc, et geek avant l'heure. En 1994, alors que j'étais présidente de Spinnaker, mon agence de communication médicale à Boulogne-Billancourt, je suis allée à Harvard pour une grande rencontre des anciens. Dan y était aussi et il a présenté cette nouveauté que peu de gens connaissaient, le World Wide Web. Il m'a expliqué que chez lui, il n'y avait quasiment plus de papier, plus d'encyclopédies, plus de dictionnaires. Toute la famille se servait déjà du Web.

Fortement impressionnée, j'ai pris l'abonnement AOL que proposait Harvard, en rentrant en France, puis celui du tout nouveau fournisseur d'accès à internet, ImagiNet. Peu après, en 1995, notre société a organisé la première réunion d'information sur le Web en santé en France, ouvert son propre site Web, rarissime à l'époque, et proposé des sites et formations à nos clients, laboratoires pharmaceutiques, sociétés savantes, hôpitaux. C'est ainsi que j'ai commencé à être une spécialiste du Web en santé, passant de l'industrie pharmaceutique à la création d'une agence de communication médicale. Puis, j'ai collaboré avec trois start-up au début de l'e-santé, avant de faire la synthèse en créant une nouvelle société de conseil en communication et événements dédiée à la santé digitale, Basil Strategies, et sa marque Doctors 2.0.

Devant la frilosité des acteurs de santé français, à la fin des années 90, sur l'ouverture de l'information médicale à tous, et face au dynamisme des USA où le Web allait créer de l'emploi et "changer le monde", j'ai vendu les parts que j'avais dans ma première société, Spinnaker Communication, et suis partie rejoindre une start-up aux USA qui proposait un concept de "second avis médical", une des premières sociétés de télémédecine, qui avait à son actif des experts de Harvard, Johns Hopkins, Duke, et Cleveland Clinic. En parallèle, j'ai également été cofondatrice de Internet Healthcare Coalition ; nous avons produit le premier code éthique de la cyber-santé à Washington DC en 2000.

Après l'éclatement de la première bulle Internet et l'assèchement des investissements à New York, je suis revenue à Paris, rejoindre une start-up qui a souffert le même destin, avant de conclure qu'il fallait abandonner ce monde si risqué. J'ai fondé en 2001 une société de conseil pour accompagner les grands acteurs de santé dans leur approche de la communication digitale (qu'on n'appelait pas encore ainsi) Basil Stratégies. En 2003, au sein de celle-ci, j'ai créé un club de laboratoires pharmaceutiques qui voulaient se renseigner sur le digital : le marché commençait à se développer.

C'était une période où il y avait peu de connaissances en France sur ce qui se passait ailleurs, dans l'e-santé. J'ai pu tirer avantage de mon réseau d'informations et j'étais souvent invitée à collaborer grâce à cela. J'ai produit des études et rapports pour l'industrie, pour l'Institut Montaigne. J'intervenais pour la Commission européenne et aux États-Unis, pour la Haute autorité de santé, l'Ordre des médecins, l'APHP...

À partir de 2009, j'ai pensé que la France était enfin prête à soutenir un grand événement de l'e-santé. J'ai lancé à Paris la première conférence internationale de santé 2.0, suivie des conférences Doctors 2.0 & You.

Depuis 2018, nous avons identifié un nouvel axe de développement, qui est d'apporter notre savoir-faire événementiel aux congrès et événements pour médecins. Notre offre consiste à fournir à ceux qui organisent – sociétés savantes, professionnels de santé, hôpitaux ou industriels – une dynamique autour de la santé digitale : sessions avec *speaker*, animation, espace démo, concours de start-up, communication sur les réseaux sociaux. Les acteurs traditionnels apprécient notre conseil innovant. À chaque étape des nouvelles technologies, il faut redéfinir les services, car dans le monde médical, on met plusieurs années pour démontrer des validités scientifiques. Entretemps, la technologie a été supplantée par une autre. »

MARC SIMONCINI

FONDATEUR DE IFRANCE, À PRÉSENT PARTENAIRE CHEZ DAPHNI.

DÉCOUVERTE DU WEB

Plutôt médiocre à l'école, Marc Simoncini excelle malgré tout dans une matière, grâce à sa prof de mathématiques : « C'était en 1976, en classe de quatrième. Dans un collège plutôt défavorisé, elle avait eu l'idée de montrer à ses élèves comment programmer. Pour cela, elle avait acheté sur ses propres deniers trois calculettes Hewlett-Packard très chères. Elle m'a donné le goût du code[1]. » Il révèle sa fibre entrepreneuriale à vingt-deux ans, lorsqu'il monte CTB, une société de services Minitel. Mais un défaut de paiement d'un gros client force une mise en liquidation judiciaire en 1985.

Quatre ans plus tard, Simoncini rebondit en créant la société SSII Opsion Innovation, des solutions interactives, sous Unix, de messageries et dialogues en direct pour des services roses. Lorsqu'il découvre Internet, rien ne le surprend : « On avait presque tout inventé avec le Minitel, Internet n'a fait que l'enrichir en ajoutant des images et une norme mondiale, commune à tous[2]. »

PARCOURS PROFESSIONNEL

En 1997, il lance au sein d'Opsion, iFrance, un site d'hébergement de blogs, avec messagerie gratuite et agenda : c'est l'époque des sites communautaires et celui-ci grimpe dans le top 10 des sites français les plus visités. Il fait une première levée de fonds de trois millions d'euros un an plus tard, auprès de Viventures (le fond de capital-risque de Vivendi), afin de se développer dans d'autres pays d'Europe. Au moment où il s'apprête à faire une deuxième levée, en 2000, Vivendi cherche un site qui pourrait service de base à son portail Vizzavi et, malgré une offre supérieure de Liberty Surf, Simoncini et ses associés vendent iFrance à Vivendi, pour 45 millions d'euros et un million d'actions. « Après, il ne s'est pas passé grand-chose, Vivendi a mis trois millions d'euros pour développer le site et on a cru que l'on travaillerait à construire la base de Vizzavi sur le Web, mais finalement iFrance est resté à l'écart[3]. »

Simoncini traverse ensuite une longue période d'inactivité et de déprime, mais elle s'achève deux ans plus tard lorsqu'il dine avec ses trois témoins de mariage, tous trois en train de divorcer. Ils n'ont plus l'âge de draguer en boîte de nuit

1 Marie-Pierre GRÖNDAHL, « Marc Simoncini : rencontre avec le créateur de Meetic », *parismatch.com*, 4 mars 2018.
2 Christophe ALIX, « Simoncini, millionnaire rescapé de la Net-économie », *libération.fr*, 16 janvier 2002.
3 *Ibid.*

et s'interdisent de séduire au bureau et ne savent pas comment rencontrer des femmes. « Comme je ne programmais pas si mal, j'ai bricolé un truc, j'ai foutu ça en ligne et deux ans plus tard il y avait vingt millions de personnes dessus[1]. » Mais Meetic est financé par le gage de ses actions Vivendi et lorsque le cours de celles-ci passe de soixante-dix à huit euros, il n'est plus à même de rembourser une dette de plusieurs millions à ses banques, ce qui le contraint à tout faire pour devenir leader européen. L'entrepreneur vend sa maison pour rembourser les banques et gagne des parts de marché grâce à de nombreuses campagnes marketing. Meetic devient leader en Europe et s'attaque ensuite aux marchés chinois et brésilien. En 2005, il entre en Bourse et lève cinq cents millions d'euros qui lui permettent de procéder à des acquisitions.

En 2009, Simoncini crée son fonds d'investissement, Jaïna Capital, pour investir dans une quarantaine de start-up (dont Winamax, Millemercis, Cashstore, Devialet...).

En 2011, devenu numéro deux mondial, il cède Meetic à l'américain Match.com et se lance dans un marché jusque-là absent du Web : l'optique. Il commence par prendre des parts du site monté par Orianne Garcia, Lentillesmoinscheres.com et quelques mois plus tard, il lance Sensee, dans le but de réduire de moitié le prix des lunettes. « L'optique est l'un de mes grands combats en France. Agacé par le fait que mon beau-père n'ait pas les moyens de changer ses lunettes, je me suis interrogé sur la raison pour laquelle les lunettes étaient aussi onéreuses. Je voulais démocratiser l'accès aux lunettes en lançant une marque deux fois moins chère proposant des lunettes *made in France*. J'essaye de m'inscrire dans une démarche sociétale qui vise à faire changer les choses[2]. » Il mise plus de sept millions sur le *pure player*, mais en 2015, il change de stratégie et ouvre des boutiques sans parvenir à rentabiliser l'affaire, qu'il revend en 2020 au groupe Acuitis.

Féru de vélo, il monte la marque de vélos de course Heroïn, ultralégers en carbone, puis, en 2017, Angell, un vélo à assistance électrique qu'il présente comme la Tesla du vélo électrique.

En 2019, Simoncini et son associé Charles-Henry Tranié se rapprochent du fonds d'investissement Daphni, pour financer toujours plus de start-up. « Chacun d'entre nous arrive au terme d'un cycle d'investissement et nous nous rapprochons car nous pensons être plus efficaces ensemble[3]. »

Simoncini encourage et aide aussi les jeunes qui souhaitent devenir entrepreneurs. En 2011, il a fondé l'École européenne des métiers de l'Internet avec Xavier Niel et Jacques-Antoine Granjon. En 2013, à la lecture d'une lettre ouverte à Hollande d'une jeune fille de vingt ans qui souhaite s'expatrier à cause de la fiscalité française, il lance une opération pour aider vingt-cinq projets ▸▸

1 SOLUBUSINESS FRANCE, « Meetic : le créateur raconte comment il a eu l'idée - Marc Simoncini », *youtube.com*, 13 août 2022.
2 LA RÉDACTION, « Marc Simoncini : "La notion de redistribution sera la clé de voûte des prochaines années" », *entreprendre.fr*, 18 juin 2018.
3 Guillaume BREGERAS, « Marc Simoncini rejoint le fonds d'investissement Daphni », *lesechos.fr*, 11 juillet 2019.

de jeunes de moins de vingt-cinq ans. Niel et Granjon le rejoignent et ensemble ils financent cent un projets, à hauteur de vingt-cinq mille euros chacun.

ET MAINTENANT ?

Simoncini regarde le monde actuel comme étant de plus en plus complexe et, pour lui, l'avenir repose sur la notion de redistribution : « Je pense que la notion de don et de redistribution sera la clé de voûte des prochaines années. Au niveau économique, on ne peut imaginer aujourd'hui que quelqu'un qui a très bien réussi ne redistribue pas une part significative de ce qu'il a gagné. Il y a encore une génération, cette conception était encore assez rare, alors qu'aujourd'hui, c'est devenu quasiment mécanique. Cela deviendra même automatique avec la génération suivante. Nous allons redonner une partie de ce que l'on gagne afin que le système puisse perdurer. Dans une économie où les personnes qui réussissent et gagnent de l'argent conservent tout pour elles, le fossé ne fera que s'agrandir et tout finira par s'écrouler. Si les gens qui ont la chance de pouvoir produire redistribuent le produit de leur travail, tout le monde se retrouvera dans une meilleure position, et ceux qui peuvent produire évolueront dans un monde qui a encore la capacité de produire[1]. »

Concernant la capacité de la France et de l'Europe à acquérir une forme de souveraineté digitale, il estime que le premier frein est la fiscalité trop complexe ou confiscatoire : « Lorsque j'ai créé Meetic, nous avions un concurrent américain qui était déjà très important chez lui. En dix ans, nous avons bâti en Europe une entreprise de taille équivalente. Si Meetic avait subi une taxation comparable à celle de Match.com aux États-Unis, il aurait racheté le site américain. Mais c'est l'inverse qui a eu lieu... Le marché européen unifié est un mythe, les réglementations, les normes, la fiscalité sont autant de barrières et de contraintes que les sites américains n'ont pas. Ils grandissent donc beaucoup plus vite et, en général, rachètent les acteurs européens. Ceux-ci doivent très vite intégrer un lancement aux États-Unis s'ils veulent survivre et rester indépendants[2]. »

1 « Marc Simoncini : "La notion de redistribution sera la clé de voûte des prochaines années" », *op. cit.*
2 « Marc Simonicini : "Beaucoup de gens talentueux ont quitté la France" », *capital.fr*, 31 mai 2013.

SÉBASTIEN SOCCHARD

COFONDATEUR DE WORLDNET, À PRÉSENT FONDATEUR DE QUIETESVOUS.COM.

DÉCOUVERTE DU WEB

Dès le lendemain de l'obtention de son diplôme d'ingénieur en réseaux et télécommunications, le 9 octobre 1988, Sébastien Socchard crée sa société de conseil, SCT, spécialisée dans la sécurité informatique et l'administration de systèmes.

À l'époque, seule Oléane propose un accès Internet aux entreprises, il n'existe aucune offre pour le grand public. « À 19 ans, j'ai monté ma première SSII. Je bossais dans des salles de machines la nuit, en sous-sol. Après une virée aux US en 1994, m'est venue l'idée de créer le premier fournisseur d'accès Internet grand public français[1]. » Sébastien Socchard lance ainsi la première offre de fournisseur d'accès à Internet (FAI) grand public en France, WorldNET, au salon Computer Associates. Il est rejoint un peu plus tard, par Philippe Langlois et Pierre Séguret.

Socchard installe initialement un unique serveur pour proposer un service de mail, de news et de FTP principalement accessible aux Parisiens, pour quatre-vingts francs de l'heure (à la fin de l'année, une formule à deux cent quarante francs par mois est proposée). Trois mille clients adhèrent à l'offre la première année, notamment grâce à des disquettes, puis des CD-ROM, inclus dans des journaux informatiques, avec trois heures de connexion gratuites.

PARCOURS PROFESSIONNEL

L'année suivante, Xavier Niel, qui avait prêté des locaux et une ligne à 64Kbit/s, prend part au capital, ce qui permet à WorldNET de proposer un accès au niveau national, d'employer une trentaine de personnes et de recruter neuf mille adhérents.

En mai 1996, Sébastien Socchard et rafi Haladjian (alors PDG de FranceNet) sont placés en garde à vue, pour « détention d'images à caractère pédophile », car leurs serveurs donnent accès à des newsgroups sensibles de Usenet. Ce sera le premier grand débat sur la responsabilité des fournisseurs d'accès et, quelques années plus tard, la loi sera modifiée afin que les FAI ne soient plus tenus pour responsables des contenus du Web.

1 Claire RIONDEL, « 3 questions à Sébastien Socchard de BT Coworking », *ubiq.fr*, 24 novembre 2014.

En janvier 1997, l'offre WorldNET est directement intégrée à tous les ordinateurs sous Windows, le public français peut ainsi accéder à Internet en cliquant sur une simple icône sur le bureau (avec un premier mois gratuit) et la société des milliers de nouveaux clients. WorldNET propose également une option pour réaliser des sites persos, ainsi que la réception de fax par courrier électronique, ce qui est une première.

En 2000, WorldNET, dernier FAI indépendant et valorisé cinq cents millions de francs, prépare son entrée en Bourse. Mais il est finalement revendu en mai 2000 à Kaptech (qui deviendra Neuf Telecom) et cesse toute activité deux ans plus tard.

Entre-temps, Socchard s'est battu pour que les FAI cessent de payer le mégabyte de bande passante quarante mille francs, alors qu'outre-Atlantique le coût n'est que de sept mille francs, ce qui a pour conséquence de conduire les FAI français à sous-dimensionner leurs installations, à réduire leurs investissements et à se trouver en position d'infériorité par rapport à la concurrence internationale. « En 2000, la revente de l'entreprise a permis à Niel d'investir dans Free. Moi, je suis parti trois ans en voyage, en Asie. J'ai pris le temps de réfléchir, de méditer, d'observer la nature, les gens...[1] »

En 2010, Socchard a créé Zen Groupe avec Xavier Niel, pour investir avec lui dans l'immobilier, puis, en 2014, il a fondé BT Coworking, un concept de coworking pour aider les start-up. « Après mon voyage, j'ai eu besoin de retrouver l'énergie créatrice, de m'entourer de créateurs, de pionniers. Quoi de mieux pour y parvenir que de créer ses propres espaces de coworking ?[2] » Socchard a créé des espaces verts et Feng-Shui proposait des cours de yoga...

En 2016, il a publié son premier livre *Qui êtes-vous ?* sur la réalisation de soi et, depuis, sept autres ont suivi. Il organise également des cessions de « clairvoyance, technique permettant de lire les structures inconscientes de la psyché... »

1 Claire RIONDEL, *op. cit.*
2 Claire RIONDEL, *op. cit.*

CHRISTINE SOTO

EX-PROGRESS SOFTWARE, À PRÉSENT MEMBRE DE LA BRIGADE DU WEB ET MEMBRE DES REBONDISSEURS FRANÇAIS.

▶ *Quand et comment êtes-vous arrivée à travailler dans le Web ?*

« J'ai commencé à travailler dans le Web en 1996, chez Progress Software. Je suis partie avec le club des utilisateurs aux États-Unis et j'ai rencontré des Canadiens qui m'ont parlé du Web en me disant qu'ils s'envoyaient des e-mails. Quand je suis rentrée en France, on a commencé à s'intéresser au sujet, à regarder LinkedIn et, à partir de là, on a intégré cette ouverture sur le Web.

Après je suis passée chez ViewSonic, travaillant sur le *hardware*. Quand on parlait du Web, c'était de l'e-mail jusqu'au PDF, qui faisaient partie des outils du Web. Le vrai grand saut dans le Web pour moi a été quand j'ai créé ma société, en 2000. LCSM accompagnait les entreprises sur tous les aspects de leur communication digitale et plus particulièrement les relations médias, les médias sociaux et l'organisation de leurs événements. J'ai ensuite travaillé dans les applications et créé le premier grand événement européen sur les tablettes en entreprise et je me suis rendu compte qu'il y avait un énorme potentiel en créant du contenu pour celles-ci. J'ai déposé Tabela, première application de création de contenus pour les tablettes.

Il ne faut pas parler que des aspects négatifs du Web. Il se passe plein de choses positives, qui apportent beaucoup, y compris des affaires. Aujourd'hui, je fais partie de @digital_ladies, une association pour que les femmes entrent dans la tech. »

LAURENT SOULOUMIAC

EX-FRANCE TÉLÉCOM, À PRÉSENT CONSEIL.

▶ *Quand et comment êtes-vous arrivé à travailler dans le Web ?*

« En février 1997, je suis entré dans le monde du digital en tant que directeur marketing des annuaires chez France Télécom. Mon premier challenge fut de lancer les PagesBlanches et PagesJaunes sur Internet, projet piloté par Pierre Grenet, puis de lancer le moteur de recherche appelé "Les pages Web", en collaboration avec Christophe Dupont, Michel Bisac et Christophe Ruelle, fondateurs de la start-up Echo. Ce moteur de recherche est devenu en 1998 Voila.fr, premier site français en audience et en revenus avec PagesJaunes. Il fut notamment propulsé grâce à trois événements marquants : la diffusion en juillet 1998 du tout premier *livetext* lors du Tour de France, le suivi du Vendée Globe en 2000 avec le sponsoring de Bernard Gallay sur le bateau et en 2001 la diffusion de videos de *Loft Story*.

Au moment de l'éclatement de la bulle Internet, en 2001, j'ai rejoint le groupe Figaro, puis Christopher Baldelli, ancien directeur général de France 2, m'a ▶▶

recruté comme directeur général de France Télévisions Interactive en 2022. Avec mon équipe, nous avons rééquilibré les comptes et fait exploser l'audience Internet, avec en particulier des opérations multi-chaînes sur les Jeux Olympiques et Roland Garros. Nous avons lancé en avant-première la nouvelle technologie Microsoft permettant de diffuser sur Internet des vidéos de haute qualité, en *live*, avec contrôle du direct. Nous avons également signé le premier contrat avec Free, pour diffuser les chaînes de la TV française sur ADSL.

En 2011, j'ai rejoint Michelin en tant que *chief digital officer* de la branche Tourisme et Camionnette et, quatre ans plus tard, j'ai rencontré les actionnaires de Glowbl, qui m'ont séduit avec un produit innovant. Je suis devenu directeur général de la start-up en 2016, et je suis resté chez eux jusqu'en 2021.

À présent, je suis conseil et aide les start-up à accélérer leur développement. »

ARIEL STEINMANN

EX-BOUYGUES TELECOM, À PRÉSENT BNP PARIBAS MARKETING DIGITAL

► *Quand et comment êtes-vous arrivée à travailler dans le Web ?*

« J'ai commencé à travailler dans le Web en 1998, en créant le premier site Internet de Bouygues Telecom. Un site vitrine avec les mobiles et les forfaits. Plus tard nous avons mis en place un site marchand, puis nous avons lancé Nomad, la marque prépayée de Bouygues Telecom à l'époque qui a permis d'accélérer le développement.

J'ai ensuite été embauchée comme SVP marketing et communication d'ING Direct, la première banque 100 % en ligne.

En 2009 j'ai pris la direction marketing et achats de Télémarket, le premier supermarché en ligne.

En 2010, Par la suite, j'ai été recrutée chez BNP Paribas responsable du marketing et de l'e-business chez Cortal Consors puis pour le lancement de la nouvelle banque en ligne Hello Bank!.

Depuis 2013, je suis chargé du marketing digital et de la banque en ligne de BNP Paribas et de Hello Bank!, gérant une équipe responsable des sites et applis de l'acquisition et des réseaux sociaux. Je suis également administratrice indépendante de SQLI, un groupe européen de services digitaux. Je me suis investie récemment dans des opérations de mécénat et communication à l'ONU Femmes. J'ai à cœur de recruter les clients avec le meilleur coût d'acquisition en optimisant les parcours digitaux.

De plus, j'aime développer les interfaces digitales (sites, applis) pour que nos clients BNP Paribas et Hello Bank! gèrent simplement leurs comptes en ligne, ce qui concerne aujourd'hui la majorité des clients pour leurs opérations courantes. »

ALEXANDRE STOPNICKI

FONDATEUR DE NUMÉRILAND, À PRÉSENT FONDATEUR DE L'AGENCE DIGITALE 3H33, ENTREPRENEUR ET *BUSINESS ANGEL*.

« Nous sommes aujourd'hui tous en quête de sens. Je pense que cohabitera, avec les innovations numériques, un "ras-le-bol du numérique". »

▶ *Quand et comment êtes-vous arrivé à travailler dans le Web ?*

« Dès les années 1994, j'ai créé ma première société, Numériland, après avoir rencontré un premier succès en fabriquant des bornes interactives pour la société Europa.fr, lors du salon Équipe Auto.

Nous n'étions pas nombreux à l'époque à proposer des services multimédias, et mes premiers clients provenaient directement de mon référencement alphabétique sur le Minitel. J'ai alors apporté des solutions multimédias complètes pour des PME, ainsi que pour des marques comme L'Oréal, Cartier, United Airline, Le Crédit Mutuel de Bretagne, Netscape, Capgemini, Mattel. Je conserve d'ailleurs un *book* de ces travaux (site Web, intranet, CD-ROM, CD-i, bornes interactives) que je publierai un jour sur Internet. »

▶ *Quelles ont été les grandes étapes de votre parcours professionnel et quelle logique y avez-vous appliqué ?*

« J'ai immédiatement perçu les atouts du numérique (que l'on appelait le multimédia à l'époque) et ce que cela apporterait aux entreprises. En fabriquant des bornes interactives, des CD-ROM et bien sûr des sites Web, je me suis posé la question des modèles économiques qui pourraient se développer avec le digital. ▶▶

J'ai alors croisé la route de Canal+, en 1996, avec des équipes qui m'ont présenté le Deuxième Monde. Ça a été un coup de foudre numérique et je leur ai immédiatement proposé de commercialiser des boutiques en 3D et des services numériques. Le premier métavers au monde était né, avec la ville de Paris reconstituée en 3D sur un CD-ROM et des avatars pour y vivre en *live*.

Mon activité de régie publicitaire est née ainsi, dans un métavers, en 1997. Fort de ce premier succès, Numériland est devenu la régie publicitaire de Canal+, Radio France, Journal du Net, Skyrock, l'Argus de l'automobile, Carrefour, Prisma presse, etc.

Ma société se développait et nous avons levé des fonds auprès de la SGAM, filiale de la Société Générale. Nous avons ensuite acheté la société Comclick, à l'époque premier réseau de vente publicitaire au clic. Avec un milliard de pages vues par mois dans les années 2000 le succès a été au rendez-vous et j'ai été nommé président du premier syndicat des régies publicitaires en France.

Numériland a été cédé en 2005. J'ai alors effectué un virage, pour transmettre et partager ce que j'ai appris en démarrant une nouvelle carrière dans la formation au marketing digital.

Mon nouveau métier est d'enseigner et de construire des parcours pédagogiques pour des écoles de commerce (ESSEC, EDC...), pour des écoles spécialisées en formation digitale (ILV #MBAMCI, IIM, IPSSI...) et également des formations pour des entreprises (Air Liquide, Critéo...).

En parallèle de ces activités de formations, et pour comprendre et suivre les innovations technologiques et les métiers du monde digital, j'improvise une petite activité de *business angel*. Mon implication dans des start-up me fait vivre des échecs entrepreneuriaux extrêmement formateurs et des succès motivants. Je partage toutes mes expériences avec mes étudiants, elles deviennent la base des pédagogies pragmatiques que j'adore animer. »

▶ *Quel regard portez-vous sur les vingt-cinq dernières années et quelle vision avez-vous du monde de demain ?*

« Lors des vingt-cinq dernières années, nous sommes passés de : “Je n'achèterai jamais sur Internet, c'est trop dangereux” à : “Il y a aussi une application pour cela !” Je pense que nous allons à présent passer de : “Si c'est gratuit, c'est que c'est toi le produit” à : “Achète mes datas, mon IA te fera un prix en crypto-monnaies dans mon métavers pour que je finance ma maison NFT et mon terrain virtuel.”

Le monde digital est devenu très (ou trop ?) important dans le monde du travail, au quotidien, et tous les métiers sont directement concernés par de nouveaux usages. Un retour en arrière me paraît compliqué. Il n'est plus envisageable de demander à des enfants de se passer d'Internet, ne serait-ce qu'une heure ; la déconnexion ne semble pas à l'ordre du jour.

De nouveaux métiers vont apparaître au rythme des innovations technologiques. La formation (et l'auto-apprentissage) est donc un enjeu majeur, encore sous-dimensionné. Sommes-nous tous égaux face à l'adoption des nouveaux usages numériques ? Il me semble que la formation doit évoluer vers plus de personnalisation, avec l'aide de technologies et d'un coaching principalement réalisé par des humains, mais certainement complété par une intelligence artificielle, disponibles à la demande.

Nous sommes aujourd'hui tous en quête de sens. Je pense que cohabitera, avec les innovations numériques, un "ras-le-bol du numérique". De nombreuses personnes, après avoir été des travailleurs nomades loin des villes, souhaiteront diminuer encore un peu plus cette dépendance. Comme prévenir vaut mieux que guérir, il serait logique d'apprendre dès maintenant à diminuer l'usage du digital à travers des stages spécialisés, d'autant que nous ne sommes pas à l'abri de potentielles catastrophes (climatiques, économiques ou politiques) qui pourraient nous priver de nos vies numériques et nous couper brutalement de nos immenses dépendances.

Je reste un passionné et un fervent défenseur des apports du numérique dans notre monde. À l'heure du Web3, je suis impatient de voir se développer un Web4, qui serait le premier "*Web For...Humanity*". »

DOMINIQUE STRAUSS-KAHN

ÉCONOMISTE, ANCIEN MINISTRE DE L'ÉCONOMIE, DES FINANCES ET DE L'INDUSTRIE DU GOUVERNEMENT LIONEL JOSPIN (1997-1999), ANCIEN DIRECTEUR GÉNÉRAL DU FMI, À PRÉSENT PRÉSIDENT DE LA SOCIÉTÉ DE CONSEIL PARNASSE INTERNATIONAL.

« Ce qui compte à présent, c'est la prise de conscience par les responsables politiques de ce que c'est un secteur dans lequel ils doivent s'investir. »

▶ *Quand et comment êtes-vous arrivé à travailler dans le Web ?*

« Lorsque j'étais au Commissariat au Plan, au début des années 80, mon ami Alex-Serge Vieux sortait de HEC et voulait partir aux États-Unis sans en avoir les moyens. J'ai réuni quelques amis afin qu'il puisse partir à Stanford et, ses études finies, il s'est installé dans la Silicon Valley dans le créneau particulier des salons high-tech. Sa boîte a connu un énorme succès et grâce à lui j'ai pu rencontrer des gens comme Bill Gates, et beaucoup d'autres. Par ailleurs, comme j'ai été professeur invité à Stanford pendant quelques années, j'en ai profité pour continuer à rencontrer les acteurs le secteur.

Dès le début des années 90, j'étais passionné par les problématiques de l'information et intéressé par toutes les tentatives balbutiantes de messageries, même limitées. Avant Alphapage, il y avait Tatoo[1], avec l'idée que des combinaisons de chiffres séparées par des zéros faisaient

1 Le service Tatoo a été lancé par France Télécom Mobiles Radiomessagerie en septembre 1995. Au départ, seuls des messages composés de 1 à 15 chiffres pouvaient être émis, développant ainsi des codes chiffrés.

des phrases. Je tannais mon entourage afin de pouvoir leur envoyer des messages codés.

J'ai continué à faire des voyages à San Francisco, notamment quand j'étais ministre de l'Industrie, en 1991. L'idée que les IT allaient être la révolution à venir m'est apparue assez évidente, avant même l'arrivée du Web. Je sentais qu'il se passait quelque chose, qu'il fallait être à la pointe du progrès. Donc, entre 1985 et 2000, j'ai passé pas mal de temps dans la Silicon Valley, ce qui est inhabituel dans le monde politique. »

▶ *Quelles ont été vos actions en faveur du digital en tant que ministre de l'Économie et quelle logique y avez-vous appliqué ?*

« Lorsque j'étais au ministère de l'Industrie, j'ai essayé de convaincre Lionel Jospin de l'intérêt de ces nouvelles technologies, ce qui est normal, et je crois qu'on a pas mal avancé, pas seulement sur l'aspect soutien au secteur technologique mais aussi par exemple avec les fameux bons de souscriptions[1] que j'ai mis en place, qui n'étaient pas vraiment ce que sont devenues ensuite les actions gratuites mais quelque chose qui y ressemblait, avec l'idée d'aider les start-up. En termes de motivation - c'est la partie libérale - et en termes de justice - c'est la partie socialiste - il fallait que les gens qui travaillent ne soient pas uniquement rémunérés par leurs salaires, quels qu'ils soient. Si la boîte florissait il fallait qu'ils puissent en retirer quelque chose. Dans ce petit monde d'entreprises, cela a eu un succès relativement important, aidant un certain nombre à garder leurs équipes. J'ai été traité de suppôt du capitalisme mais je trouvais qu'à la fin, le capitalisme consistait justement à faire en sorte que les salariés récupèrent la plus-value. Bref, ce n'était pas absolument évident à l'époque.

J'ai essayé de mettre en place plusieurs canaux, sur ce qui est de la réorganisation des organismes publics, le CEA par exemple, et tous les centres qui d'une manière ou d'une autre avaient des fonds publics pour faire de la recherche. Un des grands pôles à l'époque était Grenoble, avec l'aventure de SGS Thomson. Certains pensent qu'il fallait absolument sauver cette entreprise. Ma foi je ne regrette pas du tout ce qui a été fait, et honnêtement, très bien[2].

À cette époque, le fantasme général était de faire des Silicon Valley partout. Mais ce n'est pas une décision de l'État de créer une Silicon Valley, c'est ▶▶

1 En 1998, Dominique Strauss-Kahn a dégagé un milliard de francs pour les nouvelles technologies. Six cents millions ont servi à un fonds public pour le capital-risque, dont la gestion avait été confiée à la Caisse des dépôts (ancêtre de la BPI). Un « fonds pour les fonds » servait d'appui aux sociétés privées de capital-risque. Cent cinquante millions de francs permettaient des fonds d'amorçage pour les TPE. Par ailleurs, deux cent cinquante millions ont permis l'opération « Internet à l'école », en collaboration avec Claude Allègre, ministre de l'Éducation. Pour aider à la création d'entreprises, des mesures ont été mises en place, comme la création de bons de souscription de parts de créateurs d'entreprises, afin d'abaisser les coûts fixes. Enfin, la sortie de plans d'assurance-vie était dorénavant taxée à 7,5 % sur les intérêts, sauf si ceux-ci étaient réinvestis dans des fonds à risques.

2 En 1996, Thomson est repris par le groupe Lagardère, sur décision du gouvernement. La participation de 17,3 % de Thomson-CSF dans le fabricant de semi-conducteurs SGS-Thomson est cédée aux deux autres actionnaires français de SGS-Thomson : France Télécom et CEA-Industrie.

quasiment antinomique de dire cela lorsqu'on est ministre de l'Industrie. En revanche, l'idée qu'il fallait faire sauter un certain nombre de barrières qui empêchaient les boîtes de se développer était forte. À l'époque, nous n'étions pas plus mauvais que d'autres dans la *seed money*, mais moins capables de faire du développement ensuite. On ne savait pas suivre et malheureusement j'ai l'impression que c'est encore un peu comme ça.

Il me semble que nous avons fait des choses utiles, mais il y a la dimension européenne à prendre en compte. Il était évident que nous ne pouvions pas agir seuls, il fallait attirer les autres, ce qui voulait principalement dire les Allemands et les Anglais. Par le biais des Anglais, l'aspect défense revenait sur le banc, car pendant longtemps le seul lien fort entre Français et Anglais portait sur la défense. Avec les Allemands, c'était un peu différent, nous avons fait avec eux ce qui n'est pas une start-up, mais pas non plus l'opposé : avec Paul Hermelin nous avons monté l'opération Cap Gemini[1]. Il fallait faire en sorte que ce pôle réussisse, ce qui a été le cas et Cap Gemini est aujourd'hui un des premiers acteurs mondiaux du secteur. Mais si les visions des Anglais et des Allemands comme des Italiens et des Français étaient en avance sur le reste de l'Europe, concrètement, c'était chacun pour soi. Nous avons passé notre temps à faire des plans, des réunions interministérielles entre pays pour mettre en place une coopération, mais il ne se passait pas grand-chose.

J'aurais souhaité faire plus, comme ce concept que j'avais inventé, qui était celui des nationalisations temporaires[2]. Il y a plusieurs types de nationalisations : la défensive pour empêcher une entreprise de s'écrouler, la punitive, comme Renault au lendemain de la guerre, la protective parce qu'on a l'impression que si l'État ne vient pas il va y avoir des centaines de milliers de chômeurs. Mais il pourrait y avoir des nationalisations offensives de façon temporaire, où l'État accompagne une entreprise dont on a besoin industriellement, en sachant qu'elle va perdre de l'argent pendant dix ans et ne pourrait pas suivre le marché sans cette aide. L'État aurait pu faire ce que j'avais appelé du *venture capital public*. Je suis convaincu qu'on aurait doté trois ou quatre entreprises publiques d'un bon milliard chacune, ça n'aurait pas déséquilibré le budget et nous ne serions pas où nous en sommes, mais je n'ai eu aucun succès. Pourtant, on évitait de tomber dans une culture étatique de l'intervention publique, qui à la fois est nécessaire parce qu'il faut suppléer le marché qui est faible, mais qui à la fois fait que le marché est faible parce qu'il existe par la bénédiction de l'État. Nous échappions à ce travers et je trouvais donc intéressantes ces nationalisations temporaires.

Ce qui est valorisant, c'est que ces préoccupations justes soient apparues dès ce moment-là. Et ce qui n'est pas étonnant c'est qu'elles en soient toujours là. Car nous faisons un peu, mais pas assez, y compris dans des domaines qui

1 Entreprise française de services du numérique.
2 Concept consultable dans les documents de la Fondation Jean Jaurès.

ne sont pas totalement technologiques. Lorsque Orange a lancé l'opération sur Vodafone, il y a eu un nombre incroyable de critiques et je continue d'être brocardé sur le thème de la privatisation de France Télécom. Mais si nous ne l'avions pas fait, nous n'aurions plus d'opérateur national parce que l'opérateur public sur la ligne fixe était incapable de financer seul le développement dans le mobile. Il était impératif d'ouvrir, afin qu'il puisse chercher le financement et pour cela il fallait privatiser en partie, ouvrir le capital. L'alliance avec Deutsche Telecom n'a pas donné beaucoup de bons résultats, mais c'est elle qui a permis d'ouvrir le capital. Pourtant, nous étions à l'été 1997, juste après la victoire de Lionel Jospin, et il m'a fallu un temps fou pour le convaincre de la nécessité de cette ouverture, alors qu'il s'était engagé à ne pas le faire pendant sa campagne. Heureusement, il avait d'assez grandes capacités à sortir de son schéma initial. »

▶ *Quel regard portez-vous sur les vingt-cinq dernières années et quelle vision avez-vous du monde de demain ?*

« Même si tout n'est pas comparable, les IT étaient une révolution, au même titre qu'il y avait eu celles de l'électricité, de l'automobile, ou de la télévision. On ne pouvait rester à l'écart, il fallait essayer de faire avancer les choses, mais le problème à l'époque était que les politiques se sentaient très loin de tout cela. Ils écoutaient et, à force, finissaient par accepter l'idée que c'était important, mais ce qui l'était plus encore à l'époque, dans leur esprit, c'était l'allégeance à l'industrie lourde.

Ce qui compte à présent, c'est la prise de conscience par les responsables politiques de ce que c'est un secteur dans lequel ils doivent s'investir dans le sens double du terme, financier et intellectuel, ainsi que la prise de conscience de ce qu'il faut que ce soit européen, la prise de conscience de ce que sont des opérations de long terme où il va falloir perdre de l'argent. Pour cela, il faut préparer l'opinion. Je suis d'accord sur l'idée que lorsqu'une démocratie a besoin de prendre un virage (et là c'est un virage, car il faut mobiliser beaucoup d'argent public, sous forme budgétaire, pour tenir la compétition avec les Américains et les Chinois qui investissent déjà très massivement), mais si on investit de l'argent public dans ce secteur, on investit moins ailleurs et, dans ce cas, il faut d'une manière ou d'une autre expliciter le contenu auprès de l'opinion et par conséquent la préparer à cela, c'est très important. Cela implique de faire régulièrement des colloques, des rapports parlementaires, des rapports scientifiques, etc., afin de convaincre les gens de cette nécessité, en trois ou quatre ans peut-être. C'est du lobbying au sens noble du terme. Il faut convaincre l'opinion publique qu'il y a des orientations budgétaires qui sont nécessaires. Il y aurait également à voir avec les syndicats quels instruments financiers utiliser pour quel partage de la valeur ajoutée, puisque c'est ce qui est en cause à l'arrivée. Certains peuvent ne pas être d'accord, cela ▶▶

fait partie de la politique de savoir s'il faut ou s'il ne faut pas, mais je pense que l'on devrait se donner les moyens de le faire.

Par ailleurs, il faudrait une vraie construction de l'Europe. L'histoire européenne est née de Schuman[1] et de Monnet[2] avec sa fameuse phrase : "L'Europe ne se fera pas d'un coup ni dans une construction d'ensemble : elle se fera par des réalisations concrètes créant d'abord des solidarités de fait[3]" et c'est ce qui s'est passé. La caractéristique principale est que c'était non démocratique, ce sont eux qui ont décidé, sans consulter quiconque. Nous sommes rentrés dans une ère où cela n'est plus envisageable. Néanmoins, je pense que nous pourrions avoir une troisième vague (la deuxième était celle de la monnaie unique) en tenant compte de la contrainte démocratique renouvelée. Je pense que là aussi l'opinion publique européenne se façonne.

Ce n'est pas une période très réjouissante pour la vieille Europe, alors qu'il y avait des cartes à jouer, mais il reste, à mon avis, des possibilités. »

1 Robert Schuman, homme d'État français considéré comme un des pères de la construction de l'Europe.
2 Jean Monnet, secrétaire général de la Société des Nations, dès sa création en 1919.
3 « La déclaration Schuman : l'Europe ne se fera pas d'un seul coup », 9 mai 1950, Paris. Disponible en ligne sur *onu.delegfrance.org*.

MARCO TINELLI

FONDATEUR DE FULLSIX, À PRÉSENT COFONDATEUR DE REDPILL.

DÉCOUVERTE DU WEB

Marco Tinelli s'ennuyait pendant ses études d'ingénieur. « Du coup, j'ai joué au rugby, passé une maîtrise d'histoire et surtout monté plusieurs boîtes dans les services sur Minitel[1]. » Parce qu'il estime les avoir mal revendues, il quitte l'entrepreneuriat pour se former aux fusions-acquisitions, à la gestion et aux ressources humaines chez Arthur Andersen. En 1994, à vingt-quatre ans, il entre chez Publicis : « Maurice Lévy, à qui j'avais revendu une de mes premières boîtes, m'a demandé de développer un pôle numérique[2]. » Il monte alors le SGIP (leur ancien pôle technologique) mais en 1997, à la recherche de plus de liberté, il monte Grey Interactive au sein de l'agence Grey, en échange d'une partie du capital de la nouvelle structure. Là encore, il se sent entravé et l'éclatement de la bulle en 2001 est pour lui une opportunité de changements. Il fusionne avec la société italienne Inferentia et l'ensemble devient FullSIX.

PARCOURS PROFESSIONNEL

Marco Tinelli fait immédiatement de son agence digitale un groupe de communication nouvelle génération, proposant achat d'espace, référencement, partenariats, CRM, e-mailing, marketing direct, etc., d'abord en Europe, puis sur trois continents. Il intègre tous les métiers du numérique et gère autant le *online* que le *offline*, la communication et les sites. Par ailleurs, les directeurs associés font autant de business que de management.

En 2006, deux actionnaires minoritaires s'étrillent - l'Italien Marco Benatti et Martin Sorrell, le patron du groupe de publicité WPP- jusque devant les tribunaux, ce qui permet à Marco Tinelli de racheter leurs parts via le fonds d'investissement Cognetas et de devenir totalement indépendant dès 2008. Marco Tinelli continue de développer le groupe, notamment par une série de rachats comme l'incubateur FullBooster ou l'agence digitale anglaise Grand Union.

En 2012, il sort un livre sur le marketing, *Marketing synchronisé*.

En 2015, Havas rachète son agence pour soixante-dix millions d'euros et Marco Tinelli en reste président.

1 « Marco Tinelli, PDF de FullSIX, électron libre de la communication », *latribune.fr*, 4 septembre 2009.
2 *Ibid.*

Parallèlement, Teva Choisnet et l'épouse de Tinelli, Sergine Dupuy, montent la start-up Redpill, que Dupuy décrit comme « une start-up studio. Nous ne sommes pas un incubateur ou un investisseur : nous créons des entreprises pour nous-mêmes, si elles répondent à une problématique commune à plusieurs organisations, ou pour les autres. En deux ans, nous en avons lancé six.[1] » Deux ans plus tard, Tinelli la rejoint et, ensemble, ils montent des sociétés dont ils sont coactionnaires avec des grands groupes, comme relevanC avec le Groupe Casino, afin de collecter les données de quinze millions d'acheteurs et de mieux les cibler (la société sera finalement réintégrée au groupe). Ils montent également leurs propres entreprises (Beeboss, Apicare, Pharmacercle...) avec à chaque fois la volonté de contrer Amazon et Google.

En 2019, Tinelli rachète le spécialiste de data marketing Temelio pour lancer Ermes, afin de simplifier la compréhension des datas d'environ trente millions de consommateurs, reliés à quatre-vingt-dix millions de cookies.

ET MAINTENANT ?

Dans son dernier livre, *Marketing plateformisé : l'IA et la data au service de la précision de masse*, en 2021, Tinelli raconte la transformation digitale et ce que les entreprises pourraient faire pour exploiter leurs données, au lieu de laisser Facebook et Google se plonger dans leurs *data lakes* (lac de données). Pour lui, « la data c'est comme le sexe adolescent, tout le monde en parle, tout le monde en rêve, mais personne ne le fait[2] ». Or, il considère qu'il est urgent de s'y atteler, que c'est relativement simple à opérer, même si certains se sont entêtés à le complexifier. Il pense que, quelle que soit la puissance de levier, c'est un moment charnière, où le marketing doit être plus efficace. « Si les industriels ne prennent pas ces décisions, il y a déjà deux volontaires qui sont Google et Facebook. Ceux qui ne s'y jettent pas laissent un boulevard à des acteurs qui gagnent bien leur vie, puisque 50 % de la publicité mondiale est sur Google et Facebook[3]. »

1 Claire BOULEAU, « Comment Sergine Dupuy, fondatrice de Redpill, crée des start-up pour les entreprises », *challenges.fr*, 11 janvier 2018.
2 Stéphane SOUMIER, « BE SMART – L'interview de Marco Tinelli (Redpill) », *dailymotion.com*, 8 décembre 2021.
3 Idem.

VÉRONIQUE TORNER

COFONDATRICE DE BLACKORANGE, À PRÉSENT COFONDATRICE D'ALTERWAY ET PRÉSIDENTE DE NUMEUM.

▶ *Quand et comment êtes-vous arrivée à travailler dans le Web ?*

« J'ai une formation d'ingénieur et, pendant mes études, j'ai fait du développement informatique et me suis rapidement intéressée aux environnements Web. J'ai eu une première expérience dans une société de services, juste en sortant de l'école. À l'époque, on appelait ça une SSII. Là, j'ai pu accompagner de grandes entreprises, comme L'Oréal, sur leurs premiers projets digitaux.

En 1998, à la suite de ma rencontre fortuite avec deux jeunes diplômés de l'ESC Lyon, Pierre-Edouard Stérin et Francis Lelong, qui cherchaient une compétence technique pour lancer leur projet de plateforme d'e-commerce de logiciels B2C et B2B, je suis devenue leur CTO et leur associée dans l'aventure BlackOrange.

J'ai ensuite été directrice générale d'une SSII que j'ai accompagnée à se développer dans le Web, jusqu'à ce que l'*open source* révèle chez moi un intérêt fort pour les modèles ouverts. J'ai voulu que Alter Way, ma dernière aventure entrepreneuriale à date, soit basée sur ces technologies, d'où le nom de la société, qui signifie "l'autre manière". En 2006, c'était un choix audacieux car l'*open source* était un peu vu comme les altermondialistes du numérique et ça faisait rigoler les grandes entreprises. Aujourd'hui, ils en font tous et l'*open source* a révolutionné le monde du Web. »

JÉRÔME TOUCHEBOEUF

COFONDATEUR DE FULLSIX, À PRÉSENT *BUSINESS ANGEL*.

▶ *Quand et comment êtes-vous arrivé à travailler dans le Web ?*

« En 1995, j'étais directeur du développement d'une agence du groupe Publicis. À cette époque, je travaillais déjà sur des sujets de CD-ROM et de marketing interactif, des sujets qui, avec le temps, ont basculé sur Internet. En 1995-1996, j'ai commencé à développer les activités Web dans une filiale du groupe, en tant que directeur conseil.

De Publicis, je suis passé chez Ogilvy, toujours pour diriger l'agence digitale. Ensuite, j'ai créé l'agence FullSIX, en 1997, avec six autres associés. En 2013, j'ai vendu mes parts de la boîte pour rejoindre la branche numérique du groupe La Poste et créer trois activités numériques : une activité dans le marketing digital en tant que président de Mediapost Communication, une activité dans l'intelligence artificielle, avec le rachat de Probayes et

▶▶

Openvalue, et enfin une activité dans les innovations de rupture avec la création de Yellow Innovation.

Depuis 2021, je suis *business angel*.

Dans mon parcours, ce sont les nouveaux sujets, les nouvelles aventures et l'innovation au sens large qui ont à chaque fois guidé mes choix et mes motivations. En 1995, peu de gens savaient ce qu'étaient le CD-ROM ou les sites Web et ce que ça allait devenir. Nous étions à des niveaux d'innovation assez avancés et, moi comme d'autres, avons été dans une démarche entrepreneuriale. Nous sentions tous qu'il y avait un business en développement qui avait un fort potentiel. Les termes de pionniers ou d'aventuriers correspondent vraiment à cette époque, puisqu'on ne savait pas où on allait, mais on sentait que ces nouvelles technologies allaient apporter des changements profonds.

C'est la même logique qui m'avait animé lorsque j'ai rejoint le groupe La Poste pour développer les activités digitales et traiter des sujets de l'intelligence artificielle et du *big data*. »

CYRIL TOULET

COFONDATEUR DE FIRST-COFFEE, À PRÉSENT DIRECTEUR GÉNÉRAL DE AKKI.

▶ *Quand et comment êtes-vous arrivé à travailler dans le Web ?*

« Mon aventure digitale a commencé par une amitié avec Cyril Lherminé, d'abord ami puis associé. Nous avons fréquenté les First Tuesday (soirées où des chercheurs de projets et des porteurs de projet se rencontrent) pour trouver une idée de boîte à monter ensemble. L'un des participants a parlé d'affiliation. "Ça vient des États-Unis, ça arrive en France, vous devriez vous y intéresser." À ce moment-là, en France, seule la société 404 Found propose un logiciel d'affiliation sous Microsoft. Nous avons monté une boîte proposant un logiciel d'affiliation en *open source*. Malheureusement, au bout de dix-huit mois, en 2001, force est de constater que les clients ne sont pas au rendez-vous. Alors, on enquête et les futurs clients veulent des services et surtout un réseau d'affiliés, une prestation clé en main. Nous sommes repartis de zéro et avons développé notre propre réseau, passant ainsi d'éditeur de logiciel d'affiliation à plateforme d'affiliation. L'entreprise a changé de nom : First-Coffee. Dix ans plus tard, nous avions soixante salariés et affichions cinquante millions d'euros de chiffre d'affaires.

À un moment donné, j'ai déstocké les congés non pris, pour devenir *business angel* et accompagner une quinzaine de sociétés. Deux ans plus tard, j'ai choisi de racheter un site d'e-commerce, *1001dessous.com*, que j'ai développé pendant cinq ans. Être détaillant multi-marques est un vrai sacerdoce. Il faut surveiller en permanence de très très près une multitude de sujets, à commencer par ses coûts pour préserver une faible marge.

En travaillant avec des agences, j'en suis venu à apprécier particulièrement la collaboration avec l'agence Akki et j'ai noué une relation privilégiée avec le fondateur de l'agence, Mathieu Hallot. Au moment de cette rencontre, Mathieu envisageait de revendre son agence, car il lui manquait un profil complémentaire au sien pour poursuivre le développement de l'agence. Nous nous sommes associés, ce qui a permis le développement de nouveaux marchés avec des clients plus importants et une augmentation du budget moyen des clients, mais surtout le développement de solutions métiers pour les grands comptes, sur-mesure, avec une mise œuvre rapide. »

MARIE TREPPOZ

EX-1001 LISTES, FONDATRICE DE WELP FRANCE.

▶ *Quand et comment êtes-vous arrivée à travailler dans le Web ?*

« En 2000, je travaillais depuis trois ans chez Danone en tant que cheffe de produit et j'avais envie de découvrir un autre univers, de faire autre chose. Comme je voyais la progression du Web, j'ai pensé qu'il fallait y aller et j'ai eu envie d'acquérir d'abord des compétences. Puis, j'ai eu l'opportunité de rejoindre 1001 listes, la start-up fondée en 1999 par Pauline d'Orgeval. L'idée était de créer un service de liste de mariage en ligne avec la possibilité de choisir ses cadeaux dans différents magasins. C'est un concept novateur à l'époque, car tout le monde déposait sa liste dans les grands magasins. La start-up offrait un double service : l'un en ligne et l'autre dans un espace physique pour recevoir les mariés. Nous sommes devenues le numéro deux des listes de mariage et un incontournable du secteur.

En 2006, TF1 a acquis le site et je me suis lancée dans le conseil en marketing digital, travaillant notamment pour Maxicours, le site de soutien scolaire en ligne de Benjamin Magnard. En parallèle, j'ai travaillé pour le Woman's Forum Economy and Society.

Puis j'ai été embauchée chez Unibail en 2009, en tant que directrice marketing stratégique, avec pour mission de définir toute la stratégie digitale de soixante-dix centres commerciaux. Il fallait tout développer : applications smartphone, sites Internet, carte de fidélité, carte-cadeau, CRM...

Quatre ans plus tard, j'étais passionnée par les sujets d'hygiène de vie, de méditations et de médecines alternatives et je me suis lancée dans l'organisation de séjours détox dans de jolis lieux, via le site *www.my-detox.fr*.

La même année, j'ai lancé Welp, un site d'entraide qui met en relation des personnes qui ont besoin d'aide (particuliers, associations, collectivités...) avec des personnes prêtes à les aider ponctuellement et gratuitement. Le site est aujourd'hui numéro un sur le secteur de l'entraide gratuite. »

ISABELLE VEIL PERONA

EX-VITAMINIC.FR, À PRÉSENT *VENTURE PARTNER*, *CO-FOUNDER* @SOVERENCY, *INVESTOR'S RELATION* @SYSTEMATIC.

▶ *Quand et comment êtes-vous arrivée à travailler dans le Web ?*

« En 1999, après deux ans d'analyses financières pour la banque Lazard à New-York et deux ans chez L'Oréal en Italie, je rêvais de prendre en marche le train du Web. Je constatais son influence quotidiennement, de nouveaux objets communicants apparaissaient, les modèles économiques changeaient et je me découvrais une âme de geek.

Gianluca Dettori m'a invitée à monter à bord. Il était directeur général de Lycos en Italie et venait de créer Vitaminic, une plateforme faisant la promotion d'artistes musiciens, via le téléchargement de fichiers MP3. Une fois la levée de fonds achevée, il fallait déployer Vitaminic dans toute l'Europe. Le marché français s'annonçait compliqué, mais j'ai tout laissé tomber pour rejoindre l'aventure et créer Vitaminic.fr. Incontournable au niveau européen, le marché français de la musique devait être abordé avec tact et détermination. Au programme : lobbying auprès des majors et évangélisation auprès des artistes indépendants pour permettre au MP3 de devenir un standard pour l'écoute de la musique en ligne. Encore fallait-il trouver un modèle économique... Après la cotation en 2001, Vitaminic enchaîna les rachats et les concurrents devenaient collègues avec des gens comme Eric Legent (FranceMP3), Fabrice Nataf et Rémi Carlioz (Peoplesound). L'émergence de la musique en ligne, du téléchargement au *streaming* vers un modèle payant, m'a servi pour aborder, plus tard, d'autres secteurs touchés tour à tour par l'essor du Web.

Formée aux outils financiers et challengée par les ajustements de produits aux besoins du marché, j'ai continué à accompagner des dirigeants du Web, lors de moments clefs dans le développement de leur activité.

Dans les années 2000, je me suis mise à mon compte, enchaînant les missions sur des secteurs B2C, avec souvent l'émergence de nouveaux modèles. J'ai œuvré au déploiement de plusieurs champions européens, alternant, les *roadshows* en France pour les start-up italiennes du fonds *venture* italien Dpixel (je suis toujours associée), les opérations dans les médias avec notamment la cession de Cellfish Media au groupe Lagardère, au côté de Fabrice Sergent, et le lancement de King.com, avec CandyCrush, en France, à un moment où les jeux d'argent se dotaient d'une nouvelle règlementation *online*.

Leveuse de fonds chez Wagram Corporate Finance, au cœur de la crise de 2008, j'ai observé un regain d'intérêt des industriels français pour le *corporate venture*. À l'affût d'innovation, mais refroidis par certains rachats trop risqués, les grands groupes annonçaient vouloir investir en minoritaire, à l'image des fonds *venture* - comme avant l'éclatement de la bulle Internet. Il n'y avait aucune recherche sur le sujet en France et devant l'enthousiasme ambiant, je me suis lancée en 2010 dans la rédaction d'une étude et j'ai rencontré de nombreux acteurs du domaine, fonds et industriels, français et étrangers, tous prêts à donner une nouvelle vie au *corporate venture*. C'est ainsi que j'ai rédigé ou corédigé successivement quatre publications sur le *corporate venture*.

Cette vision m'a permis d'explorer les méandres de l'accélération des start-up. De l'*open innovation* au *venture*, des POC (programmation orientée composant) aux contrats pluriannuels, mes travaux se portent maintenant sur des secteurs aux cycles de vente plus longs, en lien avec l'émergence d'une usine complètement digitalisée. En 2017, j'ai ainsi mis en place et piloté pour le pôle de compétitivité Systematic l'accélérateur REIndustry, dédié aux cas d'usage et aux processus industriels, où logiciels et outils numériques transforment les chaînes de production. »

LAURENT VERMOT-GAUCHY

FONDATEUR DE MAPORAMA, À PRÉSENT COFONDATEUR DE AUDREY TIPS.

► *Quand et comment êtes-vous arrivé à travailler dans le Web ?*

« J'ai toujours travaillé dans l'informatique, donc j'ai naturellement suivi les tendances. J'ai eu ma première adresse e-mail vers 1993. À l'époque, j'étais dans une boîte où on travaillait avec des développeurs américains et c'était le moyen le plus simple de communiquer avec eux. En 1995, nous avons fait un premier site Web pour notre société ; on vendait à l'époque un logiciel de gestion de projet.

J'ai suivi les évolutions et ai notamment créé une société purement Internet en 1999, Maporama, qui était l'équivalent de Google Maps. Nous proposions des cartes géographiques pour des sites Web avec des magasins physiques, afin de pouvoir localiser les boutiques les plus proches. J'ai quitté la société en 2004, qui plus tard a été vendue à un groupe américain.

C'est avec Maporama que j'ai vraiment démarré dans le digital.

Après cela, j'ai lancé une application équivalente à WhatsApp du nom de Crickee. C'était malheureusement beaucoup trop tôt, car il n'y avait pas de système d'exploitation Apple ni Android. Il existait à l'époque des tonnes de systèmes d'exploitation pour les téléphones et tout autant d'applications (qui ne s'appelaient pas encore comme ça). Par ailleurs, il n'y avait pas de forfait data, c'était donc beaucoup trop tôt pour l'utilisateur. On a tout de même eu du succès en téléchargement, parce qu'à l'époque les SMS coûtaient quinze centimes et les ados rentraient à la maison avec des factures de trois cents euros… On disait que le SMS c'était beaucoup moins cher ►►

mais ce n'était pas gratuit non plus. Enfin, une fois l'application installée, il fallait aussi que leurs interlocuteurs l'installent également, ce qui n'était pas évident. Nous sommes arrivés trop tôt sur ce marché, qui était difficile technologiquement parlant.

Finalement, Apple a interdit le développement d'applications à la sortie de son iPhone, ce qui a été un premier frein. Et comme il était interdit d'essayer de faire passer des messages par Internet, ça a sonné l'arrêt de la société en 2011.

J'ai depuis un mélange de métiers de *business angel* et de coach de sociétés, dans le digital. J'ai aussi cofondé Audrey Tips, un site média qui explique au grand public comment profiter d'Internet pour son marketing digital. »

VANESSA VINCENT

EX-WARNER BROS., À PRÉSENT FONDATRICE DE STRAT ME UP.

▶ *Quand et comment êtes-vous arrivée à travailler dans le Web ?*

« Tout a commencé dans les années 90, chez Warner Bros. L'industrie du cinéma prenait le virage de la transformation numérique, se digitalisait par l'innovation des formats, la numérisation et l'avènement de la toile avec le démarrage du premier site Internet de Warner Bros. J'ai ainsi travaillé sur les premières bannières Internet, les premières vidéos à la demande, etc.

C'est en souhaitant changer d'univers, que je me suis heurtée au "nouveau monde", celui des *pure players*. Je me suis demandé comment y travailler et j'ai trouvé pour toute réponse d'intégrer l'ESSEC, en 2012, pour faire un *part time* MBA en *media, entertainment & digital*, avec un processus entrepreneurial. Pour faire mes premiers pas, j'ai choisi de m'adosser au leader de la production d'œuvre d'art, Art.com.

J'y ai développé une nouvelle plateforme de mise en relation B2B2C. Cette expérience m'a permis de comprendre toutes les problématiques liées à cet écosystème et de m'ouvrir aux enjeux de SEO, SEA, référencement, réseaux sociaux.

Début 2013, j'ai pris un gros virage en rentrant dans le logiciel B2B chez Reed Elsevier, très loin des tapis du Festival de Cannes. J'ai travaillé quatre ans comme responsable marketing stratégique, digital et innovation. Courant 2013, j'ai été intégrée dans l'annuaire des Girlz in Web et suis également rentrée dans diverses associations, en particulier Les Décideurs du Digital, dont je suis devenue la vice-présidente exécutive. En 2014, j'ai reçu l'Award Digital du groupe RELX.

En 2016, j'ai rejoint Caphorn Invest, un fonds d'investissement, où j'ai animé la communauté d'investisseurs. J'ai décidé, en 2018, de prendre mon envol comme *agent corporate* start-up en créant Strat Me Up, un facilitateur permettant aux grandes entreprises et aux start-up d'interagir. J'aide les grandes entreprises à devenir agiles. Je travaille également sur des ateliers permettant de se préparer aux futurs métiers, en collaboration avec Microsoft : une école qui forme aux métiers de demain.

J'accompagne les start-up, en direct ou via des accélérateurs/incubateurs, en les challengeant sur leur vision, leurs éléments différenciateurs, leur stratégie 360 afin qu'elles puissent faire face aux investisseurs mais aussi parfois faire évoluer leur proposition de valeur voir pivoter.

Je fais également partie du collectif Digital Ladies & Allies. »

CYRIL ZIMMERMANN

FONDATEUR DE HIMEDIA ET HIPAY,
À PRÉSENT PRÉSIDENT DE LA PLATEFORME.

« L'Europe doit continuer à imposer aux plateformes des responsabilités éditoriales et commerciales, cela permettra un Internet plus serein »

▶ *Quand et comment êtes-vous arrivé à travailler dans le Web ?*

« C'était un hasard total, le fruit de la frustration d'un jeune orgueilleux qui était à Science Po, qui préparait l'ENA et n'avait pas réussi le concours d'entrée. Je me suis alors dit que j'allais faire quelque chose de diamétralement opposé, devenir entrepreneur. C'était en 1995, et j'ai commencé à réfléchir à des idées d'entreprises que je pouvais monter avec Bruno Laforestrie, qui était à peu près dans le même cas que moi. Nous n'avions pas d'idée précise au départ, mais une de nos connaissances avait une idée qu'il ne comptait pas exploiter, consistant à vendre de la publicité sur les CD-ROM. Bruno et moi avons alors monté une régie publicitaire, qui vendait de l'espace publicitaire sur des CD-ROM culturels, l'idée étant de participer au financement de leur production. Comme le CD-ROM n'était pas un média, mais un produit culturel statique, nous nous sommes rapidement portés sur le Web, Bruno s'étant ensuite orienté vers la radio et la presse. »

▶ *Quelles ont été les grandes étapes de votre parcours professionnel et quelle logique y avez-vous appliqué ?*

« La logique qui m'a animé consistait à essayer d'inventer mes propres recettes. J'essayais de recruter ailleurs que dans les grandes écoles, je refusais de me faire aider par des agences de RP pour développer mon «réseau» et ma visibilité... Je voulais essayer de réussir en inventant mes règles du jeu. Ce n'était pas toujours très malin ou inspiré mais il y a eu un moment dans le début de l'économie numérique pendant lequel il était possible de développer des entreprises sans avoir d'investissement initial très élevé ni beaucoup de soutien. Les secteurs sur lesquels je me concentrais à l'époque étaient la publicité digitale et les paiements électroniques. Ni l'un ni l'autre n'étaient encore occupés par les acteurs traditionnels qu'étaient les médias et les banques. J'en ai profité.

Et puis j'ai été aidé et j'ai appris la valeur des soutiens et des partenariats. Nous avons par exemple eu la chance d'être hébergés à la Fondation 3 Suisses. Ce groupe était à l'époque assez pionnier sur le numérique et nous a proposé un premier contrat de régie publicitaire qui nous a permis d'enregistrer nos premiers revenus. C'est aussi là que nous avons rencontré beaucoup d'éditeurs de sites et un acteur important du Web français de l'époque, Infonie. De 1997 à 2000, nous avons connu une croissance très rapide, car nous étions un des rares acteurs sur le marché. Cela nous a permis de faire une levée de fonds en 1999 et de nous coter en bourse en juin 2000.

Mais, fin 2002, HiMedia était au bord du dépôt de bilan avec des pertes de plusieurs millions d'euros. Et les sommes levées avaient été consommées dans une croissance débridée à l'international (nous avions ouvert des bureaux dans plus de dix pays en un an et demi). Toute cette croissance reposait sur une bulle qui avait éclaté et HiMedia a pu survivre en réduisant son périmètre aussi rapidement que nous l'avions fait grossir. Mais une fois parvenus à équilibrer nos comptes, le constat était que la pérennité de notre activité n'était pas pour autant assurée car les sites avec lesquels nous travaillions n'arrivaient pas à survivre avec les seuls revenus de la publicité. De là est venue l'idée de regarder du côté des années 80 et du Minitel : le contenu était payant et tous les éditeurs en vivaient très bien. Nous nous sommes alors dit que si la publicité ne suffisait pas, la gratuité n'était pas une proposition réaliste. Il y avait certains contenus qu'on pouvait rendre payants, mais il nous fallait inventer une façon de facturer et collecter des petits montants de façon fluide. Notre activité de micro-paiement est ainsi née pour proposer un complément de revenus à nos partenaires éditeurs de sites Web. Les deux activités de publicité et de paiement se sont fortement développées entre 2003 et 2006, puis la progression de l'activité de paiement s'est encore accélérée et a demandé une structuration juridique différente : nous sommes devenus un Établissement de Paiements et un Émetteur de Monnaie Électronique. Comme nous avions deux métiers qui n'avaient plus rien à voir à la fin des années 2000, nous avons scindé la société en deux, avec d'un côté HiMedia et de l'autre HiPay. »

▶ *Quel regard portez-vous sur ces vingt-cinq dernières années et quelle vision avez-vous du monde de demain ?*

« Pour répondre à la deuxième partie de la question, j'aimerais que pour les vingt-cinq prochaines années le monde technologique arrête de vivre sur des bulles spéculatives (Publicité, Fintech, IA etc.) et que dans l'univers des médias nous arrivions à définir et stabiliser un modèle économique et un discours pour ceux qui produisent du contenu (musique, vidéo ou texte). Nous restons encore sur le mythe de la gratuité qui est fallacieux et dangereux. Les consommations de télécom ont un coût, les smartphones aussi, donc aujourd'hui la dépense globale de l'accès à Internet pour un foyer est loin d'être nulle à la fin du mois. Il n'a fait que s'accroître alors que certains foyers ont du mal à boucler leur budget. Mais cela ne s'est pas fait au bénéfice de la qualité éditoriale des contenus proposés. Le mythe de la gratuité a créé un univers digital où tous les contenus semblent avoir la même valeur, qu'ils soient des articles journalistiques, scientifiques ou des posts et réactions sur les réseaux sociaux. Les médias ont d'ailleurs souvent été démonétisés et ont souvent réagi en essayant de s'ajuster par le bas en faisant des économies sur la production d'information, plutôt que par le haut en distinguant l'analyse et la réflexion de la réaction à chaud.

Je suis partisan de la mise en place d'une nouvelle charte et de nouveaux engagements des opérateurs média concernant la qualité et l'indépendance de l'information, sous la régulation d'un tiers indépendant ou via un mécanisme repensé d'autorégulation. C'est un peu ce qu'essaie de faire Reporters Sans Frontières avec la *Journalism Trust Initiative*. Les autorités européennes pourront utilement renforcer ces dispositifs en continuant à encadrer les activités des plateformes dans la droite ligne du Digital Service Act : en élargissant les responsabilités éditoriales des plateformes et en rétablissant une concurrence à jeu plus égal entre celles-ci et les médias d'information. Si les médias vivent sur des bases économiquement plus solides nous aurons un Internet plus serein. »

PARTIE III

LA FÉCONDITÉ DU DEVENIR

La plongée dans le passé que propose ce livre, à la (re)découverte de celles et ceux qui ont cru en une voie divergente au Minitel et peut-être aussi en l'idée utopique d'un monde ouvert, n'a pas été proposée dans le but de construire une narration rétrospective satisfaisante, à partir d'une suite de portraits glorifiant les audacieux et téméraires qui croyaient en l'impossible. Elle a pour dessein d'aider à mieux esquisser notre avenir, même si « nul calcul humain ou artificiel ne saurait épuiser la fécondité du devenir.[1] »

Ce qui compte à présent, c'est de savoir si le tableau que l'on peut actuellement dresser s'éloigne suffisamment de celui d'hier ou s'il reste des problématiques non résolues ? Si oui, peut-on esquisser des solutions ? Les entrepreneurs de demain auront-ils la possibilité de faire naître de véritables géants mondiaux de la tech ? Existe-t-il des secteurs spécifiques propices à leur avenir ? Le foisonnement de start-up et de licornes est-il le signe d'une bonne santé de la France digitale ? Notre pays peut-il réellement devenir une « start-up nation » et quel futur numérique peut-il dessiner ? Quelle place enfin la France et l'Europe peuvent-elles occuper face à la rivalité sino-américaine qui domine actuellement ?

L'univers auquel ont été confrontés les premiers acteurs du digital français, fussent-ils entrepreneurs, intrapreneurs, grands patrons, ou autres acteurs de l'écosystème, a largement été un univers de conflits économiques et institutionnels dans lesquels l'État n'a pas toujours eu le beau rôle, souvent dans le but de protéger des industries lourdes et leurs emplois, maintenant une forme de colbertisme sans comprendre la place qu'allait occuper le digital dans l'économie du XXIe siècle, n'accordant de logique industrielle qu'au marché du mobile, tout en protégeant la position dominante de France Télécom. Cependant, au fil des décennies, le marché s'est organisé et l'État a mis en place des structures qui ont facilité l'épanouissement des start-up, comme le rappelle Patrick Robin : « Juste après la révolte des pigeons, il y a eu une conjonction temporelle, avec les Assises de l'Entreprenariat, la création de la BPI (qui existait déjà sous une autre forme à la Caisse des Dépôts), de la French Tech (notamment en termes de communication à l'étranger) et de France Digitale.[2] »

1 Thierry MÉNISSIER, épisode 2/4 : « Que la "fortuna" soit avec toi ! », série *Le Prince de Machiavel*, France Culture, 31 mai 2022.
2 Entretien avec Patrick Robin, 2 novembre 2022.

ENTREPRENDRE

Si au commencement du Net étaient les ingénieurs, l'arrivée du Web a surtout été portée par l'enthousiasme des entrepreneurs qui percevaient des possibilités intempestives face au monopole du Minitel, lesquelles semblaient majoritairement irrationnelles aux autres. Acteurs à succès du Minitel, ils se posaient pourtant des questions tout autres. Rafi Haladjian raconte : « On ne s'est pas dit comment va-t-on faire pour résoudre les problèmes du Minitel, ou qu'est-ce que l'avenir du Minitel ? Il y a eu une brèche, une ouverture, une redistribution des cartes, on s'est dit on va faire de l'Internet, qui avait l'air d'être tout sauf une bonne idée. Les gens n'avaient pas d'ordinateur, ça coûtait cher, on payait à la minute, il n'y avait pas de réseau national, pas de législation et je suis allé en prison pour avoir fait ça. Et c'était la bonne idée.[1] » L'accès généralisé au Web est né de cet emballement et de cette capacité à investir sur fonds propres, grâce à l'argent gagné dans ce qu'on appelait alors la télématique. Les *business angels*, les *venture capital* et autres modes de financement apparaissaient peu dans ce nouveau paysage et le métier d'entrepreneur avait une tout autre résonance. Gilles Babinet se souvient : « Lorsque j'ai monté ma première boîte et disais que j'étais entrepreneur, les gens pensaient que je travaillais dans le bâtiment, il y avait une confusion. L'évolution est favorable.[2] » Elle est telle que l'étymologie du mot s'en trouve presque transformée, induisant aujourd'hui autant la liberté et l'audace que la capacité à prendre des risques. La potentialité s'est accrue au fur et à mesure de l'élargissement de la bande passante. L'analyse de rafi Haladjian est qu'on a ainsi quitté un univers de « *dial-up*, c'est-à-dire où l'on se connectait de temps en temps, en faisant plein de bruit, pour aller à un endroit précis, à un moment précis, pour se connecter à l'ADSL, qui a rendu la connexion plus facile parce qu'elle était ouverte, effaçant cette notion de connexion, créant une espèce d'addiction, faisant l'Internet présent partout. C'est avant tout une histoire d'effacement de tous les frottements, d'immersion, et de prothésisation complète du réseau, c'est à dire de l'injection directe de l'information.[3] »

L'élargissement des tuyaux et le *business model* de l'abonnement (initialement mis en place par le fournisseur d'accès à Internet ImagiNet) ont engendré l'accroissement du nombre d'internautes, permettant une facilitation du financement avec l'apparition plus franche des premiers *business angels* et capital-risqueurs, ainsi que l'irruption de quelques rares grands groupes[4] qui, séduits par ce nouveau marché, investissaient des montants largement supérieurs à ceux des start-up, le rendant plus attractif pour les médias et plus palpable au public, notamment grâce à des investissements marketing massifs.

1 rafi Haladjian, conversations du 21 juin 2022.
2 Gilles Babinet, conversations du 21 juin 2022.
3 rafi Haladjian, conversations du 21 juin 2022.
4 En particulier Vivendi qui, sous la direction de Jean-Marie Messier, a mené une politique de convergence des médias et investi des montants massifs dans différents secteurs du digital.

Restait à essayer de bousculer les institutions, dont aucun des pionniers ne semblait maîtriser les codes. Le discours de Jospin à Hourtin, en 1997, est arrivé à point nommé et reste pour la plupart d'entre eux le moment fondateur où le marché put enfin décoller. Maurice Lévy pense plutôt que « Jospin a essayé de faire des choses de manière sincère, mais il était piégé par sa propre histoire, c'était très compliqué pour lui. On est dans la politique, il y a des effets émergents qui commencent à être perçus et Jospin lit un discours qu'il n'a pas écrit. L'homme qui avait tout compris du numérique et de l'importance du numérique dans l'avenir était Dominique Strauss-Kahn, à l'époque, ministre de l'Économie, des Finances et de l'Industrie. Il avait son mail, était branché sur le Web et était complètement immergé dans l'univers des technologies ; il avait tout compris de ce que cela pouvait représenter. Il était d'ailleurs un des cofondateurs avec Raymond H. Lévy et moi-même du Cercle de l'Industrie, de manière non seulement à défendre l'industrie française face à Bruxelles, mais aussi à défendre l'industrie française face au corps enseignant en général et à le promouvoir également auprès des aides, pour attirer plus d'ingénieurs vers l'industrie, car déjà à l'époque beaucoup d'entre eux et parmi les plus brillants se dirigeaient plutôt du côté de la finance, parce que ça payait mieux et ne salissait pas les mains.[1] » Dominique Strauss-Kahn estime quant à lui que « les ministres sont là pour faire les discours des Premiers ministres, c'est normal, il n'y a pas de débat là-dessus. Je crois qu'on a pas mal avancé, pas seulement sur l'aspect soutien au secteur technologique mais aussi par exemple avec les fameux bons de souscription que j'ai mis en place, qui n'étaient pas vraiment ce que sont devenues ensuite les actions gratuites, mais quelque chose qui y ressemblait, avec l'idée d'aider les start-up. En termes de motivation - c'est la partie libérale - et d'autre part en termes de justice - c'est la partie sociale - il fallait que les gens qui travaillent ne soient pas uniquement rémunérés par leurs salaires, quels qu'ils soient. Si la boîte florissait, il fallait qu'ils puissent en retirer quelque chose. Dans ce petit monde, cela a eu un succès relativement important, aidant un certain nombre de boîtes à garder leurs équipes. J'ai été traité de “suppôt du capitalisme”, mais je trouvais qu'à la fin le capitalisme consistait justement à faire en sorte que les salariés récupèrent la plus-value. Bref, ce n'était pas absolument évident à l'époque.[2] » Le ministre, qui dès les années 80 avait fait de fréquents voyages dans la Silicon Valley, a créé en 1998 l'ancêtre de la BPI, un fonds de six cents millions de francs pour le capital-risque hébergé à la Caisse des Dépôts et Consignations, qui a permis de lever environ deux milliards et demi de francs de capital-risque en quelques mois. Il a instauré le report d'imposition des plus-values réinvesties dans les entreprises nouvelles, permettant aux *business angels* d'accompagner les start-up, a fondé des réseaux de recherche afin d'associer laboratoires publics et privés, développé des fonds d'amorçage et œuvré pour le développement du commerce électronique. Il défendait et soutenait ce marché encore ▶▶

1 Entretien avec Maurice Lévy, 20 octobre 2022.
2 Entretien avec Dominique Strauss-Kahn, 13 novembre 2022.

embryonnaire, sans partager le fantasme de la construction d'une Silicon Valley à la française. À cela, il répond que « ce n'est pas du tout une décision de l'État de créer une Silicon Valley, c'est quasiment antinomique de dire on va faire une Silicon Valley lorsqu'on est ministre de l'Industrie, en revanche l'idée qu'il fallait qu'on fasse sauter un certain nombre de barrières qui empêchaient les boîtes de se développer était forte. À l'époque, nous n'étions pas plus mauvais que les autres dans la *seed money* mais moins capables de faire du développement ensuite.[1] » Pour lui, bien que notre marché ait remarquablement évolué, de nombreux obstacles se dressent encore devant nous.

À la fin de années 90, l'un des problèmes dominants - estompé aujourd'hui - était les mannes d'argent et aussi grand fût l'enthousiasme des pionniers, pas un empire ne semblait pouvoir se développer au-delà de nos frontières. Aucun fournisseur d'accès, aucun moteur de recherche, aucun site de contenu ne semblait pouvoir ambitionner de dépasser les territoires francophones : on ne naviguait qu'en une seule langue, le français. Des évolutions inattendues mais peut-être furtives sont apparues au début des années 2000, avec l'Internet des objets, qui remportait un certain succès à l'étranger. « C'était un des premiers sujets où la France était parmi les leaders. Pourquoi ? Parce qu'on avait du wifi grâce au *triple play*, on était le seul pays dans lequel tout le monde avait du wifi dans les maisons grâce aux opérateurs. Du coup, faire en France des objets qui se connectent au wifi c'était quelque chose d'évident, alors qu'au Japon ou aux États-Unis les gens l'achetaient à part. Du coup ont émergé en France le Nabaztag, WithThings, Parrot, NetAtmo...[2] »

En dehors d'une méconnaissance certaine de l'anglais compliquant le dialogue hors de France, qui à présent tend à se résorber, Philippe Mutricy, directeur de l'évaluation des études et de la prospective chez Bpifrance, reprend un constat que Strauss-Kahn signalait déjà en 1998[3] : « Les entrepreneurs français ont du mal à voir assez grand, craignant aussi bien d'augmenter le nombre de leurs salariés, d'aller à l'international, les contraintes du fisc, ayant au final une peur de grandir.[4] » Il est des raisons valables à cela, comme celle invoquée par Benjamin Magnard : « Si les entrepreneurs ne sont pas assez ambitieux, c'est aussi parce qu'il y a toutes ces contraintes, à un moment donné il faut pouvoir vivre, respirer, compte tenu de tout ce que cela engendre en terme de pression.[5] » Les difficultés semblent s'éclipser, notre culture change et les nouvelles générations d'entrepreneurs semblent bien décidées à gommer toutes sortes de frontières. Nicolas Dufourq souligne des changements considérables : « On ne peut plus généraliser sur les entrepreneurs qui manquent d'ambition. On a fait de gros progrès. (...) On commence à avoir une masse critique de gens qui voient très gros.[6] »

1 Idem.
2 rafi Haladjian, conversations du 21 juin 2022.
3 Il manque en France « La volonté de prendre des risques d'entrepreneurs » : voir « Strauss-Kahn rêve d'une Silicon Valley française », *Libération*, 1er juin 1998.
4 Philippe Mutricy, conversations du 21 juin 2022.
5 Benjamin Magnard, conversations du 21 juin 2022.
6 Nicolas Dufourq, entretien du 13 décembre 2022.

Patrick Robin, aujourd'hui banquier d'affaires, avance qu'une des raisons à ce frein ancien tenait à la de taille de marché : « Avec soixante millions de consommateurs, on peut vivre, se développer, contrairement à Israël ou à la Suède. Mais de grands progrès ont été faits par la dernière génération d'entrepreneurs, elle n'a plus aucun complexe, pense tout de suite international. La plupart d'entre eux sont bilingues et de plus en plus nombreux à pouvoir viser grand, quelles que soient les verticales.[1] » Benjamin Magnard ajoute que « la French Tech et la BPI marchent très bien, l'écosystème des start-up fonctionne très bien aujourd'hui, entre VC, accompagnements divers et des cultures qui se mettent en place[2] ». Avec pour conséquence des fonds de *growth* inédits, notamment ces deux ou trois dernières années. « On est capable aujourd'hui de faire des tours qu'on ne voyait pas il y a dix ans », précise Patrick Robin, ajoutant qu'« il y a quand même une limite, parce qu'au-delà de financer deux cents, trois cents, quatre cents millions, ce qui est déjà formidable, il y a une barre. Avant de financer des boîtes en acceptant qu'elles soient déficitaires pendant quinze ans parce qu'elles sont en train de prendre un marché mondial qu'on continue à financer, on a encore du chemin à faire. (...) Est-on capables d'accompagner des boîtes qui sont loin de la rentabilité ? Malheureusement, depuis la dernière crise, ce que j'entends chez les VC c'est que l'hyper-croissance c'est bien, mais la rentabilité c'est mieux. On recule un peu avec cette crise où ils souhaitent que les boîtes ne perdent pas de vue leur EBITDA. Ils ne disent pas que la boîte doit être bénéficiaire, mais veulent avoir de la visibilité sur quand et comment elle devient EBITDA positif. Pour l'instant, ils ne veulent plus financer des boîtes qui perdent plus d'argent qu'elles ne font de chiffre d'affaires[3] ».

Nicolas Dufourq, patron de la BPI, affiche un optimisme sans réserve. Quelles que soient les attentes des investisseurs, les entrepreneurs semblent être de plus en plus nombreux à trouver des solutions pour atténuer les contraintes et la pression et, ajoute-t-il, « tous ceux qui ont accédé au statut de licornes, je leur sens une ambition réelle et durable. Je ne les vois pas vendre et la valeur qu'ils ont atteinte les protège, c'est devenu très cher. Ça, c'est la nouveauté. Par ailleurs, il y a en France quelque chose que l'on retrouve à peu près partout aux US, en Suède, ou en Israël, c'est-à-dire des entrepreneurs qui vendent leur première boîte, se dé-risquent totalement et en lancent une seconde, qu'ils vont construire durablement, parce que leur sur-moi d'inquiétude sur la précarité a été apaisé. On commence à voir cela en France et nous les suivons attentivement. Dans les pays de langue anglaise, on appelle-ça les *repeat entrepreneurs*. Typiquement, Stanislas Niox[4] a gagné son premier capital avec La Fourchette, l'a revendue et ensuite il a fait Doctolib et il le fait pour la vie, c'est la raison pour laquelle il est sur terre[5] ».

▶▶

1 Entretien avec Patrick Robin, 2 novembre 2022.
2 Benjamin Magnard, conversations du 21 juin 2022.
3 Entretien avec Patrick Robin, 2 novembre 2022.
4 Cofondateur de Doctolib.
5 Entretien avec Nicolas Dufourq, 13 décembre 2022.

Par ailleurs, c'est tout le rapport au monde du travail qui change, impactant positivement le foisonnement de start-up : les nouvelles générations ne se projettent pas dans le monde de l'entreprise comme ont pu le faire les générations précédentes[1], l'impact des plans sociaux et des licenciements sur leurs ascendants les pousse à chercher des métiers qui font sens et où ils se sentent autonomes. Un tiers de ceux qui intègrent les grandes écoles se projette majoritairement entrepreneurs[2], ce que constate également Benjamin Magnard : « On voit aujourd'hui de plus en plus de jeunes dire : "Je fais ma start-up !". Ça devient quelque chose d'assez accessible intellectuellement ce qui n'était pas le cas il y a vingt ans.[3] ». Patrick Robin ajoute : « On voit que les gens ont de plus en plus envie d'être leur propre patron, soit en tant que travailleur indépendant, soit en tant qu'entrepreneur en montant leur boîte, en prenant des risques pour préserver un mode de vie qu'ils ont choisi. La tendance était déjà là et le Covid a été un accélérateur.[4] » Les mentalités changent et ce sont des points essentiels pour la majorité des acteurs interviewés.

L'engouement nouveau des politiques sur ce secteur, les moyens mis en œuvre et les objectifs fixés en 2022 par le ministre de l'Économie, des Finances et de la Souveraineté industrielle et numérique, Bruno Le Maire, de « dix décacornes[5] en 2030, dont cinq en 2025 » à Viva Technology, agrandissent les perspectives du possible. Après tout, sur cinquante et une dans le monde, dix-sept sont européennes[6] et même si la France n'en compte pour l'instant aucune, il devient concevable que certaines de nos licornes puissent accéder à ce statut. Doctolib et Back Market valorisés à plus de cinq milliards d'euros, la société de services financiers pour TPE/PME Qonto à quatre milliards, ou encore l'éditeur de jeux numériques Sorare et la solution d'analyse de l'expérience en ligne ContentSquare, qui se déploient sur le continent européen ont, semble-t-il, leur chance. S'ils y parviennent, ces exemples auront à terme valeur de modèle. Pour l'instant, ce sont les vingt-trois licornes actives qui montrent l'incroyable chemin parcouru par la French Tech en un peu plus d'une dizaine d'années, sa capacité à présent à attirer les investisseurs étrangers et à inspirer les jeunes pousses, ce que souligne Patrick Robin : « Le nombre croissant de licornes est un fort symbole d'exemplarité, un étendard qui donne envie d'entreprendre. C'est aussi une forme de *soft power* et c'est important. Elles font partie du combo sur l'exemplarité, mais d'autres facteurs ont également transformé les mentalités face à l'entrepreneuriat et la réussite, y compris au niveau de l'éducation, des grandes écoles ou encore des médias. Reste à apprendre aux entreprises françaises à jouer avec les mêmes armes que les Chinois et les Américains, qui se livrent à une véritable guerre pendant que nous menons des combats citoyens.[7] »

1 Daniel OLLIVIER et Catherine TANGUY, *Générations Y & Z, Le grand défi intergénérationnel*, éditions De Boeck Supérieur, 2017.
2 Étude réalisée par l'EDHEC NewGen Talent Centre.
3 Benjamin Magnard, conversation du 21 juin 2022.
4 Entretien avec Patrick Robin, 2 novembre 2022.
5 Start-up valorisées à plus de dix milliards de dollars.
6 « Titans of Tech 2020 », rapport de GP Bullhound, 17 juin 2020, en ligne sur *gpbillhound.com*.
7 Entretien avec Patrick Robin, 2 novembre 2022.

Des facteurs extérieurs semblent également avoir un impact : l'émission de télévision « Qui veut être mon associé ? »[1], où les participants éveillent des vocations, ou encore, de façon improbable, le rap. C'est la musique la plus écoutée en France (environ 50 % du classement annuel[2]), or depuis quelques années, les rappeurs ont abandonné l'étiquette d'artiste, préférant se définir comme entrepreneurs, aux États-Unis comme en France. Un phénomène remarqué par la BPI, qui collabore avec certains d'entre eux pour atteindre leur objectif stratégique de doubler le nombre d'entrepreneurs en France, pour aider à ce changement de mentalités, lui donner une visibilité, encourager cette mutation dans toutes les composantes de la société française et « dénouer des peurs archaïques qui sont devenues anachroniques ». Nicolas Dufourq, qui souhaite également faire prendre conscience aux Français qu'ils sont « des dépressifs au paradis, alors que le pays est celui qui offre le plus de protections à ses concitoyens », organise ses événements entrepreneuriaux en province et en banlieue en invitant les rappeurs à prendre la parole autant qu'à interpréter des titres, estimant qu'ils ont « une plateforme langagière commune ».

Mais pour Dufourq, il n'est de recette plus essentielle que l'envie et la capacité à suivre son inspiration. « Une fois que l'on sait que l'on a une intuition disruptive forte, il faut ensuite mettre le paquet. Toute la question, en France, est de savoir comment faire pour mettre le paquet sur des percées ?[3] » Ces *intuitions* françaises qui rompent avec le passé semblent à présent se déployer dans l'ensemble des grands domaines technologiques, sans (trop) craindre la concurrence écrasante des géants américains : qu'il s'agisse de calcul embarqué pour la conduite autonome (Kalray), de puces de conversion du signal (Scalinx), de simulateurs quantiques (Pasqal), d'impression 3D à l'échelle moléculaire (DNA Script), les possibilités semblent se démultiplier à une vitesse sans cesse croissante, sans qu'il soit possible ou nécessaire de tenter de déterminer à l'avance quels domaines pourraient être gagnants pour la France. Qu'il s'agisse de CRISPR, de nouvelles énergies, de quantique, de deep tech, de finance décentralisée (DeFi), de IA, de Biotech, de No Code, de nouvelles interfaces guidées par la voix, de robotique, de simulation, de connectivité, de cloud, de futur de la programmation, de Web 3 et autres prospectives d'avenir, tout semble pouvoir être instrument de création de marché *made in France*, y compris l'impalpable. Ainsi s'achèverait sur une fin heureuse la période de *french bashing* qui a accompagné les deux premières décennies du Web français. Reste à trouver de quelle pertinente façon déployer les différents écosystèmes à une échelle internationale pour obtenir un impact significatif.

1 Émission diffusée sur M6, inspirée d'un programme japonais des années 2000, repris aux États-Unis et en Allemagne sous le nom de *Shark Tank*.
2 *snepmusique.com/category/les-chiffres*
3 Entretien avec Nicolas Dufourq, 13 décembre 2022.

FRANCE, EUROPE ET RESTE DU MONDE

Les progrès sont incontestables, le nombre de licornes croît à vive allure, des perspectives européennes se dessinent et la France a un incroyable talent. Néanmoins, elle est encore loin d'occuper une place significative sur le marché mondial. Avec vingt-quatre licornes, face à quarante-trois au Royaume-Uni ou vingt-neuf en Allemagne[1], la France occupe une place honorable en Europe, mais faible au vu des six cent quinze licornes aux États-Unis et des cent soixante-quatorze en Chine[2]. Nos ingénieurs sont instrumentaux au sein de la Silicon Valley[3], mais aucune entreprise française ne fait de l'ombre aux grands acteurs internationaux et les grands combats se livrent sans nous. Comme le soulignent Gilles Babinet et Olivier Coste, « depuis plusieurs mois, la tension monte entre la Chine et les États-Unis sur la tech. Le Président chinois Xi-Jinping a ainsi déclaré que "l'innovation technologique est devenue le principal champ de bataille du jeu global, et la concurrence pour la domination technologique va atteindre des niveaux de férocité sans précédent"[4] ». En réponse à cela, les États-Unis ont signé, en août 2022, le CHIPS and Science Act allouant deux cent quatre-vingts milliards de dollars aux entreprises de la Silicon Valley pour tenter d'y remédier. Un an plus tôt, l'Europe lançait le programme Horizon Europe, avec un budget plus modeste d'environ quatre-vingt-quinze milliards d'euros, dont une partie sera allouée à la tech, afin de la rendre « plus résiliente pour l'avenir[5] », à l'initiative de l'économiste italo-américaine Mariana Mazzucato spécialiste de l'économie de l'innovation et de la high-tech, qui aime rappeler que les compagnies américaines les plus innovantes ont un narratif éloigné de la réalité, ayant toutes largement bénéficié d'aides gouvernementales (la DARPA a permis des recherches qui ont permis les développements de Windows, Google Maps, Linux, le Cloud, tandis que l'algorithme de recherche de Google a reçu des aides de la National Science Foundation ; les trois sociétés d'Elon Musk - Tesla, SolarCity et SpaceX - ont reçu près de cinq milliards de dollars d'aides diverses, et de nombreuses start-up américaines ont été financées par le Small Business Innovation Research Program...). En France, l'ancien patron d'Infonie, Bruno Bonnel, est en charge de France 2030, un projet d'investissement qui a démarré en janvier 2022 avec un fonds de trente-quatre

1 Statista Research Department, « Number of unicorns worldwide as of November 2022, by country », *statista.com*, 16 juin 2023.

2 *tipalti.com/en-eu/unicorn-hunting-2022*

3 L'iPhone a été pensé par Jean-Marie Hullot, Yann LeCun dirige la recherche sur l'intelligence artificielle chez Facebook, Jérôme Pesenti était responsable du programme Watson chez IBM...

4 https://www.institutmontaigne.org/analyses/technologies-numeriques-comprendre-le-retard-croissant-de-leurope-en-huit-graphiques

5 Ministère de l'Enseignement supérieur et de la Recherche, « Présentation du programme Horizon Europe », *horizon europe.gouv.fr*, 9 décembre 2022.

milliards d'euros pour faire de la France « une grande nation d'innovation ». Il est difficile de dire à ce stade si les deux initiatives permettront de monter significativement en compétitivité et si elles seront accompagnées d'indispensables simplifications administratives à l'échelle européenne, mais le progrès réside dans une meilleure compréhension des enjeux.

Certains, de plus en plus nombreux, s'inquiètent également d'une possible vassalisation de l'Europe aux États-Unis, dont Dominique Strauss-Kahn, qui nous voit « à la croisée des chemins : ou l'Europe deviendra vassalisée par les US, ou elle veut s'affirmer comme elle est et c'est maintenant qu'il faut faire le choix[1] ». Peut-être que la situation actuelle aurait été un peu différente, si en 2011, les aléas de l'histoire de la tech n'avaient pas à nouveau empêché la France de jouer un rôle significatif sur la scène internationale. À la suite d'un article de Tariq Krim qui réclamait un CTO pour la France, elle avait imaginé des solutions qui pouvaient être susceptibles de tempérer un peu l'ardeur du combat de titans sino-américain : le gouvernement avait innové en lançant le premier e-G8, où grands et petits acteurs de l'écosystème du numérique se sont réunis afin de dialoguer pour la première fois avec les dirigeants des huit pays. Nicolas Sarkozy, alors président, déclarait : « Les États souhaitent engager avec vous un dialogue pour qu'une voie équilibrée puisse un jour être trouvée entre vos intérêts, ceux des internautes qui vous plébiscitent chaque jour et ceux des citoyens et des contribuables de chaque nation qui ont aussi des droits.[2] ». Maurice Lévy, organisateur de l'évènement, se souvient que « toute la planète Internet était réunie à Paris, avec à l'époque - si on les avait écouté - la possibilité de transformer le monde. Mais Angela Merkel, Barack Obama, David Cameron, Silvio Berlusconi, Dmitri Medvedev manifestaient, semble-t-il, une certaine indifférence aux enjeux. Or, à ce moment-là Eric Schmidt, Yuri Milner, Mark Zuckerberg, Hiroshi Mikitani et tous les participants présents ne manifestaient aucune hostilité à l'idée d'une réglementation. Zuckerberg a dit : "Nous appartenons au monde réel, il n'y a pas de raison que les lois qui s'appliquent au monde réel ne s'appliquent pas à nous." Il fallait tout simplement les adapter. Les gens étaient stupéfaits. C'est passé complètement inaperçu par la suite, et tout ce que nous envisagions de faire sur cette base, à ce moment-là, a été balayé après une première remarque de Mme Merkel, à la suite de quoi Obama a renchéri : "It may be a European problem", repoussant la décision d'un minimum de règles à un prochain e-G8, qui n'a jamais eu lieu. Ce qui est joli dans cette histoire c'est qu'il y avait un consensus - malgré une petite réserve d'Eric Schmidt - pour réglementer Internet. L'eussions-nous fait à ce moment-là, nous n'aurions pas connu les problèmes de Cambridge Analytica, nous n'aurions pas connu les problèmes de vie privée, nous n'aurions pas connu une bonne partie de problèmes que l'on connaît aujourd'hui. Tout le monde savait bien qu'il allait se passer des choses, on ne peut pas dire qu'ils n'ont pas vu, ce serait injuste. ▶▶

1 Entretien avec Dominique Strauss-Kahn, 13 novembre 2022.
2 Déclaration de Nicolas Sarkozy, président de la République, sur la révolution Internet, à Paris le 24 mai 2011.

Ce qu'ils ne voulaient pas faire c'était la réglementation, et ce qu'ils ne voulaient pas faire en Europe c'est une Europe unie pour permettre justement à ce qu'il y ait des financements, des développements, des start-up, etc.[1] ». Tariq Krim, présent au e-G8, saluait malgré tout le fait que « pour la première fois, des patrons de la tech se retrouvaient avec des politiques français qui commençaient à comprendre[2] ».

En dehors de cette belle occasion manquée, pour le fondateur de Viva Technology et de l'incubateur l'Escalator, la position très secondaire de la France et de l'Europe s'explique : « Les start-up ont grandi en Europe un peu loin des États. Or, ce qui était concevable aux US – où le *venture* a tout son sens – n'était pas concevable en Europe où le *venture* n'existe pas. Nous sommes dans une administration réglementée, c'est l'État partout et quand l'État n'est pas là, il ne se passe pas grand-chose. L'État empêche ou l'État permet[3]. » Le résultat, dit-il, c'est que l'« on n'a pas fabriqué des start-up qui sont les grandes plateformes du monde et il y a des freins à cela. Le premier des freins, ce sont les capitaux, c'est-à-dire que la France reste quand même engoncée dans des systèmes anciens où il faut risquer, d'accord, mais un peu. Jamais la France n'aurait permis à une entreprise de perdre des centaines de millions et de rajouter encore de l'argent et voir des milliards perdus, comme ça a été le cas pendant plus de quinze ans pour Amazon. Ils ont perdu des sommes colossales et ont été soutenus ; c'était *double down*, on en remet. La même chose pour Google qui a mis au moins dix ans avant de gagner de l'argent. Et c'est le grand problème de la France, on accepte le risque, mais mesuré, on a donc des résultats mesurés, c'est le problème. Est-ce qu'on a la capacité à faire encore des choses ? Oui, bien sûr, on a cette capacité. Est-ce qu'on aura les moyens pour les réaliser ? J'ai des doutes[4] ».

Dominique Strauss-Kahn renchérit : « On a progressé. Perdre des milliards, on sait faire, il y a plein d'exemples, mais perdre des milliards comptant, c'est ce qu'on ne sait pas faire. Est-ce que un jour nous saurons ? Peut-être, je n'en sais rien, c'est un tel changement culturel. À force d'avoir des jeunes gens qui vont faire des études ailleurs dans le monde, ils acquièrent une culture un peu différente, donc la réponse penche vers le oui, mais comme souvent ils ne reviennent pas, la réponse penche vers le non, donc je ne suis pas d'un optimisme forcené. Mais il y a un autre aspect à ce besoin de changement culturel, c'est de savoir s'il en est encore temps. Je n'en suis pas certain, en matière d'IA notamment, qu'il soit encore temps de rattraper. Ça ne me plaît pas intellectuellement, mais beaucoup disent que nous aurons du mal à rattraper les Chinois et les Américains. L'histoire qui ne nous rattrapera jamais, c'est quelque chose que je ne peux pas accepter philosophiquement, mais sur l'IA, le rythme est tel qu'il faudrait une volonté politique de fer au niveau de l'ensemble de l'Union européenne, pour

1 Entretien avec Maurice Lévy, 20 octobre 2022.
2 Entretien avec Tarik Krim, 13 octobre 2022.
3 Entretien avec Maurice Lévy, 20 octobre 2022.
4 Entretien avec Maurice Lévy, 20 octobre 2022.

en avoir les moyens, or ça n'est pas le cas. Donc au-delà de l'aspect culturel chez les individus et dans l'organisation de la société pour soutenir l'innovation, je ne suis pas sûr que nous puissions. Il m'est extrêmement désagréable de dire cela, je n'aime pas l'idée qu'il y ait des moments dans l'Histoire ou par le hasard d'un jeu de dés on sonne la fin. Peut-être que dans cinq cents ans la donne aura complètement changé, je n'en sais rien. Mais sur les cinquante ans à venir on aura du mal à rattraper.[1] »

Bien qu'il y ait peu de chances que les retombées de la fièvre spéculative aux États-Unis à la suite des baisses inédites du Nasdaq et la disparition de neuf mille milliards de dollars au sein du S&P 500 soient profitables à l'Europe, Nicolas Dufourq avance que la volonté et les moyens d'agir sont là : « La quantité de capitaux libres, disponibles dans les fonds et prêts à être investis, est une poudre sèche énorme (...). Le marché du VC français s'est adapté à la baisse, tandis que le marché du VC américain est à l'arrêt. Il repartira évidemment, mais c'est un marché qui est beaucoup plus dur, nous, nous lissons tout, notamment grâce à la BPI qui continue de financer les fonds, de financer les entreprises, etc. Une corde de rappel incroyable. »

Demeurent malgré tout les difficultés intrinsèques au marché européen. Avec la même préoccupation que Dominique Strauss-Kahn, Maurice Lévy souligne que : « L'Europe est un faux grand marché, c'est un très grand marché d'importation, c'est un faux grand marché intérieur et c'est le grand problème de l'Europe. Sur les très grands projets industriels, nous sommes des nains, car nous sommes à l'échelle de chacun des pays. L'Europe a été créée sur une idée fondamentalement juste mais politiquement et industriellement fausse qui est qu'il faut privilégier le consommateur » dit-il, ajoutant que « l'Europe est un continent de réglementations, mentalement, moralement, intellectuellement, on impose des règles. On est dans cette culture de la réglementation. L'Europe, sous prétexte de créer un territoire commun avec des normes communes, commence par les normes, là où on devrait commencer par changer la culture générale[2] ». Une difficulté souvent soulignée par les entrepreneurs qui, pour voir plus grand, sont obligés d'attaquer le marché européen pays par pays et de prendre le temps de s'adapter aux règles et usages locaux. Nicolas Dufourq regrette que certaines boîtes choisissent de contourner le problème en établissant leur siège aux États-Unis : « L'alternative à commencer par un, deux ou trois pays, c'est la solution consistant à devenir un très grand acteur américain, qui pourra ensuite se déployer sur l'Europe en mode multi-pays. C'est une solution qui est tentante. Le problème, en devenant un grand acteur américain, c'est que l'on perd la boîte. Elle se cote au Nasdaq et n'a que des cadres américains. On a vécu ça avec Talend et c'est vraiment rageant.[3] » Malgré cette situation critique, il ne voit pas quand et comment pourrait se profiler une harmonisation de ▶▶

1 Entretien avec Dominique Strauss-Kahn, 13 novembre 2022.
2 Entretien avec Maurice Lévy, 20 octobre 2022.
3 Entretien avec Nicolas Dufourq, 13 décembre 2022.

la législation européenne, bien qu'« en effet, il faudrait qu'il y ait un statut de la start-up européenne avec la même législation sur les stock-options, les BSPCE partout, ou une fluidité, cependant cela ripe un peu sur d'autres grands sujets européens autour de l'union des marchés de capitaux, ainsi que sur l'harmonisation fiscale, qui sont des chantiers tellement lourds (...). Mais est-ce que cela empêche la projection de puissance ? Je n'en suis pas sûr ». En attendant, il reste, selon lui, l'option vivement souhaitée par la plupart des acteurs de la tech, un *Buy European Software Act*, également prôné par Nicolas Brien, président du lobby européen des start-up, le European Startup Network et ancien directeur général de France Digitale. Ce dernier souhaiterait que soient fixés des objectifs ambitieux de 50 % au moins des marchés publics numériques européens réservés aux entreprises européennes. Cela restera peu face aux milliards de dollars des divers plans de l'administration Biden qu'industriels et politiques européens jugent comme une menace, mais pour l'instant, la réciprocité n'étant pas souhaitée par l'ensemble des États-membres (ils craignent guerres de subventions et régimes discriminants), il peine à se mettre en place. Pour l'économiste Sarah Guillou, « le véritable problème est celui de l'ampleur des subventions à la production, et non celui de leur impossibilité[1] ». Si le *Buy European Software Act* venait à voir le jour, resterait également à définir ce qu'est une entreprise européenne. Un concept de plus en plus flou pour Dominique Strauss-Kahn, qui souligne par ailleurs que « la vassalisation conduit aussi à ce que ce soit les règles américaines qui s'imposent et c'est tout le débat sur l'extra-territorialité des lois américaines. C'est frappant, il y a des gens qui considèrent que c'est normal, d'autres que cela ne l'est pas, mais personne ne parle d'extra-territorialité des lois européennes. On a fait un procès à Google et récupéré un peu d'argent sur le marché européen et ça c'est bien de la vassalisation, car théoriquement, le marché c'est symétrique. Il y a une dissymétrie entre la puissance de marché américaine et la puissance de marché de l'Europe, qui n'est rien d'autre que de la vassalisation ».

Pendant que l'Europe technologique cherche à renforcer son autonomie, l'Europe culturelle reste encore et toujours le monde des Lumières, la culture de l'idéalisme et la libre circulation des savoirs formant sa singularité. Pour Tarik Krim, dont le regard sur l'avenir de la tech en Europe est souvent perçu comme sombre, c'est en montant aux États-Unis, en 2008, sa société de *cloud compting* et *cloud OS*, Jolicloud, qu'il a découvert cet héritage européen et « l'idée que l'ordinateur doit aussi avoir une volonté plus humaniste, et moins consumériste ». C'est pour lui la place que pourrait occuper l'Europe dans le futur, « le garant d'un Web humaniste, car c'est bien l'Europe qui a inventé le web, inventant Linux et une cinquantaine de technologies essentielles pour l'Internet : IRC inventé en Finlande, MySQL, tout cela n'est présent que grâce à l'Europe, aux ingénieurs

1 Sarah GUILLOU, « Un « buy european act » en réponse aux plans américains ? Rien de magique », *usinenouvelle.com*, 3 décembre 2022.

européens et Google n'existerait pas sans ce qui a été fait à ce moment-là[1] ». Nous pourrions revenir à ce Web humaniste, comme certains sont revenus à un *slow Web* et ce serait peut-être l'occasion pour l'Europe d'offrir une alternative et engendrer une forme de *splinternet* heureux, éloigné de la guerre invisible à laquelle se livrent les États-Unis et la Chine, qui fragmente le « cyber-espace en autant de blocs idéologiques[2] » ? Un état d'esprit sans doute en phase avec la Gen Z, dont les idées sont souvent contraires à celles en vigueur au XXe siècle. Ce groupe, qui représente 32 % de la population mondiale, véhicule de nouvelles valeurs en phase avec cet état d'esprit : cinquante-quatre pour cent d'entre eux déclarent vouloir avoir un impact positif sur le monde et souhaite s'attaquer aux causes profondes des problèmes plutôt qu'aux symptômes, un taux qui monte à cinquante-sept pour cent chez ceux qui se projettent entrepreneurs[3]. La France et l'Europe pourraient-elles occuper la place de défenseurs des valences positives de la tech mondiale, en attendant de trouver le chemin de l'équilibre sur la scène internationale ? Cette vision idéaliste peut-elle être une alternative face aux stratégies géopolitiques complexes mises en place aux Etats-Unis et en Chine, où l'économie devient un terrain d'affrontement ?

1 Entretien avec Tariq Krim, 13 octobre 2022.
2 Asma MHALLA, « Techno-politique de la puissance, des alliances et des interdépendances », *legrandcontinent.eu*, 28 novembre 2022.
3 « HP Small Business Today Study », *Global Insight Report*, mars 2019.

SOUVERAINETÉ

Alors que la mondialisation démarrée à l'aune des années 80 semblait signaler une lente abolition de frontières qu'Internet venait symboliser pendant la décennie suivante, la pandémie a permis à un Occident, tout ébahi, de constater que quelque part en chemin des démarcations refaisaient surface, tandis que notre souveraineté s'était étiolée. Nous nous sommes rendu compte qu'on nous ne savions ni fabriquer de masques, ni de ventilateurs, ni de chimie fine, ni de médicaments, parce qu'à un moment donné il avait été estimé que c'était trop cher, ou trop polluant, ou stratégiquement trop secondaire... L'ère de l'hypermondialisation s'est estompée, déstabilisée par une économie en phase avec les objectifs de sécurité nationale de la Chine et des États-Unis. Selon Alessandro Aresu, philosophe et directeur scientifique de l'École de politiques publiques de Rome : « Pour la Maison-Blanche de Biden, la science et la technologie ne sont pas envisagées comme des biens publics auxquels chaque nation peut contribuer au bénéfice de tous - l'ouverture est ici rapprochée de la complaisance - mais comme un actif clef dans la concurrence internationale, appropriable, et donc à protéger. La technologie et la science deviennent, dans les représentations, intimement liées à la nation américaine.[1] »

À cela s'ajoutait pour l'Europe la conscience de s'être laissé inféoder par les États-Unis, en se laissant subjuguer par sa dynamique conquérante, parfois de façon particulièrement saisissante dans divers domaines de la tech. Les câbles sous-marins transatlantiques sont principalement américains (80 % du trafic des données mondiales transitent par eux et depuis dix ans les GAFAM ont une emprise de plus en plus conséquente sur ces infrastructures), les principaux *clouds* également, et la matière fluide qui compose la *data economy* française et européenne est majoritairement dépendante de ces infrastructures techniques, tout comme elle est dépendante des lois extraterritoriales américaines (Cloud Act, FISA...), comme évoqué plus haut, les GAFAM n'étant que la partie émergée de l'iceberg.

Pour Patrick Robin, « la souveraineté est un vrai sujet capital. Le pouvoir est là, pouvoir d'influence, pouvoir économique, pouvoir d'innovation, il est dans cette souveraineté. Sans elle, nous allons être complètement vassalisés ; c'est un des sujets les plus importants parce qu'il induit tout le reste. À partir du moment où l'on a ce grand enjeu de souveraineté, cela veut dire qu'il faut avoir une politique européenne, une politique d'investissements, une politique d'innovation, une politique d'éducation, afin que tout le reste puisse suivre.[2] »

Concernant au moins les données utilisateurs, l'histoire a failli être toute autre. Tarik Krim pense que très tôt nous aurions du mieux réfléchir à qui les possède.

1 Alessandro ARESU, Louis DE CATHEU, Gilles GRESSANI, « Capitalismes politiques en guerre », *legrandcontinent.eu*, 4 janvier 2023.

2 Entretien avec Patrick Robin, 2 novembre 2022.

« Est-ce l'utilisateur ou le service ? Parce que le browser n'a pas intégré ces données, les services ont décidé d'utiliser des systèmes de cookies, pour connaitre leurs utilisateurs et stocker ses informations au cas où ils reviendraient. Ces données sont devenues si importantes qu'on a découvert en faisant du *machine learning* qu'on on peut manipuler les utilisateurs, les faire revenir avec des patterns réguliers et récurrents (...) J'ai toujours voulu revenir à un état où l'utilisateur est en contrôle de sa vie numérique (...) Cette idée de souveraineté numérique, c'est aussi l'idée d'avoir une infrastructure de résilience et d'avoir un plan B.[1] » Il se trouve que, sous le gouvernement Hollande, Maurice Lévy - qui semble aimer agir sur le développement de la tech française - avait proposé une solution pour y remédier : « J'avais pensé que la meilleure façon de résoudre à la fois le problème de la vie privée et celui du stockage des données était de faire en sorte que les données n'appartiennent pas à ceux qui les collectent, mais aux individus eux-mêmes[2]. Il fallait que les gens puissent posséder leurs données et décider si elles devaient être exploitées ou non et, si oui, que cela soit sous leur contrôle et moyennant paiement. Mais la morale européenne s'est élevée, disant que vendre ses données c'est vendre un peu de soi-même, s'apparentant dès lors à de la marchandisation de soi, par conséquent impensable.[3] » Pour lui, se contenter des RGDP n'est pas une solution suffisante et laisse l'Europe avec un problème crucial pour l'avenir, alors pourtant que les consommateurs européens constituent le premier marché économique pour les GAFAM. « Je pense qu'il faut rendre les données anonymes pour la commercialisation, c'est indispensable. Il faut également trouver le moyen, à l'occasion d'une rupture technologique, de créer des plateformes européennes qui permettent de rentrer en compétition avec les grandes plateformes américaines. On a vu avec TikTok qu'ils ne sont pas inattaquables, on a vu avec Amazon et le retail media que le gâteau publicitaire peut être partagé autrement, donc on a intérêt à se poser la question : quelle serait la prochaine rupture et comment doit-on la gérer ?[4] »

Pour Dominique Strauss-Kahn, il faudrait aussi que nos gouvernements ne soient pas technologiquement entièrement dépendants de solutions étrangères. « La souveraineté technologique, c'est aussi faire que Microsoft ne soit pas au Ministère de la Défense, qu'il fonctionne sous Windows m'a toujours sidéré.[5] » Notre cyber-sécurité est pour l'instant largement liée aux infrastructures américaines. Nicolas Dufourq tourne son regard vers les grandes entreprises, qui sur ces questions font parfois moins bien que l'État : « L'État est assez correct avec les start-up françaises de la cyber-sécurité tandis que les groupes privés ne prennent que des boites américaines, ce qui est une folie du point de vue des *back doors*. Il y a de très belles start-up françaises qui proposent des ▶▶

1 Entretien avec Tariq Krim, 13 octobre 2022.
2 La société singapourienne Ocean Protocol propose à présent une solution qui semble en partie sur le même principe, rendant aux utilisateurs le contrôle de leurs données.
3 Entretien avec Maurice Lévy, 20 octobre 2022.
4 Idem.
5 Entretien avec Dominique Strauss-Kahn, 13 novembre 2022.

solutions dites de DR (solutions de détection et de riposte rapide), pourtant les groupes du SBF 120 ne prennent que des boites américaines.[1] » Il est plus réservé sur la question du cloud, d'une part parce que l'avance prise par les entreprises américaines est trop importante et d'autre part parce que « les budgets déployés par les grands acteurs en développement de nouveaux softwares qui sont tout STACK disponibles dans le cloud, ces gens-là dépensent, chacun d'entre eux, par trimestre, deux fois le chiffre d'affaires d'OVH. Je ne vois pas comment la bataille peut être gagnable. Il faut une stratégie multi-cloud, il faut du cloud d'origine américaine puisque ce sont des serveurs qui sont en France, et du cloud OVH. Mais l'idée qu'on puisse avoir une solution cent pour cent souveraine européenne, compétitive en software, parce que le cloud ce n'est pas des étagères, c'est du soft, je pense qu'il faut raison garder. Ensuite il faut se poser la question de savoir est-ce que c'est si grave finalement ? Dès lors que toutes les données sont cryptées, les clés de cryptages sont uniquement possédées par les clients, donc par les entreprises elles-mêmes, avec des solutions de double cryptage vraiment complexes. On se dirige vers les cryptages quantiques, au total j'ai tendance à penser que le débat sur le cloud n'est pas très rationnel. Les gens pensent que c'est simple et souverain, mais ce n'est pas simple du tout.[2] »

Les différentes questions de souverainetés et les vassalisations qu'elles entrainent sont assez complexes pour que le projet de Commissariat à la souveraineté numérique envisagé en 2016 en charge de concourir « à l'exercice, dans le cyberespace, de la souveraineté nationale et des droits et libertés individuels et collectifs que la République protège[3] » ait finalement été abandonné. La souveraineté de la France dans le cyber espace et la protection des données des entreprises et des personnes a fini par ressembler pour certains à un combat vain ou inutile, tandis que les aspects juridiques, techniques et surtout économiques semblent avoir tissé une inextricable toile de noeuds gordiens. Mais rien n'est jamais définitivement joué et le jeu aveugle du hasard ne tient pas toujours au politique. Comme le rappelle le sociologue économique Dr Marc Ventresca, le rôle des entrepreneurs ne se limite pas à entreprendre. Pour lui, ils sont les *system builders* qui, pour passer d'une idée à un système d'innovation à grande échelle créent de nouveaux types de protocoles, inventent de nouvelles façons de faire. Ils savent que la capacité à avoir un impact à grande échelle sur une partie de l'économie va au-delà de l'esprit d'entreprise et implique de nouveaux types de connexions entre des procédés qui jusque-là n'étaient pas reliés, nécessitant le démantèlement des systèmes existants. Démanteler les systèmes, n'est-ce pas une idiosyncrasie française ?

1 Nicolas Dufourq, entretien du 13 décembre 2020.
2 idem.
3 Pauline TÜRK, « Définition et enjeux de la souveraineté numérique », *vie-publique.fr*, 14 septembre 2020.

FÉCONDITÉ DU DEVENIR

Les politiques de soutien aux entrepreneurs, les niveaux d'investissements de plus en plus importants de l'écosystème, le nombre d'opérations en amorçage et série A, la proportion grandissante d'ingénieurs partout plébiscités, le nombre sans cesse croissant de start-up, de licornes et pourquoi pas de décacornes, la valeur des licornes européennes qui a presque doublé en 2021[1], le nombre de formations et d'écoles, les nouvelles générations débarrassées de handicaps de leurs ainés, le déploiement significatif de nos entreprises au-delà de nos frontières, la bonne tenue de la French Tech malgré les remous des deux dernières années : ce sont les fruits des efforts faits ces dernières années par l'ensemble de l'écosystème français. La France change en profondeur et se glisse lentement dans un monde où certitudes et habitudes sont régulièrement atomisées par nos *system builders*, qui sont de plus en plus nombreux. Petit à petit, ils influencent la trajectoire de notre société et forgent une vision revitalisée du futur de notre tech. La nécessité critique de s'étendre ailleurs en Europe, et les problématiques partagées avec start-ups et licornes des pays voisins bousculeront peut-être les priorités de Bruxelles (qui, par ailleurs, « prend conscience, enfin, que l'économie mondiale est une courroie de transmission d'affrontement et d'agression[2] ») tout comme l'impact de l'invisible guerre sino-américaine, ou encore le poids des consommateurs européens à l'échelle mondiale.

Même ceux qui ont une connaissance approfondie du sujet à un échelon international et une vision rationnellement sombre des perspectives pour la France, comme Tariq Krim, Maurice Lévy ou Dominique Strauss-Kahn, ne peuvent s'empêcher de vouloir proposer des solutions pour essayer de dégager le pays d'une situation complexe. Ils ont encore envie d'une ré-appropriation volontaire, qui pourrait surprendre et permettre une certaine gloire aux tech française et européenne.

Après tout, comme aime le rappeler le futurologue Kevin Kelly, « Notre histoire a été façonnée par des optimistes, et si nous voulons façonner l'avenir, nous devons être optimistes. Ce monde que nous façonnons n'est pas un monde parfait. Ce n'est pas la perfection, il n'y a pas de manque de problèmes, il n'y a pas d'absence de mauvaises choses. Ce n'est absolument pas une utopie. C'est ce que j'appellerais une pro-topie : un monde dans lequel les choses sont un peu meilleures. Et ce sentiment d'optimisme est une perspective dans laquelle nous nous attendons à ce que le monde produise un peu plus de bon que ▸▸

1 Selon Manish Madhvani, Managing Partner chez GP Bullhound.
2 Asma MHALLA, 28 novembre 2022, *op. cit.*

de mauvais, à ce qu'il y ait un peu plus de raisons d'espérer que de craindre. Et l'optimisme n'est certainement pas un simple tempérament ensoleillé, une sorte d'aveuglement face aux réalités des problèmes du monde ou une sorte d'illusion de Pollyanna. Au contraire, l'optimisme se fonde sur le progrès historique, sur le fait que si nous transcendons l'anecdote et examinons les données d'une manière scientifique et rationnelle, nous pouvons constater que les preuves montrent qu'en moyenne, à l'échelle mondiale, au cours des cinq cent dernières années, il y a eu une amélioration progressive au fil du temps.[1] »

Parce que l'inévitable IA générative Chat GPT-3[2] a été entraînée sur des centaines de téraoctets de textes largement issus du Web, j'ai posé la question de savoir quel sera le futur de la tech française ? « La tech française est en position de force grâce à un engagement fort en faveur de l'innovation, un soutien important du gouvernement et un écosystème de start-ups dynamique. L'avenir de la French tech restera passionnant, car le pays continue d'investir dans la recherche et le développement et soutient la croissance des start-ups. L'émergence de l'intelligence artificielle et de l'automatisation, ainsi que le développement de nouvelles technologies, constitueront une part importante du paysage technologique français. En outre, l'implication croissante des investisseurs internationaux, ainsi que le nombre croissant de multinationales qui s'installent en France, continueront à façonner le secteur pour les années à venir. » On peut librement traduire de la distribution statistique des mots dans le vaste corpus public que la tendance générale est favorable, ce qui en soi est un bon signe.

Or, changer d'imaginaire sert aussi à contagionner la trajectoire de notre société, à désigner une fécondité intarissable et l'étendue des effets de celle-ci. Et quelques externalités inattendues accompagneront peut-être cette possiblement heureuse surprise…

1 Kevin KELLY, « The future will be shaped by optimists », *ted.com*, août 2021.
2 *beta.openai.com/playground*

POSTFACE

Après avoir découvert l'histoire du Web français et les parcours de ses pionniers, difficile de ne pas partager ce sentiment que nous avons raté quelque chose. Que nous nous sommes laissé embarquer dans la logique des GAFAM, au détriment de notre autonomie, alors que nous disposions, au départ, d'un véritable écosystème de sites et de services grand public.

À mes yeux, nous avons brûlé les étapes à la faveur de la « Net euphorie », si bien qu'une partie de notre autonomie possible en numérique a été brisée par l'explosion de la bulle Internet. Multimania, Caramail, iFrance, Nomade : en 2001-2002, malgré la disparition de nombreuses start-up, nous disposions toujours de services de qualité. Des services montés par des personnes très intelligentes, et qui avaient convaincu des millions d'utilisateurs. Tous ces services ont fini par disparaître, avalés par de plus gros opérateurs, ou à cause du contrecoup du krach de mars 2000. Globalement, si de nouveaux « champions » ont émergé, comme Free, Meetic et Rue du Commerce, nous n'avons pas reconstruit, passée la fameuse « traversée du désert » dont parle Patrick Robin dans ce livre, d'équivalent de ce qui avait été bâti entre 1998 et 2001.

Nous avons en revanche réussi à tirer notre épingle du jeu dans l'e-commerce. Ce domaine, particulièrement balbutiant entre 1995 et 2000, a ensuite connu une véritable montée en puissance en France. Le commerce électronique français dépasse aujourd'hui les cent milliards d'euros de chiffre d'affaires annuels, et se montre nettement moins dépendant des acteurs américains que ses voisins d'Europe du Nord. Il serait même tentant d'avancer l'idée selon laquelle nous sommes, à l'heure actuelle, le pays européen le moins dépendant d'Amazon.

Cet e-commerce français capable de faire de la résistance ne vient pas de nulle part. Il doit sa vitalité impressionnante à la conjugaison d'acteurs finalement complémentaires : les grands réseaux de distribution spécialisés et de retail, qui ont finalement gagné le Web dans les années 2000, les plateformes de niche comme LDLC et Aquarelle, et les *marketplaces* des tout débuts. Ces *marketplaces* sont en grande partie à l'origine de la folle croissance des acteurs de l'e-commerce en France, à partir de 2005. À titre d'exemple, le marché dans lequel évolue l'une des principales licornes françaises actuelles, Mirakl[1], a été lancé vingt années auparavant, par CDiscount, PriceMinister et Rue du Commerce. Ces ▶▶

1 Devenue une des têtes de gondole de la French Tech, Mirakl édite la technologie logicielle qui se cache derrière les marketplaces [place de marché, c'est-à-dire une plateforme de mise en relation avec des vendeurs tiers] de plus de 300 entreprises dont Auchan, Toyota, Darty ou encore Decathlon. En 2021, elle a réalisé une méga-levée de fonds de 555 millions de dollars (473 millions d'euros) pour alimenter son hypercroissance, un an seulement après un précédent tour de table de 300 millions de dollars (255 millions d'euros). "La licorne française Mirakl, futur géant mondial de l'e-commerce ? », *La Tribune*, 9 février 2022.

pionniers ont ouvert la voie, avant d'être suivis par de grands acteurs comme La Redoute et Fnac Darty.

C'est bel et bien grâce à la présence anticipée de ces acteurs que nous avons pu bâtir un e-commerce puissant et capable de tenir tête à Amazon. La conclusion qui s'impose est limpide. Nous sommes tout à fait capables, lorsque nous anticipons suffisamment les choses, et dès lors que nous croyons en nos projets, de nous construire une réelle autonomie stratégique et une véritable souveraineté économique.

Aujourd'hui, alors que le Web s'apprête à passer à un troisième niveau, celui du Web3, l'autonomie viendra de l'Union européenne. Mais le parcours des pionniers du Web français le montre bien : nous avons, en France, une capacité étonnante à identifier des segments d'excellence et des sujets porteurs. À une période où le numérique est au centre de tout, voici donc venue l'occasion pour nos entrepreneurs de prendre le leadership du numérique en Europe, pour ces vingt prochaines années. Nous sommes aujourd'hui à l'aube d'un point d'inflexion. Un point d'inflexion qui est lié à une nouvelle stratégie de l'utilisateur, une logique des usages. Aujourd'hui, les Français et les Européens ont la possibilité décider de construire leur propre internet, un internet qui leur ressemblerait plus ; le curseur pouvant être placé plus ou moins loin, entre un côté ouvert ou non, pour qu'il nous ressemble.

Nous sommes à l'orée d'une nouvelle voix numérique. Puisqu'il y a une vraie opportunité et une obligation de prise de parti pour les européens, il est grand temps de faire l'inventaire des forces dont nous disposons. Qui sont donc les nouveaux pionniers du numérique français ? Outre l'e-commerce et la partie B2B du Web français, avec des acteurs *marketplaces* comme Mirakl, nous occupons aussi un champ d'innovation technologique important : l'e-santé. De la prise de rendez-vous médicaux en ligne à la téléconsultation, en passant par l'IOT santé, des services comme Doctolib, Withings et Baracoda sont un bel exemple de plateformes capables de se déployer rapidement à l'international, d'apporter une réelle valeur aux utilisateurs, et de participer à un changement de paradigme, à une modification d'usages[1]. Ces champions français sont clairement des acteurs structurants et structurels, qui n'ont rien à envier aux GAFAM et autres start-up californiennes.

Parce que notre mentalité est et restera moins « business » que celle de nos amis américains, les entrepreneurs de la French Tech pourraient aussi avoir un rôle à jouer dans la création de technologies associées à la responsabilité environnementale, à l'économie d'énergie et à la maîtrise de notre empreinte écologique. Sur ce créneau, nous avons pleinement les capacités de prendre le leadership. Parce que nous sommes à la pointe en matière d'internet des objets, d'IA, de captation et de re-traitement de données ; tout en ayant une forte appétence pour le *social business*.

1 Fabien SOYEZ, « Doctolib va-t-il encore tout rafler sur la téléconsultation ? », *CNET France*, 22 mars 2019.

Enfin, côté contenus et services du Web français, il est peut-être temps pour les « annuaires » des débuts, comme Nomade et Lycos, de renaître. Afin d'offrir une alternative à Google. Plutôt que des recherches où un algorithme décide à notre place, pourquoi ne pas retourner à une « navigation dirigée » ? Avec des opérateurs télécoms fournissant aussi, comme autrefois, des « portails » ? Des portails dans lesquels le Web français serait mis en avant, ainsi que des contenus d'intérêt général, sélectionnés par des comités scientifiques ou éditoriaux ?

Finalement, toutes les sagas décrites dans notre livre démontrent la diversité des profils des pionniers du Web français. Les entrepreneurs qui ont posé les bases de la French Tech n'étaient pas tous issus du même sérail, des mêmes écoles. Ils n'ont pas non plus suivi les mêmes parcours. Certains ont eu une vision et ont détecté le potentiel d'une Toile en gestation, avant tout le monde. D'autres sont arrivés sur le Web par accident, puis y sont restés.

Une autre leçon que l'on peut tirer de ce livre, c'est l'importance de l'implication des pouvoirs publics et des politiques. Si notre écosystème numérique actuel peine à se distinguer face aux GAFAM, c'est en grande partie parce que nos pionniers des années 1995-2000 ont manqué de soutien. Le leadership se fabrique avant tout avec des stratégies politiques. Heureusement pour nos entrepreneurs de la tech, les gouvernants d'aujourd'hui ne sont plus les mêmes qu'il y a vingt-cinq ans. Ces *digital natives* sont devenus des digital conscients, qui comprennent les tenants et les aboutissants du numérique.

Attention, toutefois, à ne pas oublier l'essentiel : au-delà de toutes ces considérations économiques et politiques, la clé demeure la passion. Cette passion qui a poussé une poignée de pionniers, en 1995, à prendre des risques et à se lancer dans le vide. Cette passion qui n'est pas près de s'éteindre, tandis que l'innovation en matière de numérique semble sans fin. En tant que membre de ce groupe de pionniers du Web français, j'ai personnellement conscience d'avoir à la fois fait partie d'une aventure et d'une évolution, qui continue de s'épanouir vingt-cinq ans plus tard. Tous les témoignages contenus dans cet ouvrage le démontrent : par la passion, et par une passion collective, nous sommes tout à fait capables de changer le monde.

REMERCIEMENTS

Gilles Babinet, Olivier Bomsel, Stéphane Bortzmeyer, Robert Colvin, Laurent Chemla, Gilles Ghesquière, rafi Haladjian, Xavier Jane, Tariq Krim, Laurent de la Clergerie, Hervé Le Crosnier, Marie Christine Levet, Maurice Lévy, Benjamin Magnard, François Momboisse, Philippe Mutricy, Yves Parfait, Louis Pouzin, Benjamin Richard, Patrick Robin, Igor Schlumberger, Gordon Simpson, Valérie Schafer, Alexandre Stopnicki, Dominique Strauss-Kahn, Philippe Valachs, BpiFrance représentée par Nicola Dufourcq et Benjamin Richard ainsi que ID Invest-Eurazeo représentée par Benoist Grossmann.

Nous remercions également les étudiants du MBA MCI de l'Institut Léonard de Vinci Promotion 2019 qui, sous la direction d'Alexandre Stopnicki et Louis Duroulle, nous ont aidé à interviewer les pionniers :

Abubaker Assid, Agnes Dufourneau, Alain Quatrehomme, Albane de Lambilly, Albertina Da Fonte, Alexandra Tugot Doris, Alexandre Malinowski, Alice Bigot, Alicia Choung, Alyssa Barreau, Astrid Paquet, Audrey Com, Aurélien Pettinotti, Babpa Moussa, Bakoly Rabibisoa, Capucine Peyredieu, Carole Ambille, Caroline Despin, Céline Cheminal, Charline Thevenot, Charlotte Berthelot, Charlotte Ciboit, Chouchane Islame, Christine Téti, Chuying Chen, Claire Normand-Loya, Clarisse Pstore, Clémentine Lemal, Edna Mensah, Elisabeth Balian, Elise Corcuff, Eloïse Manceau, Emilie Boucard, Estelle Gillet, Eugène Zakharov, Fabien Chan Ou Teung, Fabrice Cadiou, Florent RIchardeau, Gaëlle Comes, Geoffrey Merlier, Ginny Nguyen, Guillaume Andrieu, Guillaume Lignot, Ilham Ouzzani, Isabelle Dulaurans, Isabelle Garric, Jason Moussongui, Jessica Bequin, Joëlle Tshibangu, Jorge Gonçalves, Julie Bouchiat Wein, Katherine Poder, Laetitia Raccah, Laura Féron, Léa Salmeron, Manuel Thenard, Mariam Akkar, Marie Guimbert, Marie-Laure Tuck, Marine Schneider, Marjorie Chazal, Mathilde Gibert, Maxime Boissé, Mei Lien Mouaqit, Olivier Bialoblocki, Ornella Messina, Paule Flora Kouame, Rhada Khattab, Rose-Marie Chamieh, Roxane Aubrun, Sabrina Chériguène, Samy Chbari, Sandie Meyniel, Sébastien Roland, Sofia Rosier, Solenn Castelbou, Stéphanie Pietri, Tatiana Kijak, Tiphaine Blaya, Virginia Ramamisoa, Virginie Heinrich, Virginie Mosnier, Yang Guguen.

TABLE DES MATIÉRES

85608 - (I) - OSB 70° - BPE - BTT
Imprimerie CHIRAT - 42540 Saint-Just-la-Pendue
Dépôt légal : octobre 2023

Imprimé en France